陈祖武学术文集

乾嘉学术编年
（上册）

陈祖武 著

图书在版编目（CIP）数据

乾嘉学术编年：上下册 / 陈祖武著. —北京：商务印书馆，2024
（陈祖武学术文集）
ISBN 978-7-100-23889-2

Ⅰ.①乾… Ⅱ.①陈… Ⅲ.①学术思想-思想史-研究-中国-清代 Ⅳ.①B249.05

中国国家版本馆CIP数据核字（2024）第083992号

权利保留，侵权必究。

（陈祖武学术文集）

乾嘉学术编年

上下册

陈祖武 著

商 务 印 书 馆 出 版
（北京王府井大街36号 邮政编码100710）
商 务 印 书 馆 发 行
三河市尚艺印装有限公司印刷
ISBN 978-7-100-23889-2

2024年8月第1版　　开本 680×960　1/16
2024年8月第1次印刷　印张 63 1/4　插页 6
定价：320.00元

作者简介

　　陈祖武，1943年10月生于贵州省贵阳市。1965年7月，毕业于贵州大学历史系。1981年7月，毕业于中国社会科学院研究生院历史系。历任中国社会科学院历史研究所研究实习员、助理研究员、副研究员、研究员。2006年，当选中国社会科学院首届学部委员。1998年至2008年，任历史研究所所长。2009年，被国务院聘为中央文史馆馆员，至今一直在馆员岗位履职。主要学术著作有《中国学案史》《清初学术思辨录》《乾嘉学术编年》《乾嘉学派研究》《清代学术源流》《清代学者象传校补》《清史稿儒林传校读记》等。兼任全国古籍规划小组成员，主要古籍整理成果有《榕村语录》《杨园先生全集》《清儒学案》《榕村全书》等。

学术文集自序

生也有涯，学无止境，读书为学一生，不觉已届耄耋暮迫。饮水思源，不忘根本。我生在贵州，长在贵州，是在五星红旗下成长起来的新中国学人。从小学、中学一直到大学，我在家乡接受了系统的学校教育。家乡的山山水水和各民族父老乡亲的养育，赋予我坚定不渝的家国情怀和艰苦奋斗的精神品格。一九六五年七月，由贵州大学历史系毕业，从此告别故乡。始而昆明，继之北京，负笈南北，兼师多益，一步一个脚印地摸索前行。

晚近以来，病痛缠身，几同废物。回过头去看一看艰难跋涉的足迹，无间寒暑，朝夕以之，数十年功课皆在伏案恭读清儒学术文献之中。恪遵前辈师长教诲，历年读书为学，每有所得，则只言片语，随手札记。日积月累，由少而多，居然亦能自成片段。承出版界诸多师友厚爱，从一九八三年中华书局约撰《中国历史小丛书》之"顾炎武"，到二〇二二年商务印书馆刊行之《中国学案史》和《感恩师友录》。四十年间，屡书所得幸获十馀次结集。

近期，又蒙商务印书馆盛谊，拟将我数十年之历次治学结集汇为一帙，凭以为新时代之浩瀚学海存此一粟，奉请方家大雅赐教。传承学脉，德高谊厚，谨致深切谢忱。责任编辑鲍海燕同志，不辞辛劳，兢兢业业，置疫情起伏于不顾，屡屡枉驾寒舍，斟酌商量，精益求精。年轻俊彦如此之敬业精神，最是令我终身铭感。

陈祖武 谨识
二〇二二年五月廿日

陈祖武学术文集自序

生也有涯,学无止境,读书为学一生,不觉已届桑榆景迫。饮水思源,不忘根本。我生在贵州,长在贵州,是在五星红旗下成长起来的新中国学人。从小学、中学一直到大学,我在家乡接受了系统的学校教育。家乡的山山水水和各民族父老乡亲的养育,赋予我坚定不渝的家国情怀和艰苦奋斗的精神品格。一九六五年七月,由贵州大学历史系毕业,从此告别故乡。始而昆明,继之北京,负笈南北,兼师多益,一步一个脚印地摸索前行。

晚近以来,病痛缠身,几同废物。回过头去看一看艰难跋涉的足迹,无间寒暑,朝夕以之,数十年功课皆在伏案恭读清儒学术文献之中。恪遵前辈师长教诲,历年读书为学,每有所得,则只言片语,随手札记。日积月累,由少而多,居然亦能自成片段。承出版界诸多师友厚爱,从一九八三年中华书局约撰《中国历史小丛书》之《顾炎武》,到二〇二二年商务印书馆刊行之《中国学案史》和《感恩师友录》,四十年间,读书所得幸获十余次结集。

近期,又蒙商务印书馆盛谊,拟将我数十年之历次为学结集汇为一帙,凭以为新时代之浩瀚学海存此一粟,奉请方家大雅赐教。传承学脉,德高谊厚,谨致深切谢忱。责任编辑鲍海燕同志,不辞辛劳,兢兢业业,置疫情起伏于不顾,屡屡枉驾寒舍,斟酌商量,精益求精。年轻俊彦如此之敬业精神,最是令我终身铭感。

陈祖武　谨识
二〇二二年五月卅日

编纂缘起[*]

清代学术,以整理和总结中国数千年学术为其特征,而最能体现此一历史特征者,则为乾嘉学派与乾嘉学术。董理乾嘉学派与乾嘉学术,自上个世纪初叶以来,前辈大师章太炎、刘师培、梁启超、钱穆、侯外庐、杨向奎诸先生,早已开启先路,奠立藩篱。近一二十年间,复有众多学术俊彦再度进入此一领域,论著宏富,成就卓然。惟晚近之研究起步甚速,文献准备尚嫌不足,因而讨论中所见某些主张,尤其是若干关系到把握全局的认识,尽管新意迭出,然而往往缺乏充分的文献佐证。惟其如此,进一步加强乾嘉学术文献的整理和研究,便愈益成为引起学者关注的问题。

如同中国学术史上的众多学术流派和不同历史时段的学术形态一样,乾嘉学派与乾嘉学术也经历了一个形成、发展、总结、嬗变的演进过程。在卷帙浩繁的乾嘉学术文献中,通过爬梳整理,区分类聚,用学术史数据长编的形式,按其时间先后顺序,把这样一个历史过程如实地记录下来,对于推动乾嘉学术文献的整理和研究,把乾嘉学派与乾嘉学术的董理引向深入,或许会是不无益处的一次尝试。

中国历代史籍,浩若烟海,体裁完备,编年、纪传、纪事本末,若三足鼎立,源远流长。其间,编年体史籍虽成书最早,然以之述学,则又较之其他体裁史书为晚。二十世纪二十年代初,钱穆先生著《先秦诸子系年》,或可视为其发轫。惟钱先生大著旨在考证先秦诸子史事年

---

[*] 此编纂缘起为初版(河北人民出版社 2005 年版)时所作。

代，准确地说，与其称之为编年体学术史，倒不如将其视为历史年代学的开风气杰作，更加名副其实。因此，较钱先生略后，刘汝霖先生之大著《中国学术编年》，则无疑可称开山之作。依刘先生的著述计划，原拟承接二十年代末先成之《周秦诸子考》，上起两汉西晋，下迄清末民初，凡作六集，合为《中国学术编年》大著。惜天不遂人愿，第一、二集《汉晋学术编年》《东晋南北朝学术编年》刊行之后，其余诸集竟成遗志。

学术传承，后先相继，犹若大江东去之源源不绝。在中国数千年学术的历史长河中，前辈之遗志，实乃后学为学的起点，一代一代，薪火相传。此《乾嘉学术编年》之结撰，即系遵循前辈师长开辟之门径而摸索向前。后海先河，饮水思源，离开二十世纪初叶以来众多前辈的学术积累，断不可能有本书的发愿。而近一二十年间四海硕儒之大作，亦使本书的结撰深获教益。当此排比初成，即将送请出版社审读之际，祖武偕诸位同窗谨向前哲时贤致以崇高的敬意和深切的谢忱。

国家图书馆馆长任老继愈先生，以八十八岁高龄，欣然题签，勉励鞭策。祖武与共学诸君当终身铭感，为国家、民族之学术事业，辛勤耕耘，竭尽绵薄。

陈祖武　谨识
甲申春日于京东潘家园

凡 例

一、《乾嘉学术编年》（以下简称《编年》）为编年体乾嘉学术史资料长编。

二、《编年》所录文献，上起乾隆元年（1736年），下迄道光十九年（1839年）。

三、凡上述百余年间之重要学术史事，诸如中央及地方之学术举措、学者之主要著述及见解、学术师承及往还等等，皆为《编年》之著录范围。

四、《编年》之取材，主要依据高宗、仁宗、宣宗三朝《实录》，以之为纲，博采官私史籍、方志、档案、文集、专著、谱牒、笔记等，年经月纬，纲举目张。

五、《编年》所录文献，一事一条，先述梗概，继摘原文，逐条随文标注所出，以示征信。

六、凡《编年》所涉之学者，皆于其卒年摘述碑铭传状。

七、对实难判定确切年月，或其时间尚存异说之文献，择善而从，务求其是，并酌加考释，多闻阙疑。

八、《编年》所系年月，皆系农历。

九、《编年》为集体劳作之结晶，自二〇〇〇年肇始，迄于二〇〇四年竣事，先后辛勤其间之同仁凡十二位，为汪君学群、林君存阳、杨君艳秋、吴君伯娅、杨君海英、李君华川、高君翔、陈君连营、曹君江红、袁君立泽、梁君勇、杨君朝亮。

十、全书先由祖武草拟选目，凡涉学者百余人。诸君各择其人，人自编年，然后陆续汇齐，增删辑订。诸君所提供之学者编年稿，凡七十四份，依次为：

汪君学群：惠栋、程廷祚、孙星衍、焦循、王念孙、王引之、张惠言、江藩、方东树、庄存与、庄述祖、刘逢禄、宋翔凤、孔广森。

林君存阳：江永、汪绂、沈彤、凌廷堪、卢文弨、王昶、毕沅、盛百二、雷鋐、汪中、汪喜孙、顾广圻、顾栋高、秦蕙田、徐松、祁韵士。

杨君艳秋：钱大昕、王鸣盛、赵翼、章学诚、邵晋涵、杨椿、洪亮吉、刘台拱、沈垚、姚莹、章宗源、朱珔。

吴君伯娅：沈德潜、杭世骏、厉鹗、袁枚、齐召南、李调元。

杨君海英：严元照、杨凤苞、全祖望、严可均。

李君华川：钱泳、黄景仁、陈寿祺、管同、钱仪吉、俞正燮。

高君翔：钱大昕（重出）、张廷玉、崔述、纪昀。

陈君连营：姚鼐、翁方纲、蒋士铨、洪亮吉（重出）、汪辉祖、魏源、龚自珍。

曹君江红：卢见曾、朱筠、朱珪、彭绍升。

杨君朝亮：李绂。

十一、《编年》定稿，皆请林君存阳、汪君学群输入电脑，二君反复校核，受累最多。杨君艳秋不辞辛劳，搜求文献，亦多费心力。

十二、乾嘉时期，传世文献极富，经史子集，包罗万有。本书所辑，不过掇拾其间之一隅，旨在记录此一时期之学术演进源流。能否得其大要，尚无把握，敬请诸位先进批评。至于辑录之未备，乃至错讹，当在所多有，尤盼方家大雅多赐教诲。

目 录

乾隆元年丙辰	1736年	/1
乾隆二年丁巳	1737年	/24
乾隆三年戊午	1738年	/29
乾隆四年己未	1739年	/38
乾隆五年庚申	1740年	/43
乾隆六年辛酉	1741年	/46
乾隆七年壬戌	1742年	/52
乾隆八年癸亥	1743年	/57
乾隆九年甲子	1744年	/67
乾隆十年乙丑	1745年	/74
乾隆十一年丙寅	1746年	/80
乾隆十二年丁卯	1747年	/84
乾隆十三年戊辰	1748年	/90
乾隆十四年己巳	1749年	/95
乾隆十五年庚午	1750年	/102
乾隆十六年辛未	1751年	/108
乾隆十七年壬申	1752年	/115
乾隆十八年癸酉	1753年	/123
乾隆十九年甲戌	1754年	/129

乾隆二十年乙亥	1755 年	/138
乾隆二十一年丙子	1756 年	/147
乾隆二十二年丁丑	1757 年	/155
乾隆二十三年戊寅	1758 年	/162
乾隆二十四年己卯	1759 年	/171
乾隆二十五年庚辰	1760 年	/178
乾隆二十六年辛巳	1761 年	/182
乾隆二十七年壬午	1762 年	/186
乾隆二十八年癸未	1763 年	/188
乾隆二十九年甲申	1764 年	/191
乾隆三十年乙酉	1765 年	/193
乾隆三十一年丙戌	1766 年	/198
乾隆三十二年丁亥	1767 年	/202
乾隆三十三年戊子	1768 年	/207
乾隆三十四年己丑	1769 年	/211
乾隆三十五年庚寅	1770 年	/217
乾隆三十六年辛卯	1771 年	/221
乾隆三十七年壬辰	1772 年	/228
乾隆三十八年癸巳	1773 年	/240
乾隆三十九年甲午	1774 年	/254
乾隆四十年乙未	1775 年	/262
乾隆四十一年丙申	1776 年	/276
乾隆四十二年丁酉	1777 年	/287
乾隆四十三年戊戌	1778 年	/304
乾隆四十四年己亥	1779 年	/311

乾隆四十五年庚子	1780 年	/323
乾隆四十六年辛丑	1781 年	/333
乾隆四十七年壬寅	1782 年	/346
乾隆四十八年癸卯	1783 年	/355
乾隆四十九年甲辰	1784 年	/365
乾隆五十年乙巳	1785 年	/378
乾隆五十一年丙午	1786 年	/387
乾隆五十二年丁未	1787 年	/393
乾隆五十三年戊申	1788 年	/410
乾隆五十四年己酉	1789 年	/422
乾隆五十五年庚戌	1790 年	/436
乾隆五十六年辛亥	1791 年	/450
乾隆五十七年壬子	1792 年	/462
乾隆五十八年癸丑	1793 年	/483
乾隆五十九年甲寅	1794 年	/503
乾隆六十年乙卯	1795 年	/513
嘉庆元年丙辰	1796 年	/531
嘉庆二年丁巳	1797 年	/556
嘉庆三年戊午	1798 年	/576
嘉庆四年己未	1799 年	/596
嘉庆五年庚申	1800 年	/613
嘉庆六年辛酉	1801 年	/629
嘉庆七年壬戌	1802 年	/641
嘉庆八年癸亥	1803 年	/655
嘉庆九年甲子	1804 年	/673

嘉庆十年乙丑	1805 年	/686
嘉庆十一年丙寅	1806 年	/699
嘉庆十二年丁卯	1807 年	/713
嘉庆十三年戊辰	1808 年	/728
嘉庆十四年己巳	1809 年	/741
嘉庆十五年庚午	1810 年	/757
嘉庆十六年辛未	1811 年	/768
嘉庆十七年壬申	1812 年	/777
嘉庆十八年癸酉	1813 年	/792
嘉庆十九年甲戌	1814 年	/804
嘉庆二十年乙亥	1815 年	/818
嘉庆二十一年丙子	1816 年	/832
嘉庆二十二年丁丑	1817 年	/842
嘉庆二十三年戊寅	1818 年	/852
嘉庆二十四年己卯	1819 年	/859
嘉庆二十五年庚辰	1820 年	/866
道光元年辛巳	1821 年	/870
道光二年壬午	1822 年	/876
道光三年癸未	1823 年	/884
道光四年甲申	1824 年	/891
道光五年乙酉	1825 年	/898
道光六年丙戌	1826 年	/906
道光七年丁亥	1827 年	/914
道光八年戊子	1828 年	/917
道光九年己丑	1829 年	/924

道光十年庚寅	1830 年	/932
道光十一年辛卯	1831 年	/938
道光十二年壬辰	1832 年	/946
道光十三年癸巳	1833 年	/951
道光十四年甲午	1834 年	/954
道光十五年乙未	1835 年	/963
道光十六年丙申	1836 年	/965
道光十七年丁酉	1837 年	/967
道光十八年戊戌	1838 年	/978
道光十九年己亥	1839 年	/982

主要引用书目　　　　　　　　/986

乾隆元年丙辰　1736年

正月二十日，清廷严斥御史谢济世著《学庸注疏》，指为"谬妄无稽，甚为学术人心之害"。

据《高宗实录》卷一一乾隆元年正月乙卯条记：

> 总理事务王大臣议奏，御史谢济世进自著《学庸注疏》，于经义未窥毫末。其称明初尊朱之令，以同乡同姓之故，名为表章圣贤，实则推尊本朝，尤属谬妄无稽，甚为学术人心之害。请严饬，发还其书。从之。

正月，汪绂著《礼记章句》并《或问》成。

据汪绂《双池文集》卷之五《礼记章句序乾隆元年丙辰》记：

> 《小戴》四十九篇，大抵纯驳相杂，盖汉儒传记之属耳。而自汉以来，并列学官，莫之或易。下及元明，设科取士，皆唯以《戴记》，而《周礼》《仪礼》盖不与焉，偾矣！然《仪礼》先圣之法，而行礼者贵得圣人之心，无得于圣人之心，则节文亦末焉已尔。《戴记》虽不能皆纯，而古人遗意，与夫先圣微言，有传之未失其真者，则皆有礼乐精义所存。是以由《曲台》而《大戴》，由《大戴》而《小戴》，亦既愈汰愈严。今《大戴》余篇犹存，而程朱自《小戴》表章《学》《庸》，遂以绍千圣相传之道统，知《小戴》之获列于经，非无谓也。况世远言湮，经残礼废，而情深服古之儒，志在践履先王，以求陶淑其身心，以昭周孔之训，其因文而得意，因略而得详者，舍是书其曷从也哉？……顾先儒之治《小戴》者，郑注既祖谶纬，孔疏一于附会，皇、熊漫滥，鲜有可观。是无论《戴记》之驳者，愈远愈离，即其中之所谓纯，亦因之而尽驳。宋儒程、张虽乃时发精义，而未尝统为折衷

朱子既看《仪礼》有序，而欲因经附传，斯《记》庶几就理，未克成书，以付黄勉斋。然勉斋所手定，又似与朱子旧说稍殊，要于二礼全书，亦未遑详为梳栉也。外此，则荆国既多矫诬，蓝田未免束缚，方氏附会为多，石梁批剥过当。余若辅氏、饶氏、应氏、吴氏之徒，各有发明，而刘氏时多粹语，陈氏考据详慎，时为特出者欤！独是制科《戴记》取士，于是士虽名为习礼，徒矜羔雁先资，遂至武林之《集解》，凡遇丧礼，皆尽行删阙，是宜乎云庄之浩然兴叹也。草庐多所纷更，果于自用，虽今人有崇事其说者，于鄙意则未敢惬焉。要以平易纯正，则宁取云庄为最。但陈注或杂引他说，不为折衷，或随手摭援，不顺文义，而其间择之未精，语之未详者，亦所时见。绂每读之，而有不能释然于心者，常欲更为搜剔，以示来兹。……因即云庄旧注，略复搜辑绍闻，更参鄙见，斟酌去取，别为章句，手录成书。虽所取用不过数家，深惭孤陋，然前圣作述之心，及高堂生、萧奋、孟卿、后苍、二戴相传说礼之意，与夫学礼者身心之范，或亦其有得焉，以无戾于先儒也乎？若乃因经附传，而合斯《记》于《仪礼》，则窃有志也，而姑待焉。亦以《小戴》为今日习礼专经，故莫若详于是焉，以斯为《仪礼》之筏也。篇次悉因旧本，毋若应删吴裂。至其所以去取之故，是非之辨，有非章句所能悉载者，则又窃附朱子《四书或问》之例，别著《或问》一编，以尽其说。世有取此书而阅之者，或亦可以为《仪礼》之阶，而资风教之一助；更取《或问》而阅之，其亦可以知绂之心矣。

案：据余龙光《双池先生年谱》卷之二，"乾隆元年丙辰四十五岁"条称："春正月，《礼记章句》成，十卷；又成《或问》四卷。"故系此文于此。

二月四日，佥都御史李徽奏请"订《孝经》入"四子书"，进程子颢入大成殿"，为清廷严词斥责。高宗令将批驳语"颁发天下学政"。

据《高宗实录》卷一二乾隆元年二月戊辰条记：

四子之书，乃朱子所自订，刊于临漳。宋理宗颁行学官，至元明以及我朝，遵行已久。《大学》《中庸》，程子从《礼记》摘出，朱子订入"四书"。《孝经》单行，篇章无多，何可与"四书"并列？朱子为《孝经刊误》，疑其非尽圣人之言，说得都不亲切。吴澄亦曰，今文亦不无可疑。疑其所可疑，信其所可信，去其所可去，存其所可存，朱子意也。制科取士，第一场首试"四书"文三篇，二场用《孝经》论一篇，与《性理》互出，所以尊崇圣经，总期发明经义，文与论何择！李徽欲请订入"四书"，将使天下后世，谓"四书"订于朱子，五书订于李徽，殊不自量之甚。朱子熹羽翼经传，阐发义蕴，会萃群言，衷于至当。《四书集注章句》，亲切详明，使学者涵泳绅绎，具见圣贤立言精意。我圣祖仁皇帝，特进朱子熹入配大成殿，所以为天下万世学者树之标准，俾知所趋向，非以朱子熹为贤于周、程诸儒也。如李徽所言，程子颢亦宜入大成殿，周子敦颐以下，均可以次详酌。则周子敦颐、二程子颐、张子载、邵子雍，皆宜附于十哲之列。孔子及门，如南容、有若、子贱诸贤，不亚于程、周诸子，并不亚于十哲，亦未尽入大成殿中。踵事日增，将贻后议。揆诸尊崇至圣，以师表万世之至意，亦岂有当？至于性善之说，详于《孟子》，皆渊源之论。李徽以人性之善为支派，谓程子颢解"继之者善"，亦人性之支派。指此为有功性旨，是不独有悖孟子，亦大非程子之意。敷陈舛谬，学术攸关，诚恐无知效尤，或诋毁先贤，或穿凿经义，或托名理学，自便其私，大为世道人心之害。请严申饬。得旨：这所奏是。着交该部颁发天下学政，咸使遵行。

二月十六日，高宗颁谕，再斥谢济世、李徽。
据《高宗实录》卷一三乾隆元年二月庚辰条记：

  谢济世请用其自注《学》《庸》，易朱子《章句》，颁行天下。独不自揣己与朱子分量，相隔如云泥，而肆口诋毁，狂悖已极。且谓明代以同乡同姓，尊崇朱子之书，则直如爨下老婢，陈说古事，虽乡里小儿，亦将闻而失笑也。李徽欲以《孝经》与"四书"并列为五，立义支离，属辞鄙浅。于宋元大儒所论《孝经》源流离合，曾未寓目，即欲变乱历代论定，列于学官，数百年不易之旧章，亦不自量之甚矣。

二月二十三日，高宗颁谕，专言博学鸿词特科事宜，以九月为到京最后期限。

据《高宗实录》卷一三乾隆元年二月丁亥条记：

> 谕：内外臣工所举博学鸿词，闻已有一百余人，只因到京未齐，不便即行考试，其赴考先至者，未免旅食艰难。着从三月为始，每人月给银四两，资其膏火，在户部按名给发，俟考试后停止。若有现任在京食俸者，即不必支给。并行文外省，令未到之人，俱于九月以前到京。若该省无续举之人，亦即报部知之，免致久待。

此时京城，四方学人云集，"征歌选胜，极一时之盛"。

据杭世骏《词科余话》记：

> 甲寅冬，余与厉太鸿同被征，星斋以进士学习闽省，亦列荐牍，濡滞未至。时鄞县全绍衣祖望尚留京师，除夕梦余及太鸿两人抵京，欢然道故，有诗纪其事。予自乙卯除夕辞家，以丙辰正月晦抵都。时被征之士麇集京师，故人吴江迮云龙、钱塘桑调元、符曾，皆有次韵诗。与予同荐者十一人，（浙江总督上蔡程元章举十八人：严遂成、厉鹗、杭世骏、沈炳谦、齐召南、张懋建、周长发、汪沆、周琰、周大枢、万光泰、陈士璠、邵昂霄、程川、孙诒年、李宗潮、钱载。陈句山则闽抚所举。）星斋亦自闽至，公谳于汪西灏小眠斋，征歌选胜，极一时之盛。

又据袁枚《小仓山房文集》卷十四《胡稚威哀词》记：

> 吾与稚威同荐鸿词。初见，谓曰："美才多，奇才少，子奇才也。年少修业而息之，他日为唐之文章者，吾子也。"呼车行，称余于前辈齐次风、商宝意、杭堇浦、王次山诸先生，而劝之来交。

又据杭世骏《词科掌录》卷二记：

是科征士中，吾石友三人，皆据天下之最。太鸿之诗，稚威之古文，绍衣之考证穿穴，求之近代，罕有伦比。绍衣丙辰先成进士，改庶常，例不当试，后以散馆出外。稚威以疾，太鸿以违式，皆不得在词馆，岂非命哉！

三月六日，高宗颁谕，宽赦汪景祺、查嗣庭二文字狱案牵连戚属。据《高宗实录》卷一四乾隆元年三月庚子条记：

谕总理事务王大臣：朕查阅汪景祺等旧案，景祺狂乱悖逆，罪不容诛。但其逆书《西征笔记》，乃出游秦省时所作，其兄弟族属，南北远隔，皆不知情。今事已十载有余，着将伊兄弟及兄弟之子发遣宁古塔者，开恩赦回。其族人牵连革禁者，悉予宽宥。查嗣庭本身已经正法，其子侄等拘系配所，亦将十载，亦着从宽赦回。

三月十三日，清廷下令，颁发"十三经""二十一史"于各省府州县学。

据《高宗实录》卷一四乾隆元年三月丁未条记：

协办大学士三泰奏请，颁发"十三经""二十一史"各一部，于各省会府学中，令督抚刊印，分给府州县学。部议应令督抚于省会书院，及有尊经阁之府州县，就近动项购买颁发。从之。

三月二十四日，高宗批准国子监祭酒杨名时奏，颁发官修诸经说于太学。

据《高宗实录》卷一五乾隆元年三月戊午条记：

尚书衔兼管国子监祭酒事杨名时，请颁圣祖仁皇帝御制《周易折中》《性理精义》《朱子全书》，钦定《尚书传说汇纂》《诗经传说汇纂》《春秋传说汇纂》，各书十六部，储于太学，刊示诸生。得旨：杨名时所请书籍，着将武英殿现有者，各种发二十部。余照所请行。

四月二十七日，高宗颁谕，命广布官修经书，定生员加试经解。
据《高宗实录》卷一七乾隆元年四月辛卯条记：

> 谕总理事务王大臣：从来经学盛则人才多，人才多则俗化茂。稽诸史册，成效昭然。我皇祖圣祖仁皇帝，道隆羲顼，学贯天人，凡艺囿书仓，靡不博览。而尤以经学为首重，御纂《周易折中》《尚书汇纂》《诗经汇纂》《春秋汇纂》等编，又有《朱子全书》《性理精义》，正学昌明，著作大备。我皇考世宗宪皇帝，至德同符，孝思不匮，时敕直省布政司，将诸书敬谨刊刻，准士子赴司，呈请刷印。盖欲以广圣教，振儒风，甚盛典也。……着直省抚藩诸臣，加意招募坊贾人等，听其刷印，通行鬻卖，严禁胥吏阻挠需索之弊。但使坊贾皆乐于刷印，斯士子皆易于购买，庶几家传户诵，足以大广厥传。朕又思圣祖仁皇帝四经之纂，实综自汉迄明，二千余年群儒之说，而折其中，视前明《大全》之编，仅辑宋元讲解，未免肤杂者，相去悬殊。各省学臣，职在劝课实学，则莫要于宣扬圣教，以立士子之根柢。每科岁案临时，豫饬各该学，确访生童中有诵读御纂诸经者，或专一经，或兼他经，着开名册报。俟考试文艺之后，该学政就四经中，斟酌旧说有所别异处，摘取数条，另期发问。只令依义条答，不必责以文采。有能答不失指者，所试文稍平顺，童生即予入泮，生员即予补廪，以示鼓励。务宜实力奉行，以副朕尊经育才之意。

五月二十七日，清廷颁发《律历渊源》于各省。
据《高宗实录》卷一九乾隆元年五月庚申条记：

> 颁发圣祖仁皇帝御制《律历渊源》于直省学宫、书院。

六月一日，高宗颁谕，整饬书院教育。
据《高宗实录》卷二〇乾隆元年六月甲子条记：

> 训饬直省书院师生谕：书院之制，所以导进人才，广学校所不及。我

世宗宪皇帝，命设之省会，发帑金以资膏火，恩意至渥也。……若仅攻举业，已为儒者末务。况藉为声气之资，游扬之具，内无益于身心，外无补于民物。即降而求文章成名，足希古之立言者，亦不多得。宁养士之初旨耶？该部即行文各省督抚学政，凡书院之长，必选经明行修，足为多士模范者，以礼聘请。负笈生徒，必择乡里秀异，沉潜学问者，肄业其中。其恃才放诞，佻达不羁之士，不得滥入书院中。

六月十六日，高宗颁谕，命开馆纂修《三礼义疏》。
据《高宗实录》卷二一乾隆元年六月己卯条记：

谕总理事务王大臣：昔我皇祖圣祖仁皇帝，阐明经学，嘉惠万世，以《大全》诸书，驳杂不纯，特命大臣等，纂集《易》《书》《诗》《春秋》四经传说。亲加折衷，存其精粹，去其枝蔓，颁行学校，昭示来兹。而《礼记》一书，尚未修纂。又《仪礼》《周礼》二经，学者以无关科举，多未寓目。朕思五经乃政教之原，而《礼经》更切于人伦日用，传所谓经纬万端，规矩无所不贯者也。昔朱子请修"三礼"，当时未见施行，数百年间，学者深以为憾。应取汉、唐、宋、元以来注疏诠解，精研详订，发其义蕴，编辑成书，俾与《易》《书》《诗》《春秋》四经，并垂永久。其开馆纂修事宜，大学士会同该部，定议具奏。

同日，高宗命编选"四书"文，弛坊间刻文之禁。
据《高宗实录》卷二一乾隆元年六月己卯条记：

自坊选之禁垂诸功令，而大家名作，不得通行。士子无由睹斯文之炳蔚，率多因陋就简，剽窃陈言，袭取腐语。间或以此幸获科名，又展转流布，私相仿效，驯至先正名家之风味，邈乎难寻，所系非浅鲜也。今朕欲裒集有明及本朝诸大家时艺，精选数百篇，汇为一集，颁布天下，以为举业指南。学士方苞，工于时文，着司选文之事。务将入选文，逐一批抉其精微奥窔之处，俾学者了然心目间，用以拳服摩拟。再会试、乡试墨卷，若必俟礼部刊发，势必旷日持久，士子一时不得观览。嗣后应弛坊间刻文之禁，倘果有学问淹博，手眼明快者，不拘乡、会墨卷，房行试牍，准其照前选刻。但不得徇情滥觞，及狂言横议，致酿恶俗。

六月二十三日，高宗颁谕，命纂修《大清通礼》。
据《高宗实录》卷二一乾隆元年六月丙戌条记：

谕总理事务王大臣：朕闻三代圣王，缘人情而制礼，依人性而作仪，所以总一海内，整齐万民，而防其淫侈，救其雕敝也。……前代儒者，虽有《书仪》《家礼》等书，而仪节繁委，时异制殊，士大夫或可遵循，而难施于黎庶。本朝《会典》所载，卷帙繁重，民间亦未易购藏。应萃集历代礼书，并本朝《会典》，将冠、婚、丧、祭一切仪制，斟酌损益，汇成一书，务期明白简易，俾士民易守。

七月九日，清廷任命"三礼"馆主事官员。
据《高宗实录》卷二二乾隆元年七月辛丑条记：

命大学士鄂尔泰、张廷玉、朱轼，兵部尚书甘汝来，为"三礼"馆总裁。礼部尚书杨名时，礼部左侍郎徐元梦，内阁学士方苞、王兰生，为副总裁。

九月二十八日，博学鸿词考试在保和殿举行。
据《高宗实录》卷二七乾隆元年九月己未条记：

御试博学鸿词一百七十六员于保和殿，命大学士鄂尔泰、张廷玉，吏部侍郎邵基阅卷。

又据陈玉绳辑《陈星斋年谱》乾隆元年三十七岁条记：

试期近，奉恩旨：天气渐寒，着在保和殿内考试。钦点大学士鄂尔泰、张廷玉，吏部侍郎邵基阅卷。试题：《五六天地之中合赋》《山鸡舞镜诗》

《黄钟为万事根本论》，经学、史学策问各一。

又据袁枚《随园诗话》卷五记：

乾隆丙辰，召试博学鸿词，海内荐者二百余人。至九月，而试保和殿者一百八十人。诗题是《山鸡舞镜》七排十二韵，限山字。……二百人中，年最高者，万九沙先生经，最少者枚。

博学鸿词特科仅录取十五人，儒林中人为之失望。
据李绂《穆堂初稿》卷三十五《送赵意林归浙江序》记：

雍正十有一年，世宗皇帝特诏开博学鸿词科，令在京三品以上大臣，在外总督、巡抚，会同学臣，荐举人品端正、学问优赡之士，以应御试。盖自康熙己未召试，距兹岁垂六十年矣。事严典旷，中外相顾，莫敢先发。逾年，河东督臣举一人，直隶督臣举二人，他莫有举者，特旨切责诸臣观望。又逾年，大学士高安朱公举四人，而封疆大吏所举，犹趑趄不前。今上登极，再诏督促。余方蒙恩，以久废起官户部，与仁和赵公同为侍郎。其从弟意林来谒，……其学可谓博，而词亦可谓鸿矣。亟欲举意林应诏，意林辞让，谓公诚有意，愿举吾兄。……因举谷林以成意林之意，而意林旋亦被荐。明年，天下所举士集阙下者百八十余人，天子临轩亲试之。读卷者犹持严重之意，仅以十五卷上，于是二赵子俱报罢。盖中额隘，视己未（康熙十八年己未，清廷首举博学鸿儒特科。——引者）四之一耳。己未三取一人，今十不能得一也。未几，意林来告归，欲得赠言。余谓博学鸿辞以实不以名，有其实，虽不中犹中也。

自雍正十一年四月初八日颁谕，诏举博学鸿词，迄于乾隆元年秋，内外臣工所荐举凡二百六十一人。
据杭世骏《词科掌录》卷首《举目》记：

明诏既下，首讫凡四年，合内外所举，凡二百六十七人，重荐者六人。

宗人府左宗正多罗慎郡王举三人：试用浙江曹娥场盐场大使易宗瀛，湖南湘乡县人；原任官库笔帖式李锴，正黄旗汉军人；景陵八品茶上人长住，正白旗包衣汉军人。

太子太傅、文华殿大学士兼吏部尚书朱轼举四人：原任刑部员外、降补太常寺典簿潘安礼，江西南城人，雍正丁未进士；直隶赵州宁晋县知县张振义，江西龙泉人，雍正癸卯进士；原任翰林院庶吉士、改补知县、又改儒学教授未补梁机，江西泰和人，康熙辛丑进士；雍正甲辰进士李纮，江西临川人。

太子太保、文渊阁大学士兼吏部尚书嵇曾筠举二人：原任翰林院庶吉士杜诏，江南无锡人，康熙壬辰进士；原任临江府知府胡期颐，湖广武陵人。

协办内阁事务、刑部尚书徐本举二人：原任翰林院编修查祥，浙江海宁人，康熙戊戌进士；原任左春坊左中允黄之隽，江南华亭人，康熙辛丑进士。

户部尚书史贻直举二人：原任翰林院修撰、降补行人司司副于振，江南金坛人，雍正癸卯进士；雍正甲辰举人周钦，江南宜兴人。

礼部尚书任兰枝举三人：候补教授徐廷槐，浙江会稽人，雍正庚戌进士；雍正乙酉副榜贡生胡天游，浙江山阴人；拔贡生杨度汪，江南无锡人。

兵部尚书甘汝来举六人：雍正癸卯举人徐文靖，江南当涂人；广东琼州府额外教授邓士锦，江西南城人；雍正癸卯举人魏允迪，江西广昌人；雍正壬子举人黄世成，江西信丰人；拔贡生余腾蛟，山东武定人；廪生张星景，江西奉新人。

工部尚书涂天相举五人：刑部员外奚源，江南当涂人，雍正丁未进士，不考；湖北孝感县知县金虞，浙江钱塘人，康熙庚子举人，丁忧；湖南宝庆府教授夏策谦，湖北孝感人，康熙己卯举人，不考；江南淮安府盐城教谕夏之蓉，江南高邮人，雍正癸丑进士；康熙丁酉举人李春耀，湖北孝感人。

都察院左都御史兼理吏部侍郎事务孙嘉淦举六人：徐文靖（原注：重保）；□□举人刘始兴，江南金坛人；雍正甲辰举人刘斯组，江西新建人；

乾隆元年丙辰　1736年　11

雍正乙卯拔贡生刘五教，山西临县人；拔贡生车文，河南太康人；生员方贞观，江南桐城人，不考。

户部左侍郎陈树萱举三人：雍正丙午举人韩曾，江南长洲人；雍正乙卯举人杨述曾，江南武进人；贡生陈长镇，湖南武陵人。

户部左侍郎兼管三库事务李绂举四人：雍正癸卯举人郑长庆，江西贵溪人；雍正壬子举人曹秀先，江西新建人，改庶吉士，不考；廪生傅涵，江西临川人；贡生赵昱，浙江仁和人。

经筵讲官、户部右侍郎兼管钱法事务赵殿最举四人：原任翰林院编修万经，浙江鄞县人，康熙癸未进士，不考；署河南彰德府管河同知李光型，福建安溪人，雍正癸丑进士；浙江嘉兴府教授诸锦，浙江秀水人，雍正甲辰进士；雍正壬子举人全祖望，浙江鄞县人，改庶吉士，不考。

总督仓场军务、户部右侍郎吕耀曾举二人：康熙庚子举人刘世澍，湖南善化人；生员方辛元，江南桐城人。

礼部左侍郎徐元梦举三人：原任内阁中书吴麟，镶黄旗满洲人；岁贡生黑噶，正红旗满洲人；壬子举人金鉴，江南江阴人。

兵部左侍郎、镇国将军、宗室德沛举五人：李锴（原注：重保）；雍正庚戌进士西成，镶黄旗满洲人；监生杨煜曾，江南武进人，丁忧；监生陈景忠，镶红旗汉军人；布衣赵宁静，江西南丰人。

兵部左侍郎杨汝穀举四人：内阁中书史凤辉，江南宜兴人，雍正己酉举人；原任兴化县知县汪芳藻，江南休宁人，驳；雍正己酉举人万松龄，江南宜兴人；监生沈廷芳，浙江仁和人。

兵部右侍郎吴应棻举三人：原任广东东莞县知县于梓，江南金坛人，驳；江南泾县教谕华希闵，江南无锡人，康熙庚子举人，不考；雍正乙卯副榜贡生姚世钵，浙江归安人。

署兵部侍郎事王士俊举六人：原任河南河南府知府张汉，云南石屏州人，康熙癸巳进士；原任云南姚州知州告病在籍靖道谟，湖北汉阳人，康熙辛丑进士，不考；云南云龙州知州徐本僮，湖北蕲水人，康熙庚子举人，先考；原任顺天丰润县知县方棃如，浙江淳安人，康熙丙辰进士；原任湖北孝感县知县张宏敏，江南丹徒人，康熙甲午举人，驳；廪生黄涛楫，江南江宁人，故。

刑部左侍郎兼管礼部侍郎事王纮举五人：原任河南洧川县知县胡浚，浙江山阴人，康熙庚子举人；丁酉举人李清藻，福建安溪人；雍正壬子举人戴永植，浙江归安人；廪生陈洪淡，江西高安人；生员盛乐，江西□□人。

刑部左侍郎兼管礼部侍郎事励宗万举三人：户部学习行走符曾，浙江钱塘人，丁忧；监生叶承点，江南奉贤人；□□举人王世枢，江南宝山人。

刑部右侍郎杨超曾举四人：雍正癸卯副榜贡生曹懎，广东保昌人；廪生苏珥，广东顺德人，不考；陈长镇（原注：重保）；布衣屈复，陕西蒲城人，不考。

工部左侍郎王钧举三人：□□举人秦懋绅，江南武进人；雍正乙卯举人金焜，浙江钱塘人；监生吴溶，江南阳湖人。

工部右侍郎张廷瑑举一人：内阁中书马朴臣，江南桐城人，壬子举人。

内阁学士兼礼部侍郎伊尔敦举四人：原任翰林院编修叶长扬，江南吴县人，康熙戊戌进士，驳；江南上海县知县褚菊书，浙江嘉兴人，□□举人，不考；通州学政于栻，江南金坛人，□□举人；康熙庚子举人俞鸿德，浙江海盐人。

内阁学士兼礼部侍郎春山举一人：□□冯元溥，江南金坛人。

内阁学士兼礼部侍郎方苞举五人：浙江衢州府教授柯煜，浙江嘉善人，康熙辛丑进士，故；江南江都县教谕吴锐，江南当涂人，康熙辛卯举人；贡生龚缨，江南江宁人，不考；雍正壬子副榜贡生刘大櫆，江南桐城人；贡生余华瑞，□□□□人，不考。

内阁学士兼礼部侍郎吴家骐举六人：原任翰林院庶吉士宋照，江南长洲人，康熙戊戌进士，驳；乙酉举人王霖，浙江山阴人；雍正癸卯举人闻元晟，浙江嘉善人，不考；雍正癸卯副榜贡生曹廷枢，浙江嘉善人；监生周汝舟，江南吴江人；廪生沈彤，江南吴江人。

乾隆元年丙辰　1736年　13

内阁学士兼礼部侍郎姚三辰举三人：康熙庚子举人王照，浙江仁和人，不考；廪生周京，浙江钱塘人；廪生汪台，浙江仁和人。

都察院左副都御史孙国玺举四人：户部主事尚廷枫，江西新建人；户部笔帖式峻德，正白旗满洲人；康熙庚子举人汪援甲，浙江钱塘人；监生王藻，江南吴江人。

都察院左副都御史陈世倌举五人：工部主事桑调元，浙江钱塘人，雍正癸丑进士；康熙庚子副榜贡生汪祎，江南江都人；监生陆荣柜，江南华亭人；廪生卢存心，浙江钱塘人；廪生胡二乐，江南歙县人。

通政使司通政使赵之垣举六人：直隶卢龙县知县万承苓，江西南昌人，雍正癸卯进士，不考；候选知州马曰璐，江南江都人，不考；工部主事凌之调，江西新建人，乾隆丙辰进士；布衣陈撰，浙江鄞县人，不考；监生赵信，浙江仁和人；杨煜曾（原注：重保）。

詹事府詹事、觉罗吴拜举二人：国子监学正丁凝，浙江长兴人，康熙癸巳举人；拔贡生李光国，江南兴化人。

日讲官、起居注、詹事府詹事刘统勋举一人：康熙庚子副榜贡生瞿骏，江南常熟人，不考。

詹事府詹事、管少詹事王奕清举六人：内阁中书方观承，江南桐城人，不考；原任行人司行人顾陈垿，江南镇洋人，康熙乙酉举人；雍正甲辰举人赵永孝，江南常熟人；考授州判朱稻孙，浙江秀水人；贡生沈炳震，浙江归安人；生员陆枚，江南吴县人。

太常寺卿王澍举一人：监生叶西，江南桐城人。

光禄寺卿那尔泰举一人：原任南丰教谕宋士宗，江西星子人，□□举人，驳。

总理北路军需、光禄寺卿刘吴龙举五人：雍正癸丑进士杨廷英，江西新建人；□□举人夏之翰，江西新建人；刘斯组（原注：重保）；雍正己酉拔贡生龚正，江西南昌人；廪生龚元玠，江西南昌人。

太仆寺卿蒋涟举六人：原任翰林院编修傅王露，浙江会稽人，康熙乙未进士，驳；原任黔阳县知县王作人，浙江钱塘人；雍正丙午举人金德瑛，浙江仁和人，授修撰，不考；雍正丙午举人王延年，浙江钱塘人；廪生沈冰壶，浙江山阴人；武生邵岷，江南元和人，驳。

顺天府府尹陈守创举五人：康熙丁酉举人金门诏，江南江都人，改庶吉士，不考；雍正丙午举人甘禾，江西奉新人；江西新建教谕饶一辛，江西广昌人，雍正癸卯举人；贡生刘世基，江西赣县人；廪生裘曰修，江西新建人。

奉天府府尹宋筠举一人：直隶永平府教授魏枢，奉天承德人，雍正庚戌进士，故。

奉天府府丞管学政事王河举一人：监生祝维诰，浙江秀水人，驳。

衍圣公举一人：监生张范，江南华亭人。

太子少保、兵部尚书兼都察院右副都御史、直隶总督李卫举六人：原任翰林院编修刘自洁，直隶武强人，雍正癸巳进士（原注：续举）；原任北运河同知程恂，江南休宁人，雍正甲辰进士；雍正癸丑进士阎介年，直隶蔚州人；副榜贡生汪士锽，江南江宁人（原注：续举）；雍正己酉拔贡生陆祖锡，浙江平湖人；拔贡生边连宝，直隶任邱人。

太子太保、兵部尚书、江苏巡抚高其倬举十七人：原任翰林院庶吉士、改补知县孙见龙，浙江归安人，康熙癸巳进士；雍正甲辰举人孙天寅，江南常熟人，故；廪生沈德潜，江南长洲人；廪生朱厚章，江南长洲人，故；监生倪承茂，江南吴县人；增生吴龙见，江南武进人；廪生胡鸣玉，江南青浦人；雍正壬子举人马荣祖，江南江都人；廪生叶荣梓，江南青浦人；贡生王腾蛟，浙江钱塘人；雍正壬子副榜贡生张凤孙，江南华亭人；江南兴化教谕姚焜，江南桐城人；□□□□教谕沈虹，江南长洲人；雍正乙卯举人王会汾，江南无锡人；生员陈黄中，江南长洲人；□□进士张廷槐，江南江阴人。

兵部右侍郎、署理江苏巡抚事顾琮举七人：贡生邱迥，江南山阳人；拔贡生周振采，江南山阳人，不考；生员许锵，江南上元人；康熙辛丑进

乾隆元年丙辰　1736年　15

士顾栋高，江南无锡人；□□举人潘遇莘，江南宝应人；廪生郭束，江南宝应人；监生刘师翱，江南宝应人。

礼部左侍郎、提督江苏学政张廷璐举三人：廪生刘纶，江南武进人；廪生刘鸣鹤，江南阳湖人；贡生陆桂馨，江南震泽人。

兵部尚书兼都察院右副都御史、两江总督赵宏恩举二人：优贡生吴张元，江南吴江人；监生任瑗，江南山阳人。

安徽巡抚、都察院右副都御史王纮举三人：江南池州府教授陈以刚，江南天长人，康熙壬辰进士，先考；廪生程光祚，江南上元人；增生吴檠，江南全椒人。

安徽巡抚、兵部右侍郎兼都察院右副都御史赵国麟举三人：生员李希稷，江南宣城人；生员梅兆颐，江南宣城人；生员江其龙，江南桐城人。

浙江总督管巡抚事、兵部右侍郎兼都察院右副都御史程元章举十八人：原任山西临县知县严遂成，浙江乌程人，雍正甲辰进士，丁忧；康熙庚子举人厉鹗，浙江钱塘人；生员周玉章，浙江仁和人；雍正甲辰举人杭世骏，浙江仁和人；贡生沈炳谦，浙江归安人；雍正乙卯副榜贡生齐召南，浙江天台人；雍正乙卯举人张懋建，浙江镇海人；浙江乐清县教谕周长发，浙江会稽人，雍正甲辰进士，原任翰林院庶吉士；生员汪沆，浙江钱塘人；生员周琰，浙江萧山人；生员周大枢，浙江山阴人；生员万光泰，浙江秀水人；生员陈士璠，浙江钱塘人；雍正乙卯拔贡生邵昂霄，浙江余姚人；拔贡生程川，浙江钱塘人；生员孙诒年，浙江归安人；雍正甲辰副榜贡生李宗潮，浙江秀水人；雍正壬子副榜贡生钱载，浙江秀水人。

太子太保、文渊阁大学士兼吏部尚书、管浙江总督嵇曾筠举四人：廪生金文淳，浙江钱塘人；廪生沈树德，浙江归安人；生员朱荃，浙江桐乡人；布衣申甫，浙江西安人。

又南河总督任内举一人：监生翁照，江南江阴人，不考。

江西巡抚、都察院右副都御史常安举六人：江西抚州府教授邓牧，江西南丰人，康熙辛丑进士；雍正乙卯举人黄永年，江西广昌人；廪生廖理，江西南城人；生员张锦传，江西临川人；生员李灏，江西南丰人；□□黄天策，□□□□。

福建巡抚、兵部右侍郎、都察院右副都御史赵国麟举一人：福建学习、雍正庚戌进士陈兆仑，浙江钱塘人。

福建巡抚、兵部右侍郎、都察院右副都御史卢焯举十人：雍正壬子副榜贡生王士让，福建安溪人；优行廪生方鹤鸣，福建晋江人；廪生潘思光，福建安溪人；廪生张甄陶，福建闽县人；廪生洪世泽，福建南安人；生员王元芳，福建晋江人；廪生陈绳，福建闽县人；贡生陈一策，福建晋江人；廪生陈大琰，福建龙岩人；生员陈继善，福建闽县人。

翰林院侍讲、提督福建学政周学健举二人：监生蔡寅斗，江南江阴人，不考；雍正乙卯拔贡生饶允坡，江西进贤人。

湖南巡抚、都察院右副都御史钟保举十人：候选县丞易宗涒，湖南湘乡人；生员邓献璋，湖南祁阳人；生员陈世贤，湖南祁阳人；原任湖南岳州府教授王文清，雍正甲辰进士；雍正壬子举人张叙，江南镇洋人；监生段梧生，湖南长宁人；监生钱斌，江南太仓人；拔贡生陈世龙，湖南祁阳人；雍正乙卯拔贡生许伯政，湖南巴陵人；监生王元，湖南华容人。

提督湖北学政、翰林院检讨蒋蔚举一人：布衣张庚，浙江秀水人。

山东巡抚、兵部右侍郎兼都察院右副都御史岳浚举四人：山东观城县教谕刘玉麟，山东菏泽人，雍正丙午举人；雍正癸丑进士牛运震，山东滋阳人；□□举人耿贤举，山东□□人；雍正己酉拔贡生颜懋伦，山东曲阜人。

河东总督、兵部右侍郎兼都察院右副都御史王士俊举六人：河南仪封县知县梅枚，江西南城人，雍正辛丑进士，先考；河南卫辉府管河通判许佩璜，江南江都人，先考；河南孟津县教谕阎式钂，河南祥符人；河南浚县教谕朱超，河南祥符人；□□举人万邦荣，河南襄城人；廪生张雄图，河南洛阳人。

山西巡抚、都察院右副都御史、觉罗石麟举四人：山西兴县知县王祖庚，江南华亭人，雍正丁未进士；山西大同府教授王系，山西榆次人，雍正丁未进士；拔贡生张廷奏，山西榆次人；监生叶鬵凤，江南荆溪人，故。

陕西巡抚、都察院右副都御史硕色举三人：陕西青涧县知县王起鹏，浙江归安人；廪生解含章，陕西韩城人；生员秦泾，陕西邰阳人。

内阁学士兼礼部侍郎、提督陕西学政王兰生举一人：陆祖锡（原注：重保）。

四川巡抚、都察院右副都御史杨秘举二人：四川宜宾县知县刘昕泽，湖南长沙人，雍正庚戌进士；监生许儒龙，四川郫县人。

广东巡抚、都察院右副都御史杨永斌举六人：广东新安县知县何梦篆，江南江宁人，雍正癸卯进士；广东兴宁县知县施念曾，江南宣城人；原任江南清河县知县许遂，广东番禺人，康熙丙子举人，驳；雍正壬子举人钟狮，广东番禺人；拔贡生劳孝舆，广东南海人；康熙庚子举人车腾芳，广东番禺人。

广西巡抚、兵部右侍郎、都察院右副都御史金铉举二人：广西永福县知县吴王坦，江南华亭人，雍正癸卯进士；廪生袁枚，浙江仁和人。

户部尚书、总理陕西巡抚事史贻直举一人：廪生田荃，陕西富平人。

兵部右侍郎、署理湖北巡抚事吴应棻举四人：雍正癸丑进士沈澜，浙江乌程人；雍正乙癸（癸字误，当为巳，或卯。——引者注）拔贡生毛一聪，湖北东湖人；监生南昌龄，湖北蕲水人；雍正壬子顺天副榜贡生迮云龙，江南吴江人。

十月五日，考取博学鸿词特科之十五人引见授官。
据《高宗实录》卷二八乾隆元年十月乙丑条记：

引见考取博学鸿词刘纶等十五员。得旨：刘纶、潘安礼、诸锦、于振、杭世骏，俱着授为翰林院编修。陈兆仑、刘玉麟、夏之蓉、周长发、程恂，俱着授为翰林院检讨。杨度汪、沈廷芳、汪士锽、陈士璠、齐召南，俱着授为翰林院庶吉士。

十一月三十日，官修《三礼义疏》之《纂修条例》拟定。

据《高宗实录》卷三一乾隆元年十一月己未条记：

> "三礼"馆总裁大学士鄂尔泰等奏《拟定纂修三礼条例》：一曰正义，乃直诂经义，确然无疑者。二曰辨正，乃后儒驳正旧说，至当不易者。三曰通论，或以本节本句，参证他篇，比类以测义；或引他经，与此经互相发明。四曰余论，虽非正解，而依附经义，于事物之理有所发明，如程子《易传》、胡氏《春秋传》之类。五曰存疑，各持一说，义皆可通，不宜偏废。六曰存异，如《易》之取象，《诗》之比兴，后儒务为新奇，而可欺惑愚众者，存而驳之，使学者不迷于所从。然后别加案语，遵《折衷》《汇纂》之例，庶几经之大义，开卷了然，而又可旁推交通，以曲尽其义类。得旨：此所定六类，斟酌允当，着照所奏行。

案：据方苞《方苞集集外文》卷二《拟定纂修三礼条例劄子》，鄂尔泰等所上奏文，系方苞拟稿。

"三礼"馆副总裁方苞，就所开《三礼书目》征询詹事府詹事李绂意见。李绂复书方苞，建议辑钞《永乐大典》中有关"三礼"诸书。

据李绂《穆堂初稿》卷四十三《答方阁学问三礼书目》云：

> 今国家欲崇重经学，务必用朱子贡举私议之法，而后人知穷经。而宋元以前解经之书，自科举俗学既行，其书置之无用，渐就销亡。如荆公《周礼义》，徐健庵先生悬千金购之而不可得。现在尚存什之二三者，惟《永乐大典》一书。此书现存翰林院，尽可采用。礼局初开，誊录生监与供事书吏，一无所事。若令纂修等官，于《永乐大典》中检出关系"三礼"之书，逐一钞写，各以类从，重加编次，两月即可钞完，一月即可编定。不过三阅月，而宋元以前"三礼"逸书，复见于天下。其功之大，当与编纂"三礼"等。在总裁诸公，不过一开口派令办理，无奏请之烦，无心力之费，固无所可惮而不为者也。《永乐大典》二万八千八百余卷，余所阅

者，尚未及千。然宋元"三礼"义疏，如唐成伯瑜《礼记外传》，宋王荆公《周礼义》，易祓《周礼总义》，王昭禹《周礼详解》，毛应龙《周礼集传》，项安世《周礼家说》，郑宗颜《周礼新讲义》，今世所逸之书咸在，而郑锷、欧阳谦之等诸名家之说，附见者尤多。择其精义，集为成书，岂不胜于购求世俗讲章之一无可采者哉！其事简，其功大，敢以此为礼局献焉。

十二月二十五日，清廷增补詹事府詹事李绂为"三礼"馆副总裁。
据《高宗实录》卷三三乾隆元年十二月甲申条记：

命詹事李绂，充"三礼"馆副总裁。

李绂致书"三礼"馆臣，讨论纂修事宜。
据李绂《穆堂别稿》卷三十四《与同馆论纂修三礼事宜书》记：

愚经术浅薄，"三礼"尤疏，荷蒙皇上特恩，得附于总裁之末，不敢不竭愚诚。今开局伊始，纂修大意，敢妄陈之。一、"三礼"并修，不宜有所轩轾。……一、"三礼"以注疏为主，一切章段故实，非有大碍于理者，悉宜遵郑注、孔疏。……一、"三礼"之书，以礼文为主，泛论义理之说，不必过于采撷。

福建归化建四贤祠成，以纪念杨时、罗从彦、李侗、朱熹。雷鋐应约撰文，表彰四先生学行，颇及一时理学不振。
据雷鋐《经笥堂文钞》卷上《归化县四贤祠记》记：

雍正癸丑冬，邑绅士谓，道南一脉，肇自龟山，而豫章、延平继之，至朱子集厥大成。吾邑既为杨、罗二先生之乡，延平与朱子又尝往来斯地，尚有遗迹，盍祠以合祀焉。爰醵金鸠工，即建于峨眉学址。八阅月而落成，规制整备，正寝之外，讲堂、书舍悉具，縻白金千两有奇。乾隆元年，孝廉杨君岳、李君镐、黄君虞夏、罗君苍在京师，属鋐为之记。鋐窃谓……四先生之出处、进退虽不一，而道靡不同。今士人囿于科举之业，语及明体达用，渺不相入。以此而思入四先生之门，不几适越而北辕，航断港绝潢而望至于海也哉！

李绂致书"三礼"馆臣，讨论纂修凡例之未尽妥善处。
据《穆堂别稿》卷三十四《与同馆论修三礼凡例书》记：

> 旬日以来，阅所纂《礼记》，亦俱妥适。惟辨正与存异、存疑分别不甚清楚，入存异者似可入存疑，入存疑者似又可入存异，而辨正中语所辨者，多即是所存之异与疑。既辨于前，又存于后，殊觉未安。故甘端恪原批，谓辨正一条，当列存异、存疑之后。而纂修诸君子又谓，原定凡例次序，辨正在前，今难更改。……又通论、余论二条之后，今复加以总论，亦似未安。……昨与同馆诸君商之，而彼以所纂将定，难于更张为辞。然修书在一时，而奉敕纂修之书，将以传之万世，恐不当惮烦而不求其至当，使后来有遗议也。

李绂致书"三礼"馆臣，推荐朱稻孙入馆修书。
据《穆堂别稿》卷三十四《与同馆论征取三礼注解书》记：

> "三礼"馆送到甘冢宰阅过《礼记》七十五卷，今俱重阅一遍。原批妥者十之七，俱仍之，未妥者十之三，以意更定之。其有原批虽妥，止作商量语未断定者，今亦以意酌定之。……查浙江藏书之家，惟故检讨朱讳彝尊藏书最多。某从前与修《春秋》时，请总裁太仓王公将其孙名稻孙者，奏令入馆纂修，即令将所有《春秋》各家注解带来，共得一百二十七种，遂不待别有征求而采集大备。今馆中出有纂修官阙，若仍用此法，将朱稻孙奏请入馆，即令将所有"三礼"各家注解带来，则所少之书十得七八矣。闻其人贫甚，应令地方官资送，岁内行文。限新年正二月征到。

冬，汪绂致书江永，询问所著《礼书纲目》大旨，以"振兴末俗"共勉。

据汪绂《双池文集》卷之三《与江慎修书》记：

　　闻慎修名，绂虽未挹芝眉，而私心不胜渴慕，欲猝然而晋谒，又恐无因至前，虑无按剑之视，故敢以书达。夫俗士之敝于辞章久矣，穷经皓首，初何当于身心；苦志青毡，实营心于利达。是以圣贤之书，若明若晦；先王之礼，名存实亡，谁克起而振之者？顾振之亦难言矣，必名在天下，而后足以振兴乎天下；名在一国，而后足以振兴乎一国；名在一邑一乡，而后足以振兴乎一邑一乡。尤必其赀财显达，足以副之，而后乃得名当世，不则谁为和之，孰令听之？今之列当道者既多，靡靡以从俗矣，而必曰附骥尾以彰厥名，或亦志士之所不屑欤？绂诚谫劣无似，而猥闻乡间聚语，所讥评为道学骨董者，则以绂与慎修并指，时用自愧。独是愤俗学之支离，鄙词章之靡蔓，在慎修亦会有同志，庶几世无圣人不应在弟子之列者。然而，名不列于青衿，家无余于担石，则虽有愤时疾俗之志，亦徒为梦寐予怀。抑思夫善与人同，何必在我？慎修著作之富，夫亦既足使当世信而从之，苟慎修能振兴末俗，一挽支离靡蔓之狂澜，则振之在慎修，犹在绂也。侧闻《三礼合参》之著，绂未得睹其书，然礼家言人人殊，窃愿一闻大指。《周礼》一书，真伪之聚讼纷纭矣，其果真邪伪邪？《周礼》阙冬官，而俞廷椿、丘吉甫诸人，每欲割五官以补之，其果阙邪否邪？《仪礼》在昔人谓有五疑，昌黎病其难读，而朱子独看得有绪，由今观之，其孰是孰非欤？《戴记》醇驳相杂，互有龃龉，自《学》《庸》而外，何者为纯而无弊邪？《记》之注疏，多附纬书，而今则遵用陈注；又吴草庐亦有注，其皆有可取邪？抑他家亦各有所长欤？凡此数端，急当为俗士辨之，毋使操戈入室；明先王之精意，俾当世可训行。振兴末俗，宜无大于此者，慎修其必有定见矣。又闻此书未经付梓，而别有《四书名物考》之刻。夫名物之考，务博洽耳，于礼经孰缓孰急？而顾先以此问世，不几扬末学之波欤？抑或者以斯世所不尚，而强聒之，不如以斯世所共尚者，而婉导之，在慎修自有挽末流而返之身心者寓乎其中，而先以此为之兆欤？绂与慎修未有生平之交，而为是哓哓之问，毋亦唐突过甚？然苟同方同术，何不可引为知己，况迩在乡井间乎？慎修不鄙斯言，其必当有以示我。

案：据余龙光《双池先生年谱》卷之二乾隆元年丙辰四十五岁条称："冬还里，始作书与江慎修先生。"故系此文于此。

是年，全祖望以翰林院庶吉士在京，与李绂共钞《永乐大典》。
据全祖望《鲒埼亭集外编》卷十七《钞永乐大典记》载：

> 明成祖敕胡广、解缙、王洪等纂修《永乐大典》，……我世祖章皇帝万几之余，尝以是书充览，乃知其正本尚在乾清宫中，顾莫能得见者。及《圣祖仁皇帝实录》成，词臣屏当皇史宬书架，则副本在焉，因移贮翰林院，然终无过而问之者。前侍郎李公在书局，始借观之，于是予亦得寓目焉。……因与公定为课，取所流传于世者，概置之，即近世所无，而不关大义者亦不录，但钞其所欲见而不可得者。……会逢今上纂修"三礼"，予始语总裁桐城方公，钞其"三礼"之不传者，惜乎其阙几二千册。予尝欲奏之今上，发宫中正本以补足之，而未遂也。

官修《明史》刊刻将竣，全祖望六度致书史馆，提出商榷。
据董秉纯辑《全谢山先生年谱》乾隆元年三十二岁条记：

> 时方开《明史》馆，先生为书六通移之。其第一、第二专论艺文一门，见先生不轻读古人书。又谓本代之书，必略及其大意，始有系于一代事故、典则、风会，而不仅书目。其论尤伟。第三、第四专论表，而于外蕃、属国变乱，了如指掌，真经国之才也。第五、第六专言隐逸、忠义两列传，所以培世教、养人心，而扶宇宙之元气，不但史法之精也。

又据全祖望《鲒埼亭集外编》卷四十二《移明史馆帖子一》记：

> 横云山人撰《明艺文志稿》，专收有明一代之书，其简净似为可喜。然古人于艺文一门，必综汇历代所有，不以重复繁冗为嫌者，盖古今四部之

存亡所由见焉。……考《明史·艺文》原志，出自黄征君俞邰。虽变旧史之例，而于辽、金、元诸卷帙，犹仿《宋》《隋》二志之例，附书于后。南宋书籍之未登于史者，亦备列焉。横云山人又从而去之，而益简矣。今文渊阁前后所修书目具在，所当疏通证明，匡谬补遗之处，此固秉史笔者之事。秣陵焦氏之书，原为国史起见，然其序谓以大内之书归之四部，而实则与三馆之目全不相符。又其舛戾极多，不可用也。其文渊阁之所无，而见于各家书目者，附录于后。此在前史诸志，固有成例。如《汉》《唐》二志，凡为内府所本有，而不可以登于正史，或本无而增入者，一一注明于下，以志慎也。倘如横云山人所作，则此等义例，一切灭裂殆尽矣。

是年，黄宗羲孙千人至京，约请全祖望为其祖撰墓志铭。
据全祖望《鲒埼亭集》卷十一《梨洲先生神道碑文》记：

康熙三十四年，岁在乙亥，七月初三日，姚江黄公卒。其子百家为之《行略》，以求埏道之文于门生郑高州梁，而不果作。既又属之朱检讨彝尊，亦未就。迄今四十余年无墓碑。然予读《行略》，中固嗛嗛多未尽者，盖当时尚不免有所嫌讳也。……乾隆丙辰，千人来京师，语及先泽，为怅然者久之。

乾隆二年丁巳　1737年

正月二十七日，江南贡生王文震，以精于《礼记》，应召入"三礼"馆供职。

据《高宗实录》卷三五乾隆二年正月丙辰条记：

> 大学士鄂尔泰、张廷玉，议覆尚书衔徐元梦奏称，江南贡生王文震，潜心经书，于《礼记》讲习尤深。请将王文震赏给国子监助教职衔，遇缺题补，令在"三礼"馆纂修上行走，专心编校《日讲礼记》。则日讲五经俱全，可以并垂永久。应如所请。从之。

二月，汪绂撰成《孝经章句》《或问》各一卷，自序其撰作缘由及目的所在。

据汪绂《双池文集》卷之五《孝经章句序乾隆二年丁巳》记：

> 至哉，孝乎！人道孰有大于此者！孔门之言孝也，散见于《鲁论》《戴记》诸书，而孝之有专经也，则孔子之所以授之曾子，其以经名，未知所始。……是盖孔子传之曾子，曾子传之子思，子思传之孟子，与《大学》《中庸》源流一辙矣。秦火之余，经籍梦泯，《学》《庸》杂于曲台，《孝经》尘于孔壁。汉初所传《孝经》，河间颜芝所献，是谓今文一十八章；古文《孝经》，则安国本。而安国遭巫蛊，书未及行，至梁末而遂失。及王逸得古本于市人，而刘炫校定之，当世乃大谨其伪。唐玄宗雅意经学，自注《孝经》，卒以一十八章为定，是为石台《孝经》。顾自石台颁，而古文《孝经》遂终废阁。爰逮有宋，理学昌明之会，河内司马温公实始表章古文，撰为《指解》。朱子起而绍之，参合古今文，定为《孝经刊误》，《孝经》之

传，不于是而有所折衷欤？……维圣朝殚心经义，特命儒臣撰《孝经衍义》一书，用朱子所定经文，列于卷首，衍经不衍传，盖仿真西山《大学衍义》之例。是朱子之学，至今日而大光，而《孝经》之传，亦今为烈也。而第是《孝经衍义》既以《刊误》为宗，而乡会命题仍用石台之旧，则草野所传诵，亦仍不知所适主。绠鄙野布衣，谫陋奚似，然窃维圣王方以孝治天下，则《孝经》为人人所当幼而服习，以长而力行者，而何可听其踳驳衡决为也？用是忘其固陋，捃摭旧闻，凛先慈膝上之传言，绎朱子刊删之微旨，谬成章句，聊什巾笥，非敢谓前配乎朱子之《大学章句》，而上拟《孝经衍义》也。然详其训诂，究其旨归，使经传互相发明，而孝道彰于日用，则愚者一得，或广而播之，其亦有当于朱子之心，则亦有当于孔子、曾子之心焉。而圣朝之以孝治天下也，将使人人实践而力行之，其亦不无一德同风之一助也欤？

案：据余龙光《双池先生年谱》卷之二乾隆二年丁巳四十六岁条称："二月，《孝经章句》《或问》成，各一卷。"故系此文于此。

三月二十六日，高宗令儒臣"日缮经史奏疏进呈"。

据《高宗实录》卷三九乾隆二年三月甲寅条记：

总理事务王大臣遵旨议奏，翰詹科道，日缮经史奏疏进呈，酌定规则。得旨：依议。每日缮进书折，朕披阅后，交南书房收存。其或召见讲论，朕所降旨，令本人于次日缮写呈览，亦交南书房收存。将来行之日久，不特集思广益，亦可荟萃成书，以资观览。

七月十六日，清廷补试博学鸿词，录取万松龄等四人。

据《高宗实录》卷四七乾隆二年七月壬寅条记：

大学士张廷玉、尚书孙嘉淦，以考取博学鸿词优卷进呈，并带领引见。得旨：考取一等之万松龄，著授为翰林院检讨。二等之朱荃、洪世泽，著授为翰林院庶吉士。张汉，著授为翰林院检讨。

十月二日，清廷恢复元儒吴澄从祀文庙。

据《高宗实录》卷五四乾隆二年十月丙戌条记：

> 复元儒吴澄从祀文庙，从兵部尚书甘汝来请也。

十二月十五日，高宗颁谕，令儒臣奏呈经史，勿顺避忌。

据《高宗实录》卷五八乾隆二年十二月戊戌条记：

> 谕内阁：朕命翰林、詹事、科道诸臣，录呈经史，本欲以明义理之指归，审设施之体要，所望切实敷陈，昌言不讳。如《大易》否泰剥复之几，《尚书》危微治忽之旨，《风雅》正变美刺之殊，《春秋》褒贬是非之实；与夫历朝史鉴，兴衰理乱所由，人材之进退，民生之疾苦，鉴往古以儆无虞，善为法而恶为戒。庶披览之下，近之有助于正心诚意，推之有益于国是民生。涑水《通鉴》之编，西山《衍义》之辑，政治所资，前规具在。若有避讳之心，言得不言失，言治不言乱，则非所谓竭忱纳诲之道矣。朕于六经诸史，诵览研穷，再三熟复，义理之精妙，固乐于探求，怠荒之覆辙，亦时凛于炯鉴。诸臣各就意见所及，毋专取吉祥颂美之语。论理必极其周详，论事必极其切当，勿尚肤词。

冬，汪绂再度致书江永，就圣贤事业、世道人心问题相质。因传闻之辞，对江永学风颇有误会。

据汪绂《双池文集》卷之三《再与江慎修书》记：

> 慎修足下：名誉日远，斯文幸甚！乡邦幸甚！但今人之所以称慎修，与慎修之所为表见于世者，绂恐非慎修本志，且不足以尽慎修，而徒以掩乎慎修之为慎修。又以声气虽通，未获面晤，则未知慎修之所以覃思嘿会，悦心研虑者，果其在此在彼？此圣贤事业、世道人心所共关系，故敢再以书质。……今之号为尊守紫阳者，亦或以小言细物与朱子争博洽。慎修潜心经籍，考慎先王法制，悬揆慎修所志，当与洙泗、紫阳同一心法。然求

其弗畔于道，势不得不由博反约，而今世遂徒以博称慎修，且或为慎修作慷慨不遇赋，是安足以尽慎修之大，而慎修之所以苦心为慎修者，不反以虚称掩耶？且夫博最难言耳，天地之大，古今所传，记载何穷，岂耳目所能遍及？此圣人所不知不能者，慎修苟以博洽自见，则由基之射百中，或不无一失，世之人以是称慎修，后不且有以是诋慎修者欤？但圣贤事业，于今渺矣，瓦石自甘，一世不好，士苟不无近名之心，未有不徇世之所惊喜以自见其长者。明季诸贤，立社标榜，手袖一卷时文，遍谒名贵，贤者不免。则因世俗之所以称慎修者，而慎修亦遂甘以此自见，此绂之所不能无疑也。要之，人言多不足信，慎修其必有以自矢。旧冬曾以长牍奉渎，至今未蒙下报，其意志不同与？抑鄙其言为不足答邪？并此遥候，望惠金玉无吝，非惟解绂之疑，抑慎修之有以自白于天下也。

案：据余龙光《双池先生年谱》卷之二，"乾隆二年丁巳四十六岁"条称："冬还里，再作书与江慎修先生。"故系此文于此。

方苞以"三礼"馆副总裁，荐沈彤、全祖望入馆修书。沈、全二人致书婉拒，祖望且转荐致仕儒臣吴廷华。

据沈彤《果堂集》卷四《上内阁方学士书》记：

> 彤之于《礼经》，惟粗知其大义而已。……阁下所以许彤之有当于纂修"三礼"者，无他焉，以彤所疏《仪礼》之《士冠礼》，为有契于圣人之心也。夫《仪礼》之为书，固圣人自写其动容周旋中礼之仪，以立之则而齐天下，非于圣人之道稍见其端倪，而精神与之流通，未易知也。故郑、贾、杨、敖诸儒，且或得其粗，况胅末如彤者，顾能得其深耶？谓有契于圣人之心，盖亦阁下之过许耳。……旋归意决，而行期未定，待所与俱之人。《士冠礼小疏》想录毕，冀即付还。

又据全祖望《鲒埼亭集外编》卷四十六《奉方望溪先生辞荐书》记：

> 伏荷尊谕，以某被放，欲留之"三礼"局中，备纂修之一席，感佩感

佩。馆阁诸臣，原以经术为上，词章为末。某于经术虽尝致力，然自分终惭谫劣，至词章则似不至在同年诸公之下。今以明试词章被放，尚敢以经术求进乎？……目今与纂修之任者，人人自以跨郑、王而过之，其中原有素曾究心于此者，亦有并未尝读四十九篇、十七篇及《五官》之文，而居然高坐其上者。执事为总裁，盖亦知之矣。然则无论某于经术谫劣，真令有一二可采，未必不如词章之见诎，是非执事所能保护也。况某刻期南下，省觐切于晨昏之恋，若一入荐章，则行程中阻矣。但交好中有堪此任者，不敢不为执事告。前福建兴化通判吴君廷华，其留心"三礼"盖二十余年，于《五官》已成书，某皆曾见之，在局诸公莫之或先。向尝欲致之执事，以为纂修之助，且其人久在京师，亦苦拓落，执事若能挈其人而登之，某之受赐多矣。归期当在冬初，远违讲席，曷胜依恋。

是年冬，扬州马曰琯、马曰璐兄弟开雕宋搨《五经文字》《九经字样》。全祖望由京返浙，雪阻扬州，应请为二书撰序。

据全祖望《鲒埼亭集外编》卷二十三《新雕五经文字九经字样题词》记：

唐《石经》在关中者，一厄于韩建，再厄于向拱，三厄于韩缜，而当时之完本不可见。金源以后，累经修治，迨明嘉靖乙卯地震，而元以前之补本亦不可见。吾友甘泉马君嶰谷昆弟，得宋搨《五经文字》《九经字样》，以为是希世之珍也，亟为雕本以传之。……二书石本之旧，盖八百年以来无镂板者。嶰谷昆弟之为是举，不可谓非补经苑之憾矣。

乾隆三年戊午　1738年

正月十日，高宗颁谕，命举行经筵讲学。
据《高宗实录》卷六十乾隆三年正月癸亥条记：

谕礼部曰：朕惟四子六经，乃群圣传心之要典，帝王驭世之鸿模。君天下者，将欲以优入圣域，茂登上理，舍是无由。我皇祖圣祖仁皇帝，皇考世宗宪皇帝，时御讲筵，精研至道，圣德光被，比隆唐虞。朕夙承庭训，典学维殷，御极以来，勤思治要，已命翰林科道诸臣，缮进经史，格言正论，无日不陈于前。特以亮阴之中，经筵未御，兹既即吉，亟宜举行。所有典礼，尔部其诹日具仪以闻。

二月五日，高宗亲祭孔子。
据《高宗实录》卷六二乾隆三年二月丁亥条记：

祭先师孔子，上亲诣行礼。御书扁曰：与天地参。御书联曰：气备四时，与天地鬼神日月合其德；教垂万世，继尧舜禹汤文武作之师。悬文庙大成殿楹。

二月二十四日，高宗首举经筵大典。
据《高宗实录》卷六三乾隆三年二月丙午条记：

直讲官阿山、任兰枝进讲《论语》"道之以德，齐之以礼，有耻且格"。讲毕，上宣御论曰：政刑者，德礼之先声；德礼者，政刑之大本。舍德礼而求政刑，必成杂霸之治；即政刑而寓德礼，乃见纯王之心。一而二，二而一者也。若云德礼之外，别有所谓政刑，则非圣人垂教之本意矣。

三月二日，高宗率群臣至太学，行临雍释奠礼。

据《高宗实录》卷六四乾隆三年三月甲寅条记：

> 前期一日，于官中致斋。是日，上具礼服，乘舆至太学棂星门外。降舆，由大成殿中门，步进先师位前，行释奠礼。……上还宫，……寻召见衍圣公孔广棨暨五经博士各氏后裔等十八人。谕：尔等皆圣贤后裔，因朕临雍来京，特行召见。尔等既为圣贤之后，即当心圣贤之心。凡学圣贤者，非徒读其书而已，必当躬行实践，事事求其无愧，方为不负所学。况身为圣贤子孙，尤与凡人不同，若不能实加体验，徒务读书之名，实于祖德家风，不能无忝。尔等务须勤思勉励，克绍先传，以副朕谆切期望之意。

三月二十五日，清廷议文庙从祀，升有子若至大成殿内。

据《高宗实录》卷六五乾隆三年三月丁丑条记：

> 礼部议覆：尚书衔徐元梦奏言，《鲁论》所记四科，止就陈、蔡诸贤记载，后人据此，定为十哲，从祀文庙正殿。嗣为颜子升配先师，因升颛孙子师于殿，以补其数。圣祖仁皇帝又以朱子熹昌明圣教，升位其次。是十哲可不必拘矣。考《鲁论》次章，即载有子之说，其言行气象，皆与圣人相似。则有子若宜得升堂配享，确然无疑。再如宰子予、冉子求，一因短丧有不仁之斥，一因聚敛有非徒之责，论者谓宜移祀两庑。其两庑中，如南宫子适、宓子不齐，俱以君子见称孔子，自宜并与升配等语。谨按十哲之祀，昉于唐开成，至宋咸淳，升子张以补缺数，以孟子称得圣人一体故也。有子若最为游、夏所服，孟子亦称智足知圣。从前未跻十哲，实为缺典。应如所请，升有子若于殿内东旁卜子夏之下，移朱子熹于西旁颛孙子师之下。通行国子监、直省府州县学，一体遵奉。至宰子、冉子，皆圣门高弟，未容轻议。其余诸贤，经称许者甚多，亦岂能概跻十哲？所请两庑升配，均无庸议。得旨：允行。

春，江永复书汪绂，彰明立身及为学旨趣，绍介《礼书纲目》大要。

据余龙光辑《双池先生年谱》乾隆三年四十七岁条，引江永复汪绂书记：

> 前岁腊月，接灿人足下手书，再三读之，词旨甚高，与鄙衷殊不相入。足下所以箴规之者，大抵误听道涂虚声，非弟之本志也。拟郡邸裁答，因俗冗未遑。又书内所言缕缕，亦非片楮所能悉。与其答之不尽，不若徐俟他日邂逅面晤，各出所著，互相印可，或亦相视而笑也。今复接长书，所谓"士苟有近名之心，未有不徇世所惊喜，以自见其长"，恐非知我之言。书尾云："人言多不足信，慎修必有以自矢。"则足下又似有以谅鄙衷者，于是可以夙志毕陈于前矣。弟昔为学，未知向方。十八九岁读《大学》，熟玩儒先之言，知入手功夫在格物。……私心以为，天下无不当读之书，无不当讲之事，无不当穷之理。但随吾力所能至，与吾性所最近者，孜孜矻矻而为之。不立界限，不计程途，亦不论此书、此事、此理他日有用与否。惟求有得于心，居安质深，左右逢原以为快，他人是非毁誉，皆不足以回惑而摇夺之。此弟之夙志也。……弟于诸经，《易》为专经，而《礼经》用功尤多。自少即求《仪礼经传通解》，反复切究之。读之既久，觉其中犹有搜罗不备，疏密不伦之遗憾。又观朱子晚岁与门人书，多拳拳于礼。庆元庚申三月九日，为易箦前一日，犹作书与黄勉斋先生，以修《礼书》为属。其注意于《礼经》如此。窃不自揆，更欲为之增损檃括，以卒朱子之志。是以别定规模，区为八门：一曰嘉礼，二曰宾礼，三曰凶礼，四曰吉礼，五曰军礼，六曰通礼，七曰曲礼，八曰乐。凡百单六篇，八十有五卷。又采汉、唐、宋诸家论礼，及朱子欲修《礼书》论礼纲领者，别为首三卷。近又附入《深衣考误》一卷、《律吕管见》二卷，总九十一卷。凡三代以前，礼乐制度散见经传杂书者，悉有条理可考。书凡三易稿，初曰《存羊编》，次曰《增订仪礼经传》，三稿始易今名为《礼书纲目》。盖八门为总纲，而各篇则纲中之纲也。篇分章，段为目，而事之繁碎者，又有细目，则目中之目也。卷帙既多，但能录古注与释文，更欲增入唐宋义疏与古今诸儒议

论。苦无力,乏人钞写,有志未逮。书成将廿载,不欲示人,藏之敝簏,几为虫蚀鼠穿。近年,始有相识者转相传录,渐播闻于远方。今上特开礼馆,命儒臣纂修"三礼",为礼学昌明之会。上台颇有知此书者,尝檄县钞送。近日,礼部、礼馆复特行文于安抚部院,取此书入馆,便采择。当事方发工价钞录申送,弟亦但以草茅著述,得达馆阁为幸。此外更无他冀。倘谓藉此为梯荣之具,则浅衷之见,流俗市井之谭耳。弟于《礼书》,本末如此。吾意亦但欲存古以资考核,非谓先王之礼尽可用于今也。……《律吕管见》二卷,……近亦稍传都门。……律与历通,尝为《历法管见》一卷,撮其大要。又为《翼梅》数卷,羽翼勿庵之书。……此外尚多杂著,读书有得,辄随笔写就,不择精粗。即字学、韵学,亦别有管见。拟以《一粟》名集,取太仓一粟之意。

五月二日,高宗为婺源朱子家庙题扁。
据《高宗实录》卷六八乾隆三年五月癸丑条记:

御书宋太师徽国文公朱熹婺源家庙扁,曰:百世经师。

八月三日,清廷举仲秋经筵,高宗标榜政尚宽大。
据《高宗实录》卷七四乾隆三年八月癸未条记:

直讲官三泰、任兰枝进讲《论语》"宽则得众,信则民任焉,敏则有功,功则说"。讲毕,上宣御论曰:……宽信敏公,乃圣王治世之大本。而必以宽居首者,盖宽者仁之用,仁者元之德,元者善之长,故惟宽然后能兼容并育,而群生之众,有所托命焉。《左传》记夫子之言曰:"宽以济猛,猛以济宽,政是以和。"盖因一时为郑而发,此补偏救弊之说。若夫圣王出治,舍宽其何以为敷政宁人之本哉?

九月九日,汪绂三致书江永,就治礼乐及学风等阐发己见。
据汪绂《双池文集》卷之三《与江慎修论学书》记:

接长牍，具道格物穷理之功，及生平阅历甘苦，诚孳孳于为己，而非若大军游骑之远而失归。弟向所闻于人言者，亦可以涣然释，而怡然慰矣。但篇中缕缕所陈，固皆足下心得，而犹有未尽与鄙见合者，又不敢不条析而互证之。朱子《仪礼经传通解》，实朱子未定之书，故当易箦之时，而犹有勉斋之属。足下憾其搜罗犹有未备，疏密犹有不伦，所见诚然，宁敢谓足下之过疑先儒哉？且《礼经》至为难治，而足下乃能更为之增损檃括，以卒朱子之志，此儒者真实学问，诚足以持躬淑世，而羽翼圣朝，非寻常博洽比也。特是读《礼》者犹贵有以深得先王制礼之心，而实以措之动履。今分纲别目，亦既井井有条，惟节收古注及《释文》，为学者入门之路，苟其折衷以朱子之说，而决择精详，夫亦止此足矣。若及唐宋疏义与古今诸儒议论，搜罗太多，则议论恐不能无杂。……乃足下又云："此书之作，但欲存古以资考核，而非谓先王之礼可以尽用于今。"则此语亦未尽然。夫先王之大经大法，礼仪三百，万世所当率循。若夫文章制度，所得与民变革者，则三王且未尝相袭，如足下之所谓以蒲席代古席，以壶代尊，以瓷代俎豆数者云云，是矣。至若朱子祠宇之议，桂岩宗子之法，乡饮投壶之礼，如足下所拟议，已无不可训可行。乃又谓先王之礼，非可尽用于今也，是则何欤？……深衣之制，众说纷纭，然近日之非先儒者，要不外欲加左右两襟为得续衽钩边之制。第不识足下所考误为何说，故弟亦未敢置辨。足下又欲取士相见、乡饮酒及投壶礼以教童子，使化其骄逸之习，而长其敬谨之心。数者诚能举行，至为今日盛事，弟将拭目以俟。……律吕一事，后世几成绝学，然要皆学士高谈理而不能审音，伶人习于音而不知其理之故，以致本末相离，茫无一得，非律吕之别有精微，刑有法度也。……汉儒经学，口传心识，故授受类有专门。后世经学，贪多务得，涉躐不精，而经学益多庞杂。……绂本草野迂愚，衣食奔走，夫亦何心著述，强厕儒林。乃既以舌代耕，因亦思情田宜耨，见今日学者日角雕虫，全然不知反本，其视圣贤经书，秖以为贾利梯荣之具，而时下讲章，污心瞖目，亦只为时艺徒开方便之门，因是畔传离经，日趋纤巧，而圣学愈支离晦昧矣。

先辈中间有为经学计者，如虚斋、次崖诸公，言多可法，然决择亦有未精。绂用是隐忧积愤，思有以明圣贤立教之旨，导学者且反求诸身，是以有《四书诠义》之著。……继此而《易》《诗》《书》，皆有诠义，共得三十五卷。始终祇此发明立教之旨，俾学者反求诸己之心而已。于《礼记》则有《章句》十卷、《或问》四卷；于《孝经》则因朱子《刊误》定本，为《章句》《或问》各一卷。《礼记》本《仪礼》之传，原不当析而二之。然《仪礼》当实著之日用，而《礼记》中时有精义，尤宜有以嘿成于心。又今学者方以《礼记》专经，而陈注浅陋，吴氏支吾，亦不可不为之更订，是以暂遗《仪礼》，而从事《礼记》，亦因学者所习而寓以挽回之术也。若乃合经传而修之，以卒朱子之志，则弟方迟之有待，亦以刮目于足下，为乐得以观厥成也云尔。此外虽多著述，殊不堪以入世。且生平耻于自炫，有心无力，堆积巾笥，知他日徒以覆瓿。然此心终未能自已，诚难免于过虑之讥也。……疑义与析，故言之不得不详，篇中不无唐突。然昔者韩、富同心辅政，而议有不合，至于动色相争；东莱之与紫阳，说《诗》各有异同，而终身志同道合。弟于足下，何必苟同，而此心庶可共谅。如或言有未当，望复惠示玉音，无起操戈入室之嫌。此为欣幸。

案：据余龙光《双池先生年谱》卷之二乾隆三年戊午四十七岁条称："秋九月，三作书与江慎修先生"；又乾隆四年己未四十八岁条，是年春，江永回函称："今乃拜领重九日手书。"知汪绂此书作于九月九日。故系此文于此。

九月，福建学政周学健，奉召进京，预修"三礼"。途经苏州，按方苞意，邀沈彤偕行。时彤居丧在家，致书方苞，予以婉拒。

据沈彤《果堂集》卷四《上礼部方侍郎书》记：

闽学周力堂，以通晓"三礼"，奉召入都。道经敝邑，属其友过舍，聘彤偕行，助之纂修，谓由阁下之命，且出手书见示。以彤肤末小儒，乃为大人先生所礼重至此，自当感激承命。顾有未能安于心者，故已婉辞力堂，而复私布于左右。彤自去春辞阁下而归，未及行，闻先考疾病，仓皇出都，驰至家，而先考已前卒。妄求禄养，顾不得汤药饭含之躬亲，抱恨至今，莫可追挽。惟是居丧以来，非大事不离几筵。故两年中，朝夕之奠，常事之荐，与饮食居处哭踊之节，犹庶几少得自尽。今若从礼官远行，将又弗亲于祥禫而持服不终，是彤罪滋大而恨益无穷也。……往者上书阁下，谓欲于《仪礼》自成其书。比因讲求丧礼，于《丧服》等篇注说，参考折衷，遂有所补正。其余将亦循次以为，大约五年而稿乃可定。……终三年之丧，成此书以图亲名之显。虽书之传不传，要未可知，然苟徇所知而弃其业，岂复有万分一之冀望。故虽阁下之大教，最所宜从，而亦勿之敢也。

十月二十二日，高宗颁谕，敦促士子"究心经学"。

据《高宗实录》卷七九乾隆三年十月辛丑条记：

谕：士人以品行为先，学问以经义为重。故士之自立也，先道德而后文章；国家之取士也，黜浮华而崇实学。我朝养士，已将百年，渐摩化导，培护甄陶，所以期望而优异之者，无所不至。为士者当思国家待士之重，务为端人正士，以树齐民之坊表。至于学问，必有根柢，方为实学。治一经必深一经之蕴，以此发为文辞，自然醇正典雅。若因陋就简，只记诵陈腐时文百余篇，以为弋取科名之具，则士之学已荒，而士之品已卑矣。是在各省学臣，谆切提撕，往复训勉，其有不率教者，即严加惩戒，不少宽贷。至于书艺之外，当令究心经学，以为明道经世之本。其如何因地制宜，试以经义，俾士子不徒视为具文者，在学政酌量行之，务期有益于胶庠，各省亦不必一辙。我皇祖御纂经书多种，绍前圣之心法，集先儒之大成，已命各省布政司敬谨刊刻，听人印刷，并坊间翻刻广行。恐地方大吏，不能尽心经理，则士子购觅，仍属艰难，不获诵读。著督抚藩司等，善为筹画，将士子应读之书，多为印发，以为国家造士育才之助。

全祖望重登宁波范氏天一阁，搜求金石旧拓，编为《天一阁碑目》。又钞天一阁藏明人黄润玉著《仪礼戴记附注》四卷。

据《鲒埼亭集外编》卷十七《天一阁碑目记》载：

《天一阁书目》所载者，只雕本、写本耳。予之登是阁者最数，其架之尘封，衫袖所拂拭者多矣。独有一架，范氏子弟未尝发视，询之乃碑也。是阁之书，明时无人过而问者，康熙初，黄先生太冲始破例登之。于是昆山徐尚书健庵闻而来钞。其后登斯阁者，万徵君季野，又其后则冯处士南畊，而海宁陈詹事广陵纂《赋汇》，亦尝求之阁中。然皆不及碑，至予乃清而出之。其拓本皆散乱，未及装为轴，如棼丝之难理，予订之为目一通，附于其书目之后。……予方放废湖山，无以消日力，挟笔研来阁中，检阅款识，偶有所记，亦足慰孤另焉。而友人钱唐丁敬身，精于金石之学者也，闻而喜，亟令予卒业，乃先为记以贻之。

又据同书卷二十七《仪礼戴记附注跋》记：

黄孟清佥事为吾乡明初硕儒，其《仪礼》一书析为四卷，以《礼记》比类附之。其不类者，载诸卷首或卷末，各有意义。又以军礼独阙，取《周官》大田礼补之，及《礼记》载田事者，别为一卷。惟天一阁范氏有之。方京师开"三礼"书局，同馆诸公，皆苦《仪礼》传注寥寥。予谓侍郎桐城方公、詹事临川李公曰："《永乐大典》中，有永嘉张氏《正误》、庐陵李氏《集释》。"二公喜，亟钞之。虽其中有残缺，然要可贵也。是年，予罢官归，始钞是书于范氏。于是《仪礼》之书，自杨氏、敖氏外，添得宋人二种，明初人一种，插架稍生色矣。

是年，全祖望为扬州马曰琯、马曰璐藏书撰文纪念。
据全祖望《鲒埼亭集外编》卷十七《丛书楼记》记：

扬州，自古以来所称声色歌吹之区，其人不肯亲书卷，而近日尤甚。吾友马氏嶰谷、半查兄弟，横厉其间。其居之南有小玲珑山馆，园亭明瑟，而岿然高出者，丛书楼也。迆叠十万余卷，予南北往还，道出此间，苟有宿留，未尝不借其书。而嵰谷相见，寒暄之外，必问近来得未见之书几何，其有闻而未得者几何。随予所答，辄记其目，或借钞，或转购，穷年兀兀，不以为疲。其得异书，则必出以示予，席上满斟碧山朱氏银槎，侑以佳果，得予论定一语，即浮白相向。方予官于京师，从馆中得见《永乐大典》万册，惊喜贻书告之。半查即来，问写人当得多少，其值若干，从臾予甚锐。予甫为钞宋人《周礼》诸种，而遽罢官。归途过之，则属予钞天一阁所藏遗籍，盖其嗜书之笃如此。

乾隆四年己未　1739年

正月，张师栻、张师载辑《张清恪公年谱》成，雷鋐应约撰序，表彰张伯行"倡明正学"之功。

据雷鋐《经笥堂文钞》卷上《张清恪公年谱序》记：

> 天下有正学，斯有正人。盖天理所恃以常存，世道所赖以不坠者也。仪封张清恪公，扬历中外，位跻正卿，一以忠清恭谨，自结主知。其勋德在太常，而生平行事尤详见于《年谱》。其居乡居官，在在以倡明正学为切务。鋐窃谓世有口谈道学，当利害祸福之介，手颤色变，气馁而不克自持者，以视公之笃志力行，历患难颠沛而不渝，其相去为何如？方公之抚吴也，秉道嫉邪，权奸反噬，议者深文坐公。我圣祖委任益笃。噫！公之操守不移，固守道君子所难。而圣祖之任贤勿贰，可谓君臣相遇，千载一时者矣。公前抚吾闽，首辟鳌峰书院，访九郡之俊而礼致之，以程朱之道倡引后进。维时漳浦蔡文勤公实得其心传。迨文勤公嗣主讲席，鋐始受学鳌峰，因得读公所刊儒先诸书，而幸有闻焉。癸卯试礼部，谒公邸第。公时掌秩宗，年已七十余，接遇后生小子，如恐或失。于是益叹公之所自任者重，而其眷望后人，无有穷已也。公殁且十五年，嗣君属序公《年谱》。自顾愚懦，惴惴焉惧负当年教泽，无以称公属望。然渊源所自，安敢自外于门墙？天下后世，读此而闻风兴起，抑又何殊于亲炙之也哉！

案：《张清恪公年谱》卷首录此文，略有异同，文末署时为乾隆四年正月。

三月一日，高宗准陕西学政奏，提倡童生习经学。

据《高宗实录》卷八八乾隆四年三月丁未条记：

陕西学政嵩寿奏，岁科两试，请于"四书"经义外，摘录本经四五行，令生童作经义一段，定其优劣。童生中有能背诵"五经"，兼通讲贯者，量行取进。从之。

三月三日，高宗准山东学政奏，以"通经致用"奖掖士子。
据《高宗实录》卷八八乾隆四年三月己酉条记：

山东学政徐铎奏，荐举优拔，贵乎通经致用，请嗣后报优注明通晓何经，拔贡改试经解。下礼部议。寻议：优生填注通晓何经，止凭学臣询核，并无试牍可稽。而拔贡所试经解，若仍就场中出题处，撷拾问答，亦易剿袭。应请于考优拔时，将御纂诸经中，摘取先儒异同之说，令其条分缕析，作经解一篇解部。复于文理清通之内，择立品端方者入选。再，举优过多，未免冒滥。应限以大省无过五六名，中省三四名，小省一二名。从之。

四月三日，方苞选辑"四书"文成，进表上奏。
据方苞《方苞集集外文》卷二《进四书文选表》记：

食礼部俸、教习庶吉士臣方苞谨奏：乾隆元年六月，钦奉圣谕，命臣苞精选前明及国朝制义，以为主司之绳尺，群士之矩矱。臣本无学识，又迫衰残，恭承嘉命，为愧为恐。窃惟制义之兴，七百余年，所以久而不废者，盖以诸经之精蕴，汇涵于四子之书，俾学者童而习之，日以义理浸灌其心，庶几学识可以渐开，而心术群归于正也。伏读圣谕："国家以经义取士，人心士习之端倪，呈露者甚微，而征应者甚巨。故风会所趋，即有关于气运。"……臣敬遵明旨，别裁伪体，校录有明制义四百八十六篇，国朝制义二百九十七篇，缮写成帙，并论次条例，恭呈御览。伏望万几之暇，俯赐删定，俾主司、群士，永为法程。臣无任战汗陨越之至，谨奉表恭进以闻。乾隆四年四月初三日。

五月十三日，方苞以营私革职，留"三礼"馆修书。

据《高宗实录》卷九二乾隆四年五月戊午条记：

又谕曰：方苞在皇祖时，因《南山集》一案，身罹重罪，蒙恩曲加宽宥，令其入旗，在修书处行走效力。及皇考即位，特沛殊恩，准其出旗，仍还本籍。又渐次录用，授职翰林，晋阶内阁学士。朕嗣位之初，念其稍有文名，谕令侍直南书房，且升授礼部侍郎之职。伊若具有人心，定当痛改前愆，矢慎矢公，力图报效。乃伊在九卿班内，假公济私，党同伐异，其不安静之痼习，到老不改，众所共知。适值伊以衰病，请解侍郎职任，朕俞允之，仍带原衔食俸。上年冬月，因伊条奏事件，朕偶尔召见一次，伊出外即私告于人，曾在朕前荐魏廷珍而参任兰枝，以致外间人言藉藉。经朕访闻，令大学士等传旨训饬，伊奏对支吾，朕复加宽容，未曾深究。近访闻得伊向住魏廷珍之屋，魏廷珍未奉旨起用之先，伊即移居城外，将屋让还，以示魏廷珍即日被召之意。又庶吉士散馆届期，伊已将人数奏闻。内阁定期考试矣，伊复于前一日，将新到吴乔龄一名，补请一体考试。朕心即疑之。今访闻得伊所居之屋，即吴乔龄之产，甚觉华焕，显系受托，为之代请。似此数事，则其平日之营私，可以概见。方苞深负国恩，著将侍郎职衔及一切行走之处，悉行革去，专在"三礼"馆修书，效力赎罪。

五月二十一日，高宗准大学士张廷玉等奏，殿试策文，推重经史。
据《高宗实录》卷九三乾隆四年五月丙寅条记：

大学士伯张廷玉等奏，遵旨会议殿试策文，向来拘定时格，增饰骈语，仰蒙皇上降谕禁止。臣等细加酌定，应取历朝流传诵习之文，以为成式。并饬各省学政，广行晓谕，务须贯穿古今，陶铸经史。……从之。

七月二十五日，《明史》刊刻告成，总裁张廷玉等奉表上奏。
据《明史》附录之张廷玉等《上明史表》记：

仰惟圣祖仁皇帝搜图书于金石，罗耆俊于山林，创事编摩，宽其岁月。

我世宗宪皇帝重申公慎之旨，载详讨论之功。臣等于时奉敕充总裁官，率同纂修诸臣开馆排缉。聚官私之纪载，核新旧之见闻，签帙虽多，抵牾互见。惟旧臣王鸿绪之《史稿》，经名人三十载之用心，进在彤闱，颁来秘阁，首尾略具，事实颇详。在昔《汉书》取裁于马迁，《唐书》起本于刘昫。苟是非之不谬，讵因袭之为嫌。爰即成编，用为初稿。发凡起例，首尚谨严；据事直书，要归忠厚。曰纪，曰志，曰表，曰传，悉仍前史之体裁；或详，或略，或合，或分，务核当时之心迹。文期共喻，扫艰深鄙秽之言；事必可稽，黜荒诞奇邪之说。十有五年之内，几经同事迁流；三百余卷之书，以次随时告竣。……谨将纂成本纪二十四卷，志七十五卷，表十三卷，列传二百二十卷，目录四卷，共三百三十六卷，刊刻告成，装成一十二函，谨奉表随进以闻。乾隆四年七月二十五日。

八月七日，高宗颁谕，命编纂《明纪纲目》。

据《高宗实录》卷九八乾隆四年八月辛巳条记：

命编纂《明纪纲目》。谕曰：编年纪事之体，昉自《春秋》。宋司马光汇前代诸史，为《资治通鉴》，年经月纬，事实详明。朱子因之，成《通鉴纲目》，书法谨严，得圣人褒贬是非之义。后人续修《宋元纲目》，上继紫阳，与正史纪传相为表里，便于检阅，洵不可少之书也。今武英殿刊刻《明史》，将次告竣。应仿朱子义例，编纂《明纪纲目》，传示来兹。

八月十六日，金坛贡生蒋振生依石经式，手书十三经正文，为清廷奖励，给国子监学正职衔。

据《高宗实录》卷九九乾隆四年八月庚寅条记：

大学士鄂尔泰等议覆：总河高斌奏称，江南镇江府金坛县贡生蒋振生，依石经式，手书十三经正文，计三百册，共五十函。谨先进《易经》二函，可否将全册五十函进呈。臣等查十三经，现奉旨命武英殿儒臣详加校阅。今蒋振生进呈之《易经》二函，字画尚属端楷，应令高斌将全册五十函，送交武英殿，再加校定。如经文果无讹误，字画一律端好，臣等再行具奏请旨。从之。寻据总河高斌将蒋振生手书十三经四十八函送到，大学士等以该生年近七旬，志在尊经，请赏给国子监学正职衔。其手书十三经，请用枣木板镌刻刷印，以备颁发。疏入报闻。

是年，惠栋撰《重卦考》，以明重卦者为神农，而非伏羲。
据惠栋《松崖文钞》卷一《重卦考》记：

重卦之始，其说纷纭，虞翻、王弼以为伏羲，郑康成以为神农。愚以《系辞》考之，郑氏之说是也。《系辞》云："八卦成列，象在其中矣，因而重之，爻在其中矣。"又曰："昔者庖牺氏之王天下，仰则观象于天，俯则观法于地，于是始作八卦。"继之曰："作结绳以为网罟，以佃以鱼，盖取诸离。"离，八纯卦，则知伏羲未尝重卦也。伏羲氏没，神农氏作，始云："盖取诸益""盖取诸噬嗑"。二卦皆有贞悔，则神农重卦明矣。

乾隆五年庚申　　1740年

八月十六日，清廷举仲秋经筵，高宗谕讲官"勿尚铺张溢美之虚文"。据《高宗实录》卷一二五乾隆五年八月甲寅条记：

> 上又面谕经筵讲官曰：经筵之设，原欲敷宣经旨，以献箴规。朕观近日所进讲章，其间颂扬之词多，而箴规之义少，殊非责难陈善，君臣咨儆一堂之意。盖人君临御天下，敷政宁人，岂能毫无阙失？正赖以古证今，献可替否，庶收经筵进讲之益。若颂美过甚，不能实践躬行，反滋朕心之愧。此后务剀切敷陈，期有裨于政治学问。勿尚铺张溢美之虚文，而无当于稽古典学之实义。

十月十二日，高宗颁谕，提倡读宋儒书，令儒臣研精理学。据《高宗实录》卷一二八乾隆五年十月己酉条记：

> 训诸臣研精理学。谕：朕命翰詹科道诸臣，每日进呈经史讲义，原欲探圣贤之精蕴，为致治宁人之本，道统学术，无所不该，亦无往不贯。而两年来，诸臣条举经史，各就所见为说，而未有将宋儒性理诸书，切实敷陈，与儒先相表里者。盖近来留意词章之学者尚不乏人，而究心理学者盖鲜。……今之说经者，间或援引汉唐笺疏之说。夫典章制度，汉唐诸儒有所传述，考据固不可废。而经术之精微，必得宋儒参考而阐发之，然后圣人之微言大义，如揭日月而行也。惟是讲学之人，有诚有伪，诚者不可多得，而伪者托于道德性命之说，欺世盗名，渐启标榜门户之害。此朕所深知，亦朕所深恶。然不可以伪托者获罪于名教，遂置理学于不事，此何异于因噎而废食乎！……朕愿诸臣研精宋儒之书，以上溯六经之阃奥。

十月二十九日，高宗颁谕，以朱子"学以为己"之说训饬士习流弊。据《高宗实录》卷一二九乾隆五年十月丙寅条记：

> 朱子同安县谕学者云，学以为己。……朱子此言，即是科举中为己之学。诚能为己，则"四书""五经"皆圣贤之精蕴，体而行之，为圣贤而有余。不能为己，则虽举经义、治事而督课之，亦糟粕陈言，无裨实用，浮伪与时文等耳。故学者莫先于辨志，志于为己者，圣贤之徒也，志于科名者，世俗之陋也。国家养育人才，将用以致君泽民，治国平天下。而囿于积习，不能奋然求至于圣贤，岂不谬哉！朕膺君师之任，有厚望于诸生。适读朱子书，见其言切中士习流弊，故亲切为诸生言之，俾司教者知所以教，而为学者知所以学。

十二月，程廷祚著《易通》成。

据《易通》卷首廷祚《自序》记：

> 危者使平，易者使倾，天之命也，《易》之道也。吉凶悔吝，其端不可穷，待其至而图之，则无及也。是兴神物，以前民用，圣人教天下以忧患而已矣。以忧患生其心，则天德为我用，天德为我用，则能知天下之险阻，而自致于无咎之地。是故极天下之颐者存乎卦，鼓天下之动者存乎辞，其大指可一言而尽也。智者居而安焉，乐而玩焉，而天下无余事矣。愚者不能然，则使以尊天敬神之意，致谨于著策而不敢肆，亦何在而非《易》之本教与！春秋以前，晦于卜筮，孔子作传，深明观象玩辞之法。乃由秦汉以来，异端曲学窜伏其中，不可致诘。笺注之作，日增月盛，各自执其所是，而《易》几为天下裂。廷祚生乎二千余年之后，睹群言之淆乱，始尝泛滥求之，而窃有疑焉。以为三圣人之设卦系辞，当必有其故，清夜思之，不知涕之无从。既有所见，不能自已，爰自乾隆丙辰，迄于庚申，五易寒暑，著《易通》如干卷。乃尽去旧说之未安者，以求合于孔子之说，以上溯乎伏羲、文王之意，而冀其万有一得。……乾隆庚申嘉平月立春日，上

元后学程廷祚谨书。

江永随程恂入都，与方苞、吴绂、梅毂成、杭世骏等论学问难。
据江锦波、汪世重辑《江慎修先生年谱》乾隆五年六十岁条记：

> 休宁山斗程太史恂，敦请馆于其家。……八月，同程太史入都。三馆总裁方苞，编修吴公绂，殷勤问难。光禄梅公毂成，学士熊公晖吉，编修杭公世骏，部郎胡公蛟龄，俱就讲学焉。

又据戴震《戴震集》卷十二《江慎修先生事略状》记：

> 先生尝一游京师，以同郡程编修恂延之至也。"三礼"馆总裁、桐城方侍郎苞，素负其学，及闻先生，愿得见，见则以所疑《士冠礼》《士昏礼》中数事为问，先生从容置答，乃大折服。而荆溪吴编修绂，自其少于礼仪功深，及交于先生，质以《周礼》中疑义，先生是以有《周礼疑义举要》一书。此乾隆庚申、辛酉间也。

李绂《穆堂初稿》五十卷在广东刊行。
据王恕于该书卷首跋语记：

> 吾师临川先生《穆堂初稿》，赋、雅、颂一卷，诗十六卷，原说一卷，考二卷，解二卷，论、议、赞、箴二卷，墓志铭、表四卷，记二卷，序六卷，传一卷，题跋二卷，告文、诔、哀辞、祭文四卷，共全集五十卷。曰《初稿》者谦词也。曩时安溪同年生李光垼，欲锓版于闽中。己未之冬，公子孝洋入粤，恕因请而刻之。在南二三同年，梧州陶分司德焘，惠州应司马上苑，新会王大尹植，皆欣然愿勷其役。开雕于首春，不数月，会恕适拜署理福抚之命，将行矣而工甫竣。吾师道德昭儒先，勋业著封疆，文章炳古今，声光照来叶，非恕戋戋小言所能摹绘于万一者。而诸序中故已备言之，则亦不敢以赘也。……乾隆庚申立秋日，门人安居王恕谨跋。

乾隆六年辛酉　1741年

正月四日，高宗颁谕，命各省督抚学政采访遗编。

据《高宗实录》卷一三四乾隆六年正月庚午条记：

> 谕：从古右文之治，务访遗编。目今内府藏书，已称大备。但近世以来，著述日繁。如元明诸贤，以及国朝儒学，研究六经，阐明性理，潜心正学，醇粹无疵者，当不乏人，虽业在名山，而未登天府。著直省督抚学政，留心采访，不拘刻本、钞本，随时进呈，以广石渠、天禄之储。

二月十二日，清廷举仲春经筵，儒臣进讲《中庸》《尚书》。高宗以讲章"规多谀少"，予以褒扬。

据《高宗实录》卷一三六乾隆六年二月丁未条记：

> 上面谕经筵讲官曰：此次经筵讲章，规多谀少，甚惬朕意。夫以虞廷之神圣，犹且一堂咨儆，况后世远不逮古，尤当交相儆勉，以成泰交之治。

三月，惠士奇卒。

据钱大昕《潜研堂文集》卷三十八《惠先生士奇传》记：

> 惠先生士奇，字天牧，一字仲孺，世居吴县东渚村。祖有声，明末以诸生贡入太学，里居著书，以九经训子弟。父周惕，始迁居葑门之香水溪。……戊子举乡试第一，明年成进士。……丁巳六月，补侍读，时已垂老，耳渐聋。己未春，以病告归。辛酉三月卒，年七十一。先生盛年兼治经史，晚岁尤邃于经学，撰《易说》六卷，《礼说》十四卷，《春秋说》十五卷。……又撰《琴笛理数考》四卷。

七月一日，高宗颁谕，称自幼至今，一直研读《朱子全书》。
据《高宗实录》卷一四六乾隆六年七月癸亥条引高宗谕称：

> 朕自幼读书，研究义理，至今《朱子全书》未尝释手。所谓"廓然而大公，物来而顺应"者，朕时时体验，实践躬行。

八月三十日，清廷下令销毁全渊著《四书宗注录》书版。
据《高宗实录》卷一四九乾隆六年八月壬戌条记：

> 刑部尚书、署湖广总督那苏图奏，通山县民全崇相，刊刻其父已故举人全渊《四书宗注录》一部，其书有推崇逆犯吕留良之处。得旨：自应追出书版销毁。至全崇相愚昧无知，照例处置可也。

九月二十五日，高宗颁谕，指斥谢济世刊刻自注经书，诋毁程、朱，令湖广总督孙嘉淦查明销毁。
据《高宗实录》卷一五一乾隆六年九月丁亥条记：

> 谕军机大臣等：朕闻谢济世将伊所注经书刊刻传播，多系自逞意见，肆诋程、朱，甚属狂妄。从来读书学道之人，贵乎躬行实践，不在语言文字之间辨别异同。况古人著述既多，岂无一二可指摘之处？以后人而议论前人，无论所见未必即当，即云当矣，试问于己之身心有何益哉？况我圣祖将朱子升配十哲之列，最为尊崇，天下士子莫不奉为准绳。而谢济世辈倡为异说，互相标榜，恐无知之人为其所惑，殊非一道同风之义，且足为人心学术之害。朕从不以语言文字罪人，但此事甚有关系，亦不可置之不问也。尔等可寄信与湖广总督孙嘉淦，伊到任后，将谢济世所注经书中，有显与程、朱违悖抵牾，或标榜他人之处，令其查明具奏，即行销毁，毋得存留。

秋，程廷祚致书江南乡试主考李绂，论书院教育事宜。
据程廷祚《青溪集》卷九《上李穆堂先生论书院书》记：

窃谓今之教法，虽不能骤进于古，宜于天下之书院，慎选其掌教事者，而仿苏湖、鹿洞之遗意以为教。入其中者，必先行谊，而治经治史，务使各尽其材，以核其实，而勿责以科举之文，则不患其学之不成矣。其考试之法，参稽于督抚藩司。其取之之法，不必入于乡举，略仿唐人进士宏词之制。九载而后，有司岁拔其尤者数人，贡于太学视举人，太学又拔其尤者视贡士，以待天子之廷试而与以出身。如此则人皆勉于实行，劝于实学，而朝廷收得人之效矣。以此与科举之法相辅而行，似为有益。

晚秋，王懋竑著《朱子年谱》成。

据王懋竑《朱子年谱》卷首王箴传《跋》记：

先君子纂订《朱子年谱》，历二十余年，凡四易稿而后定。别为《考异》附于后，又续辑《论学切要语》，并附焉。岁辛酉秋，书成。先君子弃世，不肖等谨藏箧中。

又据《朱子年谱》卷末乔汲《朱子年谱后叙》记：

《朱子年谱》，汲业师王白田先生纂订也。汲童子时即受业先生之门，先生不徒授之书，习其句读已也。尝书朱子《白鹿洞学规》，粘之壁间，谆谆提示。自惭驽骀下乘，鞭策罔济。独是从学多年，窃窥先生博览群书，尤于朱子《文集》《语录》，反复观诵，考核精详。盖朱子集群儒之大成，学凡屡变。其提掇程子"涵养须用敬，进学则在致知"二语以答吕伯恭、刘子澄者，乃乾道庚寅，朱子年逾四十。后至七旬，凡与人书问往来，大旨皆不出此。此班班可考者。至答何叔京、江元适诸《书》，则乾道甲申，朱子年未四十也。异学争鸣，往往取其早年谕议与己意稍合者，著为《晚年定论》，又为《道一编》混淆其间。此《年谱》不可不作。而向有李氏、洪氏二本，皆讹舛渗漏，淄渑莫辨。先生忧之，遂据李、洪二本，而缺者增之，误者刊之，并择朱子晚岁论学切要语，以附于后。比之《闲辟录》《学蔀通辨》，意则同，而纂订加详也。未第时即编是书，厥后成进士，入馆阁，汲于都门侍侧，每退食之暇，必手朱子书而绅绎之。迨归田里，诵宾筵，凛抑戒，以至勖勉后进，罔非朱子义蕴。而《年谱》屡易其稿，直至易箦前数日，厘正乃成。盖数十年精力，皆积于此矣。

十月一日，王懋竑卒。
据《潜研堂集》卷三十八《王先生懋竑传》记：

> 王先生懋竑，字与中，宝应人。……康熙戊子举乡试，又十年成进士，年已五十一矣。在吏部乞就教职，授安庆府学教授。雍正元年秋，以荐被召引见，特授翰林院编修，在上书房行走。……遂以老病辞归，时年未六十也。……先生撰述已刻者，《白田草堂集》廿四卷、《朱子年谱》若干卷。《读史记疑》则予尝于金陵严氏斋见之。

又据钱仪吉《碑传集》卷四十八王箴听《文林郎翰林院编修予中王公行状》记：

> （辛酉）七月望祭，拜跪如常礼。祭毕，谓箴听等曰："后有祭，吾恐不复能与矣。"后果以孟冬月朔终。

全祖望旅居扬州，成《困学纪闻三笺》。
据董秉纯《全谢山先生年谱》乾隆六年三十七岁条记：

> 闻临川先生主试江南，秋至金陵。……归经扬州，止宿马氏街经堂，成《困学纪闻三笺》。

又据全祖望《鲒埼亭集外编》卷二十五《困学纪闻三笺序》记：

> 深宁王先生文集百二十卷，今世不可得见，其存者《玉海》部帙最巨，尚有附刻于《玉海》后者十余种，而碎金所萃，则为《困学纪闻》。顾其援引书籍奥博，难以猝得其来历，太原阎征君潜邱尝为之笺，已而长洲何学士义门又补之。……岁在辛酉，予客江都，寓寮无事，取二本合订之。冗

者删简，而未尽者则申其说，其未及考索者补之，而驳正其纰缪者，又得三百余条。

是年正月二十四日，万经病故于浙江宁波。

据全祖望《鲒埼亭集》卷十六《提督贵州学政翰林院编修九沙万公神道碑铭》记：

> 乾隆六年正月二十四日，前提督贵州学使翰林九沙万公卒于家。……公为充宗先生子，……受"三礼"说数十万言、《春秋》说数十万言于充宗先生，又受"三礼"说数十万言于季野先生，受《易》说数十万言于世父正符先生斯祯，受《尚书》说数千言于从兄言，又受辟佛之说数万言于公择先生。此其经学也。受《明史》纪传三百卷及列代史表数十种于季野先生，受《明史纲目》及《崇祯长编》于从兄言。此其史学也。而公又叩性理之学于应征士嗣寅，求汉隶原委于郑君谷口，参考《通鉴地理笺释》于阎征士百诗，其博且精也。……公之归也，家既罄，萧然如布衣，卖所作隶字，得钱给朝夕。于是增补充宗先生《礼记集解》又数万言；《春秋》定、哀二公未毕，又续纂数万言；少尝取从兄《尚书》说辑成一编，至是又整顿之，以成万氏经学。从兄《明史举要》未毕，续纂二十余卷；又重修季野先生《列代纪年》，以成万氏史学。又辑《九沙分隶偶存》。此其晚年著述之目也。……生于顺治十有六年正月十有三日，得年八十有三。

是年秋，全祖望游杭州，得见赵昱藏宋重和板《五经字样》，欣然题词。

据《鲒埼亭集外编》卷二十三《重和五经字样板本题词》记：

> 唐开成《石经》之末，有张司业《五经文字》、唐待诏《九经字样》附勒于石。暨晋开运中，田祭酒合二书为一，造成板本，是为《五经字样》。及宋重和中，又重修之，顾其书不甚传。乾隆辛酉，得见于杭之赵氏，系宋刻，为明文渊阁本。吾友谷林征士之子诚夫摹钞之，而疏开成石本之异

同于其下。前年，扬之征士马四半查得宋拓开成石本，已雕之矣。予乃亟令并刻此编，而诚夫喜为难得之书，令予题之。……近日藏书之富，大江以北推马氏，大江以南推赵氏，故开成之旧刻，重和之编，骈聚于二家，其亦学者稽古之幸也夫。

乾隆七年壬戌　1742年

正月二十六日，清廷销毁谢济世所注经书。
据《高宗实录》卷一五九乾隆七年正月庚寅条记：

　　湖广总督孙嘉淦奏，遵查谢济世所注经书，立说浅陋固滞，不足以欺世盗名，无庸逐条指谳。谨将原版查毁，并通饬收毁已印之本。得旨：所办甚妥，只可如此而已。

三月三日，张尔岐遗著《仪礼郑注句读》，由山东巡抚送"三礼"馆。
据《高宗实录》卷一六二乾隆七年三月壬戌条记：

　　山东巡抚朱定元，进呈济阳县贡生张尔岐《仪礼郑注句读》。得旨：此书交与"三礼"馆总裁阅看，如有可采择者，留于该馆，以备采择。

三月二十一日，方苞以老病离京。
据《高宗实录》卷一六三乾隆七年三月庚辰条记：

　　大学士等奏，革职侍郎方苞，奉旨在"三礼"馆效力赎罪，分纂《周礼》已竣，年老患病，可否准其回籍调治。得旨：赏给翰林院侍讲品级顶戴，准其回籍。

四月十六日至五月七日，沈彤读宋儒蔡元定《律吕新书》，分撰"后记"四篇，予以商榷。
据沈彤《果堂集》卷七《律吕新书后记一》记：

　　蔡西山《律吕新书》，典正详博，最为朱子所称。顾于古人生钟之术，犹若有未尽其要者。彤以为古人之制黄钟，必主于度其围与长，而不主于度其径；又必先度其围，而后度其长。而度其围与长也，又必不以十分之寸，而以九分之寸。……此三事皆蔡氏之所未及察也，因私记其书之后，以俟世之能定律者正焉。乾隆七年四月望后一日。

又据该书同卷《律吕新书后记四》记：

徐君灵胎以所图古尺见示，其铭文云："周尺、《汉志》刘歆铜尺、后汉建武铜尺、晋前尺并同。"以校乾隆元年工部所颁尺，得七寸四分；校汉货布货泉度，适得十寸。书又载丁度时，高若讷用汉货泉度一寸，依《隋志》定尺十五种。余意此所图尺，即若讷依《隋志》所定之周尺也，而未敢自信，灵胎亦忘其所从来。适元和何君子未来，见之，曰："此载宋秦熺所集《钟鼎款识》册，乃灵胎从册中摹得者。"余因念前代金石典正之物，率为隋氏铸毁。隋之十五尺，若讷时已亡。而此尺铭文，颇与《隋志》周尺同，其图又在南宋初，则其为若讷所依造无疑也。余方欲校定货布泉之长短，拟为尺度，孰知有先我数百年而仿造者之辗转藉手以畀于余乎？此余心所最快者也。遂嘱吴生文球依此素为竹尺二，命工为铜尺一，并图其形于蔡氏书端，以备他日能定律者之用。端午后二日。

七月三日，清廷确定《明史纲目》记元末史事体例。
据《高宗实录》卷一七〇乾隆七年七月庚申条记：

大学士、《明史纲目》馆总裁官鄂尔泰，议覆侍郎、《明史纲目》馆副总裁周学健奏称，明祖起兵濠梁，定鼎江东，颁定官制，设科取士，详考律令诸政，皆在未即位以前。而《续纲目》所修元顺帝纪，于明兴诸事，不核不白。今《明纪纲目》既始自洪武元年，若于分注之下补叙前事，不特累幅难尽，且目之所载，与纲不符，于编年之体未协。若竟略而不叙，则故明开国创垂之制缺然，而自洪武元年以后，一切治政事迹，皆突出无根，亦大非《春秋》先事起例之义。……应请皇上敕下史馆，将元至正十五年，明祖起兵以后，迄至正二十八年，元顺帝未奔沙漠以前，另为前纪。仍以至正编年，至二十八年闰七月止，列于今所修《纲目》明太祖洪武元年八月之前。其称名、称吴国公、称吴王，悉仿朱子书汉高例，随时递书。则一代开基之事实既详，千古君臣之名义亦正，似于传世立教之意，更为慎重。奏入，报可。

八月八日，清廷举仲秋经筵，因雨礼部奏请改期。高宗颁谕，不允改期。

据《高宗实录》卷一七二乾隆七年八月甲午条记：

> 谕：今日举行经筵典礼，礼部据向例，以天雨奏请改期。朕思魏文侯将出猎而雨，左右不欲行，文侯曰："吾已与虞人期矣，岂可无一期会哉！"乃往，身自罢之。夫田猎之娱，尚不以遇雨失期，况经筵大典，业经祭告，自应举行。但执事诸臣，例应在丹墀内排班行礼，未免沾湿。著穿雨衣排列，驾到，即入殿进讲。讲毕，即奏礼成。其阶下行礼、殿内赐茶诸仪，俱著停止。嗣后凡遇雨，俱照此例行。

九月一日，江永著《近思录集注》成。

据《近思录集注》卷首江永《自序》记：

> 昔朱子与吕东莱先生晤于寒泉精舍，读周子、程子、张子之书，叹其闳博无涯，恐始学不得其门，因共掇其关于大体、切于日用者，为《近思录》十四卷。凡义理根源，圣学体用，皆在此编。……永自早岁，先人授以朱子遗书原本，沉潜反复有年。今已垂暮，所学无成，日置是书案头，默自省察，以当严师。窃病近本既行，原书破碎，朱子精言，复多刊落。因仍原本次第，裒辑朱子之言有关此录者，悉采入注。朱子说未备，乃采平岩氏及他氏说补之。间亦窃附鄙说，尽其余蕴。盖欲昭晰，不厌详备。由是寻绎本文，弥觉义旨深远，研之愈出，味之无穷。窃谓此录既为四子之阶梯，则此注又当为此录之牡钥。开局发锸，祛疑释蔽，于读者不无小

补。晚学幸生朱子之乡，取其遗编，辑而释之，或亦儒先之志。既以自勖，且公诸同好，共相与砥砺焉。乾隆壬戌九月丁巳朔，婺源后学江永序。

十二月三日，高宗颁谕，指斥儒臣所进经史讲解失当。
据《高宗实录》卷一八〇乾隆七年十二月戊子条记：

> 谕：朕令翰林科道，轮进经史讲解，原以阐发经义，考订史学也。而年来诸臣所进，往往借经史以牵引时事，或进献诗赋，与经史本题无涉，甚失朕降旨之本意。即如今日翰林周长发，进呈《礼记》讲章，内称皇上先诣斋宫斋宿，审定郊祀乐章，礼明乐备，千载一时。宜其诚敬感格，未郊之先，瑞雪屡降，斋祀之际，风日晴和。大礼既成，宜宣付史馆等语。夫郊庙礼乐，乃皇祖、皇考久定之成规，朕不过略加参定，并非创为制作也。至于郊祀之时，风日晴和，亦适逢其会耳。况江南淮、徐，现被水灾，朕方忧劳儆惕，宵旰不遑，岂肯听受谀词，而遂以为瑞应乎？周长发著严饬行，并将此旨传谕翰林科道等知之。

戴震随父行商江西、福建，是年自邵武返乡，得同县宿儒程恂器重，遂师从程氏。
据洪榜《初堂遗稿》之《戴先生行状》记：

> 先生之自邵武归也，年甫二十。同县程中允恂一见，大爱重之，曰："载道器也。吾见人多矣，如子者，巍科硕辅，诚不足言。"

又据纪昀《纪晓岚文集》卷八《考工记图序》记：

> 戴君语余曰："昔丁卯、戊辰间，先师程中允出是书以示齐学士次风先生。学士一见而叹曰，诚奇书也。今再遇子奇之，是书可不憾矣。"

杭世骏著《续礼记集说》，约于是年蒇事。
据杭世骏《道古堂集》卷四《续礼记集说序》记：

余成童后，始从先师沈似裴先生受《礼经》，知有陈澔，不知有卫湜也。又十年，始得交郑太史筠谷，筠谷赠以卫氏《集说》。穷日夜观之，采茸虽广，大约章句训诂之学为多，卓然敢与古人抗论者，惟陆农师一人而已。通籍后，与修"三礼"，馆吏以《礼记》中《学记》《乐记》《丧大记》《玉藻》诸篇相属。条例既定，所取资者则卫氏之书也。京师经学之书绝少，从《永乐大典》中有关于"三礼"者，悉皆录出。二礼吾不得寓目，《礼记》则肄业及之。《礼记外传》一书，唐人成伯玙所撰，海宇藏书家未之有也，然止于标列名目，如郊社、封禅之类，开叶文康《礼经会元》之先。较量长乐陈氏《礼书》，则长乐心精而辞绮矣。他无不经见之书。至元人之经疑，迂缓庸腐，无一语可以入经解，而《大典》中至有数千篇，益信经窟中可以树一帜者之难也。明年，奉两师相命诣文渊阁搜捡遗书，惟宋刻陈氏《礼书》差为完善，余皆残阙，无可取携。珠林玉府之藏，至是亦稍得其崖略已。在卫氏后者，宋儒莫如黄东发，《日钞》中诸经，皆本先儒，东发无特解也。元儒莫如吴草庐，《纂言》变乱篇次，妄分名目，乃经学之骈枝，非郑、孔之正嫡也。广陵宋氏有意驳经，京山郝氏居心难郑，姑存其说，为迂儒化拘墟之见，而不能除文吏深刻之习。宋元以后，千喙雷同，得一岸然自露头角者，如空谷之足音，跫然喜矣。国朝文教覃敷，安溪、高安两元老潜心"三礼"，高安尤为杰出，《纂言》中所附解者，非草庐所能颉颃。馆中同事编香者，丹阳姜孝廉上均、宜兴任宗丞启运、仁和吴通守廷华，皆有撰述，悉取而备录之，贤于胜国诸儒远矣。书成，比于卫氏减三分之二，不施论断，仍卫例也。

乾隆八年癸亥　1743年

二月八日，翰林院编修杭世骏，因对策失误，议及"内满而外汉"，被清廷斥为"怀私妄奏"，遭革职。

据《高宗实录》卷一八四乾隆八年二月癸巳条记：

谕大学士等：昨因考选御史，试以时务策。杭世骏策称，意见不可先设，畛域不可太分。满洲才贤虽多，较之汉人，仅什之三四。天下巡抚，尚满汉参半，总督则汉人无一焉。何内满而外汉也。三江两浙，天下人才渊薮，边隅之士，间出者无几。今则果于用边省之人，不计其才，不计其操履，不计其资俸。而十年不调者，皆江浙之人，岂非有意见畛域等语。国家选举人才，量能器使，随时制宜。自古立贤无方，乃帝王用人之要道。满汉远迩，皆朕臣工，联为一体，朕从无歧视。若如杭世骏之论，必分别满洲、汉人，又于汉人之中，分别江浙、边省。此乃设意见、分畛域之甚者，何所见之悖谬至此。况以现在而论，汉大学士三缺，江南居其一，浙江居其二；汉尚书六缺，江南居其三；侍郎内之江浙人，则无部无之。此又岂朕存畛域之见，偏用江浙之人乎？至于用人之际，南人多而间用北人，北人多而又间用南人。督抚之中，有时满多于汉，或有时汉又多于满。惟其才，不惟其地，亦因其地，复量其才。此中裁成进退，权衡皆出自朕心。即左右大臣，亦不得参预，况微末无知之小臣乎？且国家教养百年，满洲人才辈出，何事不及汉人。杭世骏独非本朝臣子乎？而怀挟私心，敢于轻视若此。若稍知忠爱之义者，必不肯出此也。杭世骏著交部严察议奏。寻议，杭世骏怀私妄奏，依溺职例革职。从之。

二月二十一日，清廷重申，各省学政务以朱子所辑《小学》命题，考试士子。

据《高宗实录》卷一八五乾隆八年二月乙巳条记：

> 大学士鄂尔泰等，议覆高斌、周学健会奏。朱子所辑《小学》一书，始自蒙养为立教之本，继以明伦为行道之实，终以敬身为自修之要，于世教民心，甚有裨补。……查学院覆试，用《孝经》《小学》论，原系现行之例，但近来学臣，或有不以《小学》命题者，或有视为具文者。嗣后应令学政于覆试，论务用《小学》命题。凡府县试，亦令于覆试时，用《小学》命题，作论一篇，必通晓明顺者，方许录送学臣考试。

四月三十日，湖广总督阿尔赛，疏奏湖北吏治废弛。高宗批示，指斥湖北巡抚晏斯盛为"假道学"。

据《高宗实录》卷一八九乾隆八年四月癸丑条引高宗谕旨云：

> 楚省吏治，不意竟废弛至此。汝其实力整饬，不可复似前人之空言无补也。至湖北巡抚晏斯盛，其人乃一假道学者流，而其中不能无他。卿其不可为彼所欺，不过藉其材具，令办事可耳。

四月，汪绂撰成《理学逢源》十二卷，自序作此书之缘由及用意所在。

据汪绂《双池文集》卷之五《理学逢源序》记：

> 理一而已，自四子、"六经"以至于周、程、张、朱之所演绎，载籍虽繁，要不过欲人反求之于身心，而得其天性之本然。则以是见之事行，以实践而力行之，而于以措之民物，莫不皆准。此千圣所同符，而古今无二致也。然而事物之情，至变至赜，天人之故，玄远幽微，岂末学所能猝睹？而况乎异端邪说，与记诵辞章之学，又从而汩之，使高焉者惑于虚无寂灭之说，而下焉者又役于功名富贵之途，以卒之无得于己。吁嗟乎！不究其源，不知其理之异也；不观其赜，不知其分之殊也。异端弃事物而寂

守此心，既贼其本；末学以为人而慕于荣禄，又贼其枝。贼其枝，是伤其本；贼其本，枝从而亡。异学之流不塞，大道之本不明。是诐说诬民，几于灭熄，可无惧欤？顾大道之行虽晦，而性命之正自存。学者亦惟是穷理致知，而于以徐探其源，则异学之偏辞，有不能惑；反躬实践，而能以真知其味，则当世之荣禄有不足摇。而欲穷理实践，则舍四子、"六经"之书，及周、程、张、朱之所演绎者，其末由也矣。乃经书具存，先儒不远，而苟非居敬持志，以沉潜反复于其间，又何能以几于自得也？绂乡者尝辑《理学逢源》一书，盖欲自求于身心，而得其天性之本然。因是于经书所得，辄以类记之，欲使勿忘，而亦欲同志之人，或因是书以窥圣学之旨，非敢以著书自炫博洽鸣高也。顾曩时所辑，犹多杂乱无章，恐不足以窥圣学之蕴。迩复潜心理会，补缺删芜，定书凡十二卷。白天人性命之微，以及夫日用伦常之著；自方寸隐微之细，以达之经纶斯世之猷，亦庶几井井有条，通融贯彻，所以反求身心以探夫天命之本原者，亦可以不待外求而得终身焉足矣。但是编分条别类，援引经书，有似于征求典故以副时墨者。然条类虽分，指归则一；援引虽杂，脉络自通。辟异防流，反经卫道，意思所存，无不可见。兹固藏之箧笥，用以自箴已尔。然异日或有得是书而读之者，其亦鉴予心而深察其意之所存，慎无以寻常类书视之焉可也。

案：余龙光《双池先生年谱》乾隆八年癸亥五十二岁条按："《理学逢源》，康熙辛丑兄朗人作《物诠序》时已言及此书名，先生方三十岁，至乾隆癸亥始成书，盖积二十三年之久矣。"故系此文于此。

闰四月中旬，全祖望将四十岁之前所撰文结集，得八十卷。
据《全祖望集汇校集注》卷末辑全氏《自叙》记：

予年未二十辄厌弃科举之学，其后虽以此通籍，非其专且精者也。顾所学诗古文词亦仅窥其藩，未涉其奥。今年且四十矣，检点旧作，诠次得八十卷。……少尝闻之先君，举叶水心、黄东发之绪言，以弗为无益之文。今予之文，其说经者十之二，说史者十之二；其碑板之作，表章吾乡前代忠义，不无补于史事者又十之二；搜葺吾乡掌故，足为志乘之助者又十之二；其为同时师友而作者又十之二。应酬言语不与焉。虽曰不工，或可以备考察，抑亦不忍没先君之教也。若过此以往，幸而有进，则存此以志少作焉，未为不可也。昔在京邸，前辈李侍郎穆堂力劝予编次，许为作叙，予逡巡未敢。今侍郎已病废矣，……其谁为定吾文者耶！乾隆八年癸亥四月闰余中旬，双韭山民祖望自叙。

七月十日，慈溪郑性卒。全祖望撰文纪念，表彰郑氏承继黄宗羲学说之功。

据《鲒埼亭集》卷二十一《五岳游人穿中柱文》记：

南雷黄氏之讲学也，其高弟皆在吾甬上。再传以来，绪言消歇，证人书院中子弟，不复能振其旧德。求其如北山之有光于朱，蒙斋、融堂、和仲之有光于陆者，吾未之见也。慈水郑先生南溪，其庶几乎？先生于黄氏之学，表章不遗余力。南雷一水一火之后，卷籍散乱佚失，乃理而出之，故城贾氏颠倒《明儒学案》之次第，正其误而重刊之。先是，尊府君高州欲立祠于家，以祀南雷而不果。先生成其志，筑二老阁于所居东，以祀南雷及王父秦川观察。春秋仲丁，祭以少牢，黄氏诸孙及同社子弟，皆邀之与祭，使知香火之未坠也。……先生讲学，其泛滥诸家，不无轶出于黄氏范围之外，而其孤标笃行，持力之严，则依旧师门之世嫡也。……予在京师，先生岁必传语曰："长安声利之场，陷溺人心不少，当时时提醒之。"西行访求李二曲高弟，则友王丰川；北行求颜习斋高弟，则友李恕谷；浙中求明招、丽泽之传，则友王鹤潭。而尤服膺二曲反身之教，每与予相见，未尝不谆谆三致意焉。……先生讳性，字义门，别号南溪，浙之慈溪县鹳浦人也。以故按察副使溱为祖，世所称秦川先生者也。以故知高州府梁为父，世所称寒村先生者也。生于康熙乙巳十一月二十六日，卒于乾隆癸亥七月十日，其年七十有九。……所著有《南溪偶存》。（案：严元照注：南溪之诗名《梦寐》者，一卷，三百七十九篇，五十以前所作也。名《瘖歌》

者,二卷,八百九十三篇,五十以后至七十六岁作也。其文则曰《南溪不文》,一卷,八十八篇。乾隆壬戌年刻,总题曰《南溪偶刊》,自为之序,余新得之。甲戌冬十一月六日。南溪诗文,虽不能名家,然于师传、家学,差为无忝。顾周览全集,乃绝无一字及谢山,何欤?)……今而后,南雷黄氏之绪言,恐益衰矣。

七月,雷鋐讲学铅山鹅湖书院,撰《鹅湖诗说》,就朱、陆异同阐发己见。

据雷鋐《经笥堂文钞》卷下《鹅湖诗说》云:

乾隆八年七月,余返自江南,取道铅山,将游武夷。铅山令郑君之侨,振兴鹅湖书院,躬课诸生。余与俱至,鹅湖诸生环侍,郑君请一言以示训。余曰:讲学之书,先儒备矣,惟在心体而身验之,奚容赘?虽然,朱、陆异同,聚讼至今,始于鹅湖之诗,试与诸生言之。当日,朱子送吕东莱先生至鹅湖,东莱约陆子寿、子静二先生来会。子寿赋诗云:"孩提知爱长知钦,古圣相传只此心。大抵有基方筑室,未闻无址忽成岑。留情传注翻榛塞,著意精微转陆沉。珍重友朋勤琢切,须知至乐在于今。"孩提知爱,稍长知敬,此孟子指出人之本心所固有,使知察识而扩充。即如筑室之有基、成岑之有址,子寿此诗,夫何间然?但所以筑室成岑,正有结构积累之功,非即以基为室、以址为岑也。圣经贤传,辨别是非邪正,以开牖人心胸,正恐卤莽涉猎,不得其精微之意。顾谓传注可不留情,精微可不著意乎?当曰"溺情章句翻榛塞,著意空虚更陆沉",则得之。子静和云:"墟墓兴哀宗庙钦,斯人千古不磨心。涓流积至沧溟水,卷石崇成泰华岑。易简功夫终久大,支离事业竟浮沉。欲知自下升高处,真伪先须辨自今。"子静此诗,首二句即子寿引《孟子》之意,子寿未说及工夫,子静斡旋之,故曰涓流、拳石积至沧溟、泰华。沧海不择细流,泰山不辞土壤,多识前言往行以蓄德,集义以生浩然之气,正如是也。如谓自有易简工夫,则孔子好古敏求,博学、审问、慎思、明辨、笃行,亦为多事矣。人不尽生安之质,不致知力行，日积月累，何能践形尽性？若奋然立志，返求为己，则真伪之辨明。自下升高，非一蹴可至也。朱子三年后，乃和诗以寄怀云："德义风流夙所钦，别离三载更关心。偶扶藜杖出寒谷，又枉篮舆度远岑。"此追忆当日相会时事也。"旧学商量加邃密，新知培养转深沉。"此探问别后工夫也。因子寿脱离传注，子静自矜易简，恐开蹈空之弊，故曰："只愁说到无言处，不信人间有古今。"厥后，朱子答项平甫书云："近世学者务返求者，以博观为外驰；务博观者，以内省为狭隘。左右佩剑，各主一偏，而道术分裂，不可复合，此学者之大病。"又云："子静所说专是尊德性事，而某平日所论却是道问学上多了。今当反身用力，去短集长，庶几不堕一偏。"朱子之心，虚公广大，所以为百世儒宗。子静《白鹿洞讲义》，朱子深取之，谓其足以发学者隐微深痼之病。盖陆先生兄弟之学，固不可因鹅湖二诗定其生平。朱子答吕东莱书云："近两得子寿兄弟书，却自讼前见之误。"东莱与朱子书云："陆子寿前日经过，留此二十余日，翻然以鹅湖所见为非。"又云："陆子寿不起，可痛。笃学力行，深知旧习之非，求益不已。"朱子祭子寿文，尤深痛惜，谓其降心以从善，岂有一毫骄吝之私！子静与曹挺之书云："学者且当大纲思省，平时虽号为士人，虽读圣贤书，其实何曾笃志圣贤事业。往往从俗浮沉，与世俯仰，徇情纵欲，汩没而不能自振。日月逾迈，而有泯然草木俱腐之耻。到此能有愧惧，大决其志，乃求涵养磨砺之方。若有事役，未得读书，未得亲师，亦可随处用力检点。见善则迁，有过则改，所谓心诚求之，不中不远。若事役有暇，便可亲书册。"此段每读之，令人通身汗下。陆先生未尝教人废书册，亦即此可见。今之主张陆学者，尚曰："据依在心，岂靠书册为有无？"其弊不至不立语言文字、不入禅学不止，岂陆先生之教哉！即曰："在人情、事势、物理上做工夫，并非顿悟。"其不至师心自用、臆见自逞者几希。我辈惟在脱去俗学，如朱子所谓"读书则实究其理，行己则实践其迹。念念向前，不轻自恕"而已矣。

十月十二日，清廷议覆福建漳州朱子祠题词及游酢不应从祀文庙事。据《高宗实录》卷二〇三乾隆八年十月甲戌条记：

> 礼部议覆福建学政吴华孙疏称，漳州为朱子行政设教之邦，今有祠在芝山，请颁宸翰，使官吏人士观感兴起。又先儒蔡元定、蔡沉、黄榦、真德秀、游酢等祠墓，岁久荒圮，请敕所在有司，加意防护。又杨时、游酢俱程门高弟，今游酢独未从祀，亦属阙典，请下礼臣定议。查朱子婺源家庙、延平讲学旧区，俱经颁赐御书扁额，其专祠在漳州芝山者，应如所请，交内阁撰拟字样进呈，钦定颁发。……杨时从祀礜宗，原以朱子渊源所出，故程门高弟，如吕大临、谢良佐，皆不与焉。该学政所请游酢从祀，应无庸议。从之。

是年春，阎若璩遗著《尚书古文疏证》得程崟资助，在扬州开刻。惠栋得见阎氏书稿，引为同志，采其说于所著《古文尚书考》。

据《尚书古文疏证》所附阎学林《跋》记：

> 先君子在中翰时，尝商于辇下故旧，欲板行之……癸卯、己酉，学林两至京师，先人之旧好寥寥数人，无复赞成斯事者。……丙辰以来，微秩自效，官卑俸薄，每泫然抱遗书而泣。……癸亥春，谒同里夔州程先生，先生雅嗜先大父书，慨然捐赀，始议开雕。

又据惠栋《古文尚书考》卷上"辨尚书分篇之谬"条后，摘录阎若璩《尚书古文疏证》所加识语记：

> 癸亥春，得太原阎君《古文疏证》，其论与予先后印合。大抵后出古文，先儒疑者不一，第皆惑于孔冲远之说，以郑氏二十四篇为伪书，遂不得真古文要领，数百年来，终成疑案耳。阎君之论，可为助我张目者，因采其语附于后。

惠栋著《古文尚书考》，成书当在乾隆八年之后，因具体年月不详，故姑系于是年。

据惠栋《松崖文钞》卷一《古文尚书考自序》记：

> 孔安国古文五十八篇，汉世未尝亡也。三十四篇与伏生同，二十四篇增多之数，篇名具在，刘歆造《三统历》，班固作《律历志》，郑康成注《尚书序》，皆得引之。特以当日未立于学官，故贾逵、马融等虽传孔学，不传逸篇。融作《书序》亦云逸十六篇，绝无师说。（原注：十六篇内，《九共》九篇，故二十四。）盖汉世重家学，习《尚书》者皆以二十九篇为备。（原注：伏生二十八篇，《太誓》后得，故二十九。刘歆移书太常曰："抑此三学，以《尚书》为备。"臣瓒曰："当时学者，谓《尚书》唯有二十八篇，不知本有百篇也。"三学，谓《逸礼》《尚书》《左传》。）于时虽有孔壁之文，亦止谓之《逸书》，无传之者。（原注：服虔《左传解谊》，以《毛诗·都人士》首章为逸诗，以未立于学官故也。）然其书已入中秘，是以刘向校古文，得录其篇，著于《别录》。至东京时，惟亡《武成》一篇，而《艺文志》所载，五十七篇而已。（原注：刘向《别录》五十八篇。）其所逸十六篇，当时学者咸能案其篇目，举其遗文，虽无章句训诂之学，翕然皆知为孔氏之逸书也。或曰："古文出于晋世，若两汉先尝备具，何以书传所引《太甲》《说命》诸篇，汉儒群目为《逸书》欤？"曰："今世所谓古文者，乃梅赜之书，非壁中之文也。赜采摭传记，作为古文，以绐后世。后世儒者靡然信从，于是东晋之古文出，而西汉之古文亡矣。孔氏之书，不特文与梅氏绝异，而其篇次亦殊。愚既备著其目，复为条其说于左方，以与识古君子共证焉。"

又据沈彤《果堂集》卷五《古文尚书考序》记：

> 吾友惠君定宇，淹通经史，于五经并尊汉学，著述多而可传。其《古文尚书考》二卷，能据真古文以辨后出者之伪。……此定宇之书，所由高出于群言耶！……太原阎百诗，近儒之博且精者，著《尚书古文疏证》五

卷，先得定宇之指。定宇书不谋而与之合，文词未及其半，而辨证益明，条贯亦益清云。

是年，全祖望改定乾隆元年所撰《梨洲先生神道碑文》。

据《鲒埼亭诗集》卷二《八月初二日南皋病愈胡四君山招同钝轩甘谷看桂限韵》记：

> 五岳昨滂逝，宿德怅其亡。凄凉鱼子兰，有泪湿苍茫。（原注：义门最爱粟兰。）句余老耆宿，谁为鲁灵光？屼然南皋子，忽告病匡床。憨遗仅一老，何堪三尸戕。晨起闻西邻，置酒酹天香。天香老愈健，金粟发寒芒。春容饱春露，磅礴凌秋霜。人生但如此，百岁长昂藏。俄传曳仗声，𩰚铄犹故常。须眉稍清瘦，神爽倍飞扬。读我南雷碑，意气不可当。（原注：是日予重改定梨洲墓文。）西瞻长庚星，荧荧照此堂。莫听山阳笛，且倾嗑嗑觞。

又据《鲒埼亭诗集》卷十一《梨洲先生神道碑文》记：

> 公谓明人讲学，袭语录之糟粕，不以"六经"为根柢，束书而从事于游谈，故受业者必先穷经。经术所以经世，方不为迂儒之学，故兼令读史。又谓读书不多，无以证斯理之变化，多而不求于心，则为俗学。故凡受公之教者，不堕讲学之流弊。公以濂、洛之统，综会诸家，横渠之礼教，康节之数学，东莱之文献，艮斋、止斋之经制，水心之文章，莫不旁推交通，连珠合璧，自来儒林所未有也。

是年秋末，全祖望取道苏州，北上扬州。途中，有诗哭惠士奇。

据全祖望《鲒埼亭诗集》卷三《哭惠学士丈半农》记：

> 戊子三前辈，先生晚得从。（原注：谓李阁学穆堂、谢副使石林及先生也。戊子三解头之名，闻于天下。）清谈真似鹤，重听有如龙。百粤怀文教，千秋重礼宗。（原注：先生所著《礼说》最佳。）怜予去国日，握手泪淙淙。

扬州马氏兄弟编藏书书目成，全祖望应约撰序。

据《鲒埼亭集》卷三十二《丛书楼书目序》记：

> 乾隆戊午，予为韩江马氏兄弟作《丛书楼记》，于今盖六年矣。《书目》告成，属予更为之序。马氏储书之富，已具见于予记中。吴越好古君子过此楼者，皆谓自明中叶以来，韩江葛氏聚书最盛，足以掩葛氏而过之者，其在斯乎？予以为此犹其浅焉者也。夫藏书必期于读书，然所谓读书者，将仅充渔猎之资耶？抑将以穿穴而自得耶？夫诚研精得所依归，而后不负读书。……韩江先正之箕裘远有端绪，固未可竟以声利之场目之也。马氏兄弟服习高、曾之旧德，沉酣深造，屏绝世俗剽贼之陋，而又旁搜远绍，荟萃儒林、文苑之部居，参之百家九流，如观《王会》之图，以求其斗杓之所向。进进不已，以文则为雄文，以学则为正学，是岂特闭阁不观之藏书者所可比，抑亦非玩物丧志之读者所可伦也。

乾隆九年甲子　1744年

正月十五日，徐文靖著《管城硕记》成，撰序刊行。

据《管城硕记》卷首著者自序记：

> 余株守一经，不能尽蓄天下之书，罗古今之富，凡耳目所经涉者，不过数千卷书耳。而姿禀愚钝，又不能博闻强记，积贮逾时，纵穷年翻阅，掩卷辄忘。回忆平生，枵腹如故。不得已而托之管城子，假以记室，凡经传、子史、骚赋、杂集，遇有疑信相参，先后互异者，则速为濡毫摘翰，类聚部分，寸积铢累，裒为一集，凡三十卷。……时乾隆九年，岁在甲子，孟春上元日，当涂徐文靖位山自识。

又据该书卷末毛大鹏跋记：

> 叔岳位翁，于天下书无不读，读不过三复，大义微言，了然心目。所著《禹贡证发》《山河两戒考》诸书，久已风行海内。学者想望其风采，其问奇而造访者，殆无虚日。今上元年丙辰岁，大司马奉新甘公、都掌院合河孙公同荐举博学鸿词，中外翕然称庆。宫詹张南华先生尝赠联云"承家旧学诸儒问，脱手新诗万口传"，盖笃评也。丁巳南旋，扃户著书，复理其平时所笔记者，会萃成书，次三十卷，命之曰《管城硕记》。凡经传、子史、杂集，疑讼未决者，悉皆剖雪无讹，洵所谓不刊之硕记也。……时乾隆九年，岁在甲子孟春上浣，门下侄婿毛大鹏云轩谨跋。

五月四日，清廷鼓励士子研习《仪礼》《周礼》。

据《高宗实录》卷二一六乾隆九年五月辛巳条记：

> 礼部议覆肇高学政金洪铨条奏，内奏《仪礼》《周礼》，辞意博奥，习者益少。请嗣后童生于背诵讲解五经之外，能兼《周礼》《仪礼》者，酌量书艺，从宽录取。应如所请，但文艺如属草率，仍不得藉背诵滥收。从之。

六月二十一日，直隶总督奏请刷印康熙间官修诸经疏解，高宗予以嘉奖。

据《高宗实录》卷二一九乾隆九年六月丁卯条记：

> 直隶总督高斌奏，顺天学政赵大鲸原奏内称，请于直隶藩库，拨银一千两，移交江西抚藩，刷印圣祖仁皇帝《御纂四经》《性理》，交直隶藩司收贮，学臣带往出考之处，分发生童购买。所收书价，学臣交还藩库归款。所奏事属应行。……得旨嘉奖。

八月一日，沈彤为其师何焯撰《行状》，以备史馆采择。

据沈彤《果堂集》卷十一《翰林院编修赠侍读学士义门何先生行状》记：

> 先生讳焯，字屺瞻，苏之长洲人。……先生蓄书数万卷，凡经传子史、诗文集、杂说小学，多参稽互证，以得指归。于其真伪是非、密疏隐显、工拙源流，皆各有题识，如别黑白。及刊本之讹阙同异，字体之正俗，亦分辨而补正之。其校定两《汉书》《三国志》最有名，乾隆五年，从礼部侍郎方苞请，令写其本付国子监，为新刊本所取正。……彤游先生门五年，承其学行，颇有所记忆。先生殁，时复访求，积十余载，得浸多。戊午、己未间，史馆搜天下名人事迹，迄今六七年，曾莫为之状以应。乃就所见闻，择其大且要者，考核而诠叙，以补献史馆，备《文苑传》之采择。乾隆九年八月朔旦，门人吴江沈彤谨状。

八月三日，清廷再度提倡科举士子讲求经学。

据《高宗实录》卷二二二乾隆九年八月丁未条记：

大学士鄂尔泰等议覆，编修杨开鼎进呈经史内称，学以敦行为主，尤以明经为要。请饬国子监及各府州县学，时时以经学造士。学臣考校生童，亦务以经义与"四书"文并重。查"六经"为载道之书，国家设科取士，自州县试以至乡会，近奉谕旨，训饬考官，不得专重"四书"文而忽经义。请再行通饬考校各官，如"四书"文虽佳，而经义影响游移者，概置不录。士子自必勉强学问，经义日明。

八月十四日，兵部侍郎舒赫德奏请革新科举取士制度，未获批准。
据《高宗实录》卷二二二乾隆九年八月戊午条记：

兵部侍郎舒赫德奏，科举之制，徒尚空言，不适实用。墨卷房行，转相抄袭。经义各占一经，拟题应试，表判策问，亦皆豫拟成文，随题敷衍。请探本清源，别求遴选真才之道。得旨：大学士看。寻议，科举之法，自明至今，皆出时艺。穷其流弊，诚有如舒赫德所奏者。然谓时文经义、表判策论，皆空言剿袭，无适于用，此正不责实之过耳。……惟惩循名之失，求责实之效，由今之道，振作而补救之。而司文衡、职课士者，果能力除积习，杜绝侥幸，将见文风日盛，而真才日出矣。盖立法取士，不过如是，无事更张定制为也。得旨：所议是。

十月五日，杨椿治《春秋》，成《春秋考后序》一篇。
据杨椿《孟邻堂文钞》卷五《春秋考后序》记：

宋儒曰："夫子托二百四十二年南面之权，有德必褒，有罪必贬，使乱臣贼子禁其欲而不得肆。"夫作《春秋》，儆乱贼也。无其位而取国之史，任私意为笔削，褒贬人于一字之间，以代天子之刑赏，谁信之而谁惧之？欲人之禁其欲而不肆也，能乎？"躬自厚而薄责于人。谁毁谁誉？如有所誉，其有所试。"夫子之言也。若如汉儒所云："《春秋》文成数万，其指数千，贬天子，推诸侯，讨大夫。"是二百四十二年中，自天子至于大夫，无不在所贬、所退、所讨之中。吁！毋乃已甚乎？何其与夫子平日之言相戾也。则处士横议，不将自《春秋》启之乎？昔韩起聘，见《易象》与《鲁春秋》，曰："周礼尽在鲁矣，吾乃今知周公之德与周之所以王也。"夫鲁之《春秋》，已与《易象》并称，则其义不同于他史可知。夫子窃取云者，取鲁史之义，非孔子自设之义也，岂有所刺讥、褒讳、挹损云乎哉！乾隆九年冬十月戊申。

案：杨椿治《春秋》，于雍正五年四月撰《春秋考序》一篇，载《孟邻堂文钞》卷五。

十月十一日，清廷重申"教官月课，宜重经史"。

据《高宗实录》卷二二六乾隆九年十月甲寅条记：

　　大学士鄂尔泰等议准内阁学士秦蕙田条奏，内称教官月课，宜重经史。请将已经颁发之《周易折中》《书诗春秋传说汇纂》及《性理》《通鉴纲目》，并将次告成之《三礼义疏》诸书，令各省督抚藩臬多行刷印，给发每学二部，以供士子抄诵。教官每月面课，"四书"文外，兼课经史。

十月十二日，杨椿治《周易》，成《周易考后序》一篇。

据《孟邻堂文钞》卷五《周易考后序》记：

　　余既考《古周易》而序之，客问余曰："子序象象，与东莱吕氏不同，何也？"曰："吕氏本孔氏颖达，象象随经而分。余本张氏守节，是以不同也。"曰："张氏说可信乎？"曰："张氏生唐开元初，汉儒师说虽亡，其书尚在。张氏据为《史记正义》，云：'《上象》，卦下辞；《下象》，爻卦下辞；《上象》，卦辞；《下象》，爻辞。'余是以信之也。"……九师兴而《易》道微，费、郑出而经、翼乱。学者苟欲窥圣人之经，必博考汉唐之旧。彼吕氏之书美矣，而爻象混淆，大小象错列，则犹未尽善焉，似不如张氏之说为尤可征耳。客退，因次其语为后序。乾隆九年，冬十月乙卯。

案：康熙四十五年七月，杨椿撰有《周易考序》一篇，载《孟邻堂文钞》卷五。

十月二十七日，重修翰林院竣工，高宗"亲临赐宴"。

据《高宗实录》卷二二七乾隆九年十月庚午条记：

先是，上以翰林院署岁久倾圮，发帑重修。至是讫工，御书翰林院扁额。赐掌院大学士鄂尔泰曰：稽古论思；张廷玉曰：集贤清秘。敕所司诹吉日，送掌院大学士进院，亲临赐宴。是日，车驾出长安左门，设卤簿，掌院大学士及翰林官跪迎。车驾入，谒先师孔子。礼成，中和韶乐作。上升座，丹陛大乐作。掌院大学士率群臣至阶下行礼，如大朝仪。进御宴，大学士鄂尔泰进爵。赐群臣宴，大学士以下，翰詹诸臣，并部寺科道之由翰林出身者，咸与。上召大学士鄂尔泰、张廷玉、福敏、陈世倌、史贻直、尚书彭维新、张照、汪由敦，左都御史刘统勋，侍郎阿克敦、梁诗正、钱陈群、德龄，至御座前赐酒。谕曰："时当阳月，和煦如春，天心欣洽，朕与诸臣交庆之。"

惠栋著《易汉学》成。

据惠栋《松崖文钞》卷一《易汉学自序》记：

六经定于孔子，毁于秦，传于汉。汉学之亡久矣，独《诗》《礼》《公羊》，犹存毛、郑、何三家。《春秋》为杜氏所乱，《尚书》为伪孔氏所乱，《易经》为王氏所乱。杜氏虽有更定，大较同于贾、服，伪孔氏则杂采马、王之说，汉学虽亡而未尽亡也。惟王辅嗣以假象说《易》，根本黄老，而汉经师之义荡然无复有存者矣。故宋人赵紫芝有诗云："辅嗣《易》行无汉学，元晖诗变有唐风。"盖实录也。栋曾王父朴庵先生，尝闵汉学之不存也，取李氏《易解》所载者，参众说而为之传。天、崇之际，遭乱散佚，以其说口授王父，王父授之先君子，于是成《易说》六卷。又尝欲别撰汉经师说《易》之源流，而未暇也。栋趋庭之际，习闻余论，左右采获，成书七卷。自孟长卿以下五家之《易》，异流同源，其说略备。呜呼！先君子即世三年矣。以栋之不才，何敢辄议著述？然以四世之学，上承先汉，存什一于千百,庶后之思汉学者,犹知取证,且使吾子孙无忘旧业云。

惠栋著《九经古义》,当先于《易汉学》,因未详成书年月,以皆表彰古学,故姑系是年。

据惠栋《松崖文钞》卷一《九经古义述首》记:

> 汉人通经有家法,故有五经师训诂之学,皆师所口授,其后乃著竹帛,所以汉经师之说立于学官,与经并行。五经出于屋壁,多古字古言,非经师不能辨。经之义存乎训,识字审音,乃知其义。是故古训不可改也,经师不可废也。余家四世传经,咸通古义,守专室,呻稿简,日有省也,月有得也,岁有记也。顾念诸儿尚幼,日久失其读,有不殖将落之忧。因述家学,作《九经古义》一书,吾子孙其世传之,毋黩名家韵也。

十月二十九日,清廷拨内帑为任启运治丧。

据《高宗实录》卷二二七乾隆九年十月壬申条记:

> 宗人府府丞任启运故,赏银二百两。

又据《清国史·儒林传》卷七《任启运传》记:

> 任启运,江苏荆溪人。雍正十一年进士,改翰林院庶吉士。

又据《清史列传》卷六十八《任启运传》记:

> 高宗登极,仍命在书房行走,署日讲起居注官,寻擢中允。四年,迁侍讲,晋侍讲学士。七年,擢都察院左佥都御史。八年,充三《礼》馆副总裁官,寻升宗人府府丞。九年,卒于所赐第,年七十五。……启运学宗朱子,尝谓诸经已有子朱子传,独未及《礼经》,乃著《肆献祼馈食礼》三卷。……又《宫室考》十三卷。……又《礼记章句》十卷。……外有《周易洗心》九卷、《四书约指》十九卷、《孝经章句》十卷、《夏小正注》、《竹书纪年考》、《逸书补》、《孟子时事考》、《史要》、《女史通纂》、《女教经

传》、《白虎通正讹》、《任氏家礼酌》、《任氏史册备考》、《同姓名考》、《记事珠》、《清芬楼文集》等书。

又据任兆麟《有竹居集》卷十一《钓台公家传》记：

公任姓，讳启运，字翼圣，居荆溪，上近古钓台，世称钓台先生。既受命总裁"三礼"，以为生平志业在是，幸得毕力于斯，发凡起例，编排无间寒暑。时宿望桐城方侍郎苞、临川李阁学绂为之最，二公者馆中莫敢与抗论。时方分得《周官》，李分得《仪礼》，每有论议，至龃龉不相下，必折衷于公，得一言而两家之疑遂释。……俄婴末疾，上方赐医药，日存问，无何竟不起。上闻之，嗟悼弥日，赐内帑金以敛。时乾隆九年七月□日也，距其生康熙九年八月五日，得年七十有五。

乾隆十年乙丑　1745年

二月，全祖望至慈溪，陪祭黄宗羲。应郑性子临之嘱，续修《宋元学案》。取郑家所藏宗羲遗稿，芟择审订，辑为《黄子大全集》四十四卷。

据全祖望《鲒埼亭诗集》卷四《仲春仲丁之鹳浦陪祭梨洲先生》记：

黄竹门墙尺五天，瓣香此日尚依然。千金兀自绵薪火，三迳劳君盼渡船。（原注：主人正在岸上迓予舟。）酌酒清寒欣永日，挑灯讲学忆当年。《宋元儒案》多宗旨，肯令遗书叹失传。（原注：时临之属予续成先生《宋元学案》。）

又据《鲒埼亭集外编》卷二十五《南雷黄子大全集序》记：

南雷先生之集，累雕而未尽，其称《南雷文案》者凡四种，而壬辰、癸巳以前所辑曰《始学庵集》不预焉。其称《南雷文定》者又四种，而壬申以后曰《病榻集》亦不预焉。先生尝欲合诸本，芟定之为《文约》，未成而卒。而竟有所谓《文约》者，慈溪郑南溪喜而雕之，然不知非先生之手裁也。先生之文，其深藏而不出者，盖以有待，不可听其湮没也。而在雕本中，反疑多冒附之作，读者多不之审。予乃从南溪家，尽取先生之草稿，一一证定，皆以手迹为据。于是义熙之文毕出，而冒附者果不出予所揣，乃补其亡，汰其伪，定为四十四卷，而庐山真面目见矣。先生之文，累有更窜，故多与旧所行世之本不同者，又皆以其晚年手迹为据。惜乎南溪下世，不得与共讨论之。

四月四日，高宗颁谕，训正文体。

据《高宗实录》卷二三八乾隆十年四月丙午条记：

> 谕：国家设制科取士，首重者在"四书"文。盖以"六经"精微，尽于"四子书"，设非读书穷理，笃志潜心，而欲握管挥毫，发先圣之义蕴，不大相径庭耶？……近今士子，以科名难于幸获，或故为艰深语，或矜为俳俪词，争长角胜。风檐锁院中，偶有得售，彼此仿效，为夺职争标良技。不知文风日下，文品日卑，有关国家抡才大典，非细故也。……今于"四书"文，采撷词华，以示淹博，不啻于孔、孟立言本意相去万里矣。先正具在，罔识遵从，习俗难化，职此之故。嗣自今其令各省督学诸臣，时时训饬，乡会考官加意区择，凡有乖于先辈大家理法者，摈弃不录。则诡遇之习可息，士风还淳，朕有厚望焉。

四月二十六日，高宗策试各省贡士，以"将欲为良臣，舍穷经无他术"相号召。

据《高宗实录》卷二三九乾隆十年四月戊辰条记：

> 夫政事与学问非二途，稽古与通今乃一致。爰以多士所素服习敬业者询之，必有以导朕焉。五、六、七、九、十一、十三之经，其名何昉，其分何代，其藏何人，其出何地，其献何时，传之者有几家，用以取士者有几代，得缕晰而历数欤？……将欲得贤材，舍学校无别途；将欲为良臣，舍穷经无他术。多士宜有以奋发敷陈，启迪朕蔽。

八月，汪绂成《春秋集传》十六卷，自序撰作此书之大旨，阐发研治《春秋》之主张。

据汪绂《双池文集》卷之五《春秋集传序》记：

> 《春秋》，鲁史也，圣人修之，而孟子谓之曰"作"，诚以大义微辞，圣人所独断，而非徒记载之文也。然谓鲁史旧文，而斟酌其是非，以垂后世之法，圣人然也；谓逐句逐字而改易增损之，以某字为褒，某字为贬，使

后世之人多方以求合，而莫测其意之所存，圣人当不尽然也。……今功令一遵胡氏，治《春秋》者不敢少出己见，又场屋命题多所忌讳，乃记取冠冕数题，略撮胡、左大旨，持以应试，虽经文且不曾遍读，况胡《传》乎？夫经降而从传，传降而为时文，时文又降而为剿袭，而尚讶然以经生自鸣也，不亦羞乎？予甚悯焉，谓欲以发明经意，自当求之于经，通经以传为阶，自当博综于传，传之立义各殊，自当折衷于一，一无可执，断之以理，理无定是，衡之以中，中无定体，参之以时，时有不同，案之于事，圣人之道，时中而已。随事顺理，因时处宜，《春秋》笔削，不以是乎？是以敢斟酌四传而去取之，时或断以己意，宁浅而无深，宁直而毋曲，序事必综本末，论事必于周详，有疑则宁阙毋敢凿也。其所取用，不过数家，足以发明经义而止，余俱从略，不欲其烦，匪矜博故也。……朱子于《春秋》既未遑及，则继朱子者尤不可以无人。兹所去取，实一遵朱子之意，紫阳可兴，当亦不予过谪；则揆之孔子之意，或亦不相抵牾也。朱子作《易本义》，祇以《易》为卜筮之书；愚于《诗经诠义》之著也，亦祇欲人以做诗之法读《诗》，今之于《春秋》也亦然。人之读《春秋》者，其即以读史之法读之焉，沈潜而反复之，以论其世，鉴空衡平，将圣人笔削之深心，时或遇之，自可以无事深求也矣。

案：据余龙光《双池先生年谱》卷之三乾隆十年乙丑五十四岁条称："秋八月，《春秋集传》成，十六卷。"故系此文于此。

秋，阎若璩遗著《尚书古文疏证》刊刻蒇事。
据《尚书古文疏证》卷首阎学林《跋》记：

乾隆乙丑之秋，刻《尚书古文疏证》成。嗟乎！此先君子之志也，今而后学林得稍慰先君子于地下矣。先大父穷经博学，海内所仰，遗书未出，学者引领望之。先君子在中翰时，尝商于辇下故旧，欲板行之以公海内，而工费浩繁，未有成局，经营于心者十余年。学林敢一日忘先君子之志哉！癸卯己酉学林两至京师，先人之旧好寥寥数人，无复赞成斯事者。……癸亥春，谒同里夔州程先生，先生雅嗜大父书，慨然捐赀，始议开雕。而淮阳士大夫更多好义者，于是阅二载而遂以蒇事。

十月，戴震著《六书论》成。
据《戴震文集》卷三《六书论序》记：

今考经史所载，汉时之言六书也，说歧而三。一见《周礼注》引郑司农解；一见班孟坚《艺文志》；其一则叔重《说文解字序》，颇能详言之。班、郑二家，虽可以广异闻，而纲领之正，宜从许氏。厥后，世远学乖，罕睹古人制作本始。谓谐声最为浅末者，后唐徐锴之疏也。以指事为加物于象形之文者，宋张有之谬也。谓形不可象则指其事，事不可指则会其意，意不可会则谐其声者，诸家之纷纭也。谓转声为转注者，起于最后，于古无稽，特萧楚诸人之臆见也。盖转注之为互训，失其传且二千年矣。六书也者，文字之纲领，而治经之津涉也。载籍极博，统之不外文字，文字虽广，统之不越六书。纲领既违，讹谬日滋。故考自汉已来，迄于近代，各存其说，驳别得失，为《六书论》三卷。凡所不载，智者依类推之，以拾遗补艺，将有取乎此也。时乾隆乙丑孟冬，戴震撰。

十二月，沈彤集所为古文得《果堂集》，王峻应请撰序。
据《果堂集》卷首王峻《果堂集序》记：

余往在都门，少宗伯方望溪先生，每为余称吴江沈君冠云之著述，能守朴学，不事浮藻。时余以书馆事繁，仅获观一、二，未遑多索也。今年，余在紫阳书院，冠云亦授徒郡城，因出其所著古文一编视余。展读既竟，乃叹曰："甚矣，望溪之能知冠云之文也。"……今冠云之学，笃古穷经，尤精"三礼"。其解经诸文，于群疑聚讼之处，疏通证明，一句一字，必获其指归而后已。其记序碑铭诸作，亦皆具古人之法，而立义醇悫。盖凡在兹编，无不有用而可久，非犹草木之花之能其实者乎！……乾隆乙丑十二月，虞山王峻谨题。

经师姜兆锡卒于是年。

据《清史列传》卷六十七《姜兆锡传》记：

> 姜兆锡，字上均，江苏丹阳人。康熙二十九年举人。乾隆元年，以大学士鄂尔泰荐，充"三礼"馆纂修官。兆锡采辑群书，折衷众说，寅入申出，以勤博称。时方苞长于三《礼》，与兆锡集议，多不合。……兆锡自壮年钻研三《礼》，后益殚精。著述有《书经蔡传参义》六卷，《周礼辑义》十二卷，《仪礼经传内编》二十三卷、《外编》五卷，《礼记章义》十卷，《春秋公穀汇义》十二卷，《胡传参义》十二卷，《孝经本义》一卷，《尔雅参义》六卷。自题曰《九经补注》，谓补朱子所未注也。……又有《周易本义述蕴》四卷，《周易蕴义图考》二卷，《诗蕴》四卷，《大戴礼删翼》四卷，《春秋事义慎考》十四卷，《家语正义》十卷，《孔丛子正义》五卷。……十年卒，年八十。

十二月二十七日，官修《三礼义疏》竣稿，高宗下令"详加阅看"。

据《高宗实录》卷二五五乾隆十年十二月甲子条记：

> 大学士张廷玉等奏：本月二十四日，"三礼"馆恭进《仪礼、礼记义疏》，奉旨交臣等阅看。但查该馆奏内，据称《三礼义疏》卷帙浩繁，开馆迄今，总裁屡易。前进《周礼义疏》，中有抵牾驳杂之处，尚须重加厘正。该馆既有此奏，则此《仪礼》《礼记》，与《周礼》恐有异同，应请并发该馆，互加校正。校毕，遵旨详加阅看，以归画一。得旨：著张廷玉、高斌，会同该馆办理。

是年，张师载辑陆陇其年谱成，雷鋐应约撰序，表彰陆氏学行。

据雷鋐《经笥堂文钞》卷上《陆子年谱序》记：

> 古之学者，未有不知行并进者也。不离乎日用、饮食、纲常民物，则曰下学；不创为新奇诡异、幽深玄妙，则曰正学。自孔、孟至程、朱，递

明之薛、胡，一脉相传，如世系之有大宗、小宗。其他旁门异趋，分之为庶孽，假之为螟蛉而已矣。我朝治教休明，名儒辈出，而从祀文庙惟平湖陆子一人。盖醇乎下学之功，卓乎正学之的者也。表章陆子，所以示学者之趋向指归。然或隐微幽独，不离富贵利达之见，徒以讲学立名，呶呶焉辨异同，争得失，口说自腾无益也。……河南仪封张清恪公，学与陆子同，尝刊其遗书，以传于世。今嗣君西铭，复增定《陆子年谱》，考订既确，包括无遗。陆子生平，体用兼该，知行并至，悉具于此。学者探讨服习，如入其门，登其堂，而聆其謦欬，瞻其仪范，与亲得陆子而师之无以异。鋐惧终身为道外之人，愿与天下同志之士服膺而勿失焉。

乾隆十一年丙寅　1746年

闰三月一日，官修《律吕正义后编》成。

据《高宗实录》卷二六二乾隆十一年闰三月丁酉条记，高宗于该书《序》云：

> 皇祖圣祖仁皇帝，建中和之极，通声气之元，钦定《律历渊源》一书，审推步以明象纬，研数理以备成法。至《律吕正义》，凡所以定尺考度，制器审音，与夫五声二变应和之原，析其精微，区其讹舛。古乐之大义明，而千古有定论；今乐之至理具，而千古有正声。诚所谓惟圣人能之者。顾七政授时，九章布算，至今遵循罔敦。而律吕尚未施行，太常之司，和声之署，习其器而不能究其所以然，遂并其所习者而失之。袭谬承讹，不协不度，篇章音节，非重为厘正不可。……爰诠次成编，俾垂永久。更参稽前代因革损益之异，为《乐器考》《乐制考》《乐章考》《度量权衡考》，以备律吕之条贯。复推阐为《乐问》三十五篇，以申明其旨趣。于是而圣祖之所为审音定乐、制器协均者，一一施诸实用。自汉、魏以迄元、明，是非得失之故，了然可述。

闰三月二十一日，清廷重修《明通鉴纲目》成。

据《高宗实录》卷二六三乾隆十一年闰三月丁巳条记，高宗于该书《序》云：

> 编年之书，奚啻数十百家，而必以朱子《通鉴纲目》为准。……自《纲目》成，而义指正大，条理精密。后儒有所依据，踵而续之，由宋迄元，厘然方策。至明代君臣事迹，编辑之难，更倍于诸书。盖《明史》已

成于百年之后，而世变风漓，记载失实，若复迟待，将何以继续编而示来许。爰命儒臣，法朱子《通鉴纲目》义例，增损编摩，大书以提要，分注以备言。

十月二十四日，高宗颁谕，重申令儒臣进讲经史，意在"研究经术，阐明义理"。

据《高宗实录》卷二七七乾隆十一年十月丙戌条记：

谕：朕命翰林科道官轮日进讲经史，本欲研究经术，阐明义理，以淑心身，以鉴兴废。而诸臣论讲，往往阑入条陈。若实有裨政务，则亦何害？要不当借端立说，以逞私见也。……朕向曾留心诗赋，不过学问中之一事。时于几余遣兴，偶命近臣属和，亦前代翰林典故中所有，并非夸耀已长，与文人角胜。而治天下之大经大法，端不在此。

十二月，戴震著《考工记图》成。
据《考工记图》卷首《考工记图序》记：

立度辨方之文，图与传注相表里者也。自小学道湮，好古者靡所依据，凡"六经"中制度、礼仪，核之传注，既多违误，而为图者，又往往自成诘诎，异其本经，古制所以日就荒谬不闻也。旧《礼图》，有梁、郑、阮、张、夏侯诸家之学，失传已久。惟聂崇义《三礼图》二十卷见于世，于考工诸器物尤疏舛。同学治古文辞，有苦《考工记》难读者。余语以诸工之事，非精究《少广》《旁要》，固不能推其制以尽文之奥曲。郑氏注善矣，兹为图翼赞郑学，择其正论，补其未逮。图传某工之下，俾学者展卷观之。因一卷书，当知古六书、九数等，儒者结发从事，今或皓首未之闻，何也？休宁戴震。

又据该书卷末《考工记图后序》记：

《考工》诸器，高庳广狭有度。今为图，敛于数寸纸幅中，或舒或促，必如其高庳广狭，然后古人制作，昭然可见。……执吾图以考之，群经暨古人遗器，其必有合焉尔。时柔兆摄提格，日在南北河之间。东原氏书于游艺塾。

冬，顾栋高著《春秋大事表》成，致书杨椿，约请撰序。
据《春秋大事表》卷末附录《与杨农先先生书》记：

兹有请于左右者，某自癸卯旋里，迄今几三十年，然不敢一日自堕弃。思《春秋》一经，为圣人经世之书，顾以传而明，亦以传而晦。一晦于公、穀之以日月生义，经杜、孔、啖、赵及有宋孙明复、刘原父之驳辨而差明。再晦于康侯之以复仇立说，宋、明以来，屡经驳正，而圣人书法终未大明于世。……为此，不自揣量，夙承先师、先母舅遗教，创为《大事表》一书。州次部居，旁行钩贯，积久成多，为目五十。先列前儒精义，次及近代名家，末申己意，为叙论考辨说，共百三十余篇。……伏惟先生负当代大名，与望溪先生唱和大江南北，乞怜其志意，收其一得，作为雄文，弁诸首简，荣逾华衮矣。

是年，全祖望频繁往来于浙东、三吴、扬州间，致力于黄宗羲《宋儒学案》之续编。
据董秉纯《全谢山先生年谱》乾隆十一年四十二岁条记：

春杪至湖上，适董浦先生以闰重三日，为禊事之会，太守鄂钝夫而下，至者四十二人，先生与焉。遂自苕上至吴门，寓陆氏水木明瑟园，有诗曰《吴船集》。舟中取南雷黄氏《宋儒学案》未成之本编次序目，重为增定。……夏过维扬，再馆马氏鄫经堂，编纂《学案》，有《韩江唱和第二集》。

又据全祖望《鲒埼亭诗集》卷五《舟中编次南雷宋儒学案序目》记：

关、洛源流在，丛残细讨论。茫茫溯薪火，渺渺见精魂。世尽原伯鲁，吾惭褚少孙。补亡虽兀兀，谁与识天根。

杭世骏著《订讹类编》，约于是年成稿。

据《订讹类编》卷首杭世骏"自序"记：

《易》曰："君子多识前言往行以畜其德。"则博闻洽见之功，虽非君子之所尚，而亦为君子之所不废也。仆自解组归田，偃仰湖山之侧，无他嗜好，惟手一编，以与水色岚光朝夕相娱乐而已。讽诵之下，见古人行事与古书纰缪处，辄为摘记，参互考订，校正其非，积成卷帙，藏之筐笥，非敢云枕中秘也，亦聊以自怡悦耳。丙寅春，海宁门人范鸣远鹤年邀予作观海之游，因寓其听涛楼者几半载。爰出是编，以与老友俞正之楷共相订质，暇时遂为类次而编辑之。讹者辟焉，谬者纠焉，间附管见就正大雅，使一误不至再误。则是编亦好古者之所乐得而观玩也。置之案头，以资闻见，不至覆彼酱瓿，则余之大幸，亦读书者之一大幸与。仁和杭世骏堇浦，书于道古堂。

乾隆十二年丁卯　1747年

正月六日，高宗颁谕，命续修《大清会典》。

据《高宗实录》卷二八二乾隆十二年正月丁卯条记：

> 谕：国家立纲陈纪，布在方策，所以明昭代之章程，备诸司之职掌，以熙庶绩，以示训行，典至巨也。《大清会典》，修于皇祖圣祖仁皇帝康熙二十三年。越我皇考世宗宪皇帝御极之初，即允礼臣之请，开馆重修。九年告竣，刊梓颁行，阅今又二十年矣。其间因时制宜，屡有损益，向来诸臣，每有以重修为请者。朕以国家定制，岂容数更，踵事增文，自有部册，故概未准行。近以几余，时加披览，间为讨论，乃晰由来，有不得不重修者。

正月十五日，杨椿治《仪礼》，成《仪礼考序》一篇。

据《孟邻堂文钞》卷五《仪礼考序》记：

> 《仪礼》经十七篇，有记者十二篇，无记者五篇。昨冬，余取唐人《石经》、朱子《经传通解》、黄氏《经传续通解》、敖氏《集说》，及明国子监、常熟毛氏、昆山葛氏，近济阳张氏诸刻本相雠校，注其文异同于下。……吾意是书鲁臣臧孙辰、季孙行父辈所为，盖文胜之书，所谓"后进于礼乐"，而非周公之制，孔子所从也。然三代威仪，尚可想见于千一。

二月，戴震著《转语二十章》成。

据《戴震文集》卷四《转语二十章序》记：

> 古今言声音之书，纷然淆杂，大致去其穿凿，自然符合者近是。昔人既作《尔雅》《方言》《释名》，余以谓犹阙一卷书，创为是篇，用补其阙。

俾疑于义者以声求之，疑于声者以义正之。说经之士，搜小学之奇觚，访六书之逸简，溯厥本始，其亦有乐乎此也。时乾隆丁卯仲春，戴震撰。

三月六日，清廷重刻《十三经注疏》"二十一史"成，高宗撰序，号召学人"笃志研经，敦崇实学"。

据《高宗实录》卷二八六乾隆十二年三月丙申条记：

《御制重刻十三经序》曰：……我朝列祖相承，右文稽古。皇祖圣祖仁皇帝，研精至道，尊崇圣学，"五经"具有成书，颁布海内。朕披览《十三经注疏》，念其岁月经久，梨枣日就漫漶，爰敕词臣，重加校正。其于经文误字，以及传注、笺疏之未协者，参互以求其是，各为考证，附于卷后。不紊旧观，刊成善本，匪徒备金匮石室之藏而已。《书》曰："学于古训乃有获。"《传》曰："经籍者，圣哲之能事，其教有适，其用无穷。"朕咨采敕几，实无审定之暇，亦无鉴古之识，而惟是缉熙逊志，日就月将，则有志焉，而不敢不勉。继自今津逮既正，于以穷道德之闳奥，嘉与海内学者，笃志研经，敦崇实学，庶几经义明而儒术正，儒术正而人才昌。

春夏间，全祖望至苏州，谋刻《宋儒学案》。北上南京，晤方苞。
据董秉纯辑《全谢山先生年谱》乾隆十二年四十三岁条记：

二月，至湖上。上巳后，重过水木明瑟园，谋刻《宋儒学案》。遂至金陵，访灵皋先生于湄园。

又据全祖望《鲒埼亭诗集》卷六《湄园谒方丈望溪》记：

廿年荷陶铸，十年惜别离。六年遭荼苦，余生患阻饥。以此成惭负，著书杳无期。犹喜素丝在，未为缁所移。（原注：侍郎今年八十，方七治《仪礼》，自言加我数年，当更有进处。且戒予不当为汗漫之游，坐消日力。）

六月十一日，高宗颁谕，令重刻"三通"。

据《高宗实录》卷二九二乾隆十二年六月庚午条记：

> 谕：汲古者并称"三通"，该洽博闻之士所必资也。旧刻讹缺漫漶，且流布渐少，学者闵焉。今载籍既大备矣，"十三经""二十二史"，工具告藏。其以内府所藏《通典》《通志》《文献通考》善本，并经史馆翰林等详校而付之剞氏，一仿新刻经史成式，以广册府之储。

六月十五日，清廷议修《续文献通考》。

据《高宗实录》卷二九二乾隆十二年六月甲戌条记：

> 谕：马端临《文献通考》一书，综贯历代典章制度，由上古以迄唐宋，源委了然，学者资以考镜。明王圻取辽、金、元、明事迹续之，烦芜寡要，未足与"三通"并，且至今又百五十余年矣。我朝监古定制，宪章明备，是以搜择讨论，以征信从。其自乾隆十年以前，《会典》所载，令甲所布，金匮石室所储，与夫近代因革损益之异，上溯宋嘉定以后，马氏所未备者，悉著于编，为《续文献通考》。

七月十八日，高宗以《金史》所附《国语解》"讹舛甚多"，令"用国朝校定切音，详为辨正"，"即用校正之本，易去其旧"。

据《高宗实录》卷二九五乾隆十二年七月丙午条记：

> 谕：近因校阅《金史》，见所附《国语解》一篇，其中讹舛甚多。金源即满洲也，其官制，其人名，用本朝语译之，历历可见。但大金全盛时，索伦蒙古，亦皆所服属，幅员辽广，语音本各不同。而当时惟以国语为重，于汉文音义，未尝校正画一。至元臣纂修，又不过沿袭纪载旧文，无暇一一校正，讹以传讹，有自来矣。即如所解之中，或声相近而字未恰合，或语似是而文有增损。至于姓氏，惟当对音，而竟有译为汉姓者。今既灼见其谬，岂可置之不论！爰命大学士讷亲、张廷玉，尚书阿克敦，侍郎舒赫德，用国朝校定切音，详为辨正。令读史者咸知金时本音本义，讹谬为

之一洗。并注清文，以便考证。即用校正之本，易去其旧。其坊间原本，听其去留。庶考古信今，传世行远，均有裨焉。

八月二十日，杨椿治《周礼》，成《周礼考》。
据《孟邻堂文钞》卷五《周礼考序》记：

> 椿幼读《周礼》，见其与孔、孟之言不合，心窃疑之。既长，沉潜反复，留心玩索几六十年，乃今始克为之考。考竟序曰，是书非周公作也，疑其先出于文种、李悝、吴起、申不害之徒。……后人网罗摭拾，汇为此书。……乾隆十二年秋八月戊寅。

十月十五日，杨椿治《大戴礼》，成《大戴礼考》。
据《孟邻堂文钞》卷五《大戴礼考序》记：

> 余考次其书，大抵与《小戴记》《逸周书》《家语》《荀子》《贾谊新书》《周礼·大行人、小行人、典命、司仪》相出入，而错讹衍脱，至不可句读。……《易》取费直而十二篇之《易》亡；《书》用梅赜而伏、孔今文、古文之旧本亡；《诗》主毛苌而《韩诗》亡，齐鲁之残诗亦亡；《礼》宗康成而淹中古礼、五种之记尽亡。《大戴》今微，其书未佚，则犹为幸焉尔。……乾隆十二年冬十月既望。

又据同书同卷《大戴礼考后序》记：

> 夫经学之盛，始于汉之建元。至甘露讲议而一变，建初讲议而又一变，康成笺注出而于是乎大变，贞观《正义》行而其变极矣。……明永乐间纂修《大全》，阴袭宋元人成书，没其名为己撰，而《注疏》亦弃之不用。刘歆移让太常博士，云"党同门，妒道真"，"挟恐见破之私意，而无从善服义之公心"。每读之，未尝不掩卷太息也。乾隆十二年冬十二月戊寅。

十一月二十一日，杨椿治《礼记》，撰为《礼记考》。

据《孟邻堂文钞》卷五《礼记考序》记：

> 今年冬，余考次《小戴》经文，因为之序。……世之议"三礼"者，以《小戴》为礼之枝叶，以《小戴》为驳而不纯，以《小戴》为不如《周礼》《仪礼》之可信。夫《仪礼》记仪文，《周礼》记官守耳，制度则《小戴记》较详，古圣贤微言大义，亦惟《小戴记》有之，可仅谓之枝叶乎？……乾隆十二年冬至日。

是年冬，全祖望旅居扬州，再客马氏畬经堂，为友人陈章诗集撰序。

据《鲒埼亭集》卷三十二《宝甀集序》记：

> 竹町居士陈授衣，以诗名大江南北者，几三十年而不遇，其遇益蹇，其诗愈工。……予每客扬州，馆于马嶰谷斋中，则与竹町晨夕。竹町居东头，予居西头，余方修《宋儒学案》，而竹町终日苦吟，时各互呈其所得。因念世之操论者，每言学人不入诗派，诗人不入学派，吾友杭堇浦亦力主之。余独以为，是言也盖为宋人发也，而殊不然。……竹町之诗既工，而其胸中所造有近乎道，其欿然不自足也，殆将有更进而致精焉者。曾氏之瑟未希，而颜子之卓如有立矣，吾知其不仅仅以诗人终也。竹町属余为序者，且十年矣。今冬又话别于扬，江空岁晚，暮云落叶，满目皆诗材也。而余叨叨于道术之分合，得无笑其迂乎？

李绂著《穆堂别稿》，自乾隆九年春始刊，迄于是年蒇事。

据《穆堂别稿》卷首鲁曾煜《序》记：

> 古之学者出于一，今之学者出于三，曰道学也，经学也，词学也。……古之学者出于一，于孟子见之。今之学者出于三，而复出于一，于文贞公见之，而尤于先生见之。欲求孟子之道，当充孟子之气，而充孟子之气，断自先生始矣。先生是编，乃统系绝续，所关岂仅学览者之潭奥，摛华者之华苑哉！先生初集既雕，国本行世，兹踵而布焉，故曰《别稿》。

犹古人之分别集也，凡有别者，皆云别也。曾煜窃附于唐宋人之序其师者云。时乾隆九年岁次甲子，春王上浣，会稽受业鲁曾煜顿首谨輪。

又据该书卷首常安《序》记：

昔尝与会稽鲁太史秋塍论海内人文……太史曰："今吾师临川李穆堂先生，精醇博大，海涌地负，可以并包前哲，陶铸后人。"……丁卯夏，太史又过谓余曰："吾师历官数十年，今老矣，解组归乡里。方思放浪于匡庐、彭蠡之间以自娱乐，而晚年著述，世犹未知者。其嗣君继前稿而梓之，将乞序于公，公其毋辞。"噫！余之不文，先生所知也，余何能序先生之文？……时乾隆十二年岁在丁卯，六月既望，年家眷同学弟常安顿首拜撰。

乾隆十三年戊辰　1748年

二月二十五日，高宗至曲阜，谒孔庙，讲学诗礼堂。
据《高宗实录》卷三〇九乾隆十三年二月己卯条记：

上诣诗礼堂，命举人孔继汾进讲《中庸》"凡为天下国家有九经"节，贡生孔继涑进讲《周易·临卦象辞》。毕，宣谕衍圣公孔昭焕等曰：至圣之道，参天地，赞化育，立人极，为万世师表。凡兹后裔，派衍支繁，尤当永念先型，以期无忝。昔我皇祖，东巡时迈，特颁圣谕，炳若日星。朕仰绍前徽，虔修展谒之礼。念尔等令绪相承，渊源勿替，再申告谕，用是训行。其务学道敦伦，修身慎行，克禀先师之彝训，祇遵皇祖之诲言，勿愧为圣者子孙。朕心实嘉予之，其钦承毋怠。

四月二十六日，高宗策试天下贡士，告诫不可"事词章而略经术"。
据《高宗实录》卷三一三乾隆十三年四月己卯条记：

策试天下贡士郑忄予等二百六十四人，于太和殿前。制曰：……多士修之于家，宜有明治体，知治要，以期自见于当世者。而事词章而略经术，急进取而竞声华，论文体则尚浮辞而乖实义，于圣贤道德之实，未有能体之于心，修之于行事者。将教化之未明与？抑积习之难返与？其博思所以端风尚而正人心者，切言之无隐，朕将亲览焉。

五月十七日，乙丑科一甲二名进士庄存与，庶吉士散馆考试不合格，不准授编修。高宗以其"平时尚留心经学"，令再学三年。
据《高宗实录》卷三一五乾隆十三年五月庚子条记：

内阁、翰林院带领乙丑科散馆之修撰、编修、庶吉士等引见，得旨：……庄存与此次散馆考试，诗赋虽属平常，闻其平时尚留心经学，著再教习三年，下次散馆，再行考试。

闰七月，吏部侍郎、江苏学政尹会一卒。
据《清史列传》卷十八《尹会一传》记：

尹会一，直隶博野人。雍正二年进士，……乾隆元年二月，诏署两淮盐政。……十一年三月，服阕，授工部侍郎。十月，提督江苏学政。……十三年四月，转吏部侍郎，仍留学政任。闰七月卒，谕赐祭。

八月，顾栋高著《春秋大事表》成。
据《春秋大事表》卷首"总叙"记：

忆栋高十一岁时，先君子静学府君，手抄《左传》全本授读，曰："此二十一史权舆也，圣人经世之大典于是乎在，小子他日当志之。"年十八，受业紫超高先生。时先母舅霞峰华氏，方以经学名世，数举《春秋》疑义与先生手书相辨难。窃从旁饫闻其论，而未心识其所以然。……雍正癸卯岁，蒙恩归田，谢绝势利，乃悉发架上《春秋》诸书读之。知胡氏之《春秋》，多有未合圣心处。……余之于此，泛滥者三十年，覃思者十年，执笔为之者又十五年，始知两先生于此用心良苦。先母舅霞峰先生，博稽众说，无美不收，高先生独出心裁，批却导窾，要皆能操戈入室，洞彻阃奥。视宋儒之寻枝沿叶，拘牵细碎者，盖不啻什百远矣。余小子钝拙无似，得藉手以告其成，以无负先君子提命之旨，与两先生衣被沾溉，耳濡目染之益。谨述其缘起，以识于首简，命之曰《春秋大事表》云。乾隆十三年戊辰八月，锡山顾栋高书。

又据该书卷首"凡例"第十九条记：

是编凡为目五十，经始于雍正甲寅，断手于乾隆戊辰，历十五年。随手辑成，不拘次序。家贫客游，假馆恒在千里外，文成辄识其处。又中间十八项，曾经失去，重复辑录。最后乃得叙论数十首。故所志干支，前后不无颠倒，文义间多重复。欲更删定，程子风衣谓，删去便不畅，不如仍其旧为妥，且从前之苦心，不容遂没。感亡友之遗言，附识于此。

又据《凡例》第二十条记：

余于是编，备极苦心，亦藉诸贤之力。《氏族》《世系》《官制》三表，则辑于华师道。《朔闰》一表，则经始于华生纬，而师道订成之。《十二图》，则华半江一人之力。参校不惮再三，则同里沈先生岵瞻及盐城夏生瀛、山阳杨生日炳之力为多。将伯之助，深为铭感，不敢忘也。

九月，沈彤著《周官禄田考》成。
据沈彤《果堂集》卷五《周官禄田考序》记：

余著此书，起乾隆七年之春。其正文三篇甫毕，而心疾作。疾已，又他有修纂。至十三年季秋，乃能为《问答》发明之，凡得五十条而书成。

又据同书同卷《周官禄田考序》记：

官之命者必有禄，禄必称其爵而量给于公田，是《周官》法制之大端。其等与数之相当，在当时固彰彰可考也。自《司禄》籍亡，先后郑注《内史》，专取诸《王制》，而本经之禄秩以晦。迨欧阳氏发"官多田寡，禄将不给"之疑，后之傅会者，且踵为诬谤。即信《周官》者，亦未得二者之等数，而此制几无从复显。余尝研求本经，旁览传记，得其端于《载师》之都邑，以为有义例可推，确证可佐。凡内外官之禄，皆可得辨析整齐之，而前人之缪妄，皆可得而破之。会吾友徐君灵胎撰《经济策》，举此相访，余为一陈梗概。灵胎谓曷不著书以尽阐其制。乃遂摅曩时所得，为《官爵数》《公田数》《禄田数》三篇，复为《问答》于每篇之后，反复委蛇，以明其所以定是数之故，而总名之曰《周官禄田考》。

惠栋应沈彤之约，为《周官禄田考》撰序。

据《周官禄田考》卷首惠栋《周官禄田考序》记：

> 《周礼》之体大，而难知者莫甚于官禄。以《司禄》经亡，注家未得其法数，而后儒遂疑田与禄之不相当，且傅会者多也。吾友沈君果堂，博考精思，心通源委，乃著《周官禄田考》三卷。先列其法数，而复以义例左证阐明之。所谓法，官则员备而位定，田则去三之一而通二夫为一夫，禄则以井田多寡之等，当官爵高下之等也。所谓数，官则近六万人，公田则三十二万夫，禄则二十万夫有余也。盖自《周礼》既出，至今一千九百年，为是学者，无虑数百家，其在官禄，要未有能辨析整齐若是者。余少沈君九年，兄事之，自谓好古与沈君同，而才不逮，读是书益信。或有疑其法数之列未该者，余以为凡古今之计数，有大、有小、有中，而计数之法，有常、有变。是书所列，皆法之常而数之中也。常虽未足该变，而变者可以常推；中虽未足该大小，而大小者可以中测。此其义例，即取法本经，而非臆造。知疑者之未之及审也，故并著之。元和惠栋拜手识。

是年，黄宗羲遗著《留书》出，全祖望加以重定，并赋诗志感，喟叹南雷学术不振。

据《鲒埼亭诗集》卷七《重定黄氏留书》记：

> 证人一瓣遗香在，复壁残书幸出时。如此经纶遭世厄，奈何心事付天知。犹闻老眼盼大壮，岂料余生终明夷。畴昔薪传贻甬上，而今高弟亦陵迟。

秋冬间，全祖望主持蕺山书院讲席凡三月，撰有《子刘子祠堂配享碑》，以存刘宗周学统。

据《鲒埼亭集》卷二十四《子刘子祠堂配享碑》所述，"学行之不愧师门者三十五人，再传弟子一人"。依次为吴麟征、金铉、祁彪佳、彭期生、章正宸、叶庭秀、何宏仁、董标、陈尧年、王业洵、章明德、朱昌祚、祝渊、王毓蓍、潘集、傅炯、恽日初、叶敦艮、刘应期、张应鳌、董玚、戴易、华夏、张应煜、赵甸、张成义、徐芳声、沈昀、陈确、周之璜、陈洪绶、黄宗羲、黄宗炎、黄宗会、万斯选。文末，全氏云：

> 余姚三黄先生宗羲、宗炎、宗会，同受业子刘子之门，其所造各殊。而长公梨洲最大，予为作墓碑甚详；次公晦木，予亦有墓表；泽望则见予所作《缩斋集序》。而梨洲之徒，有曰鄞万先生斯选，字公择。其父户部郎泰，故尝游子刘子之门。公择兄弟并从黄氏称私淑，其最有功于子刘子之遗书，偕梨洲而左右之者曰公择，纯笃邃密。故吾于子刘子之再传不能遍及，而独举公择者，以遗书也。若子刘子之子遯斋，即所谓贞孝君者也，则梨洲所作《墓志》备矣。虽然，诸高弟之死不过六十年，而山中讲堂，其谁为诚意三关之学？则亦无有乎尔矣！诸生登其堂，能无汗出浃背也耶？

是年，全祖望撰文表彰顾炎武生平学行。
据《鲒埼亭集》卷十二《亭林先生神道表》记：

> 晚益笃志"六经"，谓古今安得别有所谓理学者，经学即理学也。自有舍经学以言理学者，而邪说以起，不知舍经学则其所谓理学者，禅学也。故其本朱子之说，参之以慈溪黄东发《日抄》，所以归咎于上蔡、横浦、象山者甚峻。于同时诸公，虽以苦节推百泉、二曲，以经世之学推梨洲，而论学则皆不合。……然其谓经学即理学，则名言也。而《日知录》三十卷，尤为先生终身精诣之书，凡经史之粹言具在焉。

全祖望在绍兴续修《宋儒学案》，表彰戢山韩氏。
据《鲒埼亭集》卷三十《戢山相韩旧塾记》记：

> 予既主戢山讲学，诸生请为署其斋，予以"相韩旧塾"题之。诸生曰："何谓也？"曰："今戢山之名于天下，以念台少师也。然亦尝知先河后海之义乎？是山之学统，自宋乾道间韩氏始也。"……予续南雷《宋儒学案》，旁搜不遗余力，盖有六百年来儒林所不及知，而予表出之者，韩氏亦其一也。

乾隆十四年己巳　1749年

四月一日，杨椿为顾栋高《春秋大事表》撰序。

据《孟邻堂文钞》卷五《春秋大事表序》记：

  乾隆己巳春，从子遂曾以无锡顾震沧手书，并所著《春秋大事表》邮寄于余，请为之序。序曰：昔之言《春秋》者，莫善于义，莫不善于例。义者宜也，例则舞文弄法吏所为，非《春秋》教也。……椿……尝欲采《左氏》事，叙于经文之下，而去其书法论断，取《公》《穀》事之不同者附焉。庶夫子之义明，例自无所用之矣。而浮沉史馆，荏苒未成。今老矣，得异闻于先生，恰如吾意所欲出，故不辞而为之序。是岁夏四月戊寅朔，武进同学弟杨椿。

又据同书卷十《答顾震沧书》记：

  丙寅冬惠书，以《春秋大事表序》见属。椿经学甚疏，《春秋》义尤浅，未见先生书，不敢草率为之。今年春，同学蒋东委以家文叔序邮示，始悉书之大概，而东委述先生待序意甚迫。三月杪，吴江沈懋勤来，再接手柬及所著。读之，知先生用心之苦，致力之勤，为之肃然起敬，怡然大悦，继之涣然以解。窃尝谓《春秋》家之弊有二，一则泥于贱霸，谓《春秋》专治桓、文之罪；一则惑于褒贬，谓《春秋》有旧例，有变例。……椿先君子受《春秋》于宜兴储仲如先生，著《春秋属辞比事直书》。椿驽下，未能续父之业，于先生书，非敢妄有论也。以先生虚怀，故略陈所见，可否惟先生裁之。序文附到，辞义肤浅，恐未足用。

五月，沈德潜为沈彤《果堂集》撰序。

据《果堂集》卷首沈德潜《序》记：

> 家冠云征士，少岁喜词章之学。籍学官后，知学以体道达用为贵，遂穷究"六经"，二三十年不辍。自礼乐、律吕，以及田赋、官禄、学校、兵刑诸大端，皆能辨异审同，要归至当。发而为文，往往具古圣之义法，可依仿而通行。即序、传、碑、状等作，亦各有美言懿行之实，而非若世之著文者，诡奇炫饰以相夸诩也。……读冠云之文，可爽然自失也已。余尝念冠云抱此实学，而屡试场屋，一试保和殿，皆不遇。后以校勘《一统志》议叙，几遇矣，粗官不称，深为之惜。而冠云淡然于怀，去而归里，温故知新，无殊壮盛。所著述于道益精，于用益适，则亦我朝之震川与？异时亦必有论定其文如蒙叟者矣。乾隆己巳夏五，长洲德潜题于德州舟中，时年七十有七。

五月，杨椿治《毛诗》，成《毛诗考后序》。

据《孟邻堂文钞》卷五《毛诗考后序》记：

> 《诗序》者，论世知人之本也。秦燔书，孔子、子夏之《序》亡。汉兴，齐、鲁、韩、毛四家之说起，《毛传》行，三家遂废，间有存者，往往与毛氏异。……欲论世知人者，将何所据耶？孔子曰："《诗》三百，一言以蔽之，曰思无邪。"又曰："温柔敦厚，《诗》教也。"惟本无邪之指，体之以温柔敦厚之教，优游焉，涵泳焉。复考之于毛氏，参之以三家，则世或可论，人或可知。兴、观、群、怨之道亦在是。若以《毛序》难信而概欲去之，或专信毛氏而废三家之说之仅存者，均未见其可也已。乾隆十四年夏五月甲午。

案：乾隆十四年五月无甲午日，疑误。

十一月四日，高宗颁谕，称"崇尚经术，良有关于世道人心"，令内外大臣荐举"潜心经学者"。

据《高宗实录》卷三五二乾隆十四年十一月己酉条记：

谕：圣贤之学，行本也，文末也，而文之中，经术其根柢也，词章其枝叶也。翰林以文学侍从，近年来因朕每试以诗赋，颇致力于词章，而求其沉酣六籍，含英咀华，究经训之阃奥者，不少概见。岂笃志正学者鲜与？抑有其人而未之闻与？夫穷经不如敦行，然知务本，则于躬行为近。崇尚经术，良有关于世道人心，有若故侍郎蔡闻之、宗人府府丞任启运，研穷经术，敦朴可嘉。近者侍郎沈德潜，学有本源，虽未可遽目为巨儒，收明经致用之效，而视獭祭为工，剪彩为丽者，迥不侔矣。今海宇升平，学士大夫，举得精研本业。其穷年矻矻，宗仰儒先者，当不乏人，奈何令终老牖下，而词苑中寡经术士也。内大学士、九卿，外督抚，其公举所知，不拘进士、举人、诸生，以及退休闲废人员，能潜心经学者，慎重遴访。务择老成敦厚，纯朴淹通之士以应，精选勿滥，称朕意焉。

十二月十七日，高宗颁谕，专论保举经学之士考试事。

据《高宗实录》卷三五五乾隆十四年十二月辛卯条记：

谕：大学士、九卿议，保举经学人员，如何分别考试，以觇实学。请敕下礼部定议之处，所议尚未周协。若交礼部定议，则必指定如何出题考试，人人皆得豫为揣摩，转启弊窦。且仍不出举场应考习套，何能觇其实学？此番大学士、九卿所举，为数亦觉过多，果有如许淹通经学之士，一时应选，则亦无烦特诏旁求矣。各省督抚所举，尚未奏到，应俟到齐之日，合内外所举人员，大学士、九卿再行公同核定，无采虚名，以昭慎重。核定后，请旨调取来京引见，朕亲加临试，庶得实学宿儒，光兹盛典。

戴震著《尔雅文字考》十卷初成，主张"儒者治经，宜自《尔雅》始"。

据《戴震文集》卷三《尔雅文字考序》记：

古故训之书，其传者莫先于《尔雅》，六艺之赖是以明也。所以通古今之异言，然后能讽诵乎章句，以求适于至道。刘歆、班固论《尚书古文经》

曰："古文读应尔雅，解古今语而可知。"盖士生三古后，时之相去千百年之久，视夫地之相隔千百里之远无以异。昔之妇孺闻而辄晓者，更经学大师转相讲授，而仍留疑义，则时为之也。余窃谓儒者治经，宜自《尔雅》始。取而读之，殚心于兹十年。是书旧注之散见者六家，犍为文学、刘歆、樊光、李巡、郑康成（原注：案郑氏无《尔雅注》，《周礼·大宗伯疏》误引之耳。）孙炎，皆阙逸，难以辑缀。而世所传《郭注》，复删节不全，《邢氏疏》尤多疏漏。夫援《尔雅》以释《诗》《书》，据《诗》《书》以证《尔雅》，由是旁及先秦已上，凡古籍之存者，综核条贯，而又本之六书、音声，确然于故训之原，庶几可与于是学，余未之能也。

又据段玉裁《戴东原先生年谱》乾隆十四年二十七岁条记：

按是书未知何年所成，据"于兹十年"之语，则自十七岁有志闻道，潜心训诂，始成书盖在戊辰、己巳、庚午间也。曰"姑俟诸异日"，则意有未满之辞，然先生之于小学，始基之矣。书稿藏曲阜孔户部家。苏州吴方伯蠡涛俊者，先生壬午同年也。户部既殁，方伯之子慈鹤，就其家取诸户部长子博士广根，云将付梨枣。今书稿尚在吴处未刊。

戴震与程瑶田于是年定交。
据程瑶田《通艺录》之《修辞余钞·五友记》记：

己巳岁，余初识东原。当是时，东原方踬于小试，而学已粗成，出其所校《大傅礼》示余。《大傅礼》者，人多不治，故经传错互，字句讹脱，学者恒苦其难读，东原一一更正之。余读而惊焉，遂与东原定交。

方苞于是年八月十八日卒于南京。
据雷鋐《经笥堂文钞》卷下《方望溪先生行状》记：

先生姓方氏，讳苞，字灵皋，号望溪，先世桐城人。……既卒之三日，鋐以省亲过金陵，哭于殡宫。先生质行介节，生徒各纪所闻，散在四方，卒难收拾，乃粗举其立身本末，为《行状》云。所著《周官集注》《礼记析疑》《春秋通论》《文集》行于世。删订昆山《经解》《仪礼注》，俱有成书，未刻，藏于家。乾隆十四年己巳仲秋月，门人雷鋐谨状。

又据苏惇元辑《方望溪年谱》乾隆十四年八十二岁条记：

八月十八日甲午，先生卒于上元里第。

是年，钱大昕始入苏州紫阳书院肄业，与惠栋、沈彤等结为忘年交。据钱大昕自编《竹汀居士年谱》乾隆十四年二十二岁条记：

巡抚觉罗雅尔哈善闻予名，檄本县具文送紫阳书院肄业。时侍御王艮斋先生为院长，阅居士课义、诗赋、论策，叹赏不置，曰："此天下才也。"自是课试常居第一。青浦王兰泉、长洲褚鹤侣、左莪，及礼堂、习庵皆在同舍，以古学相策励。吴中老宿李客山、赵饮谷、惠松崖、沈冠云、许子逊、顾禄百，亦引为忘年交。

又据钱大昕曾孙庆曾于该条校注记：

谨案：公作《习庵先生墓志》，"雅轩"作"雅亭"。侍御讳峻，字次山，常熟人，甲辰进士。鹤侣舍人名寅亮，公同年召试，赐举人。左莪学士名廷璋，癸未进士。李布衣名果，赵徵士名虹，惠徵士名栋，沈徵士名彤，许大令名廷鑅，顾上舍名诒录。惠长于公三十余年，沈长于公四十年。

又案：先是王少司寇肄业紫阳书院，与王光禄同舍，始知公幼慧，有神童之目。及院长询以今日人才，则以公对。院长转告巡抚，巡抚喜甚，招公至院，试以《周礼》《文献通考》两论。公下笔千言，于是惊异，院中诸名宿，莫不敛手敬之。

是年，卢文弨撰《书学蔀通辨后》，批评一时表彰陆象山学术者的门户之见。

据《抱经堂文集》卷十《书学蔀通辨后》记：

> 此书别朱、陆之学之异，较然明白，学者熟观之，庶不为曲说所误。夫人而欲为陆氏之学，亦第守陆氏之说可耳，而必曰朱子亦若是，何居！盖篁墩、阳明诸人，虽陆氏是宗，然亦知朱子之不可攻也。不可攻，则莫若借以自助，于以摇荡天下之学朱子者，使亦俯首以就吾之范围而莫吾抗，若曰子之师且不吾异，子独焉异之。陆氏之学之所以盛，实由于此，而朱子之学几绝。自此书出，知二家之学必不可强同。陆氏之学实出于禅，盖终其身弗变也。而朱子则屡变而始定，故有始同终异，绝无始异终同。观其援据详确，爬抉底蕴，而陆氏之为禅也信然。吾怪夫人之惑，固有不可解者。近时人又有为《陆子学谱》及《朱子晚年全论》《朱子不惑录》等书，不过复袭程、王之唾余而少变其说，以为朱子晚年其学与陆氏合，其论与陆氏异。此语更齷齪不足辨。顾反痛诋此书，无知之人道听途说，是诚何心哉！

是年前后，全祖望开始董理《水经注》。

据董秉纯辑《全谢山年谱》乾隆十四年四十五岁条记：

> 《水经注》一书，先生晚年精力所注，用功最勤，实始于是夏。

又据蒋天枢辑《全谢山先生年谱》，则系始治《水经注》于乾隆十三年冬。蒋谱云：

> 案：马曰璐《南斋集》，夏五月晦日雨后集筱园水亭因怀谢山诗有云："忽忆去年人，怅然成俯仰。"则此年去越后，曾赴维扬也。先生《五校本水经注题辞》在十五年夏，其时已见柳氏、赵氏各本，则以三本参校事，意即在此年冬，或更早。董氏谓校《水经注》始于十四年夏，故陈氏致疑于一年内何以有五校本。次年夏，先生家居，小钝方侍讲席，或先生董理旧业，董氏据所目见，遂谓始于其时也。

又案：赵东潜《水经注笺释》，引用各家本下云："四明全谢山翰林，取诸本手校于篁庵，谓道元注中有注，本双行夹写，今混作大字，几不可辨。盖述其先世旧闻。卧病中忽得其意，驰书三千里，至京师告予。予初闻之，通夜不寐，竟通其说，悉加改正。"所谓驰书告东潜者，不知即此年秋事否。

是年，汪绂作《紫阳书院记》，倡导朱子"居敬穷理，实践力行"之教。

据余龙光《双池先生年谱》乾隆十四年己巳五十八岁条记：

徽郡城紫阳书院有二：一在南门外紫阳山麓，朱子父韦斋先生读书处，宋理宗赐额；一在歙县城内，学官之后，明初所移建者。先生此记，乃南门外赐额之院。大略谓：

地以人传，书院而名以紫阳，匪隆紫阳，隆朱子也。历宋元明，废修不一。今郡人徐君士修捐赀重修，太守何公躬为戒董其事。朱子之学在于"居敬穷理，实践力行"，师以是教，弟子以是学，庶可日游处于朱子之庭，对朱子而无愧。若弃实学不务，而徒以浮夸掩袭之文，奔竞虚名，驰驱利禄，则上负圣朝造士之典，下负贤太守及徐君乐育之心，而又何颜以立于朱子之紫阳书院乎？

按：《府志》乾隆十三年歙徐士修重修紫阳书院，增置号舍，又捐银一万二千两以赡学者；而郡守何公莅任，则在十四年。盖十三年为经始之期，其章程则成于十四年何公莅任之后也。先生此记，应作于是年。何公讳达善，字子兼，河南济源人。由翰林出守新安，有惠政，载《徽志·名宦传》。

乾隆十五年庚午　1750年

二月二十八日，清廷从御史王应彩之请，下令访求经师遗著。
据《高宗实录》卷三五九乾隆十五年二月辛丑条记：

> 大学士、九卿议覆：御史王应彩奏称，前奉旨，令内外大臣公举经学之士。伏思草茅下士，皓首穷经，人往而书始出，岁久而学乃传，曾不得与今日应选之士，同邀荣遇，可为深惜。请敕下内外大臣，细加搜访，上其遗书。果能斟酌群言，阐明奥旨者，量予旌奖。其书藏诸秘府，以为绩学之劝。应如所请，令直省各衙门，陆续采访进呈。从之。

冬，沈彤著《周官禄田考》，得友人顾椊、徐大椿之助，付梓刊行。
据《果堂集》卷五《周官禄田考后序》记：

> 余著此书，起乾隆七年之春。其正文三篇甫毕，而心疾作。疾已，又他有修纂。至十三年季秋，乃能为《问答》发明之，凡得五十条而书成。友人顾君肇声与徐君灵胎，欲推广穷经致用之义，请版行之，余逊谢不敢当。既复念此书固专考周家之禄，然其他均平天下之大经，连类推阐者亦不少。而凡法与数间，皆灼然美意之存矣。苟明其法数以得其意，而即本其意以行其法数，则虽时异乎古，而或润泽之，或变通之，亦自可无所不宜。然则此书殆不无小补于治道，而正可以质世之究心经济者乎？遂以复于二君。二君乃互勘而付诸梓人。时十五年冬也。

沈德潜为《周官禄田考》撰《序》。
据《周官禄田考》卷首沈德潜《序》记：

家征士冠云彤，平居治经有渊源。……今所为《周官禄田考》，……盖康成以来注家所未及，而《司禄》之经亦虽亡而不亡矣。往岁"三礼"馆之开，望溪尝总其事，屡欲荐冠云为纂修，会冠云以省觐归，未果。故《周礼义疏》中无其案语。是书也出，而世之读《义疏》者，诚并读而审之，则于本经之禄秩，不益明且悉乎哉！乾隆庚午冬月，长洲德潜题于灵岩山居之夷白轩。

十二月二十日，清廷核定内外大臣保举之经学人员，将名不副实者除名，并处罚保举不实诸官员。

据《高宗实录》卷三七九乾隆十五年十二月己丑条记：

吏部题：据大学士、九卿、督抚等保举经学人员共四十九员，遵旨核定。查编修夏力恕、检讨吴大受、庶吉士鲁曾煜三员，原系翰林，因事回籍，将来原可供职，无庸再行保举。其原任同知吴廷华，因署通判任内，计参浮躁降调，奉旨休致。原任笔帖式李锴，因打死家人革职。原任监察御史范咸，因巡视台湾，分派供应革职。原任直隶广大兵备道陈法，因检举淮徐道任内堤工漫溢，奏事不实革职。原任检讨孙景烈，因考试四等休致。核其情罪，非敦厚纯朴、淹通经术之士可知，应不准保举。并将保举不实之协办大学士、吏部尚书梁诗正，兵部侍郎观保，原任工部尚书、调镇海将军赵宏恩，内阁学士德龄，陕西巡抚陈宏谋，均照例罚俸九月。从之。

惠栋列名经学荐牍，见举主两江总督黄廷桂，并向黄氏推荐沈彤。据惠栋《松崖文钞》卷二《沈君果堂墓志铭》记：

君先举宏词科，报罢。最后，余亦膺经术之荐，谒举主丹崖黄公。公询余天下通经之人孰为最，余首举君。黄公欲荐君而未果。此事余未语君，君亦弗及知。然余与君相契之深，不忍终默也。

惠栋致书另一举主陕甘总督尹继善，以试期迫近，恐不能如期赴京为忧。

据《松崖文钞》卷一《上制军尹元长先生书》记：

> 国家两举制科，犹是词章之选，近乃专及经术，此汉、魏、六朝、唐、宋以来，所未行之旷典。栋何人斯，猥膺是举。两汉孝秀举自太守，谓之举将，如唐之座主。今阁下为王官伯，更非昔日举将之比。况阁下回翔中外，海内具瞻，宾从名豪，均堪应选。乃物色所及，偏注意于南国之穷庐病夫。语云："天下得一人知己，可以不恨。"其阁下之谓乎？且阁下至公无我之心，亦可仰见一班矣。栋少承家学，九经注疏，粗涉大要。自先曾王父朴庵公，以古义训子弟，至栋四世，咸通汉学。以汉犹近古，去圣未远故也。《诗》、《礼》毛、郑，《公羊》何休，传注具存。《尚书》《左传》，伪孔氏全采马、王，杜元凯根本贾、服。唯《周易》一经，汉学全非。十五年前，曾取资州李氏《易解》，反复研求，恍然悟洁静精微之旨，子游《礼运》，子思《中庸》，纯是《易》理，乃知师法家传，渊源有自。此则栋独知之契，用敢献之左右者也。至栋老病颓唐，无能为役，计偕期近，长安日远，恐无以仰副德音，为惴惴耳。

江永辞谢经学举荐。

据戴震《戴震文集》卷十二《江慎修先生事略状》记：

> 先生尝一游京师，……此乾隆庚申、辛酉间也。后数年，程、吴诸君子已殁，先生家居寂然。值上方崇奖实学，命大臣举经术之儒。时婺源县知县陈公，有子在朝为贵官，欲为先生进其书，来起先生。先生自顾颓然就老，谓无复可用，又昔至京师，所与游皆无在者，愈益感怆，乃辞谢。

李绂于是年卒于江西临川。

据全祖望《鲒埼亭集》卷十七《阁学临川李公神道碑铭》记：

> 乾隆十有五年，阁学临川李公卒于家。……公春秋七十有八，葬于某

山之某原。所著有《穆堂类稿》五十卷、《续稿》五十卷、《别稿》五十卷，《春秋一是》二十卷，《陆子学谱》二十卷，《朱子晚年全论》二十卷，《阳明学录》若干卷，《八旗志书》若干卷。

是年，戴震自南京返乡。时值淳安方楘如掌教紫阳书院，婺源江永亦讲经义于书院之怀古堂，戴震得以向二位先生质疑问难。

据洪榜《初堂遗稿》之《戴先生行状》记：

先生自江宁归，时淳安方楘如先生掌教紫阳书院，一见先生文，深折服，谓己所不及。继而叹曰："今之徐子卿也。"同学者请曰："若某某句，其可通耶？"方先生指而示之曰："是出某经某史，顾若未读耳。"因言其命意之精，同学者骇叹，由是稍稍知先生之能文。时郡守何公，常以月某日，延郡之名人宿学，讲论经义于书院之怀古堂。婺源江先生永，治经数十年，精于"三礼"及步算、钟律、声韵、地名沿革，博综淹贯，肖然大师。先生一见倾心，因取平日所学就质正焉。江先生见其盛年博学，相得甚欢。一日，举历算中数事问先生曰："吾有所疑，十余年未能决。"先生请其书谛观之，因为剖析比较，言其所以然。江先生惊喜，叹曰："累岁之疑，一日而释，其敏不可及也。"先生亦叹江先生之学周详精整。

又据程瑶田《修辞余钞·河西寓公叙略》记：

吾师雪瓢先生，姓方氏，讳粹然，字心醇，淳安朴山先生第二子也。少日随朴山先生居京师，主于何义门先生，遂从之游，称义门高第弟子。岁己巳，为黄山之游，寓居吾徽城外之河西，自号河西寓公。瑶田数至先生寓，承讲画之益。明年，遂与吾弟光莹及二三学者往受业焉。是年，朴山先生亦应郡守何公之聘，来徽主紫阳讲席。瑶田以门下后学，亦得饫闻朴山先生绪论。逾年，朴山先生辞归，先生亦随去。

是年，卢文弨于为官之暇，致力经史校勘之学。

据《抱经堂文集》卷七《重校经史题辞》记：

余家无藏书，经史皆不具。少时贸贸不知学有本末，费日力钞诸子、《国策》《楚辞》及唐、宋、近人诗文，皆细字小本，满一篋。经则《周礼》《尔雅》，亦尝节录注疏一过。余经及诸史，未之及也。洎官中书，始一意经史，去冬卒业《周易》，《史记》以未见内府新校本为缺然。今割俸之所入，先购得数种，冀以次观其全焉，官事隙即展卷读之。此书经通人学士校雠，比他本为善。然卷帙既多，校者不一手，其中亦不免一二讹脱。余非敢索瘢指瑕，陵掩前人，显自标异。然窃惟书之传，于世相嬗也，远者不可得而见，见其近者。今世见宋本者曾几人，惟明世本通行耳。后之君子亦当有并不及见明世所刻者。余故复收诸本与新本，校其异同。其讹谬显然，则仿《六经正误》之例，为一书。其参错难明，则仿《韩文考异》之例，为一书。毛氏汲古阁本，大段可观，至于小小疵颣，亦易寻求。诸本中要以此为胜，今所据依，多在于斯。小学浸废，六书失真，点画形误，不可遍举，聊从略焉。

全祖望董理《水经注》，卓然有成。
据蒋天枢辑《全谢山先生年谱》乾隆十五年四十六岁条记：

三月，至杭，寓篁庵，校治《水经注》。以书抵归安沈炳巽，求其校本。炳巽携之至杭，相与讨论浃旬。……夏五月，《水经注》五校本卒业，写定于篁庵。

又据全祖望《鲒埼亭集外编》卷三十二《沈氏水经校本跋》记：

国初诸老皆有《水经》校本，如顾亭林、宛溪、胡东樵、黄子鸿、阎百诗、刘继庄，而俱无传者。惟亭林之本见于何氏所录，黄氏之本相传入于新城池北库中，独《渭水》《沔水》二篇行于世，继庄竟脱落。若东樵、宛溪、百诗之本虽未见，而其所证据之旁出者，颇多纰缪，东樵其尤也。若中老友沈君绎旃，少与其兄东甫从事于此，东甫遂以属之。岁在庚午，予贻书求其稿，绎斾欣然携之至杭，并亡友董讷夫之本以来。讷夫亦义门高弟也。绎斾与予讨论浃旬，遂留置予插架中。其发摘讹误，如缁姑水、檀台冈、璜侯亭，横山并《汉功臣表》郫侯之误音为多，不特有功于善长而已。予于是书所借助，老友莫如绎斾，通家子则赵生一清。不意丛残雠对中，逢此二特，是则厚幸也夫。

又据同书同卷《何氏三校本水经跋》记：

义门先生《水经》三本，予皆见之。其初校本以甲戌，未见所学，犹不免竟陵习气也。再校本以丙子，及见亭林所订，则进矣。三校本以戊戌，更进矣。以此见前辈精进之功。其述洪文惠公之言曰："世无善本，雌黄不可妄下。"则校书之蓍蔡也。然先生所取以校此本者，亦不出胡氏《资治通鉴注》及《隶释》二种，则尚失之隘。近日，杭人赵生一清，又博求之《元和志》《初学记》《太平寰宇记》《太平御览》《九域志》，以及《雍录》《齐乘》、宋元诸图经，斯后来居上矣。

又据蒋天枢辑《全谢山先生年谱》乾隆十五年四十六岁条引全祖望《水经注五校本题辞》记：

世但知是书之经与注乱，而不知注之自相乱也。夫注何以自相乱？盖善长之注，原以翼经，故其专言水道者为大注，其兼及于州郡城郭之沿革而不关于水者乃小注，旁引诸杂事沿革佚事，又附注之余录也。故大注为大文，小注则皆小字，如《毛诗》之有《郑笺》。不知何时尽变钞为大文，而于是注中之文义，遂多中隔不相连属。盖自宋椠已然，则从而附会之曰，善长之文之古也。而求水道者，愈目眩神摇，求其纲领而不得。若细观之，则其横亘之迹显然，且其中音释之语亦溷为大文，古今书史无此例也。是言也，前人从未有见及之者，首发之先司空公，实为创获。其后先宗伯公始句出为朱墨分其界，先大父赠公又细勘之，至予始直令缮写为大小字，作定本。虽未必一一尽合于旧，然而较若列眉矣。

乾隆十六年辛未　1751年

二月一日，高宗首次南巡，颁谕增加江苏、浙江、安徽三省当年生童录取名额。

据《高宗实录》卷三八二乾隆十六年二月己巳条记：

朕问俗观风，南巡江浙，清跸所至，广沛恩膏。更念三吴、两浙，为人文所萃，皇祖圣祖仁皇帝，屡经巡幸，嘉惠胶庠，试额频加，覃敷教泽。朕法祖省方，銮舆斯莅，式循茂典，用示渥恩。所有江苏、安徽、浙江三省，本年岁试文童，府学及州县大学，著增取五名，中学增取四名，小学增取三名，举行一次。该部传谕各该学政，慎加搜择，拔取真才，副朕育才造士至意。

二月二十七日，高宗颁谕，令江浙进献诗赋士子，分别集中考试。

据《高宗实录》卷三八三乾隆十六年二月乙未条记：

谕：朕省方观民，南巡江浙。……胶庠之秀，志切近光。其绩学有素，文采颖异者，加之甄录，良合于陈诗观风，育才造士之道。顾工拙既殊，真赝错出，理应试之，无使鱼目碱砆，得混珠玉。其如何分别考试，著大学士傅恒、协办大学士梁诗正、侍郎汪由敦，会同该总督、学政，详议具奏。寻奏：江苏、安徽进献诗赋之士子，经该学政取定者，俱令赴江宁一体考试，浙江进献诗赋取定者，令在杭城候试。统俟驾临杭州、江宁，酌期请旨，派大臣监试。届期，学政等恭请钦命试题，收卷进呈。并令各该督抚，饬备士子茶饭。从之。

三月一日，高宗颁谕，以殿板经史赠江浙各大书院。

据《高宗实录》卷三八四乾隆十六年三月戊戌条记：

> 谕：经史，学之根柢也。会城书院，聚黉庠之秀而砥砺之，尤宜示之正学。朕时巡所至，有若江宁之钟山书院，苏州之紫阳书院，杭州之敷文书院，各赐武英殿新刊"十三经""二十二史"一部，资髦士稽古之学。

三月四日，高宗遣官祭王守仁祠，赞王氏为"名世真才"。

据《高宗实录》卷三八四乾隆十六年三月辛丑条记：

> 遣官祭南镇之神，并明臣王守仁祠。赐王守仁祠扁，曰"名世真才"。

三月十一日，高宗颁谕，浙江考取进献诗赋文士，"特赐举人"，"准其会试"。

据《高宗实录》卷三八四乾隆十六年三月戊申条记：

> 谕：此次考中之谢墉、陈鸿宝、王又曾，皆取其最精者，且人数亦不多。著加恩特赐举人，授为内阁中书学习行走。与考取候补人员，一体补用，并仍准其会试。

三月三十日，高宗颁谕，江苏、安徽取中文士，一如浙江例。

据《高宗实录》卷三八五乾隆十六年三月丁卯条记：

> 谕曰：此次考中之蒋雍植、钱大昕、吴烺、褚寅亮、吴志鸿，著照浙江之例，特赐举人，授为内阁中书学习行走，与考取候补人员，一体补用。其进士孙梦逵，著授为中书，遇缺补用。

又据钱大昕自编《竹汀居士年谱》乾隆十六年二十四岁条记：

> 是岁，大驾始南巡，江、浙、吴中士子，各进献赋诗。大昕进赋一篇，学使番禺庄公滋圃选入一等。有诏召试江宁行在，钦命题《蚕月条桑赋》《指佞草诗》《理学真伪论》。阅卷官大学士满洲高文定公、兵部侍郎休宁汪

文端公、刑部侍郎嘉兴钱文端公,拟定一等二名,特赐举人,授内阁中书学习行走。四月二日,于扬州香阜寺行宫谢恩,特赐御制《生秋诗》石刻。

五月十日,高宗策试天下贡士于太和殿,宣称"经术昌明,无过今日"。

据《高宗实录》卷三八八乾隆十六年五月丙午条记:

> 策试天下贡士周澧等二百四十三人于太和殿前,制曰:……经术昌明,无过今日。第考之于古,议大政,断大狱,决大疑,辄引经而折其衷。此穷经之实用也。今欲矫口耳之虚文,以致实用,其要安在?

闰五月十六日,就荐举经学事,高宗再颁谕旨,重申此举旨在"尚经学,求真才",令廷臣务须"虚公核实"。

据《高宗实录》卷三九一乾隆十六年闰五月辛巳条记:

> 谕:朕前降旨,令九卿、督抚,荐举潜心经学之士。虽据大学士等核覆,调取来京候试,现在到部者,尚属寥寥。但观此番内外诸臣保举,尚未能深悉朕意。盖经术为根柢之学,原非徒以涉猎记诵为能。朕所望于此选者,务得经明行修,淹洽醇正之士,非徒占其工射策,广记问,文藻词章,充翰林才华之选而已,亦非欲授以政事,责其当官之效,如从前各保一人故事。此朕下诏本意也。在湛深经术之儒,原不必拘拘考试。若内外所举,既有四十余人,即云经术昌明,安得如许绩学未遇之宿儒?其间流品,自不无混淆,岂可使国家求贤之盛典,转开幸进之捷径。势不得不慎重考校,以甄别之。闻有素负通经之誉,恐一经就试,偶遇僻题,必致重损夙望,因而托词不赴,以藏拙为完名者。苟如此用心,已不可为醇儒矣,其安所取之!然此中亦实有年齿衰迈,不能跋涉赴考者。伏胜年九十余,使女孙口授遗经于鼌错。其年岂非笃老,何害其为通儒。此所举内,果有笃学硕彦,为众所真知灼见,如伏生之流者,即无庸调试。朕亦何妨降旨,问难经义,或加恩授以官阶,示之奖励乎?著大学士、九卿,将现举人员,

再行虚公核实，无拘人数，务取名实相孚者，确举以闻。如果众所共信，即可不必考试。若仍回护前举，及彼此瞻徇，则尤重负尚经学、求真才之意。独不畏天下读书人訾议，与后世公评耶！

闰五月二十七日，高宗颁谕，令将保举经学之陈祖范等四人著述送阅。

据《高宗实录》卷三九一乾隆十六年闰五月壬辰条记：

> 谕：保举经学之陈祖范、吴鼎、梁锡玙、顾栋高，既据大学士、九卿等公同覆核，众论佥同。其平日研究经义，必见之著述。朕将亲览之，以觇实学。在京者，即交送内阁进呈，其人着该部带领引见。在籍者，行文该督抚就取之，朕观其著述，另降谕旨。或愿赴部引见，或年老不能来京者听。其著述不必另行缮录，致需时日，启剿袭猝办，赝鼎混珠之弊。

六月十日，清廷令儒臣钞录吴鼎、梁锡玙经学著述。
据《高宗实录》卷三九二乾隆十六年六月乙巳条记：

> 谕曰：吴鼎、梁锡玙所著经学各书，着派翰林二十员、中书二十员，在武英殿各缮写一部进呈，原书给还本人。所有纸札饭食，皆给之于官。着梁诗正、刘统勋董理其事。

六月十一日，清廷任命吴鼎、梁锡玙为国子监司业。
据《高宗实录》卷三九二乾隆十六年六月丙午条记：

> 谕：吴鼎、梁锡玙俱以国子监司业用。……张九镒不必署理司业，其员缺即着吴鼎补授。梁锡玙亦着授为司业，一体食俸办事，不为定员。

夏，程廷祚应荐经学报罢，离京前，致信大学士陈世倌，深表愤慨。
据程廷祚《青溪集》卷九《南归留上海宁陈相国书》记：

> 昔圣祖仁皇帝肇开鸿博之科，被荐者七十余人，而录用者五十余人。

年代渐深而再举，被荐者二百余人，而录用者才十余人。经学之科，皇上肇开于重熙累洽之后，天下所举仅四十人，而实被擢用才两人尔。我朝列圣相承，诗书礼义之泽渐被八荒，宜乎人材蔚起，远轶汉唐，就之而拔其尤，犹挹水于河而取火于燧也。今以二科所取之数合并以观，是历年愈久，而人才愈不逮于往日。国体所关，曾未有大于是者乎！即使今日之才诚有不逮，而大科已开，其人已列名而上，则国家之渐仁摩义可思也，圣主之崇儒重道可念也，岂不宜加重顾恤而畀以光华！我皇上齐圣广渊，睿虑周详，而朝端不闻一言之建白，能令天下释然于其故乎！……当词科之再举也，宇内之士欣欣然动其好学稽古之心，已而见其如彼，则士气为之一不振矣。

七月二日，高宗颁谕，令儒臣将孙嘉淦所进《诗经补注》荟萃成编。据《高宗实录》卷三九四乾隆十六年七月丙寅条记：

谕曰：尚书孙嘉淦，以所著《诗经补注》间日进览，于兴观群怨之旨，颇有发明。朕亦时折其中。从此荟萃成编，足备葩经一解。孙嘉淦请开馆纂修，朕以为无事更张。现在军机大臣等，逐日有进呈翻译"五经""四书"，其《平定金川方略》，亦将次告竣。着就此馆局，以傅恒、来保、孙嘉淦充正总裁官，舒赫德、纳延泰、汪由敦、刘纶充副总裁官，或需用纂修人员，令孙嘉淦举素所知一二人，奏闻充补。则几务之余，可资佩文，而以次成书，亦可以诏来学。

八月三日，清廷授保举经学之陈祖范、顾栋高国子监司业职衔。据《高宗实录》卷三九六乾隆十六年八月丙申条记：

谕：据王师折奏，保举经学之陈祖范、顾栋高，年力老迈，不能来京等语。陈祖范、顾栋高，俱着给与国子监司业职衔，以为绩学之劝。所有著述留览。

八月五日，伪撰工部尚书孙嘉淦奏稿案发，清廷下令"密加缉访"。据《高宗实录》卷三九六乾隆十六年八月戊戌条记：

> 谕军机大臣等：据云贵总督硕色折奏，本年七月初一日，接古州镇总兵宋爱密禀，内称六月二十二日，据驻安顺府提塘吴士周呈禀，内另有密禀一纸，词殊不经。查系本月初八日，有赴滇过普之客人，钞录传播，现即着落提塘吴士周根追。阅密禀所钞传播之词，竟系假托廷臣名目，胆肆讪谤，甚至捏造朱批。种种妄诞，不一而足。显系大恶逆徒，逞其狂悖，不法已极等语。着传谕步军统领舒赫德、直隶总督方观承、河南巡抚鄂容安、山东巡抚准泰、山西巡抚阿思哈、湖北巡抚恒文、湖南巡抚杨锡绂、贵州巡抚开泰，令其选派贤员，密加缉访，一有踪迹，即行严拿，奏闻请旨。勿令党羽得有漏网，务须密之又密，不可稍有张扬泄漏。

八月十九日，王肇基献诗案发。高宗颁谕，令山西巡抚"严密讯鞫"。据《高宗实录》卷三九七乾隆十六年八月壬子条记：

> 谕曰：阿思哈所奏，流寓介休王肇基，呈献诗联，毁谤圣贤，狂妄悖逆之处。着传谕该抚，令其速行严密讯鞫，务得确情，按律问拟，毋得稍有漏网。……寻奏：臣亲提严讯，据供献诗祝颂，止求朝廷用我。其诗联字句，虽俚鄙不堪，尚有颂扬之意。至续后所叙，妄议时事，毁谤圣贤，悖谬已极，似属疯癫。再四盘诘，与滇省传播不经之词一案，并无关涉。谨将诗联字册，由驿进呈。得旨：知道了，竟是疯人而已。

八月三十日，高宗下令，将王肇基"立毙杖下"。
据《高宗实录》卷三九七乾隆十六年八月癸亥条记：

> 谕军机大臣等：览山西巡抚阿思哈所进王肇基书一本，颠狂悖谬，竟是疯人所为，与滇省伪造奏稿一案，并无关涉。但此等匪徒，无知妄作，毁谤圣贤，编捏时事，病废之时，尚复如此行为，其平昔之不安本分，作

奸犯科，已可概见，岂可复容于化日光天之下。着传谕该抚阿思哈，将该犯立毙杖下，俾愚众知所炯戒。

九月一日，王箴传刻其父遗著《朱子年谱》成。

据王箴传《朱子年谱跋》记：

> 先君子纂订《朱子年谱》，历二十余年，凡四易稿而后定。别为《考异》附于后，又续辑《论学切要语》，并附焉。岁辛酉秋，书成。先君子弃世，不肖等谨藏箧中。今年春，孙氏甥仝辙、仝敞亟请付梓。窃惟先君子此书，非一人一家之言，事体重大，而广其流传，以质当世，诚子孙之责宜祗承者。两甥惓惓行远之意，甚可嘉尚。因出其书，与共校写，锓于板。刻既竣，追溯先君子殁，相去十载，伏读之下，不胜怆然。乾隆十六年辛未，秋九月甲子朔，男箴传谨识。

是年，卢文弨与徐文靖会晤于北京黄叔琳寓庐。文弨回访文靖于馆舍，为文靖著《竹书纪年统笺》作跋。

据《抱经堂文集》卷九《竹书纪年统笺跋》记：

> 岁辛未，余馆北平黄昆圃先生家。先生门下士知名者众，顾独诧癸卯主江南试所得三人，曰任翼圣启运、陈亦韩祖范、徐位山文靖。此三人者，其学皆博而醇，且曰："人但侈榜中有状元，孰若得一二不朽之士哉！"任既宦达，名益著，陈、徐亦并以经学征。陈老不至，徐君年亦八十五矣，健独应征。此书乃其近著也。一日，徐君来，先生令余出见。先生家多客而独徐见者，此先生待余意不薄也。他日至其馆，犹握三寸管，低头著书不辍云。此《纪年统笺》者，徐君所著书之一也。《纪年》旧有沈休文注，乃后人取《宋书·符瑞志》附益之，非注也。今徐君始与之疏通证明，疑者得以涣然冰释。……今余方著《史记续考证》未竟，得此书以相参覆（疑误，或作核。——引者），庶可无憾矣。

乾隆十七年壬申　1752年

正月二十日，湖北杨烟昭卦图案发，高宗下令将杨氏杖毙。

据《高宗实录》卷四〇七乾隆十七年正月壬午条记：

> 谕军机大臣等：恒文所奏逆犯杨烟昭一案，其字迹卦图，悖诞荒唐，语极不道，却与传钞伪稿一案无涉。从前山西有王肇基一案，谤毁圣贤，肆行狂悖，经该抚审明杖毙。此案大略相似，既经该抚严加审究，如果无主使之人及逆徒党羽，则系疯癫丧心，亦毋庸再行根究。即照例杖毙，亦足使猖狂好怪之流，知所儆惕。但传钞伪稿之犯，各省查办至今，未得主名，此则所当留心办理者耳。将此传谕知之。

正月二十五日，杨椿与顾栋高会晤京师，应约为顾著《毛诗订诂》撰序。

据《孟邻堂文钞》卷五《毛诗订诂序》记：

> 《毛诗订诂》，余友无锡顾复初先生所作也。今年春，先生与余胥会京师，出其书属为之序。……夫发言为诗，比音为乐，雅乐无正变，则诗自无正变。三百五篇中，美之者固正，刺之者亦未始非正。千五六百年，道有升降，俗有污隆，其诗无一不正者也。孔子曰："《诗》三百，一言以蔽之，思无邪。"无邪者，正变则不能无邪矣。余向持此论，读先生书，博而要，简而明，深幸其与余合也。为序之如此。乾隆十七年春正月丁亥，武进同学杨椿序。

二月二十五日，杨椿为顾栋高著《春秋舆图解》撰序。

据《孟邻堂文钞》卷五《春秋舆图解序》记：

地理难志，而志《春秋》之地理尤难也。无锡顾复初先生，研核经传，穿穴群书，又尝周历四方，访求古迹。见闻既广，考据益真，为《春秋大事表》五十卷，其间《舆地表》五。又以今府州县，释《春秋》地名，为《舆图解》十有三。凡川流之改徙，都邑之变迁，筑城屯戍之缓急轻重，关隘院塞之夷险疏密，军师出入，朝聘往来，道里之迂直远近，靡不犁然洞见。余服其博洽，尤喜其多所谂正也。附书所疑于卷末，先生庶有以大发余蒙也夫。乾隆十七年二月丁巳，武进同学弟杨椿。

秦蕙田辑《五礼通考》垂成，顾栋高应约撰序。

据《五礼通考》卷首顾栋高《序》记：

少宗伯秦公味经，辑《五礼通考》一书，凡若干卷。书垂成而余入京师，属为之叙。余卒读，作而叹曰，皇哉堂哉，此数千百年来，所绝无而仅有之书也。顾实有先得余心者。忆年二十余，读《仪礼》《周官》《戴记》，略仿朱子《经传通解》之例，名曰《周官联》，取联事之义。属稿半载，因攻制义，遂尔辍业。中间幸成进士，复家居三十余年，辑成《春秋大事表》《毛诗订诂》，而于《礼经》，不复措意。辛未秋，有诏慎简经学，余蒙恩授国子司业衔。回忆覃精"三礼"之时，已五十余年，余发种种且老矣。欲复整理故业，而畏其繁重，力弗克胜。今读秦公书，恍然如其意所欲出。……余垂老得睹是书，因备陈向日区区之愚，得附名简末，自幸窃自愧也。乾隆十七年壬申顾栋高，时年七十有四。

江苏学政雷鋐，为王懋竑遗著《白田草堂存稿》撰序，称许王氏之"笃信朱子"。

据《经笥堂文钞》卷上《白田草堂存稿序》记：

余庚午赴阙，道过宝应，王孝廉洛师奉其尊人白田先生存稿请序，诺而谨藏之。越壬申之春，乃得发箧而卒业焉。先生穷经论史，皆有卓识。其言《易本义·九图》非朱子原本，辨之甚详。……先生笃信朱子，考究研析，原委了然，其详见于集中及纂订《朱子年谱》。其他著述，非有关于身心与当世之务，不苟作。其表章人善，虽微贱不遗。其见诸吟咏者，亦迥异风云月露之辞。先生于学，可谓潜心用力，俛焉日有孜孜者矣。独惜其以广文末秩，受世宗宪皇帝特达之知，授以史职，旋丁忧归，而竟以疾终矣。先生与朱止泉先生论学最契，洛师为止泉婿而受业焉。余喜洛师之有贤父师，将益大其传，以震发于世，故牵连书之。

五月十三日，清廷准江苏学政雷鋐奏，确定生童考试经解之期。
据《高宗实录》卷四一四乾隆十七年五月癸酉条记：

礼部议覆江苏学政雷鋐奏，请定考试经解之期。酌议于学政按临之前，饬提调官将正式生童卷，同愿试经解卷，一并先期投纳，呈送学政。学政印考经解卷坐号，即将该生童正试卷一样印定。临点，唱经解卷给发，留正试卷于内，即可查照取录。从之。

六月十八日，高宗考试儒臣，并于五日后视成绩予以奖惩。
据《高宗实录》卷四一七乾隆十七年六月丁未条记：

上考试翰詹诸臣于正大光明殿。

又据同卷六月癸丑条记：

谕：昨于正大光明殿考试翰林、詹事等官，朕亲加详阅，按其文字优劣，分为四等。一等汪廷玙、窦光鼐、杨述曾三员。二等陈兆仑、朱珪、梁国治、刘星炜、于敏中、庄存与、陈大嶐、积善、钱汝诚、金甡、奉宽、秦镛十二员。三等……朱珪、庄存与，俱著升授侍讲。

又据刘逢禄《刘礼部集》卷十《记外王父庄宗伯公甲子次场墨卷后》记：

十七年六月，大考翰詹，拟董仲舒《天人册》第三篇。公素精董子

《春秋》，且于原文"册曰"以下四条，一字不遗。上大嘉叹，即擢为侍讲。

九月，王安国应王懋竑传请，为王懋竑《朱子年谱》撰序。

据王懋竑《朱子年谱》卷首王安国《朱子年谱序》记：

> 先生之为是书也，未尝轻以示人。殁后十年，先生子箴传，乃出以授梓，而属安国为之序。国惟古人之书，盖皆不得已而后作。其忧在百世，其成之也，必本诸暗然为己，毋自欺之一心。故其序述圣贤，悉如其本旨，不敢以私意穿凿，驱前言而就我。其有所论撰，又必体验之后，得之真知。不敢据恍惚之见，妄托高深，夺学者之心志，而迷所向往。下此则微特炫其诡异，盗名一时者，不足语于圣人之道。即闭门独造，穷极幽险，以冀后世之有述，顾立心之始，已不能毫厘无差。及其流失，岂获免千里之谬！先生学朱子之学，自处闺门里巷，一言一行，以至平生出处大节，举无愧于典型。其成是书，固深惧朱子之学不明，即孔孟之道不著。求年谱原本不可得，不得已笔削伪本以反其朔而穷年考订，殁而后出，其斤斤致慎又如此。末学浅薄，望先哲之门墙，而不知所从入。愧无以发明是书，启斯人之信从。故原古人著述之成法，告天下学者，读先生是书，庶几知所别择云尔。时乾隆壬申秋季中浣，高邮宗后学安国谨序。

九月一日，程廷祚著《大易择言》成。

据《大易择言》卷首《自序》记：

> 乾隆壬戌，望溪方先生南归，慨然欲以六条（案：六条，即方氏前在"三礼"馆所拟《纂修三礼条例劄子》之凡例，依次为正义、辨正、通论、余论、存疑、存异。文见《方苞集集外文》卷二。——引者）编纂《五经集解》，嘉惠后学。而首以《易》属廷祚。曰"子之研精于《易》久矣"。夫廷祚岂知《易》者？闻先生言，退而惕息者累月，乃敢承命而为之。阅十年而书成，命曰《大易择言》。夫仰观俯察，极数定象者，上古作《易》之事，非今学者所及也。《大传》曰"圣人之情见乎辞"，因辞以求其义，

得义而明其用，非训诂不为功。"六经"之中，惟《大易》有圣人之训诂。则后世说《易》，或凿智强经，异说多端，不可致诘；或绘图立象，自命画前之秘，以相授受者，皆不可以不知所择也。廷祚非知《易》者，窃于是编之终，而著其所见如此，以俟夫有志者论定焉。乾隆十有七年，岁在壬申，秋九月朔日。

九月十一日，厉鹗病逝。

据《樊榭山房文集》卷首汪沆《序》记：

> 先生殁于乾隆壬申九月。易箦前一日，诏沆而语之曰："予生平不谐于俗，所为诗文亦不谐于俗，故不欲向不知我者而索序。诗词二集，已自序而授之梓，尚留小文二册藏敝箧。子知我者也，他日曷为我序而存之。"沆泣而受命。

又据《清史列传》卷七十一《厉鹗传》记：

> 厉鹗，字太鸿，浙江钱塘人。康熙五十九年举人。……乾隆元年，浙江总督程元章荐应博学鸿词科，试日，误写论在诗前，又报罢，而年亦且老。……十八年卒，年六十二。鹗搜奇嗜博，馆于扬州马曰琯小玲珑山馆者数年，肆意搜讨，所见宋人集最多，而又求之诗话、说部、山经、地志，为《宋诗纪事》一百卷、《南宋院画录》八卷。又著《辽史拾遗》，采摭群书至三百余种，常自比裴松之《三国志注》。

案：据朱文藻编、缪荃孙重订《厉樊榭先生年谱》，厉鹗生于康熙三十一年（1692年），卒于乾隆十七年（1752年），享年六十一岁。

全祖望在粤东闻厉鹗病逝，含泪撰其墓表。

据全祖望《鲒埼亭集》卷二十《厉樊榭墓碣铭》记：

> 余自束发出交天下之士，凡所谓工于语言者，盖未尝不识之，而有韵之文，莫如樊榭。……予交樊榭三十年，祁门马嶰谷兄弟延樊榭于馆，予

每数年必过之。嶰谷诗社以樊榭为职志,连床刻烛未尝不相唱和。已而钱塘踵为诗社,予亦豫焉。数年以来,二社之人死亡相继,樊榭每与予太息。今年予有粤游,槐塘以书告樊榭之病,不意其遽不起也。呜呼!风雅道散,方赖樊榭以主持之,今而后江淮之吟事衰矣。

十月二十五日,沈彤卒于吴江。
据惠栋《松崖文钞》卷二《沈君果堂墓志铭》记:

乾隆十七年十月二十五日,吴江沈君果堂以疾卒。……君讳彤,字冠云,别字果堂。……君少方古,举止若成人。弱冠从学士何公焯游,始邃于理学。继而喷意五业,著《群经小疏》若干卷,凡所发正,咸有义据,侍郎方公苞绝重之。晚节尤精"三礼",以《周官》分田制禄之法,向多疑滞,因为列法数以明之,成《禄田考》三卷,二千年聚讼,一朝而决。其为文神似昌黎,有《果堂集》十二卷。……自古理学之儒,滞于裹而文不昌,经学之士,汩于利而行不笃。君能去两短,集两长,非纯儒之行欤?余行不逮君,而才亦诎,然好古所得,往往与君同。如《尚书》后出,古今通人皆知其伪,独无以郑氏二十四篇为真古文者。余撰《尚书考》,力排梅赜而扶郑氏,君见之称为卓识。又《易》为王、韩所乱,汉法已亡。余学《易》二十年,集荀、郑、虞诸家之说,作《周易述》。先以数卷就正于君,君曰:"此书成,道明矣,惜吾不及见也。"……君生于康熙二十七年戊辰,得年六十有五。

戴震注《屈原赋》成。
据《屈原赋注》卷首戴震《自序》记:

《汉艺文志》:"《屈原赋》二十五篇。"自《离骚》迄《渔父》,屈原所著书是也。汉初传其书,不名《楚辞》,故《志》列之赋首,又称其作赋以风,有恻隐古诗之义。至如宋玉已下,则不免为辞人之赋,非诗人之赋矣。予读屈子书,久乃得其梗概,私以谓其心至纯,其学至纯,其立言指要归于至纯。二十五篇之书，盖经之亚。说《楚辞》者，既碎义逃难，未能考识精核，且弥失其所以著书之指。今取屈子书注之，触事广类，俾与遗经雅记合致同趣。然后赡涉之士，讽诵乎章句，可明其学，睹其心，不受后人皮傅，用相眩疑。书既稿就，名曰《屈原赋》，从《汉志》也。休宁戴震。

又据段玉裁《戴东原先生年谱》乾隆十七年三十岁条记：

是年注《屈原赋》成，歙汪君梧凤庚辰仲春跋云，"自壬申秋得《屈原赋戴氏注》九卷读之"，可证也。先生尝语玉裁云："其年家中乏食，与面铺相约，日取面为饔飧，闭户成《屈原赋注》。"盖先生之处困而亨如此。此书《音义》三卷，亦先生所自为，假名汪君。

自是年夏起，戴震应聘执教歙县汪梧凤家馆不疏园。
据程瑶田《通艺录》之《修辞余钞·五友记》记：

汪肇漋，字稚川。……庚午、辛未之间，余与稚川及余姊婿汪松岑三人同研席，每论当世士可交而资讲习益者，余曰戴东原也。东原名震，休宁隆阜人也。……至是，稚川、松岑亦咸交于东原矣。壬申夏，松岑言于其从祖之弟在湘，在湘因延东原至其家，以教其子。于是余数人时时与东原处，故知东原最深也。

又据《安徽丛书》第六期载许承尧《戴东原先生全集序》记：

壬申夏，程让堂姊婿汪松岑，言于其从祖之弟在湘，在湘因延先生至其家，教其子。在湘，梧凤字，歙之西溪人，家有园名不疏园，多藏书。其《松溪文集·送刘大櫆序》云："余生二十五年，从游淳安方朴山先生，后三年，从游星源江慎斋先生。"梧凤生雍正丙午，少先生三岁。其从方楘如，年二十五，正在庚午。而后三年从江慎修，则在癸酉。汪容甫为梧凤《墓志》云，江、戴二人，孤介少合，君独礼而致诸其家。是江亦馆汪氏，先生与江踪迹之密，殆无逾于此时。

是年，全祖望应聘赴粤，主持肇庆府高要县端溪书院讲席，表彰粤东学派，勤于《水经注》校勘。

据全祖望《鲒埼亭集外编》卷二十《端溪书院先师祠记》记：

> 盖粤东之先师，当首白沙，是固俟之百世而不惑者。予表粤东之学派，最盛者曰白沙陈文恭公之学，故首祀白沙，而及其高弟八人。八人之中，其生徒最富者曰甘泉湛文简公之学，而又及其高弟三人，其外则有为阳明之学者二人。方明中叶，天下称白沙、甘泉之学曰广宗，阳明之学曰浙宗。及阳明之学亦入粤，而二宗共流布于峤南。然又别有一宗，不附白沙、甘泉，不附阳明，而以穷理格物教人者，曰泰泉黄文裕公之学，实与鼎足而立，予亦表而祀之，而及其高弟一人。居常谓讲学当去短集长，和同受益，不应各持其门户。而后人正亦不可不知其门户，故合而祀之。

又据蒋天枢辑《全谢山先生年谱》乾隆十七年四十八岁条记：

> 《水经注》经五校后，仍复时有订改，至是盖已七校矣。董孟如《水经注例言》："七校于粤，则以经文顶格，大注亚一格，小注亚二格，取旧本《水经注》，剪裁粘缀，以为底本。时方主端溪书院，其所粘贴之纸，皆为书院卷。时为乾隆壬申。"

乾隆十八年癸酉　1753年

三月四日，伪撰孙嘉淦奏稿一案，历时近二年，始告结案。

据《高宗实录》卷四三四乾隆十八年三月庚申条记：

> 军机大臣会同刑部奏，捏造伪稿一案，卢鲁生业经先行正法。其通同捏造之刘时达，应不分首从，一律凌迟处死。……得旨：卢鲁生、刘时达二犯，商撰伪奏，肆行传播，其诬谤朕躬，凡天下臣民，自所共晓，不足置论。而当此承平之世，乃敢作伪逞奸，摇惑众听，其贻害于人心风俗者甚巨，自应并置重典，以昭炯戒。

六月，惠栋校吴铨新购北宋本《礼记正义》，有跋文一篇，述校勘所得，并及与铨子泰来交谊。

据《松崖文钞》卷二《北宋本礼记正义跋》记：

> 拙庵行人购得宋椠《礼记正义》示余，余案《唐艺文志》，书凡七十卷。此书卷次正同，字体仿石经，盖北宋本也。先是孔颖达奉诏撰《五经正义》，法周秦遗意，与经注别行。宋以来始有合刻。南宋后，又以陆德明《释文》增入，谓之《附释音礼记注疏》，编为六十三卷。监本及毛氏所刻，皆是本也。岁久脱烂，悉仍其阙。今以北宋本校毛本，讹字四千七百有四，脱字一千一百四十有五，阙文二千二百一十有七，文字异者二千六百二十有五，羡文九百七十有一。点勘是正，四百年来阙误之书，犁然备具，为之称快。唐人疏义，推孔、贾二君，惟《易》用王弼，《书》用伪孔氏，二书皆不足传。至如《诗》、《春秋左氏》、"三礼"，则旁采汉魏南北诸儒之

说。学有师承，文有根柢，古义之不尽亡，二君之力也。今监本、毛氏所刻诸经，尚称完善，而《礼记》阙误独多。拙庵适得此书，可谓希世之宝矣。拙庵家世藏书，嗣君博士企晋，尝许余造璜川书屋，尽读所藏。余病未能息壤在彼，请俟他日。因校此书，并识于后云。此本颇善，未识本自蜀石经否。癸酉六月，用北宋本《正义》校一过，南宋本间亦参焉，称完善矣。

七月二十九日，高宗颁谕，严禁将《水浒》《西厢记》等小说、古词译为满文。

据《高宗实录》卷四四三乾隆十八年七月壬午条记：

谕：满洲等习俗纯朴，忠义禀乎天性，原不识所谓书籍。自我朝一统以来，始学汉文。皇祖圣祖仁皇帝，俾不识汉文之人，令其通晓古事，于品行有益，曾将"五经"及"四子"、《通鉴》等书，翻译刊行。近有不肖之徒，并不翻译正传，反将《水浒》《西厢记》等小说翻译，使人阅看，诱以为恶。甚至以满洲单字还音，钞写古词者俱有。似此秽恶之书，非惟无益，而满洲等习俗之偷，皆由于此。如愚民之惑于邪教，亲近匪人者，概由看此恶书所致。于满洲旧习，所关甚重，不可不严行禁止。将此交八旗大臣、东三省将军、各驻防将军大臣等，除官行刊刻旧有翻译正书外，其私行翻写并清字古词，俱著查核严禁。将现有者查出烧毁，再交提督从严查禁，将原板尽行烧毁。如有私自存留者，一经察出，朕惟该管大臣是问。

仲夏，戴震著《诗补传》成。

据《戴震文集》卷十《毛诗补传序》记：

"《诗》三百，一言以蔽之，曰'思无邪'。"夫子之言《诗》也。而《风》有贞淫，说者因以无邪为读《诗》之事，谓《诗》不皆无邪也。此非夫子之言《诗》也。先儒为《诗》者，莫明于汉之毛、郑，宋之朱子。然一诗而以为君臣朋友之词者，又或以为夫妇男女之词；以为刺讥之词者，又或以为称美之词；以为他人代为词者，又或以为己自为词。其主汉者必攻宋，主宋者必攻汉，此说之难一也。……今就全诗，考其字义名物于各章之下，不以作诗之意衍其说。盖字义名物，前人或失之者，可以详核而知。古籍具在，有明证也。作诗之意，前人既失其传者，非论其世，知其人，固难以臆见定也。姑以夫子之断夫三百者，各推而论之，用附于篇题后。……时乾隆癸酉仲夏，戴震撰。

戴震致信是镜，阐发一己经学主张，并送《诗补传序》求正。
据《戴震文集》卷九《与是仲明论学书》记：

仆所为《经考》，未尝敢以闻于人，恐闻之而惊顾狂惑者众。昨遇名贤枉驾，望德盛之容，令人整肃，不待加以诲语也。又欲观末学所事得失，仆敢以《诗补传序》并《辨郑卫之音》一条，检出呈览。今程某奉其师命，来取《诗补传》，仆此书尚俟改正，未可遽进。请进一二言，惟名贤教之。

仆自少时家贫，不获亲师，闻圣人之中有孔子者，定"六经"示后之人。求其一经，启而读之，茫茫然无觉。寻思之久，计于心曰：经之至者道也，所以明道者其词也，所以成词者字也。由字以通其词，由词以通其道，必有渐。求所谓字，考诸篆书，得许氏《说文解字》，三年知其节目，渐睹古圣人制作本始。又疑许氏于故训未能尽，从友人假《十三经注疏》读之，则知一字之义，当贯群经，本六书，然后为定。

至若经之难明，尚有若干事。诵《尧典》数行，至"乃命羲和"，不知恒星七政所以运行，则掩卷不能卒业。诵《周南》《召南》，自《关雎》而往，不知古音，徒强以协韵，则龃龉失读。诵古《礼经》，先《士冠礼》，不知古者宫室、衣服等制，则迷于其方，莫辨其用。不知古今地名沿革，则《禹贡》职方失其处所。不知少广、旁要，则《考工》之器不能因文而推其制。不知鸟兽、虫鱼、草木之状类名号，则比兴之意乖。而字学、故训、音声，未始相离，声与音又经纬衡从宜辨。汉末，孙叔然创立反语，厥后考经论韵悉用之。释氏之徒，从而习其法，因窃为己有，谓来自西域，儒者数典不能记忆也。中土测天用句股，今西人易名三角、八线，其三角即句股，八线即缀术。然而三角之法穷，必以句股御之。用知句股者，法之尽备，名之至当也。管、吕言五声十二律，宫位乎中，黄钟之宫四寸五分，为起律之本。学者蔽于钟律失传之后，不追溯未失传之先，宜乎说之多凿也。

凡经之难明右若干事，儒者不宜忽置不讲。仆欲究其本始，为之又十年，渐于经有所会通，然后知圣人之道，如悬绳树槷，毫厘不可有差。仆闻事于经学，盖有三难：淹博难，识断难，精审难。三者，仆诚不足与于其间，其私自持暨为书之大概，端在乎是。前人之博闻强识，如郑渔仲、杨用修诸君子，著书满家，淹博有之，精审未也。别有略是而谓大道可以径至者，如宋之陆，明之陈、王，废讲习讨论之学，假所谓"尊德性"以美其名。然舍夫"道问学"，则恶可命之"尊德性"乎？未得为中正可知。

群经六艺之未达，儒者所耻。仆用是戒其颟顸，据所察知，特惧忘失，笔之于书。识见稍定，敬进于前不晚，名贤幸谅。震白。

是年，江永执教歙县西溪汪氏不疏园，戴震、程瑶田、汪梧凤、金榜等，皆纷纷从学问业。

据江锦波、汪世重辑《江慎修先生年谱》乾隆十八年七十三岁条记：

馆歙邑西溪，歙门人方矩、金榜、汪梧凤、吴绍泽从学。休宁郑牧、戴震，歙汪肇龙、程瑶田，前已拜门下问业。是年，殷勤问难，必候口讲指画，数日而后去。

十一月十二日，江西生员刘震宇著《治平新策》，议及"更易衣服制度"，被高宗斥为"狂诞"，下令"即行处斩，其书板查明销毁"。

据《高宗实录》卷四五〇乾隆十八年十一月癸亥条记：

谕曰：调任湖南巡抚范时绶奏称，江西金溪县生员刘震宇呈称，送所著《治平新策》一书，求为进呈。讯据供称，曾经前任江西巡抚塞楞额批示嘉奖，遂刻印售卖。其书内更易衣服制度等条，实为狂诞，应照生员违制建白律，黜革杖责，解回原籍等语。刘震宇自其祖父以来，受本朝教养恩泽，已百余年。且身列黉序，尤非无知愚民，乃敢逞其狂诞，妄訾国家定制，居心实为悖逆。塞楞额为封疆大吏，乃反批示嘉奖，丧心已极。若此时尚在，必当治其党逆之罪，即正典刑。则其身遭重谴，未必不由于此。此等逆徒，断不可稍为姑息，致贻风俗人心之害。刘震宇既经解回江省，著交鄂容安将该犯即行处斩，其书板查明销毁。范时绶仅将该犯轻拟褫杖，甚属不知大义，著交部严加议处。

十二月十日，杨椿卒于北京。

据《碑传集》卷四十八齐召南撰《日讲官起居注翰林院侍讲学士杨公椿墓志铭》记：

公讳椿，字农先，世为武进望族。……康熙癸巳举顺天乡试，乙未会试中式，以艰归。戊戌殿试，成进士。……雍正初，授文林郎，后兼《明史》及《一统志》《国史》三馆纂修。……皇上御极，授中宪大夫。……丁巳夏，以原官致仕。家居二年，特召还，修《明鉴纲目》。……癸酉十二月十日卒，寿七十有八。

又据《清史列传》卷七十一《杨椿传》记：

著有《周易尚书定本》《诗经释辨》《春秋类考》《周礼订疑》《稽古录》《水经注广释》《古今类纂》《毗陵科第谱牒》等书。所为古文，同时李绂、方苞皆极推服。晚自删定，为《孟邻堂集》二十六卷、《别集》六卷。

是年秋，全祖望因病辞粤东讲席返乡，闻故旧沈彤不幸于年前去世噩耗，潸然撰文哭友。

据《鲒埼亭集》卷二十《沈果堂墓版文》记：

义门先生之学，其称高第弟子者，曰陈季方，曰陈少章，年来俱已陨丧，而吴江沈君果堂为之后劲。……予往来江淮之上，道出吴中，必访君，君亦必出所著，倾倒就予，互相证明。天子求明经之士，予以为果堂足副其选，而竟未有荐之待诏公交车门下者，寒毡一席，泊如也。辛未之冬，君著《周官禄田考》方就，予自邗上归，吴之老友沈颖谷、陆茶坞、迮耕石争留予曰："果堂正盼子，欲以《周官禄田考》有所商榷。"予迫于岁暮，惧诸公诗酒留连之阻归棹也，是夜解维遽去。……呜呼！大江南北相望二千余里，高材之士不少，然心知之契，可以析疑义，资攻错，而不徒以春华相驰逐者，则舍果堂之外，吾未之见。苟知君之将死，当弃百事而从之，亦安忍掉头不顾，成此孤负，是则痛心者矣。

陈祖范于是年病逝于江苏常熟。

据《清史列传》卷六十八《陈祖范传》记：

  陈祖范，字亦韩，江苏常熟人。雍正元年举人，其秋，礼部中式，以病不与殿试。……乾隆十五年，荐举经学，祖范居首，以年老不任职，赐国子监司业衔。十八年，卒于家，年七十有九。所撰述有《经咫》一卷，膺荐时，录呈御览。《文集》四卷、《诗集》四卷、《掌录》二卷。祖范于学，务求心得。论《易》不取先天之学，论《书》不取梅赜，论《诗》不废小序，论《春秋》不取义例，论《礼》不以古制违人情，皆通达之论。

又据钱大昕《潜研堂文集》卷三十八《陈先生祖范传》记：

  陈先生祖范，字亦韩，自号见复，常熟人。……乾隆十五年，天子崇尚经术，特诏内外大臣，荐举经明行修之士。于是雅知先生者，交章列荐。明年，上命阁部大臣于所举中核其名实允孚者，得四人，先生褒然居首。其三人，则无锡顾栋高、金匮吴鼎、介休梁锡玙也。得旨皆授国子监司业。先生与顾公以年老不任职，即家拜受新命，朝野咸以为异数云。又三年，卒于家，年七十有九。所撰述有《经咫》一卷，《文集》四卷，《诗集》四卷，《掌录》二卷。

乾隆十九年甲戌　1754年

春，戴震避仇入都。

据王昶《春融堂集》卷五十五《戴东原先生墓志铭》记：

> 余之获交东原，盖在乾隆甲戌之春。维时秦文恭公蕙田方纂《五礼通考》，延致于味经轩，偕余同辑《时享》一类，凡五阅月而别。

又据钱大昕自编《竹汀居士年谱》乾隆十九年二十七岁条记：

> 是岁，移寓横街，读《汉书》，撰次《三统历术》四卷。无锡秦文恭公邀予商订《五礼通考》。休宁戴东原初入都，造居士寓，谈竟日，叹其学精博。明日言于文恭公，公即欣然与居士同车出，亲访之，因为延誉，自是知名海内。

又据凌廷堪《校礼堂文集》卷三十五《戴东原先生事略状》记：

> 乾隆十九年，以避雠入都，是时先生之学已大成。

四月十一日，高宗颁谕，整饬科举考试文风，严禁"辨析朱、陆异同"。

据《高宗实录》卷四六〇乾隆十九年四月庚寅条记：

> 谕：场屋制义，屡以清真雅正为训。前命方苞选录"四书"文颁行，皆取典重正大，为时文程式，士子咸当知所宗尚矣。而浮浅之士，竞尚新奇。即如今科放榜前，传首题文，有"用九回肠"之语者。其出自《汉书》"肠一日而九回"，大率已莫能知。不过剿袭纤巧，谓合时尚，岂可谓"非

法不道，选言而出"者乎！不惟文体卑靡，将使心术佻薄，所关于士习者甚大。朕囊云"言孔、孟言大是难"，职是故也。著将《钦定四书文》一部，交礼部、顺天府，存贮内帘，令试官知衡文正鹄。再策问时务，用觇士子学识，主试官不当以己见立说。上年顺天乡试，问黄河北行故道，今春会试，问黄河下流，皆孙嘉淦、陈世倌一己私见，究亦空言无补。若以此为去取，将启士子窥探迎合附和之弊，其渐尤不可长。即如宋元以来，辩析朱、陆异同，初因讲学，而其后遂成门户，标榜攻击，甚为世道人心之害。嗣后有似此者，必治其罪。

四月二十六日，高宗策试各省贡士，倡言整饬文风、学风，"以明经术而端士习"。

据《高宗实录》卷四六一乾隆十九年四月乙巳条记：

策试天下贡士胡绍鼎等二百四十三人于太和殿前。制曰：……天人合一之理，前圣盖昭著言之。顾天日在人之中而人不知，故先儒曰，天即理也。董仲舒以为，善言天者，必有验于人。又谓道之大原出于天，天不变，道亦不变。夫元亨利贞、仁义礼智，皆配四时言之。在天之天，虚而难索，在人之天，近而可求。然在人之天，即在天之天，无二理也，无二道也。人无一日不在理道中，本无理道之可名，自宋诸儒出，于是有道学之称。然其时尊德性、道问学已讥其分涂，而标榜名目，随声附和者，遂藉以为立名之地，而大道愈晦。……国家设科取士，首重制义，即古者经疑、经义之意也。文章本乎"六经"，解经即所以载道。《易》曰"修辞立其诚"，《书》曰"辞尚体要"，文之有体，不綦重欤？朕于场屋之文，屡谕以清真雅正，俾知所宗尚久矣。乃者或逞为汗漫之词，徒工绮丽，甚至以汉唐词赋阑入其中。律以大雅之言，甚无当也。文之浮薄，关于心术，王通论之详矣。今欲一本先民，别裁伪体，岂惟文治廓清，抑亦所以明经术而端士习也。

乾隆十九年甲戌　1754年　131

闰四月十九日，高宗接见新科进士。是年会试，以得人之盛而著称，钱大昕、王鸣盛、王昶、纪昀、朱筠等汲古俊彦，皆为清廷取中。
据《高宗实录》卷四六三乾隆十九年闰四月戊辰条记：

  内阁、翰林院带领新进士引见。得旨：新科进士除一甲三名庄培因、王鸣盛、倪承宽已经授职外，……朱筠……纪昀、沈业富、钱大昕……，俱着改为庶吉士。

又据钱大昕自编《竹汀居士年谱》乾隆十九年二十七岁条记：

  三月会试，中式第十九名。总裁大学士海宁陈文勤公、礼部侍郎野园介公、内阁学士武进钱文敏公，同考官编修宁都钝庵卢公。是科，文敏公自撰策问条目，闱中遍搜三场，所得如王礼堂、王兰泉、纪晓岚、朱竹君、姜石贞、翟大川辈，皆称汲古之彦。揭晓之次日，午门谢恩，文敏公谓诸公曰："此科元魁十八人，俱以八股取中，钱生乃古学第一人也。"殿试第二甲四十名。保和殿御试，钦取一名，圆明园引见，特改翰林院庶吉士。

夏，两淮盐运使卢见曾补刻朱彝尊《经义考》。
据《经义考》补刻本卷首卢见曾《序》记：

  秀水朱竹垞先生，经学大儒，著《经义考》三百卷，刊行于世者甫及其半，自《春秋》以下，阙焉未睹。乾隆癸酉，余以转运再至淮南，始得其未刻之本于先生之孙稻孙，乃与同志授之梓。而为之序曰：
  "六经"至孔子而论定，孔子殁，西河七十子之徒转相授受。延及两汉，具有家法。逮有宋理学勃兴，诸儒各以己意说经，义理胜而家法转亡矣。故《二经》《十翼》之分合，朱子谓《郑风》为淫奔，蔡氏谓商、周不改月时，胡氏康侯谓圣人以天自处，好古之士不能无疑。顾所见古书绝少，无征不信，往往恨焉。今观《经义考》所载，虽其阙佚者过半，犹必为之稽其爵里，条其同异。其存者在学士大夫之家，如得购而读之，讵不为厚幸欤？窃尝谓通经当以近古者为信，譬如秦人谈幽、冀事，比吴、越间宜稍稍得真。必先从记传始，记传之所不及，则衷诸两汉，两汉之所未备，则取诸义疏，义疏之所不可通，然后广以宋、元、明之说。勿信今而疑古，致有兔园册子、师心自用之诮，以仰副圣天子尊经劝学之至意。是则余区区刊是书之志也夫。甲戌长至，德州卢见曾撰。

案：此文又见《雅雨堂文集》卷一。惟文字略有异同，文末亦未署撰写时间。文后所附惠栋评语云：

> 汉人传经有家法，当时备五经师训诂之学，皆师所口授，其后乃著竹帛，故汉经师之说立于学官。五经出于屋壁，多古字古言，非经师不能辨。经之义存乎训，识字审音，乃知其义。是以古训不可改也，经师不可废也。后人拨弃汉学，薄训诂而不为，即《尔雅》亦不尽信。其说经也，往往多凭私臆，经学由兹而晦。篇中"义理胜而家法亡"一语，道破前人之陋，为之称快。末幅言通经之法，真悬诸日月而不刊之论。士人苟奉此说为圭臬，则经学明而人才盛，人人尽通达国体，岂止变学究为秀才耶！惠定宇。

八月，汪绂重著《书经诠义》成十二卷，自序成此书之经过及用意所在。

据汪绂《双池文集》卷之五《书经诠义后序》记：

> 雍正癸丑，《尚书经诠义》既有成，门侄丽南携以入京，丽南卒于京师，本遂亡失。后此十余年，余秀书、灵昭兄弟皆游吾门，屡请以《书义》见示。予从丽南家索之不得，乃默复记忆，虽卷帙繁多，辞句渺难再述，而精意大义，规模纲领，则胸中故物。且在昔尝费探索，而使其书不存，亦予所不忍也。因敞笔砚，重理旧绪。十余年见闻日广，触绪相发，时有新得。又自喜义理犹昔，而辨析益加详矣。凡二期而《书义》再就，大约较旧本损者三之一，益者亦三之一。盖事理别于微渺，而尚论期见古人之心，故经文本义，或置不释，而字句训诂，别有加详，曲引旁通，时复汗漫，而会通典礼，要于同归，总不为兔园挟策家言，亦不欲漫无决择，致

虽多而寡当也。嗟乎！今之经生欲以讲经自见，则讲章日烦，唾余不尽拾矣。不然，则选拟题一小册，且不得通其义，固已可决巍科而都富贵，安用是劳心殚力，以不急之务为？虽然号以经生，而不求心得，且欲以自欺欺人，此衷能无内愧？况斯理人心所同，圣贤岂异人事？惟是以不思置之，则亦终身自外于道焉尔。乃今日言及理学二字，便自摇手咋舌，以谓其狂僭，过于自命。嗟乎！何自处不肖，而且以不肖待天下也？是以予虽好自著书，而书为一世所不好，非不自知，然而有好之者矣。朱、蔡之后无朱、蔡，则言理亦岂能有加于朱、蔡？顾能言朱、蔡之所言，以自附于朱、蔡，而相为发明，是亦朱、蔡之徒。夫是以不惮烦也，因有感而复为序之。

案：据余龙光《双池先生年谱》卷之三，"乾隆十九年甲戌条"称："秋八月，重著《书经诠义》成十三卷。"故系此文于此。

卢见曾为沈起元著《周易孔义集说》撰序，表彰汉儒费直、荀爽《易》学。

据卢见曾《雅雨堂文集》卷一《周易孔义集说序》记：

余年五十有一，远投塞外，始学《易》。……岁甲戌，同年沈子敬亭，以所著《孔义集说》见示。……窃尝谓，孔子传《易》商瞿，后班氏所列传授诸家，今皆无书。而汉京、焦氏，专说阴阳灾异，既与孔圣之《易》绝远。至有宋邵子，复宗希夷之说，列卦爻为先、后天方圆图。先儒谓上古无言之教，何若是之纷纷。此自成为邵子之学，于《易》无预。夫《易》宜引而近之，无务推而远之。孔子《序卦》，"有天地然后万物生焉"。干宝注，取始于天地。天地之先，圣人存而不论，不闻有所为先后天也。其论百世可知，征诸夏、商之损益，不闻有所为直日起卦与阴阳灾异之说也。惟就每卦中逐爻逐位，观其进退往来之变，占其吉凶悔吝之辞，以识夫吾生趋避修省之道。斯则孔子教人学《易》之旨，而余与沈子所见略同者也。爰不辞而为之叙。

案：该文后附惠栋评语云：

以《十翼》解说二篇之义者，西汉费直、东汉荀爽。今所传之《易》，乃费氏本，而其说不传。唯荀氏九家注犹存，颇得圣人之旨。虞翻论《易》，斥诸家为俗儒，独推荀氏。先生潜心于《易》学有年，而其论与费、荀同，真卓识也。邵子先天，原本老氏"有物混成，先天地生"而来。先生据干令升注驳之，此皆发前人所未发者。惠定宇。

应卢见曾聘，惠栋、沈大成等入两淮盐运使署校书。

据惠栋《松崖文钞》卷二《秋灯夜读图序》记：

甲戌之岁，余馆德水卢使君衙斋，讲授之暇，篝灯撰著。每涉疑义，思索未通，恨无素心晨夕。一日，使君以诗文数册示余，余读之惊，然未及询作者何人也。久之，典谒引客入，相见，则余故人，云间沈君学子，向所视数册，皆出君手。余喜甚，叩所疑者，学子一一晰之，余闻之愈惊。既而促膝话旧，知君归自武林，道吴而至广陵。……广陵诗社诸君，闻声争交驩。……使君既得君如左右手，社中诗老颇以失君为怅，而余则说经论文，亹亹甚乐。

又据李斗《扬州画舫录》卷十《虹桥录上》记：

卢见曾，字抱孙，号雅雨山人，山东德州人。……公两经转运，座中皆天下士。……惠栋，字定宇，号松崖，苏州元和人。砚溪先生之孙，半农先生之子，以孝闻于乡。博通今古，与陈祖范、顾栋高同举经学。公重其品，延之为校《干凿度》《高氏战国策》《郑氏易》《郑司农集》《尚书大传》《李氏易传》《匡谬正俗》《封氏见闻记》《唐摭言》《文昌杂录》《北梦琐言》《感旧集》，辑《山左诗抄》诸书。著有《周易述》《易汉学》《易例》《易微言》《九经古义》《古文尚书考》《明堂大道录》《禘说》《山海经训纂》《后汉书训纂》《精华录训纂》《红豆山房古文集》。大江南北为惠氏之学者，皆称之曰红豆三先生。

又据同书卷十二《桥东录》记：

　　沈大成，字学子，号沃田，松江华亭人。父乔堂，字韩城，官青县时，河工欲尽用民力，遂自经死，以护青人。大成，邑诸生，通经史百家之书。与惠栋友善，栋称其学，一物一事，必穷其源。著有《学福斋集》。
案：上引《封氏见闻记》，误。据《雅雨堂藏书》，当作《封氏闻见记》。

钱大昕致书戴震，论江永天文历法疏失。
据钱大昕《潜研堂文集》卷三十三《与戴东原书》记：

　　前遇足下于晓岚所，足下盛称婺源江氏推步之学，不在宣城下。仆惟足下之言是信，恨不即得其书读之。顷下榻味经先生邸，始得尽观所谓《翼梅》者。其论岁实，论定气，大率祖欧逻巴之说，而引而伸之。其意颇不满于宣城，而吾益以知宣城之识之高。何也？宣城能用西学，江氏则为西人所用而已。……西士之术，固有胜于中法者，习其术可也，习其术而为所愚弄不可也。……向闻循斋总宪不喜江说，疑其有意抑之。今读其书，乃知循斋能承家学，识见非江所及。当今学通天人者莫如足下，而独推江无异辞，岂少习于江而特为之延誉耶？

应惠栋之请，顾栋高为惠著《后汉书补注》撰序。
据《后汉书补注》卷首顾栋高《序》记：

　　乾隆甲戌，元和惠子定宇以所著《后汉书补注》二十四卷见示，且属为之叙。余读卒业，作而叹曰，先生之援据博而考核精，一字不肯放过，亦一字不肯轻下，洵史志中绝无仅有之书也。

戴震著《水地记初稿》，约成于是年前后。
据杨应芹《东原年谱订补》乾隆十九年三十二岁条记：

　　约在是年前后，作《水地记初稿》。孔继涵四十二年丁酉（一七七六月题序曰:"乾隆丁酉夏四月,饮于同年程吏部鱼门米市胡同寓,假是二书归抄之。《水地记》乃戴东原先生二十余年前流传之稿底也,鱼门兄题云未定本。癸巳之夏,东原寓于洪刑曹素人兄处,见其所著《水地记》,未曾编次,置一大篚中,手检以相示。及抄得是本,与东原语及,东原曰,是草稿者,不足存也。"

全祖望治《水经注》有年,因病魔缠身而不得卒业。喜见故友赵昱子一清后来居上,欣然撰文鼓励。

据全祖望《鲒埼亭集》卷三十二《赠赵东潜校水经序》记:

安定之注《水经》,虽其于《禹贡》之故道,不能一一追溯,而汉、晋以后,原委毕悉,尤详于陂塘堤堰之属,固有用之书也。……百年以来,乃有专门之学,顾亭林、顾宛溪、黄子鸿、胡东樵、阎百诗五君子,慨然于蔡正甫补亡之不可得见,合群籍而通之,购旧椠以校之,竭精思以审之,是书始渐见天日。同时刘继庄自燕中来,亦地学之雄也,欲因丽泽之益,荟萃为是书之疏,而惜其不果。……杭有赵君东潜者,吾友谷林征士之子也,藏书数十万卷,甲于东南。禀其家庭之密授,读书从事于根柢之学,一时词章之士莫能抗手。爰有笺释之作,拾遗纠缪,旁推交通,哀然成编。五君子及继庄之薪火,喜有代兴,而诸家之毛举屑屑者,俯首下风。安定至是始有功臣,而正甫之书,虽谓其不亡可也。予家自先司空公、先宗伯公、先赠公三世,皆于是书有校本,故予年二十以后,雅有志于是书。始也衣食奔走,近者衰病侵寻,双韭山房手校之本,更是迭非,卒未得毕业,睠怀世学,不胜惭报。而东潜夺蠹而登,囊括一切,犹以予为卑耳之马,不弃其鞿绊,岂知羽毛齿革,君之余也。其聊举先世之遗闻以益君,则庶几焉。

是年,袁枚游扬州,与惠栋辩学书札二通,或写于此时。

据袁枚《随园诗话》卷一记:

余甲戌春，往扬州。

又据袁枚《小仓山房文集》卷十八《答惠定宇书》记：

来书恳恳以穷经为勖，虑仆好文章，舍本而逐末者。然此来见足下穷经太专，正思有所献替，而教言忽来，则是天使两人切磋之意，卒有明也。……闻足下与吴门诸士，厌宋儒空虚，故倡汉学以矫之，意良是也。第不知宋学有弊，汉学更有弊。宋偏于形而上者，故心性之学近玄虚；汉偏于形而下者，故笺注之说多附会。……宋儒廓清之功，安可诬也！……夫人各有能不能，而性亦有近有不近。孔子不强颜、闵以文学，而足下乃强仆以说经。倘仆不能知己知彼，而亦为以有易无之请，吾子其能舍所学而相从否？

又据该集卷十八《答定宇第二书》记：

覆书道"士之制行，非经不可，疑经者非圣无法"云云，仆更不谓然。夫穷经而不知经之所由名者，非能穷经者也。三代以上无经字，……六经之名始于庄周。……六经中，惟《论语》《周易》可信，其他经多可疑。疑非圣人所禁也，孔子称"多闻阙疑"，又称"疑思问"。仆既无可问之人，故宜长阙之而已。

乾隆二十年乙亥　1755年

三月十三日，前任广西学政胡中藻《坚磨生诗钞》案发，高宗颁谕，历数胡氏"悖逆之词"。

据《高宗实录》卷四八四乾隆二十年三月丙戌条记：

> 上召大学士、九卿、翰林、詹事、科道等，谕曰：我朝抚有方夏，于今百有余年。列祖列宗，深仁厚泽，渐洽区宇，薄海内外，共享升平。凡为臣子，自乃祖乃父以来，食毛践土，宜其胥识尊亲大义。乃尚有出身科目，名列清华，而鬼蜮为心，于语言吟咏之间，肆其悖逆，诋讪怨望，如胡中藻者，实非人类中所应有。其所刻诗，题曰《坚磨生诗钞》。"坚磨"出自《鲁论》，孔子所称"磨涅"，乃指佛胖而言。胡中藻以此自号，是诚何心？从前查嗣庭、汪景祺、吕留良等诗文日记，谤讪诗张，大逆不道，蒙我皇考申明大义，严加惩创，以正伦纪而维世道。数十年来，意谓中外臣民，咸知警惕，而不意尚有此等鸱张狺吠之胡中藻。即检阅查嗣庭等旧案，其悖逆之词，亦未有累牍连篇，至于如此之甚者。……夫谤及朕躬犹可，谤及本朝则叛逆耳。朕见其诗已经数年，意谓必有明于大义之人，待其参奏。而在廷诸臣及言官中，并无一人参奏，足见习相成风，牢不可破。朕更不得不申我国法，正尔嚣风，效皇考之诛查嗣庭矣。

四月十一日，清廷将胡中藻斩首。

据《高宗实录》卷四八六乾隆二十年四月甲寅条记：

> 大学士、九卿、翰詹科道等疏称，胡中藻违天叛道，覆载不容，合依大逆凌迟处死。……得旨：……朕意肆市已足示众，胡中藻免其凌迟，着

即行处斩。

夏，戴震结识纪昀，旋馆于纪氏，作《句股割圜记》。

据纪昀《纪晓岚文集》卷八《考工记图序》记：

> 乾隆乙亥夏，余初识戴君。

又据段玉裁《戴东原先生年谱》乾隆二十年三十三岁条记：

> 程易田云："是年假馆纪尚书家，所作《句股割圜记》，丁丑南下，戊寅溪南吴行先付刻。"

戴震致书乡里友人方矩，论为学为文之道。

据《戴震文集》卷九《与方希原书》记：

> 古今学问之途，其大致有三，或事于理义，或事于制数，或事于文章。事于文章者，等而末者也。……足下好道而肆力古文，必将求其本。求其本，更有所谓大本。大本既得矣，然后曰是道也，非艺也。……圣人之道在"六经"，汉儒得其制数，失其义理，宋儒得其义理，失其制数。……今足下同郑君、汪君相与聚处，勉而薄乎巅涯，究乎奥奇不难。仆奔走避难，向之所欣，久弃不治。数千里外，闻足下为之，意志动荡，不禁有言。

五月，钱大昕《三统术衍》成。十三日夏至，撰《自序》一篇存于箧中。

据《三统术衍》卷首《自序》云：

> 古术之可考者，当以《三统》为首。《三统》之术，本之《太初》，又追前世元五星会牵牛之初，以为太极上元，参之《易象》以穷其源，征之《春秋》以求其验。班孟坚以为推法密要，服子慎、韦弘嗣亦取其说，以解《春秋》内外传。顾古今注《汉书》诸家，于历术未有诠释者。《隋书·经籍志》有亡名氏《推汉书律历志术》一卷，《旧唐书·经籍志》有阴

景伦《汉书律历志音义》一卷,今俱亡传。予少读此志,病其难通。比岁粗习算术,乃为疏通其大义,并著算例,厘为三卷,名之曰《三统术衍》。盖祇就本法论之,其法之密与疏,固不暇论及也。《志》文间有讹舛,相与商酌校正,则长洲褚君寅亮之助实多。

钱大昕致书王昶,讨论经学、历法,推尊惠栋《周易述》,赞为"摧陷廓清,独明绝学,谈汉学者无出其右矣"。

据陈文和《潜研堂文集补编》之《与王德甫书一》记:

> 别后又及二载,菀结之思,非寸楮所殚述。顷纪纲北来,具悉眠食无恙,为慰。入春来,屡辱手书,知执事比来研覃六艺,斐然有作。于《易》《书》,则欲采撷儒先之训,撰《集传》一书;于《春秋》,则欲成"十志"。"十志"之体例,仿历代史志为之,抑另有新意否?近顾震沧司业《大事表》,于地理、官制、氏族诸门,考证精博,卓乎可传。至天文、朔闰、五礼,则似无所得。朔闰固仿杜氏《长历》,推校经传日月,不求合天。然汉唐以来,历术数十家,其推步气朔之术具存,一为考其异同,不更善欤?五礼祇钞撮经文,而"三传"之文有关典礼者,概未及录,亦为疏略。执事"十志"之作,定当力矫其失,不知何时告成,得赐一读耶?《周易》李氏《集解》,搜罗荀、虞之说最多,古法尚未尽亡。松崖徵君《周易述》,摧陷廓清,独明绝学,谈汉学者无出其右矣。《尚书》逸古文虽亡,然马、郑诸家之传注,至唐犹存,今则惟存梅氏一家。大约经学要在以经证经,以先秦、两汉之书证经。其训诂则参之《说文》《方言》《释名》,而宋元以后无稽之言,置之不道。反复推校,求其会通,故曰必通全经而后可通一经。若徒搜采旧说,苍为一编,尚非第一义也。拙著《三统历术》于前月脱稿,执事前有手教,谕以此书体例事宜,已敬书之座右。……至历法古疏今密,不特《太初》《三统》不能无差,即邢台《授时》之法,今亦不无小差。此非究心点线面体之算,及崇正西洋历书,及本朝《钦定历象考成》,未易窥其藩篱,亦非专书不能明,弟尚有志而未逮也。夏间文从倘得

北来，望于敝寓卸装。弟现与礼堂同寓，对床话旧，素心三人，亦足乐也。

案：原辑脱"以先秦、两汉之书证经"句，据陈鸿森《钱大昕潜研堂遗文辑存》补。此书辑自王昶《湖海文传》卷四十。

其后，钱大昕又有书致王昶，讨论郑注《尚书》，并言及惠栋《易汉学》正由褚寅亮手钞事。

据陈鸿森《钱大昕潜研堂遗文辑存》卷下《与王德甫书一》记：

《尚书》百篇之序，为梅氏晚出古文所淆乱，其次第自应以郑氏目录为定，但尚有不可解者。《史记·殷本纪》载《汤征》文五十六字；《汉书·律历志》载《毕命丰刑》一十六字。史迁从安国问故，多采古文说，刘歆校理秘书，亦亲见古文者，而《汤征》《毕命》二篇，则马、郑古文二十四篇中无之。松崖惠氏谓郑目录内，《冏命》当作《毕命》，似应不谬。而《汤征》一篇，究无可考。……惠氏《易汉学》，鹤侣大兄现在手钞，此时尚未付还。来春当邮致吴门，决不遗失也。（原注：录自王昶《湖海文传》卷四十。）

《经义考》补刻蒇事，朱稻孙、卢见曾相继于六月一日、七月十八日为文以记始末。

据《经义考》卷首朱稻孙跋语记：

昔先大父尝以近日谭经者局守一家之言，致先儒遗编失传者十九，因仿鄱阳马氏《经籍考》之例而推广之，著《经义考》三百卷。分存、佚、阙、未见四门，自御注、敕撰以迄自序，为类凡三十种。又欲为《补遗》二卷。草稿粗定，即以次付梓。其宣讲、立学、家学、自序四种以及《补遗》，属草未具，不幸遘疾，校刻迨半，鸿业未终。呜呼！惜哉！先是岁乙酉，圣祖仁皇帝南巡，先大父以《易》《书》二种进呈乙览。天子嘉之，奉旨留在南书房，谕令速速刻完。特赐"研经博物"四大字匾额。儒臣隆遇，于时罕俪。自先大父赍志以殁，稻孙糊口四方，矢怀莫遂，惟谨笥遗稿，未之敢离。雍正甲寅，得交嶰谷马君于维扬，君好古博雅，笃于友谊，欣然约同志，欲为我先人成此未竟之业。中有所格，不果。越二十年，岁甲戌，德州卢公重掌江南鹾政。稻孙谒公邸上，公一见即询及《经义考》。因具陈颠末，公为叹息者久之，遂首捐清俸为同志倡，还以其事属诸马君。君由是与令弟半查尽发二酉之藏，偕钱塘陈君授衣，仪徵江君宾谷、元和惠君定宇、华亭沈君学子，相为参校。而稻孙仍率次子昌凉、长孙休承暨从孙婿同里金蓉，共襄厥事。既逾年而剞劂乃竣，计一百三十卷，合前所刻一百六十七卷成完书。信乎！书之显晦，与夫行世之迟速，固有天焉。继自今穷经稽古之士，其得所津逮，而拜使君与嶰谷先生之嘉惠者，良匪浅矣。宁特稻孙等戴君子之德于无穷也哉！乾隆二十年，岁次乙亥六月朔，孙稻孙谨识。

又据卢见曾于该书《总目》后识语记：

《经义考》全书告成，余既为之序，又编《总目》二卷。此书初撰，原名《经义存亡考》，尝以二十余卷质吾乡渔阳先生，于《居易录》载其大凡。后先生以《菉竹》《聚乐》《淡生》《一斋》诸目所藏，及同人所见世有其本者，列"未见"一门，又有杂见于诸书，或一卷，或数条，列"阙书"一门。于是分存、佚、阙、未见四门，删旧名之"存亡"字，而名之曰《经义考》。已刻一百六十七卷，其宣讲、立学、家学、自序三卷本阙。今补刻一百三十卷，卷帙浩繁，校对不易，从事诸君子，各题名于每卷之后。而博征载籍，以正字画之讹者，钱塘陈授衣章、仪征江宾谷昱也。刻既成而覆校之者，元和惠定宇栋、华亭沈学子大成也。其商略考订，兼综其事，则祁门马嶰谷曰琯、半查曰璐云。乾隆乙亥七月望后三日，德州卢见曾载识。

七月二日，全祖望在宁波病逝，得年仅五十一岁。
据董秉纯辑《全谢山年谱》乾隆二十年五十一岁条记：

正月手定文稿，删其十七，得五十卷，命纯暨同学张炳、卢镐、全藻、蒋学镛钞录。……五月，文稿录成，先生已不能遍阅。……立宫詹公之七世孙孙桐为孙……，六月初十日也。自此卧榻不复出户。又十日，呼纯至榻前命尽检所著述，总为一大簏，顾纯曰："好藏之。"而所抄文五十卷，命移交维扬马氏丛书楼。又十日，不复能言，日夜作鼾声如睡。又两日，声渐微乃逝，七月二日寅也。

又据《清史稿》卷四百八十一《全祖望传》记：

全祖望，字绍衣，鄞县人。……祖望为学，渊博无涯涘。……生平服膺黄宗羲，宗羲表章明季忠节诸人，祖望益广修枌社掌故、桑海遗闻以益之，详尽而核实，可当续史。宗羲《宋元学案》甫创草稿，祖望博采诸书为之补辑，编成百卷。又七校《水经注》，三笺《困学纪闻》，皆足见其汲古之深。又答弟子董秉纯、张炳、蒋学镛、卢镐等所问经史疑义，录为《经史问答》十卷。仪征阮元尝谓，经学、史才、词科三者，得一而足，而祖望兼之。

八月二十日，吴廷华卒于杭州。

据钱仪吉辑《碑传集》卷一百二沈廷芳撰《朝议大夫吴先生廷华行状》记：

先生姓吴氏，讳廷华，字中林，号东璧。初名兰芳，乡贡后始改焉。祖居休宁，明初，迁钱塘湖墅里。……雍正二年，试授中书舍人。官三年，以侍读缺引见。世宗宪皇帝方遴选外任，因出为福建海防同知。复以原衔通判兴化。十年冬，计典有疾，诏以原品致仕。今天子嗣位，用大臣荐修"三礼"。书成，录叙加一级，例授朝议大夫。乾隆十五年，举经学，以老病辞。二十年八月二十日卒，年七十四。……所著有《三礼疑义》《仪礼章句》《曲台小录》《东璧书庄集》各若干卷。

秋，戴震致书王鸣盛，就《尚书·尧典》"光被四表"训诂，论治经方法。

据《戴震文集》卷三《与王内翰凤喈书》记:

> 承示《书·尧典》注,逐条之下,辨正字体字音,悉准乎古。及论列故训,先征《尔雅》,乃后广搜汉儒之说,功勤而益巨,诚学古之津涉也。……六书废弃,经学荒谬,二千年以至今。足下思奋乎二千年之后,好古洞其原,谅不仅市古为也。仆情僻识狭,以谓信古而愚,愈于不知而作,但宜推求,勿为株守。例以"光"之一字,疑古者在兹,信古者亦在兹,漫设繁言以献。震再拜。

程廷祚两度致书江苏学政雷铉,论汉宋儒经学得失,探讨经学晦塞之缘由。

据《青溪集》卷十《再上雷公论宋儒书》记:

> 若夫经学之敝在于专门,汉代治《春秋》者,持《穀梁》则非《公羊》,守二家则轻《左氏》。《诗》之齐、鲁、韩、毛,终不闻其相通,迨三家皆衰而毛氏始立学官。夫圣人之经如日月,然不可以牖中所窥而自谓尽其全体。今欲以一师之言而箝天下之口,是何异于指一目所见,而以为周天之径也哉?叶秀发谓,后学敢于叛圣人之经,而不敢违先儒之说,良可叹也。宋儒说经,以义理胜汉儒,而时有过当,至于指事征实,尤多疏落。天生诸子,以绍邹鲁之传,若以经学方之汉人,谓之互有短长可也。或以绍真传为当尊,而过信其说经,或以说经为未当,而訾议之无所不至。二者非陋则妄,皆君子所未敢出也,前书论之详矣。……有宋诸先生得不传之绪于遗经,成己成物,尧舜以来之家法可循也,孔孟之垂世立教者,不可胜用也,岂得别有增益?彼先天,孔子无其名也;太极之图,亦孔子所未有也。斯二图者,何补于经训圣学,而见为日用之不可少?徒令学者驰神幽渺,论说滋多,蔀障愈密。安得以其出于诸先生,而遂得谓无遗议耶?窃谓当日者,诸先生不以先天谈《易》,不以太极论学,而惟恪守先圣

相传之遗矩，则大中至正，允有攸归矣。乃自元、明以下，知尊宋儒而不得其道，未能息心静气，求诸经义，以会通其说，失与汉代之守专门无异。经学所以尚多晦塞，圣学亦多影响皮肤之见，不能直揭底蕴，以与天下共游于康庄，皆职是故。甚可惜也！

冬，卢见曾应约为秦蕙田辑《五礼通考》撰序。

据《五礼通考》卷首卢氏序记：

往余读徐东海先生《读礼通考》，叹其兼综百代，折衷尽善，有助于礼教甚大，而病其未全。通籍后，同年顾君震沧，问学渊博，尤邃于经。乾隆丙辰，余为两淮运使，延之教子。曾为余言，少时尝欲钩贯"六经"，作《周官联》一书未就。余亟赞之曰，子速成之，吾为任剞劂之费。会余罢去，而顾君有《春秋》之纂述，遂不果为。迨余赐环，而顾君年已老矣，疑五礼不复得睹全书，深以为憾。乙亥冬，今大司寇味经秦先生，辱示《五礼通考》全书，增徐氏吉、军、宾、嘉四礼，而丧礼补其未备。苞括百氏，裁剪众说，举二十二史之记载，悉以《周礼》《仪礼》提其纲。上自朝廷之制作，下逮诸经之议论，靡不搜抉庆隐，州次部居，令读者一览易晓。至是而世之有志礼教者，始畅然满志而无遗憾矣。

是年，戴震复书姚鼐，述所著《考工记图》删补事，并婉拒姚氏以戴为师之请。

据《戴震文集》卷九《与姚孝廉姬传书》记：

日者，纪太史晓岚欲刻仆所为《考工记图》，是以向足下言欲改定。足下应词非所敢闻，而意主不必汲汲成书。仆于时若雷霆惊耳。自始知学，每憾昔人成书太早，多未定之说。今足下以是规教，退不敢忘，自贺得师。……仆于《考工记图》，重违知己之意，遂欲删取成书，亦以其义浅，特考核之一端，差可自决。足下之教，其敢忽诸？至欲以仆为师，则别有说，非徒自顾不足为师，亦非谓所学如足下，断然以不敏谢也。古之所谓友,固分师之半。仆与足下,无妨交相师,而参互以求十分之见,苟有过则相规,使道在人不在言,斯不失友之谓,固大善。昨辱简,自谦太过,称夫子,非所敢当,谨奉缴。承示文论延陵季子处识数语,并《考工记图》呈上,乞教正也。

卢见曾刻《金石三例》,表彰前贤,以明金石学矩矱。

据卢见曾《雅雨堂文集》卷一《刻金石三例序》记:

> 文章无义例,惟碑碣之制,则备载姓氏、爵里、世系,以及功烈、德望、子女、卒葬之类,近于史家,如《春秋》之有五十凡,故例尚焉。碑碣兴于汉魏,迄唐宋以下,而例则断自韩子。元潘苍崖创为《金石例》十卷,制器之楷式,为文之矩矱,靡不毕具。明初,王止仲又撰《墓铭举例》四卷,兼韩子以下十五家,条分缕晰,例之正变,推而愈广。本朝黄梨洲,以潘书未著为例之义与坏例之始,作《金石要例》一卷,用补苍崖之阙。合三书而金石之例始赅。曩病时贤碑碣,叙次失宜,烦简靡当,盖未尝于前人体制一为省录尔。兹故汇刻以行世,俾后之君子,晓然于金石之文,不异史家发凡言例,亦《春秋》之支与流裔。触类而长之,庶乎知所从事矣。苍崖,吾乡济南人,止仲,吴中北郭十子之一,梨洲为忠端公子,渔洋重推之。三君者,学问、文章皆有根柢,其所论著,足为程序。刻既成,为序其大略如此。乾隆乙亥。

乾隆二十一年丙子　1756年

正月十九日，常熟朱思藻因辑"四书"成语获罪，流放黑龙江。
据《高宗实录》卷五〇五乾隆二十一年正月丁亥条记：

> 刑部议覆，两江总督尹继善奏，常熟县奸民朱思藻，怨望谤讪，狂悖不法，应如所议斩决。得旨：……朱思藻编集"四书"成语，以泄其怨望之私愤，侮圣非法，实乃莠民。但念暑雨祁寒，怨咨必不能免。或者有司查办之初，而谗张之徒，迫不及待，以致罹法。然该犯究因灾望赈，尚与胡中藻之身列仕版，无故悖逆谤讪者有间。朱思藻著从宽免死，发往黑龙江，交该将军严行管束，并将此通行晓谕知之。

是月，前詹事府詹事黄叔琳卒于大兴里第。
据《碑传集》卷六十九陈兆仑撰《詹事府詹事加侍郎衔刑部右侍郎黄公叔琳墓志铭》记：

> 公姓黄氏，讳叔琳，字昆圃，顺天府大兴县人。……康熙辛未，公年二十，以一甲第三人成进士。由编修积资，洊擢卿贰开府。晚节以詹事加侍郎衔家居。乾隆丙子正月，卒于里第，年八十有五。著有《养素堂诗文集》行世，学者称北平先生。

又据同书同卷戈涛撰《黄昆圃先生传》记：

> 先生善识天下才俊。方望溪为诸生时来谒，一见称莫逆交。凡望溪所著《周礼》《春秋》之学，皆与先生往复指画，无少间。他如周大璋、顾进又数十人，或不惮千里，或不问岁时，亲炙就正。则其学之及人远矣。生

平著述有《砚北易钞》，阐发河、洛精蕴；《诗经统说》，折衷群说之异同；《夏小正传注》《史通训诂补注》《文心雕龙辑注》《颜氏家训节钞》《砚北杂录》……。有功儒林，岂小补哉！

二月六日，清廷举仲春经筵。儒臣讲《中庸》"自诚明谓之性，自明诚谓之教"二句，高宗对朱子解说提出异议。

据《高宗实录》卷五〇六乾隆二十一年二月甲辰条记：

> 上宣御论曰：……性即理也，教即所以明理，一而二、二而一者也。是故诚之外无性，明之外无教。圣人浑然天理，无所用其明而明无不照，谓之"所性而有"，尚属强名，则何藉乎教。贤人日月至焉，必待先明乎善，而后实之，乃复其性。然明即明此理，实亦实此理而已，夫岂别有所谓教哉！朱子谓与天命谓性、修道谓教二字不同，予以为政无不同耳。

二月十五日，卢见曾以高宗祭告阙里，进呈《经义考》二部。

据《经义考》卷首《卢见曾奏状》记：

> 两淮盐运使臣卢见曾谨奏，为恭进事。……臣因窃见圣祖仁皇帝时，翰林院检讨臣朱彝尊所纂《经义考》三百卷，博征传世之书，志其存佚；提衡众家之论，判厥醇疵。幸际昌期，首冠以圣明之巨制；备陈列代，不遗夫师友之绪言。挈领提纲，开卷了如指掌；升堂入奥，披函灿若列眉。实稗益于稽古之儒，宜刊布于右文之世。但其已经授梓，虽有《易》《书》《诗》《礼》四经，而未能讫工，尚有《春秋》、纬候各类。臣访存稿于其后嗣，乃捐余俸以成完书。见浅见深，咸网罗而不失；识大识小，悉櫽括以靡遗。惟旧臣纂辑之勤，即古人精神之寄。况今者续一代文献之书，补群儒经籍之志，论说有资于考镜，见闻可借为参稽，较陈振孙之《解题》，更加繁富，比晁公武之《书志》，尤觉精详。昔当圣祖巡幸浙江，已曾进呈于行幄，今遇皇上载临阙里，似可取备于书林。臣谨将先后所刻《经义考》全书，装潢二部，每部六函，计四十八本，恭呈御览。

又据《高宗实录》卷五〇八乾隆二十一年三月初一日己巳条记：

两淮盐运使卢见曾奏，恭进原任检讨朱彝尊《经义考》三百卷。得旨：书留览。

四月九日，山东刘德照字帖案发。
据《高宗实录》卷五一〇乾隆二十一年四月丙午条记：

河东河道总督、署山东巡抚白钟山奏，据德州拿获濮州人刘德照供词，似类疯狂。及阅字帖语句，狂悖不经，当密饬两司严审，俟臣查工回省，亲讯定拟。报闻。

又据同书卷五一一乾隆二十一年四月壬戌条记高宗谕云：

刘德照逆词内，有兴明兴汉及削发拧绳等语，悖逆已极。当此光天化日之下，如此肆行狂吠，岂疯颠人语耶！著该署抚速行严审，按律定拟具奏，并宣示各省督抚，令知刑章所系，法不可觊。

夏，纪昀为戴震刻所著《考工记图》成，且撰序表彰戴震之学。
据《纪晓岚文集》卷八《考工记图序》记：

戴君东原始为《考工记》作图也，图后附以己说而无注。乾隆乙亥夏，余初识戴君，奇其书，欲付之梓。迟之半载，戴君乃为余删取先、后郑注，而自定其说以为补注。又越半载，书成，仍名曰《考工记图》，从其始也。戴君语余曰："昔丁卯、戊辰间，先师程中允出是书以示齐学士次风先生，学士一见而叹曰，诚奇书也。今再遇子奇之，是书可不憾矣。"戴君深明古人小学，故其考证制度、字义，为汉以降儒者所不能及。以是求之圣人遗经，发明独多。《诗》三百、《尚书》二十八篇、《尔雅》等，皆有撰著。自以为恐成书太早，而独于《考工记》则曰，是亚于经也者，考证虽难，要得其详则止矣。

程晋芳携阎若璩《尚书古文疏证》刻本至南京，谒程廷祚。廷祚喜阎氏书辨伪有得，欣然撰文。

据程廷祚《青溪集》卷四《尚书古文疏证辨》记：

> 山阳儒者潜邱阎氏有《尚书古文疏证》一书，余囊为《晚书订疑》，求之弗获。丙子季夏，家蕺园始携至金陵，时余书已成四载矣。读之数日方竟，叹其指抉痕瑕，摘发幽隐，能令作伪者骇服于既往，而祖伪者虽欲为之辞而不得，快哉！斯书使得见于前，则《订疑》之作可以已也。

江永著《乡党图考》成。

据江锦波、汪世重辑《江慎修先生年谱》乾隆二十一年七十六岁条记：

> 《乡党图考》成。证据"三礼"，因以广言制度，于宫室、衣服、饮食诸门尤详。

又据《乡党图考》卷首江永"自序"记：

> 国家列圣相承，尊崇经学，诸经众说，是非去取，皆有钦定。既颁《易》《书》《诗》《春秋》，复纂《仪礼》《周礼》《礼记》，且重镌《十三经注疏》，流布海内，广励学官。志古之士，餍饫其中，如酌江河，随量有获，可不谓厚幸欤？经籍包络三才，制度、名物，特其间一枝一节。四子书《乡党》一篇，稍涉制度、名物，亦千百之十一，从来为制义者，往往难之。有明一代，流传之文，体固淳质，实类捉衿见肘。有能举典不忘祖者，伊谁欤？我朝经学，远轶前明，数十年前，淹通之才辈出，专家之业，皆可传远。经学至为纠纷，著述家得其大者遗其细，如宫室、衣服、饮食、器用，皆未暇数之。况为制举业者，志在弋获，惮于寻源，诸经涉猎皮毛，挂一漏万。或为《乡党》制义，为窭漏，为饾饤，为纰缪，往往不免。毋谓《乡党》之文，非经学浅深之左券也。予既选《择雅》一帙，欲其花萼

附根干，复辑《乡党图考》十卷。自圣迹至一名一物，必稽诸经传，根诸注疏，讨论源流，参证得失。宜作图谱者，绘图彰之，界画表之。窃谓国家以经学鼓励四方，固欲学者治经，毋卤莽，毋灭裂。为《乡党》一篇寻源，亦经学之隅耳。爰序其端，质诸世之邃于经且健于文者。乾隆二十有一年季夏月，新安江永序。

戴震应聘入礼部尚书王安国家馆，教其子念孙。冬，翰林院编修卢文弨，以其外祖冯景著《淮南子洪保》示戴震，戴氏撰读后一篇。

据段玉裁辑《戴东原先生年谱》乾隆二十一年丙子三十四岁条记：

是年，盖馆于大宗伯高邮王文肃公第，公子念孙从学，今永定河道王君怀祖是也。是时怀祖方受经，而其后终能得先生传。是年冬，有《读淮南洪保》一篇。

又据胡炳生、杨应芹辑《戴震全书》之三十六《补遗·读淮南子洪保》记：

卢编修绍弓，以其外王父冯山公先生《淮南子洪保》示余。先生与阎百诗友善，此同在淮南时辨证《尚书古文》者也。为书之体，盖即本阎百诗所撰《尚书古文疏证》。余读其《论古音篇》，独有疑焉。……冯先生所举十有五字，合者四，不合者十有一。……虽然，无害其善言古音也。方古音之说未有倡之者，纷纽凿空，以归于协音。古无协音，自陈季立、焦弱侯始，迨顾宁人氏而考之益精。余窃谓古音之说明，于是可断隋、唐以来论韵之当否。然隋唐诸君子辨声之法，迄于宋而其传失。辨声失其传，而后古音之说方出。

钱大昕、纪昀以能诗名噪翰林院庶吉士馆，有"南钱北纪"之称。
据钱大昕自订《竹汀居士年谱》乾隆二十一年二十九岁条记：

在庶常任。尚书休宁汪文端公、侍郎新建裘文达公、富春董文恪公，被旨修《热河志》，属居士与纪晓岚任编纂之役。其秋，大驾幸木兰，汪、裘二公奏二人名，即令扈从热河，就近采访排纂。途中，恭和御制诗进呈，天语嘉奖。由是馆中有南钱北纪之目。

卢见曾得惠栋、沈大成等襄助，辑《雅雨堂藏书》刊行。计有《李氏易传》《郑氏周易》《尚书大传》《郑司农集》《周易干凿度》等。

据卢见曾《雅雨堂文集》卷一《刻李氏易传序》记：

> 两汉传《易》者数十家，唯费氏为古文《易》，今所传之《易》，乃费《易》也。费长翁以彖、象、系辞、文言解说上下经，颇得圣人遗意，唐有《章句》四卷，惜已亡佚。其后荀慈明祖述费学，亦以十篇之义诠释经文。故当时兖、豫言《易》者，皆传荀氏学。九家亦以荀为主。虞仲翔注《易》，其说六爻升降之义，皆荀法也。二家之业为两汉最，故唐资州李氏撰《易传集解》共三十余家，荀、虞独多。先是王辅嗣《易》专尚黄老，谓卦中所取之象，皆假象也。韩康伯因之，《易》之大义始乖。六朝，王氏之《易》与郑氏并行。自孔颖达奉诏为《五经正义》，《易》用王氏，而两汉之学亡矣。今幸《李氏易传》尚存，前明朱氏、胡氏、毛氏刊本流传，然板皆迷失，又多讹字。余学《易》数十年，于唐、宋、元、明四代之《易》，无不博综元览。而求其得圣人之遗意者，推汉学为长，以其去古未远，家法犹存故也。为校正谬误，刊以行世。并附宋王伯厚所采郑氏《易》于后，以存古义。荀、虞逸象最多，故李氏云："刊辅嗣之野文，补康成之逸象。"晁公武谓，李氏"刊王存郑"，此误解序义也，为辨而正之。乾隆丙子。

又据同书同卷《刻郑氏周易序》记：

> 郑氏之学立于学官，自汉魏六朝数百年来，无异议者。唐贞观中，孔颖达撰《五经正义》，《易》用王辅嗣，《书》用孔子（疑误，当为安——引者）国，而二经之郑义遂亡。今传者，惟"三礼"、《毛诗》而已。然北宋

时，郑《易》犹存，《文言》《说卦》《序卦》《杂卦》四篇，载于《崇文总目》。故朱汉上震、晁嵩山说之，俱引其说。至南宋，而四篇亦佚。于是浚仪王厚斋应麟，始裒群籍，为《郑氏易》一卷。前明胡孝辕震亨，刊其书，附《李氏易传》之后。往余读《五经正义》，所采郑《易》，间及爻辰，初未知爻辰为何物。及考郑注《周礼·太师》，与韦弘嗣昭注《周语》（周字疑当作国。——引者），及律家合辰、乐家合声之法。盖乾坤十二爻，左右相错，《乾凿度》所云"间时而治六辰"，故谓之爻辰也。汉儒说《易》，并有家法，其不苟作如此。第厚斋所集尚有遗漏，吾友元和惠子定宇，世通古义，重加增辑，并益以汉上、嵩山之说，厘为三卷。今依孝辕之例，仍附于《李传》之后，用广其传于世。余学《易》有年，每讲求汉儒遗书，以求印正，虽断简残编，未敢有所忽略。此书之传，虽不及"三礼"、《毛诗》之完具，然汉学《易》义无多，存此以备一家，好古之士，或有考于斯。乾隆丙子。

又据同书同卷《刻周易乾凿度序》记：

《周易乾凿度》二卷，其中多七十子大义，两汉诸儒皆宗之。京房之注大衍，亶诵之用甲寅元，陈宠之论三微，张衡之述九宫，许慎之称君人五号；又郑康成注《易》，谓《易》一言而含三义；注《礼》，谓三王郊用夏正，以《易》之帝乙为成汤，咸本《乾凿度》。一行言，卦气之说出孟氏章句，而不知《乾凿度》已言之。此皆《易》之大義也。或曰：纬书非学者所尚。是不然。圣人作经，贤人纬之，经粹然至精，纬则有驳有醇。成、哀之纬其辞驳，先秦之纬其辞醇。《乾凿度》先秦之书也，去圣未远，家法犹存，故郑康成汉代大儒，而为之注。唐李鼎祚作《易传》，是时纬候具在，独取《乾凿度》，非以其醇耶？此书前明刊本流传，而多阙误。兹得之嘉靖中吴郡钱君叔宝藏本，不失旧观，为梓而行之，以备汉学。……乾隆丙子。

又据同书同卷《刻尚书大传序》记:

汉济南伏生著《尚书大传》四卷,郑康成为之注。案伏生传《尚书》,授同郡张生及千乘欧阳生。张生授夏侯都尉,都尉授族子始昌,始昌传族子胜,为大夏侯。胜传从兄子建,为小夏侯。由是《今文尚书》有欧阳、大小夏侯三家之学立于学官。讫东汉末,相传不绝。及晋永嘉之乱,三家并亡。考《汉书·艺文志》,伏生所传经二十九卷、传四十一篇。郑康成序谓,章句之外,别撰大义,刘子政校书,得而上之。其篇次与《艺文志》合,即今《大传》是也。此书元时尚存,前明未闻著录。尝叹山东大师,伏生冠于汉初,康成殿于汉末,而《大传》一书,出自两大儒,此吾乡第一文献也。曩留心访求,近始得之吴中藏书家。虽已残阙,然《五行传》一篇,首尾完具,及二十一史史志之先河也。三家章句虽亡,而今文之学,存此犹见一斑。为刊而行之,别撰《补遗》一卷,并附《康成集》于卷末,俾后之求汉学者,知所考焉。乾隆丙子。

乾隆二十二年丁丑　1757年

四月二十日，河南夏邑生员段昌绪收藏吴三桂伪檄案发，牵连引出前布政使彭家屏收藏明季野史案。

据《高宗实录》卷五三七乾隆二十二年四月辛巳条记：

> 谕军机大臣等：昨因观音保密访夏邑灾民情状，……于供出指使之生员段昌绪家，获有吴逆檄一纸，中皆指斥诋毁祖宗之词，目不忍睹。而钞录存留，且圈点加批，赞赏称快，不胜骇异，见者无不发指。

又据该书同卷戊子条记：

> 召彭家屏至京面询。……乃据称，吴三桂伪檄实未寓目。再三诘问，但称有明末野史等类，存留未烧，实不曾看等语。……彭家屏身为大员，非寻常愚民劣衿可比，……着革职拿问。

又据该书卷五三八乾隆二十二年五月辛丑条记：

> 又谕：前据彭家屏供出，家藏有明末野史《潞河纪闻》《日本乞师》《豫变纪略》等书。续又供出《酌中志》《南迁录》，并钞本小字书，系天启、崇祯年间政事等书。以上各种，该督抚等何以并未查出一种，甚属草率。著将供出书目，并寄该督等，逐一详细查明具奏。

孟夏，戴震校勘《大戴礼记》，考明"隋唐间所存已仅三十九篇"；"《家语》袭《大戴》，非《大戴》袭《家语》"；《隋志》以小戴删大戴书"不足据"；注《大戴礼记》者非郑玄，为卢辩；今本《大戴礼记》"自唐宋间已分合窜易，非复前人之旧"。

据《戴震文集》卷一《大戴礼记目录后语二》记：

> 右《大傅礼》现存三十有九篇，不题作注人姓名。朱子引《明堂》之说，……以注为康成作也。惟王伯厚指为卢景宣辩之注。是书自汉迄今，注独此一家，而脱误特多。余尝访求各本，得旧本五，参互校正。今春正月，卢编修召弓以其校本示余，又得改正数事。卢编修本所失者，则余五本中或得之。若疑文阙句，无从考得，姑俟异日。……朱子称引《明堂》，不称《盛德》，自唐宋间已分合窜易，非复前人之旧。……注中征引汉、魏、晋之儒，有康成、谯周、孙炎、宋均、王肃、范宁、郭象及杨孚《异物志》，然则景宣注甚明。乾隆丁丑孟夏月，戴震记。

六月七日，段昌绪、彭家屏"收藏逆书"案审结。
据《高宗实录》卷五四〇乾隆二十二年六月丁卯条记高宗谕云：

> 本朝抚有中夏，厚泽深仁，休养生息。薄海臣民，共享太平之福，自汉唐以来，实罕与伦比。在定鼎之初，野史所纪，好事之徒，荒诞不经之谈，无足深怪。乃迄今食毛践土百有余年，海内搢绅之家，自其祖父，世深国恩，何忍传写收藏！此实天地鬼神所不容，未有不终于败露者。如段昌绪、彭家屏之败露，岂由搜求而得者乎？此后臣民中若仍不知悛改消灭，天道自必不容，令其败露，亦惟随时治以应得之罪耳。彭家屏本应斩决，但所藏之书既经烧毁，罪疑惟轻，着从宽改为应斩监候，秋后处决。段昌绪从宽改为斩决。

七月十三日，高宗就彭家屏所刻族谱颁谕严斥，"赐令自尽"。
据《高宗实录》卷五四二乾隆二十二年七月癸卯条记：

> 谕曰：彭家屏……所刻族谱，取名《大彭统记》，甚属狂妄。……以大彭得姓之始，本于黄帝、昌意、颛顼。夫氏族谱系，士大夫家恒有之，亦何至附会荒远，以为迢迢华胄。乃身为臣庶，而牵引上古得姓之初，自

居帝王苗裔，其意何居？且以《大彭统记》命名，尤属悖谬，不几与累朝国号同一称谓乎？至阅其谱，刻于乾隆甲子年，而凡遇明神宗年号，于朕御名，皆不阙笔。朕自即位以来，从未以犯朕御讳罪人。但伊历任大员，非新进小臣及草野椎陋者可比，其心实不可问。足见目无君上，为人类中所不可容。而前此之逆书，天理昭彰，不容其漏网明甚。……即赐令自尽，以为人臣之负恩狂悖者戒。

八月，卢见曾刊惠栋著《渔洋山人精华录训纂》，撰序表彰惠氏祖孙之学。

据卢见曾《雅雨堂文集》卷二《渔洋山人精华录训纂序》记：

吾友东吴惠子定宇，出所撰《渔洋精华录训纂》一书示余，且乞余叙。余发函读之，喟然叹曰，此数千百年注诗家绝无而仅有之书也。……惠子之祖砚溪先生，为渔洋辛未所取士，而尊人半农学士，又亲炙渔洋之门，两世渊源，渐渍浃洽。而惠子又用功深，历岁久，是书一出，而渔洋之诗，无不了然于心口之间。又别注《年谱》，凡渔洋生平出处，与其师友脉络，无不昭揭如日星。宜吾师黄北平夫子激赏，以为"渔洋毛、郑"，良不诬也。……惠子又有《补遗》一编，余为刻之，并黄北平夫子传一通，例得牵连书。乾隆丁丑八月。

九月十三日，清廷下令销毁《纲鉴辑略》。

据《高宗实录》卷五四六乾隆二十二年九月癸卯条记高宗谕云：

谕军机大臣等：据杨廷璋、窦光鼐奏，金华县生员陈邦彦，手批《纲鉴辑略》一书，内有本朝初年，尚书明季伪号等语。此书既有逆迹，该生辄敢手加披阅，实属狂悖，自应严惩示儆。至此书传刻已久，其原辑之朱璘，谅已物故。所载序文，亦难辨真赝，姑免其逐一根究。着传谕该抚等，祇将该生从重办理，其坊市印板，并民间所藏，遍行查出销毁。所有刷印、发卖等人，俱不必查办可也。

卢文弨为戴震著《屈原赋注》撰序。

据卢文弨《抱经堂文集》卷六《戴东原注屈原赋序》记：

> 吾友戴君东原，自其少时，通声音文字之学，以是而求之遗经，遂能探古人之心于千载之上。既著《诗补传》《考工记图》《句股割圜记》《七经小记》诸书，又以余力为《屈原赋》二十五篇作注，微言奥指，具见疏抉，其本显者，不复赘焉。指博而辞约，义创而理确。……夫屈子之志，昭乎日月，而后世读其辞，疑若放恣怪诞，不尽轨于正。良由炫其文辞而昧其指趣，以说之者之过，遂谓其辞之未尽善。戴君则曰："屈子辞无有不醇者。"此其识不亦远过于班孟坚、颜介、刘季和诸人之所云乎！余得观是书，欲借钞，既闻将有为之梓者，乃归其书而为序以诒之，且怂恿其成云。

惠栋为沈大成文集撰序。

据惠栋《松崖文钞》卷二《学福斋集序》记：

> 明于古今，贯天人之理，此儒林之业也。余弱冠即知遵尚古学，年大来兼涉猎于艺术，反复挈求于古与今之际，颇有省悟，积成卷帙。而求一弹见洽闻，同志相赏者，四十年未睹一人。最后得吾友云间沈君学子，大喜过望。夫所贵于学者，谓其能推今说而通诸古也。……沈君与余，不啻重规而叠矩，以此见同志之有人，而吾道之不孤，为可喜也。沈君邃于经史，又旁通九宫、纳甲、天文、乐律、九章诸术，故搜择融洽而无所不贯。古人有言，知今而不知古，谓之盲瞽；知古而不知今，谓之陆沉。温故知新，可以为师，吾于沈君见之矣。沈君诗古文，咸可传世行远，世多知之。兹不论，论其学云。

江永著《律吕阐微》成。

据江锦波、汪世重编《江慎修先生年谱》乾隆二十二年七十七岁条记：

《律吕阐微》成。先生于《管子》书征羽宫商角之叙，及《吕氏春秋》称伦作律，先为黄钟之宫，次制十二筒，以别十二律。据以正《淮南·天文训》及《汉书·律历志》之谬。

戴震致书江永，论小学六书。

据《戴震文集》卷三《答江慎修先生论小学书》记：

《说文》于字体、字训，罅漏不免，其论六书，则不失师承。……大致造字之始，无所凭依。宇宙间，事与形两大端而已。指其事之实曰指事，一、二、上、下是也；象其形之大体曰象形，日、月、水、火是也。文字既立，则声寄于字，而字有可调之声，意寄于字，而字有可通之意。是又文字之两大端也。因而博衍之，取乎声谐曰谐声，声不谐而会合其意曰会意。四者，书之体止此矣。由是之于用，数字共一用者，如初、哉、首、基之皆为始，卬、吾、台、予之皆为我，其义转相为注，曰转注。一字具数用者，依于义以引伸，依于声而旁寄，假此以施于彼，曰假借。所以用文字者，斯其两大端也。六者之次第出于自然，立法归于易简，震所以信许叔重论六书必有师承，而考、老二字，以《说文》证《说文》，可不复疑也。存诸心十余载，因闻教未达，遂纵言之。

案：段玉裁编《戴东原先生年谱》，系此书于乾隆十年二十三岁条，据云："先生此书作于何年未可详，而《六书论》成于乙丑，则此书当附见于乙丑。"杨应芹《东原年谱订补》辩云："《答江慎修先生论小学书》的内容，基本上见诸《经考》卷五《尔雅》，而《论小学书》的内容则更为缜密具体，显然是在《经考》卷五《尔雅》内容的基础上写成的。《经考》卷四《大戴礼记八十五篇》后署'乾隆丁丑夏东原氏记'，则《答江慎修先生论小学书》无疑作于乾隆二十二年丁丑之后。"今从杨先生说，姑系于是年。

冬，戴震南旋，旅居扬州。馆于两淮盐运使卢见曾衙署，与惠栋、沈大成定交。

据段玉裁编《戴东原先生年谱》乾隆二十二年三十五岁条记：

是年，识惠先生栋于扬之都转运使卢君雅雨署内。文集内《题惠定宇先生授经图》所云"自京师南还，始觌先生于扬之都转运使司署内"者也。是年孟夏，有《大戴礼记目录后语》，内云："今春正月，卢编修绍弓以其校本示予，又得改正数字。"又《与王凤喈书》书后曰："丁丑仲秋，钱太史晓徵为余举《尚书》横被一证，见《后汉书·冯异传》。"此皆先生是年在都门之证也。而《沈学子文集序》云："强梧赤奋若之岁，余始得交于华亭沈沃田先生，既而同处一室者更裘葛。"似先生是年冬日出都，在扬州交沈沃田。沃田名大成，华亭名士，老客扬州，以是知之。

又据乾隆三十年戴震撰《题惠定宇先生授经图》（《戴震文集》卷十一）记：

前九年，震自京师南还，始觌先生于扬之都转盐运使司署内。先生执震之手言曰："昔亡友吴江沈冠云尝语余，休宁有戴某者，相与识之也久。冠云盖实见子所著书。"震方心讶少时未定之见，不知何缘以入沈君目，而憾沈君之已不及观，益欣幸获亲先生。

又据《戴震文集》卷十一《沈学子文集序》记：

强梧赤奋若之岁，余始得交于华亭沈沃田先生。既而同处一室者更裘葛。

是年，汪绂成《读困知记》二卷，有自序评明儒罗钦顺为学之得失。**据余龙光《双池先生年谱》乾隆二十二年丁丑六十六岁条记：**

自序云：明初鲜真儒，亦鲜贼儒。贼儒自陈白沙，继此而王阳明、湛甘泉，大畅厥声，无所顾忌，学者惑之，遂至于燎原，而不可扑灭。正、嘉之间，正二氏猖狂之会也，罗整庵与二子同时，又皆有知交之素，而辟之不遗余力，其所守可谓正，其于儒可谓勤矣。然其以道心为性，人心为情，以理气不分二物，则皆其意见之偏，而执之终身，虽林次崖力为之辨，整庵终不服也。其自谓《困知》，其得之苦探力索之余，故成见不能忘，而诐辞终自蔽欤？若乃惓惓于格致之功，反复于心性之辨，则固有卓然不惑者，其大端已甚正矣。故当日犹有知王、湛之实为儒贼者，在整庵不无功焉。余因阅《困知记》，而于愚衷有不尽合者，则援笔识之，亦汇为一帙，以贻同志焉。

乾隆二十三年戊寅　1758 年

二月三日，清廷举仲春经筵，高宗论《论语·子张篇》，说异朱子。据《高宗实录》卷五五六乾隆二十三年二月己未条记：

  直讲官伍龄安、蒋溥进讲《论语》"博学而笃志，切问而近思，仁在其中矣"三句。讲毕，上宣御论曰：此非四事，盖两事耳。博学而不笃志，则或涉为荒唐，切问而不近思，则或入于无稽。然志也、思也，一心之事耳。仁，人心也。安见笃志近思，而心常驰骛于外者哉！故曰仁在其中。朱注以为未及乎力行而为仁，此或为下学者言。夫笃志近思而不力行，则又安得谓之笃志近思乎？子夏虽文学之科，此言实见道之论。故博学切问，仍文学之事欤？而笃志近思，则心存矣。心存而仁存，是知学问思辨智之事，而智亦仁之事。不然，元何以贯四端而长万善哉？

二月二十八日，高宗颁谕，称《礼记》为"《礼经》义疏"，不允"乡会试加增《周礼》《仪礼》二经命题取士"。据《高宗实录》卷五五七乾隆二十三年二月甲申条记：

  谕曰：御史杨方立奏，请乡会试加增《周礼》《仪礼》二经命题取士等语。《周礼》《仪礼》二书，古礼之条系节目，藉以考见。承学之士，原可兼治。若考试专用五经，则行之已久。况二礼所载，其义蕴大半已具于《小戴记》。如《周官》郊庙祭绘诸大典，散见于《礼器》《郊特牲》等篇，而《仪礼》中《士冠》《士昏》之类，即有《冠义》《昏义》等篇为之诠发。是《戴记》原与二礼相通，不虞挂漏。现在立之学官，以一经命题，而末学肤浅，已有与《春秋》并目为孤经者。若再添设二礼，将来考官出题，或仍系《戴记》所有，是又徒成文具耳。盖论穷经，则三礼自当兼习，而论作文，则仍不如《戴记》之有文义可以发挥。昔人以为《礼经》义疏，正谓此也。所奏不必行，折发还。

三月十日，清廷同意原直隶学政庄存与奏，"取士经旨，悉遵用先儒传注"。

据《高宗实录》卷五五八乾隆二十三年三月丙申条记：

> 大学士等议奏，原任直隶学政庄存与，条奏科场事宜，……请取士经旨，悉遵用先儒传注。应如所请，私心自用及泥俗讲者，概不录。从之。

春，程廷祚著《论语说》成。

据程廷祚《青溪集》卷六《论语说自序》记：

> 《论语》者，"六经"之统会，大道之权衡，所以正教学之是非，而制生人之物则于不可过者也。自尧、舜至周、孔，而守一道，在昔为司徒之命，典乐之设，为三物之所宾兴。其在二十篇之中，以文、行、忠、信为四教，以《诗》《书》、执礼为雅言，以孝弟谨信、泛爱亲仁、余力学文为弟子之职业。其道易知，其教易从，要在率天下以立人道而已矣。……是书创始于乾隆乙亥，改订于丁丑，及戊寅之春，凡四易稿。

五月十二日，惠栋病逝于苏州里第。

据陈黄中《东庄遗集》卷三《惠徵君栋墓志铭》记：

> 本朝中吴世族，以经义名家取科第者，无虑十数家。其继世科之后，独抱遗经，远承绝学，则有吾友松崖惠君。盖其学醇行粹，所传者远，所积者厚，其实大声宏非苟也。君讳栋，字定宇，松崖其自号也。……曾祖有声，始以经学教授，与同里徐枋以节义相尚。祖周惕，父士奇，仍世入词馆，有大名，世所谓老少红豆先生者也。君世家学，弱冠补弟子员，即遍通诸经，于汉唐说经诸家，熟洽贯弗，而《易》学尤邃。所著《周易述》

一书，专宗汉说，历三十年，四五易稿，犹未卒业。其专心孤诣类如此。少红豆前以修城毁家，君迁居城南，闭门读《易》，声彻户外。其世交多跻膴仕，义不一通书问，惟以授徒自给而已。两淮卢运使馆之官舍，居三年后，以疾辞归。丁丑除夕，病中以书抵余，拳拳论学术人才之升降。其识趣高迈，又雅不欲仅以经师自命也。……君晚岁虽遇益蹇，名益高，四方士大夫过吴门者，咸以不识君为耻。人亦以小红豆称之，其所以绍门风者，盖不以爵而以德也。君为人通不随波，介不绝俗，为学广博无涯涘，于经史多所论著。有《九经古义》二十卷，《周易本义辨证》五卷，《易汉学》七卷，《古文尚书考》二卷，《左传补注》四卷，《明堂大道录》八卷，《禘说》二卷，《后汉书补注》十五卷，《续汉制考》一卷。其他如王尚书《精华录训纂》、汪钝翁《说铃注》，乃小时所著也。君以乾隆二十三年五月十二日卒，年六十二。

又据王昶《春融堂集》卷五十五《惠定宇先生墓志铭》记：

先生以名贤后裔蔚为大儒，同里蒋编修恭棐、杨编修绳武深相器重，而常熟御史王公峻，尤重之。余弱冠游诸公间，因得问业于先生。及丙子、丁丑，先生与予又同客卢运使见曾所，益得尽读先生所著。尝与华亭沈上舍大成手钞而校正之，故知先生之学之根柢，莫余为详。呜呼！自孔、贾奉敕作《正义》，而汉、魏六朝老师宿儒专门名家之说并废。又近时吴中何氏焯、汪氏份，以时文倡导学者，而经术益衰。先生生数千载后，眈思旁讯，探古训不传之秘，以求圣贤之微言大义。于是吴江沈君彤，长洲余君仲霖、朱君楷、江君声等，先后羽翼之。流风所煽，海内人士无不重通经，通经无不知信古，而其端自先生发之，可谓豪杰之士矣。

案：王昶文记惠栋卒日为五月二十二日。

又据钱大昕《潜研堂文集》卷三十九《惠先生栋传》记：

惠先生栋，……年五十后，专心经术，尤邃于《易》。谓宣尼作《十翼》，其微言大义，七十子之徒相传，至汉犹有存者。自王弼兴而汉学亡，幸存其略于李氏《集解》中。精研三十年，引伸触类，始得贯通其旨。乃撰次《周易述》一编，专宗虞仲翔，参以荀、郑诸家之义，约其旨为注，演其说为疏。汉学之绝者千有五百余年，至是而灿然复章矣。……予尝论宋元以来，说经之书盈屋充栋，高者蔑弃古训，自夸心得，下者剽袭人言，以为已有，儒林之名，徒为空疏藏拙之地。独惠氏世守古学，而先生所得尤深，拟诸汉儒，当在何邵公、服子慎之间，马融、赵岐辈不能及也。

仲夏，江永著《春秋地理考实》成。

据《春秋地理考实》卷首江永《自序》记：

读《诗》者以鸟兽草木为绪余，读《春秋》者亦当以列国地名为绪余。《春秋》暨《左氏传》二百五十余年，地名千数百有奇。或同名而异地，或一地而殊名，古今称谓不同，隶属沿革不一。有文字语音之讹，有传闻解说之误，欲一一核实无差，虽博洽通儒犹难之。杜当阳癖于《左》，号武库，《集解》外有《释例》，土地名别为部，地志之学号专长。然阙略不审者已多，所指纰缪者亦间有。后出地理诸家，随代加详，视当阳孤守汉、晋纪载，宜有增扩。《春秋传说汇纂》，国朝儒臣所修，俱经睿鉴钦定，地理考订弥精详。杜所不知，援古证今，能确指其所在；杜有乖违，随事辩正，并杜注录出，可别成一书。然而学殖无涯，搜讨难遍。更考前贤地志之书，及近代二、三名家之说，核其虚实，精者益精，详者益详。从来著述家踵事增华，或亦功令所不禁也。家贫不能储书，聊据所见闻者，辑成《春秋地理考实》四卷，窃取多识绪余之意，或可为麟经之一助云尔。年力衰颓，黾勉为之，稿屡刊削，乃成定本。中间或遗或误，知不免摘瑕指疵，则俟淹通博雅之君子。乾隆二十三年戊寅仲夏月，婺源江永慎修氏书。

八月十四日，官修《春秋直解》成。高宗撰序，论治经当求直解，不可"曲说离经"。

据《高宗实录》卷五六八乾隆二十三年八月丁卯条记：

中古之书，莫大于《春秋》。推其教，不越乎属辞比事，而原夫成书之始，即游、夏不能赞一辞。盖辞不待赞也，彼南史董狐，世称古之遗直，矧以大圣人就鲁史之旧，用笔削以正褒贬，不过据事直书，而义自为比属。其辞本非得已，赞且奚为乎？厥后依经作传，如左氏身非私淑，号为素臣，犹或详于事而失之诬。至公羊、穀梁，去圣逾远，乃有发墨守而起废疾，俨然操入室之戈者。下此龈龈聚讼，人自为师，经生家大抵以胡氏安国、张氏洽为最著。及张氏废，而胡氏直与三传并行，其间傅会臆断，往往不免。承学之士，宜何所考衷也哉！我皇祖钦定《传说汇纂》一书，……朕服习有年，绍闻志切。近因辑《易》《诗》二书竣事，命在馆诸臣条系是经，具解以进。一以《汇纂》为指南，意在息诸说之纷岐以翼传，融诸传之同异以尊经。……盖曲说之离经，甚于曲学之泥经也审矣。书既成，命之曰直解，匪不求甚解之谓。谓夫索解而过，不直则义不见尔。而岂独《春秋》一经为然哉？是所望乎天下之善读经者。

戴震著《句股割圜记》，在安徽歙县刊行。
据段玉裁编《戴东原先生年谱》乾隆二十三年三十六岁条记：

是年，歙人吴行先名思孝，为序刻《句股割圜记》成，记其后曰："总三篇，凡为图五十有五，为术四十有九，记二千四百七十字。因《周髀》首章之言，衍而极之，以备步算之全。"

卢文弨校勘《尚书大传》，分别撰为《考异》《补遗》。
据卢文弨《抱经堂文集》卷二《尚书大传考异补遗序》记：

《尚书大传》三卷，《宋志》犹载之，近代学士大夫多不闻有是书。吾乡孙晴川氏之騄，尝于群书中钞撮荟萃，厘为三卷，以求合于前志之数，其用力可谓勤矣。文弨尝得其书而读之。如《洪范五行传》不及《文献通考》

所载之详，而其间又有以向、歆文阑入之者，与伏生书大不类。……吾宗德水雅雨先生，尊经嗜古，访求此书，得之吴中藏书家，刊而行之。文弨得之，以校孙氏之书，其详备实胜之。至篇目有互异，编简有先后，则皆出于掇拾之余，而非隋唐以来之完书。然求其所阙佚者，殆亦仅矣。其间传写异同，盖所不免，因为作考异若干条，且念孙氏苦心搜讨，不为无功。凡有可以裨益是书者，亦慎取而集录之，以系于后，使有所附以传焉。

卢见曾刊卢文弨、戴震校订《大戴礼记》入《雅雨堂藏书》，撰序以明学术源流。

据卢见曾《雅雨堂文集》卷一《大戴礼记序》记：

《大戴礼》十三卷，向不得注者名氏，朱子尝以为郑康成，亦以其精核有似之者。然其间有引郑说及郭象、孙炎之言。惟王深宁断以为北周卢景宣所注。景宣名辩，本传云，以《大戴礼》未有解诂，乃注之。其兄景裕谓之曰："昔侍中著《小戴》，今尔注《大戴》，庶纂前修矣。"然今所传，惟二十四篇有注，其余十五篇无注。朱子亦谓，其不可晓。则在宋时，本已然矣。此书篇第，或阙或重，颇不为后人所更易。如明堂之制，本即在《盛德篇》中，魏李谧著论，梁刘昭注《续汉志》，及唐杜氏《通典》，皆如此。今又别出《明堂篇第六十七》，非也。其他如《投壶》《公冠》等篇，皆错乱难读，学者病之。余家召弓太史，于北平黄夫子家，借得元时刻本，以校今本之失，十得二三，注之为后人刊削者，亦得据以补焉。又与其友休宁戴东原震，泛滥群书，参互考订。既定，而以贻余。夫以戴书卢注，经千百年后，复有与之同氏族者，为之审正而发明之。其事盖有非偶然者，因亟授诸梓。独惜侍中小戴注不传，但散见于诸经注疏中。昔朱子嘉东汉诸儒说礼甚有功，而以侍中为称首。安得更为之搜辑，次比之以传乎？乾隆戊寅。

万斯大遗著《经学五书》，得卢见曾资助，在扬州刊刻。

据《经学五书》卷首卢见曾《重刻万充宗先生经学五书序》记:

四明万生福,携其大父充宗先生所著《经学五书》见示。中间言《礼》者四:《学礼质疑》四卷,《礼记偶笺》三卷,《仪礼商》二卷,《周官辨非》一卷;言《春秋》者一:《学春秋随笔》十卷。按其作书之日,则《春秋》为康熙辛酉后所成,而《礼》学四书,先生平所注意,其哲嗣授一先生为次第版行之者也。万生云,乾隆庚申三月,其家复不戒于火,遗书尽为煨烬。"此册从友人插架携归者,先人著述如一发之引千钧,倘遂因此灭绝,则某之罪兹大。"亟谋诸同志,重梓以广其传,而乞余一言为之序。窃惟先生为梨洲黄公入室弟子,故其学皆务实践,覃研经典,务去剿说雷同、傅会穿凿之病。其立说以为,非通诸经则不能通一经,非悟传注之失则不能通经,非以经释经则亦无由悟传注之失。因是由博致精,而深求乎造化之微妙,凡所解驳,悉发前人所未发,出马、郑后千余年,数百家辩论之外。故虽老师宿儒,读其书者无不心折首肯,而信其必传于后无疑也。……先生之人与先生之学,其不朽惟均也。顾不幸再毁于火。流传久远,尚将有爱慕之者,抉剔出之,况其殁世未久,遗书尚存,忍令其浮沉散失而莫之或顾者乎?余嘉万生之志,为助其刻资之半,而重为序之如此。乾隆戊寅六月,德州后学卢见曾书。

八月下旬,卢见曾为亡友惠栋刻其遗著《周易述》。

据惠栋《周易述》卷首卢见曾序记:

今世谭《易》者,亡虑数百家,即已登梨枣者,亦且以十数,然皆不越乎晦庵之说,及伊川说而止。而昆山徐氏刻《九经解》,旁及南宋诸子,紫岩张氏及项平甫诸家,间有云《子夏易传》,要亦子虚亡是之言耳。而吾友惠松崖先生说《易》,独好述汉氏。其言曰,《易》有五家,有汉《易》,有魏《易》,有晋《易》,有唐《易》,有宋《易》。惟汉《易》用师法,独得其传。魏《易》者王辅嗣也,晋《易》者韩康伯也,唐《易》者孔冲远也。魏晋崇老氏，即以之说《易》。唐弃汉学而祖王、韩，于是二千年之《易》学皆以老氏乱之。汉《易》推荀慈明、虞仲翔，其说略见于资州李鼎祚《集传》，并散见于"六经"、周秦诸书中。至宋而有程子、朱子，程第举理之大要，朱子有意复古而作《本义》。及近日黄梨洲、毛大可，虽尝习李《传》，而于荀、虞二家之学，称说多讹。使当日三君得汉经师授受，不过三日，已了大义。惜也三君不生于东汉之末也。今此编专以荀、虞作主，而参以郑康成、宋仲子、干令升、九家诸说。盖以汉犹近古，从荀、虞以上溯朱子之源，而下祛王、韩异说之汨经者，其意岂不壮哉！盖先生经学得之半农先生士奇，半农得之砚溪先生周惕，砚溪得之朴庵先生有声，历世讲求，始得家法，亦云艰矣。先生六十后，力疾撰著，自云三年后便可卒业。孰意垂成疾革，未成书而殁。今第如其卷数刊刻之，不敢有加焉，惧续貂也。先生年仅六十有二，余与先生周旋四年，为本其意而叙之如此。乾隆戊寅八月下浣，德州卢见曾书。

是年，汪绂成《读〈读书〉录》二卷，自序中极赞明儒薛瑄之有功于朱子之学。

据余龙光《双池先生年谱》乾隆二十三年戊寅六十七岁条记：

自序云：有明儒者，惟河津薛子一人。薛子之饬躬也，仕止惟时，进退以义，虽所处非明盛之朝，而大变不能挠，大阉不能污焉，殆所谓"出淤泥而不染，濯清涟而不夭，中通外直，不蔓不支"者欤？及观其书，则所见实通乎性命之源，而所言皆切己之学。初阅之似平平无奇，细按之已高深不能外矣。非真知所择，笃信圣人，以实能身体力行者，其孰能及欤？顾薛子私淑朱子，而从之者盖寥寥焉。及阳明学宗陆氏，标良知为宗旨，而好异之士，靡然从之，奔走若狂，岂果王优而薛诎欤？陆王以穷理为外袭，指学问为支离，只一提摄此心之知，则千里可坐而致。世之浮慕圣人者，乐其术之简捷，而悦其说之新奇也，夫亦谁不赴之？而又且高自位置，岸然不疑，至自谓考诸三王而不谬，建诸天地而不悖，质诸鬼神而无疑,百世以俟圣人而不惑。是则薛子之所不敢道,而阳明道之而不惭者。以薛子之平平无奇,而又矻矻乎殚所用力也,是宜乎和之者寡,不能与阳明争徒众矣。已乃龙溪、心斋之辈,更为之极为尊崇,互相标榜,则邪说横流,坏人心术,卒至肆焉无复顾忌,终之败坏不可收拾,其余焰至今未已也。嗟乎!圣人之道,庸道而已。惟其为庸道,是以似易而实难,终日问学,犹恐德性之未充,又安得有简捷之一途,单提直指而遂能明心见性、立地成佛欤?虽然,今之为学者,亦惟知弋科名、都富贵而已,实求者不可见,并虚慕者亦无人也。河津、姚江之是非,又何问焉?予读薛子之书,而不胜有感也。闲所见少有异同,援笔识之,且发明其说之或有未尽者。

乾隆二十四年己卯　1759年

二月，江永著《音学辨微》成并刊行。

据《音学辨微》卷首《引言》记：

六书之学，有形、有声、有义，而声音在六书之先，形以写之，义以寓之。夫声出于口，自始生坠地，呱呱嘤嘤，万国皆同。及其长，而累译不能相通。居平原者气恒同，或千里百里而稍变；处山谷者气弥异，或数里数十里而已殊。为鸠舌，为唉音，亦甚樊然淆乱矣。而自皇古以来，易象典谟，诗歌志乘，达之四裔，无间遐荒，则声音之道，未尝不归诸大同，有所以同者在也。《周官》象胥谕言语，协辞命；瞽史谕书名，听声音。当有其书，今不存。周、秦、两汉间人，讽诵《诗》《书》，因其人人通晓之音，间有疑难，则假音之近似者比方之。至晋魏六朝，以迄隋唐，音学大畅。立四声以综万字之音，区分二百六部以别四声之韵。审其音呼，出诸牙、舌、唇、齿、喉，与半舌、半齿，实有七音。分阴阳，辨清浊，异鸿杀，殊等列，括以三十六母，命曰等韵。虽五方水土，有刚柔轻重，风气有南北偏隅，吴越或失之剽，秦晋或失之浊。而以二合之音切定一字，则字有定音，能通直音之穷，能辨毫厘之差。而明者更因三十六位，以櫽括殊方之音。乡曲里言亦有至是，中原文献亦有习非，不止为占毕之用已也。夫人声本出自然，等韵一事，非甚幽深隐赜，不可探索者。余年近八十，游辙稍及南北，接人不为不多，何以谈及音学者，如空谷足音，未易得而闻也？及门欲讲此学者，质有敏有鲁，大率囿于方隅，溺于习俗，齿牙有混而不知，唇舌有差而难易，辨浊辨清，辨呼辨等，能通彻了了者，实亦难其人也。自唐以后，宋、元、明以迄于今，立言垂世者，率皆淹贯古今，著述等身,而言及音学,如雾里看花,管中窥豹。又不肯循其故常,师心苟作,议减议并,议增议易,断鹤续凫而不恤,失伍乱行而不知。甚者若张氏之《正字通》,全憒于音韵源流,自撰音切,迷误后学,贻讥大方。则音学何可不讲也!余有《四声切韵表》四卷,以区别二百六部之韵。有《古韵标准》四卷,以考三百篇之古音。兹《音学辨微》一卷,略举辨音之方,聊为有志审音,不得其门庭者,导夫先路云尔。乾隆已卯仲春,婺源江永慎修氏,书于虹川书屋。时年七十有九。

三月一日,清高宗以查出已故刑部尚书张照诗文"狂诞",颁谕严斥廷臣。

据《高宗实录》卷五八二乾隆二十四年三月辛巳条记:

又谕:前因查阅蒋洲署中所藏字迹书册,见有张照狱中所题白云亭诗卷,词意怨望。……昨命大学士蒋溥,向伊子张应田寓中,查取张照所遗笔札,……"不日不月"等语,极为狂诞。……张照诗文,凡在廷臣,岂无见闻,而竟无一人为之指摘。又前岁办理胡中藻一案,罪状昭著,言官亦所共晓。今张照所为若此,必待朕自行检阅,始为败露。可见具官者虽众,竟未得一实心为国,不避嫌怨之人。朕实为之不解,诸臣其何说之辞!将此通行传谕知之。

夏,纪昀得戴震助,审定史荣著《风雅遗音》成。

据纪昀《纪晓岚文集》卷八《审定史雪汀风雅遗音序》记:

甲戌夏,同年姜君白巘持史雪汀《风雅遗音》赠余,曰:"雪汀殁后,其门人毛氏兄弟所刻也。"于时匆匆未及观。己卯夏,始卒读之,叹其用心精且密。夫声音之道,说经之末务也。然字音不明,则字训俱舛,于圣贤之微言大义,或至乖隔而不通,所关不可谓细。诸史志艺文者,必附小学于经类,岂无谓与?昔陆德明作《经典释文》,千余年来,学者奉为蓍蔡。此书于《集传》以外,无所发明,固不敢与陆氏齿。而因人人习读之书,救正其讹谬，以之针砭俗学，较易于信从。独惜其不知古音，故叶韵之说多舛误，又门目太琐，辩难太激，于著书之体亦微乖。退食之暇，重为编录，汰繁就简，弃瑕取瑜，较之原书，似为完善。其文有所损，无所益，有所润饰，而不更其意旨，亦曰此仍史氏之书，予无与焉耳。于时休宁戴君东原主予家，去取之间，多资参酌。恨白蠛远在象山，未获共一审定也。

七月，惠栋遗著《周易述》刻成二十卷。
据惠栋二子承绪、承萼于该书卷首题识记：

先子研精覃思于汉儒《易》学，凡阅四十余年，于乾隆己巳始著《周易述》一书，手定为四十卷。如《易微言》《易大义》《易例》《易法》《易正讹》《明堂大道录》《禘说》，俱以与《易》互相发明，故均列卷内。不谓书未成而疾作，命不肖辈曰："余之精力尽于此书，平时穿穴群经，贯弗周、秦、汉诸子之说，因得继绝表微，于圣人作《易》本旨，庶乎有合。独以天不假年，未能卒业为憾。今已脱稿者，惟《明堂大道录》及《禘说》两种耳。《下经》尚缺十有四卦，与《序卦传》《杂卦传》俱未脱稿，而《易微言》采辑十有七八，《易大义》止有《中庸》一种，《易例》则粗有端绪。然皆随笔记录，为未成之书，知音者希，真赏殆绝。汝其录而藏之，毋致迷失可也。"不肖泣而识之，不敢失坠。居庐时，收拾遗书，亟录副本，间有涂抹点窜，不能辨识者，为搜所引原书，覆加参订，编辑成帙。会两淮运使卢公，以书来征先子著作，将为梓行，以惠学者。今年夏，《周易述》二十卷先已刻竣，盖距先子之殁已逾小祥矣。悲夫！遗书具存，手泽未沫，谬劣如不肖，敢谓能读父书？惟是趋庭之际，窃有所闻，缮写校雠，庶几其职。且幸先子未竟之业，得遇赏音，流传问世，绍往绪而开来学，其在斯乎！书既校毕，爰述遗命，而具志其始末如此。己卯秋日，男承绪、承萼谨识。

九月，戴震应王昶请，为其校书之室撰《郑学斋记》。

据《戴震文集》卷十一《郑学斋记》记：

王兰泉舍人为余言，始为诸生时，有校书之室曰郑学斋，而属余记之。今之知学者，说经能骎骎进于汉，进于郑康成氏，海内盖数人为先倡，舍人其一也。有言者曰："宋儒兴而汉注亡。"余甚不谓然。方汉置五经博士，开弟子员，先师皆起建元之间，厥后郑氏卓然为儒宗。众家之书亡烟永嘉，师传不绝独郑氏。及唐承江左义疏，《书》用梅赜所进古文，《易》用辅嗣、康伯二经，涉前儒之申郑者，目曰郑学云尔。故废郑学，乃后名郑学以相别异。而郑之"三礼"《诗》笺仅存，后儒浅陋，不足知其贯穿群经以立言，又苦义疏繁芜，于是竞相凿空。朱子尝在朝与议"孙为祖承重服"，退居时，检得《答赵商问》，因谓王介甫新经出，士弃注疏不读，卒有礼文之变，相视茫如。夫自制义选士以来，用宋儒之说，犹之奉新经而废注疏也。抑亦闻朱子晚年治《礼》，崇郑氏学何如哉？然曲士拘儒，一闻曰郑学，必惊顾而狂骇。或说之曰："是专守一师以精其业也。"或曰："是好古以自名其学也。"皆偏曲之论，不足语学。学者大患，在自失其心。心全天德，制百行。不见天地之心者，不得己之心；不见圣人之心者，不得天地之心。不求诸前古贤圣之言与事，则无从探其心于千载下。是故由六书、九数、制度、名物，能通乎其词，然后以心相遇。是故求之茫茫空驰以逃难，歧为异端者，振其槁而更之，然后知古人治经有法，此之谓郑学。余闻问学于舍人者，得所学以往如是。乾隆己卯秋九月，休宁戴震撰。

九月八日，汪绂病逝于婺源。

据朱筠《笥河文集》卷十一《婺源县学生汪先生墓表》记：

先生讳烜，其为诸生之名曰绂，字灿人，小字重生，号双池。婺源之北乡段莘里人。……博极两汉六代诸儒疏义，元元本本，而一以宋五子之学为归。"六经"皆有成书，下逮乐律、天文、地舆、阵法、术数，无所不究畅，卓然可传于后。所著《尚书诠义》十二卷、《诗经诠义》十五卷、

《四书诠义》十五卷、《春秋集传》十六卷、《礼记章句》十卷、《或问》四卷、《参读礼志疑》二卷、《孝经章句》一卷、《乐经律吕通解》五卷、《乐经或问》三卷、《读阴符经》一卷、《读参同契》一卷、《读近思录》一卷、《读读书录》一卷、《先儒晤语》二卷、《琴谱》一卷,皆筠及见者。又有《易经诠义》十五卷、《山海经》存九卷、《理学逢源》十二卷、《诗韵析》六卷、《物诠》八卷、《策略》四卷、《读困知记》一卷、《读问学录》一卷、《医林辑略探源》九卷、《戊笈谈兵六壬数论》若干卷、《大风集》四卷、《文集》六卷、《诗集》六卷。……先生以乾隆二十四年九月卒,距生于康熙三十一年七月,年六十有八。

秋,戴震撰《书小尔雅后》,考定该书非古小学遗书,乃"后人皮傅掇拾而成"。

据《戴震文集》卷三《书小尔雅后》记:

> 《小尔雅》一卷,大致后人皮傅掇拾而成,非古小学遗书也。……故汉世大儒,不取以说经,独王肃、杜预,及东晋梅赜奏上之《古文尚书孔传》,颇涉乎此。……或曰《小尔雅》者,后人采王肃、杜预之说为之也。时乾隆己卯秋,东原氏记。

十月,戴震为叶酉著《春秋究遗》撰序,摒弃宋儒废例之说,以彰明《春秋》书法。

据《戴震文集》卷十《春秋究遗序》记:

> 《春秋》一再传,而笔削之意已失。故传之存者三家,各自为例,以明书法,不得《春秋》之书法者盖多。何邵公、杜元凯诸人,徒据传为本,名为治《春秋》,实治一传,非治经也。唐啖、赵、陆氏而后,言《春秋》者一变。迨宋而废例之说出,是为再变。桐城叶书山先生著《春秋究遗》一书,更约为比例数十条,列诸端首,考定书法之正,然后以知变例及异文、特文等,盖尽去昔人穿凿碎义,而还是经之终始本末。……震尝

获闻先生论读书法曰:"学者莫病于株守旧闻,而不复能造新意,莫病于好立异说,不深求之语言之间,以至其精微之所存。夫精微之所存,非强著书邀名者所能至也。日用饮食之地,一动一言,好学者皆有以合于当然之则。循是而尚论古人,如身居其世睹其事,然后圣人之情见乎词者,可以吾之精心遇之。非好道之久,涵养之深,未易与于此。"先生之言若是。然则《春秋》书法以二千载不得者,先生独能得之,在是也夫。时乾隆己卯孟冬,休宁戴震撰。

是年,顾栋高在江苏无锡逝世。
据《清史列传》卷六十八《顾栋高传》记:

顾栋高,字复初,江苏无锡人。康熙六十年进士,授内阁中书。雍正时,引见,以奏对越次罢职。乾隆十五年,特召内外大臣荐举经明行修之士。时所举四十余人,惟大学士张廷玉、尚书王安国、侍郎归宣光举江南举人陈祖范,尚书汪由敦举江南举人吴鼎,侍郎钱陈群举山西举人梁锡玙,大理寺卿邹一桂举栋高。此四人,论者谓名实允孚焉。寻奉旨,皆授国子监司业。栋高以年老不任职,赐司业衔。……二十二年,南巡,召见行在,加祭酒衔,赐御书"传经耆硕"四字。二十四年,卒于家,年八十一。栋高少与同里蔡德晋、金匮吴鼎精心经术,尤嗜《左氏传》。……著《春秋大事表》五十卷、《舆图》一卷、《附录》一卷,以春秋列国诸事比而为表,又为辨论以订旧说之讹,凡百三十一篇。条理详明,议论精核,多发前人所未发。又《毛诗类释》二十一卷、《续编》三卷,采录旧说,发明经义,颇为谨严。其《尚书质疑》二卷,多据臆断,不足以言心得。

程晋芳于顾栋高去世后,撰《书春秋大事表后》,以纪念故友。
据程晋芳《勉行堂文集》卷四《书春秋大事表后》记:

《春秋大事表》五十卷,故国子监祭酒顾先生震沧撰,凡为表五十有一,舆图、论叙、口号,错见其中。方癸亥、甲子间,先生馆于余家,余亲见其著稿，稿成辄举以示余。时尚未尝得其半也。及戊辰、己巳间，遂有成书，又举以畀余，且曰："是书之成，门人华师道与有力焉，如《朔闰表》《长历拾遗表》，非我所能为，盖华生笔也。未知生前能见兹书刊刻否。"又数年，先生以经明行修，蒙恩授国子监司业。丁丑岁，又授祭酒衔，而书亦次第刊成。又三年，先生殁矣。

乾隆二十五年庚辰　1760年

正月二十九日，高宗颁谕，谈经筵讲学事。
据《高宗实录》卷六〇五乾隆二十五年正月乙亥条记：

谕……讲官系朕简用大员，经筵讲章本应自行撰拟，期副献纳论思之义。乃故事相沿，竟有由翰林院循例属稿者。朕于讲官呈本时，尚为研讨折衷，著为经书二论，务在自抒心得。而侍案敷陈者，顾以成言诵习，聊为塞责，可乎？

二月七日，举仲春经筵，高宗讲《论语·阳货》，与朱子说异。
据《高宗实录》卷六〇六乾隆二十五年二月壬午条记：

直讲官伍龄安、秦蕙田进讲"四书""四时行焉，百物生焉"二句。讲毕，上宣御论曰，斯言也，盖孔子知命、耳顺以后，所以示学者真实至当之理，非因子贡以言语观圣人，徒为是不待言而可见之语，而别有所谓妙道精义也。且四时行、百物生之中，何一非天乎？而四时行、百物生之外，又何别有可以见天者乎？圣人视听言动、昼作夜息之中，何一非妙道精义乎？而圣人视听言动、昼作夜息之外，又何别有所谓妙道精义者乎？

五月五日，高宗策试天下贡士于太和殿，重申经学之重要。
据《高宗实录》卷六一二乾隆二十五年五月戊申条记：

策试天下贡士王中孚等一百六十四人于太和殿前。制曰：……帝王心法、治法之要，莫备于经，其源流分合，厥论详矣。若夫《易》著六象，《书》标七观，《诗》兼三训，《礼经》垂三种，《春秋》明五例，能约举其条目欤？儒生夙昔诵习，果何以究乎性情政治之本，得失同异之归，以黼黻盛明，羽翼传注欤？

卢文弨为卢见曾雅雨堂新刻《大戴礼记》撰跋。
据卢文弨《抱经堂文集》卷八《新刻大戴礼跋》记：

> 吾宗雅雨先生，思以经术迪后进。于汉、唐诸儒说经之书，既遴得若干种，付剞劂氏以行世。独以《大戴》者，孔门之遗言，周元公之旧典，多散见于是书，自宋元以来诸本，日益讹舛，驯至不可读，欲加是正，以传诸学者。知文弨与休宁戴君震夙尝留意是书，因索其本，并集众家本，参伍以求其是。义有疑者，常手疏下问，往复再四而后定。凡二年始竣事，盖其慎也如此。余尝谓此书之极精粹者，《曾子》数篇而已，而《立事》一篇，尤学者所当日三复也。"博学而屏守之"，余素服膺斯言。自为棘人，每诵"君子思其不可复者而先施焉"数语，辄不禁泪之盈眦也。《孔子三朝记》，其文不能闳深，疑出汉后人所傅会，学者当分别观之。戴君丁丑年所见余本，即元时本耳。自后余凡六七雠校，始得自信无大谬误。刻成覆阅，又得数事，今附见于后。以此益知学问之道无穷，心思之用亦无穷，庶几来者亦将有所得乎此也。

卢文弨撰文推许杨名宁遗著《杂诤》，颇及早年之校勘群籍历程。
据《抱经堂文集》卷十一《书杨武屏先生杂诤后》记：

> 人之为学也，其径途各有所从入。为理学者宗程、朱，为经学者师贾、孔；为博综之学者，希踪贵与、伯厚；为词章之学者，方轨子云、相如；为钞撮之学者，则渔猎乎《初学记》《艺文类聚》诸编；为校勘之学者，则规橅乎刊误、考异诸作。人之力固有所不能兼，抑亦关乎性情，审其近而从事焉，将终身以之，而后可以发名成业。其能有所兼者，尤足贵也。余年十五六，从人借书读，即钞之。久之，患诸书文字多谬误，颇有志于校勘。……至三十外，见近所刊经史，其改正从前之误，固大有功矣，而用

意太过,则不能无穿凿之失,校者不一其人,则不能无差互之病。于是始因其考证而续成之,渐旁及乎诸子百家。今余家所藏者,太半经余手校者也。本朝顾亭林、阎百诗、何义门诸先生,皆善读书,余窃慕之。江阴杨生象坤琮出其叔父武屏先生遗书示余,乃知先生在日,极好钞书,又善雠校。有《杂诤》一编,皆驳正旧文之误者,积尘宿秽,霍然一清,读之忘倦。先生为文定公从弟,名名宁,治县有名。古文有晋人风致,间有似漆园者。诗工于言情,此又其才之兼焉者已。

戴震客居扬州,夏,为沈大成《戴笠图》诸友题咏撰序。
据《戴震文集》卷十一《沈处士戴笠图题咏序》记:

沃田先生周甲子六十之明年夏,以《戴笠图》示休宁戴震。先生在维扬使幕也久。震之得识先生也,于今四年,盖四三见。其见也,漏下不数商而复离,离则时时县于想似。岂形遇疏者神遇故益亲邪?抑非也?先生于"六经"、小学之书,条贯精核,目接手披,丹黄烂然,而恂恂乎与叔重、康成、冲远诸人辈行而踵躡也。盖先生卓然儒者。

冬,戴震致书卢文弨,专议卢见曾雅雨堂刻《大戴礼记》校勘事。
据《戴震文集》卷三《与卢侍讲召弓书》记:

《大戴礼记》刻后印校,俗字太多,恐伤坏版,姑正其甚者,不能尽还雅也。所有误字,舜未核出,……谨陈鄙见,惟有道正之。

戴震致书任大椿,劝诫其治经不可轻于立论。
据《戴震文集》卷九《与任孝廉幼植书》记:

幼植足下:承示禘祫、丧服等辨,今之治此者盖希矣。好学深思如幼植,诚震所想见其人,不可得者。况思之锐,辨议之坚而致,以此为文,直造古人不难。以此治经,则思之所入,愿弗遽以为得,勿以前师之说可夺而更之也。今幼植奋笔加驳于孔冲远、贾公彦诸儒,进而难汉之先师郑君康成矣；进而訾汉以来相传之子夏《丧服传》，为刘歆、王莽傅会矣；进而遂訾《仪礼》之经，周公之制作，为歆、莽之为之矣。呜呼！《记》不云乎："毋轻议礼！"……震向病同学者多株守古人，今于幼植反是。凡学未至贯本末，彻精粗，徒以意衡量，就令载籍极博，犹所谓"思而不学则殆"也。远如郑渔仲，近如毛大可，祗贼经害道而已矣。今幼植具异质而年富，成就当不可量，是以不敢不尽言。震再拜。

戴震著《屈原赋注》刊行。
据段玉裁编《戴东原先生年谱》乾隆二十五年三十八岁条记：

是冬，《屈原赋注》刻成。辛巳夏，《再与卢侍讲书》云，"去冬刻就《屈原赋注》，属舍弟印送"是也。按：《屈原赋注》，卢学士为之序，《注》七卷，《通释》二卷，《音义》三卷，凡十二卷。歙汪梧凤跋其后云，"自乾隆壬申秋，得戴氏注读之"，然则成于壬申秋以前。壬申，先生年三十耳，而所诣已如此。

在扬州，沈大成与戴震同校何焯校本《水经注》。
据杨应芹辑《东原年谱订补》乾隆二十五年三十八岁条记：

是年，在扬州与沈大成同校何焯校本《水经注》。杨希闵过录沈大成校《水经注》，有沈大成记曰："庚辰初夏，从吾友吴中朱文㳺奂借何义门校本，复校于广陵。同观者休宁戴东原震，亦耆古之士也。"

乾隆二十六年辛巳　1761年

正月二十七日，山东按察使沈廷芳疏请汤斌从祀孔庙，清廷不允。
据《高宗实录》卷六二九乾隆二十六年正月丁卯条记：

  山东按察使沈廷芳奏，……扬公论于寰瀛，汤斌与陆陇其而并重；焕易名之典礼，文正荷圣天子之隆施。闻囊时叠有胪陈，谓儒流之宜从祀；乃礼臣犹加封驳，指经术之少发明。顾集中屡贻清献之书，相与析夫疑义。及晚年尤宗晦庵之学，转涵养乎新知，粹然心得言宣，允矣躬行实践。请从文庙同升，行见真儒辈出。得旨：增祀之事，议论纷如聚讼，亦无实济政要，故不为也。

孟春，齐召南著《水道提纲》二十八卷成。
据《水道提纲》卷首齐召南《自序》记：

  臣齐召南学识愚浅，自乾隆丙辰蒙恩擢入翰林纂修《一统志》，伏睹圣祖御制舆图，东西为地经度，以占节气后先；南北为地纬度，以测辰极高下。漠北直通和林抵白哈海，西番遥穷拉藏至冈底斯。凡金沙、澜沧、潞江、昆仑、青海之近在边陲，黑龙、卢朐、松花、嫩尼、按出虎水、乌苏里江之本属内地者，原委秩如，已迥非从前史志所能稍及。而我皇上圣神文武，善继善述，天威遐震，克奏肤功。逾流沙而开四镇，荡平伊犁回部，拓地至二万里，西域并入版图。……臣初久在志馆，考校图籍，于直省外，又专辑外藩蒙古属国诸部道里翔实。是以志成之后，亦尝条其水道，惟图无可据者阙之。及蒙恩告归台山，杜门无事，养病余暇，时检箧中旧稿，次第编录，共成二十八卷。……乾隆辛巳孟春，原任礼部右侍郎臣齐召南谨序。

四月二十一日，高宗策试各省贡士，以"崇尚经术"相标榜。
据《高宗实录》卷六三五乾隆二十六年四月庚寅条记：

夫学者载籍极博，必原本于"六经"。……朕崇尚经术，时与儒臣讲明理道，犹复广厉学官，蕲得经明行修之士而登之。

五月二十九日，沛县监生阎大镛《俣俣集》案发。
据《高宗实录》卷六三七乾隆二十六年五月丁卯条记：

谕军机大臣等：据刘墉奏，沛县监生阎大镛，抗粮拒差，诬官逃走，旋经拿获未结一案。因其情形异常桀骜，随查出该犯诗稿二纸，并伊祖阎尔梅、伊伯阎圻稿本，及阎尔梅犯罪时文移一本。……高晋奏，据藩臬两司讯报，阎大镛曾刻有《俣俣集》诗文，内有《沛县志记》一篇。因该犯之母，少寡守志，未经列入节孝，文内讥剌不公，为人呈首。经修志之原任知县李棠拘讯，将书板追缴，及已印诗集一并追毁。……陈宏谋奏，查该犯所刻之《俣俣集》，业经销毁，其中恐有悖逆之处，必须追取原书，方可凭信。

六月二十五日，高宗颁谕，"将阎大镛按律定拟"。
据《高宗实录》卷六三九乾隆二十六年六月壬辰条记：

谕军机大臣等：据高晋查奏阎大镛折内称，该犯剌讥愤激，甚至不避庙讳，并有狂悖不经语句。如此情节可恶，自当照吕留良之例办理，已于折内批示矣。复又将原书阅看，其悖尚不至如吕留良之甚。虽其不避庙讳，犹可云村野无知，但该犯书内，笔舌诋毁，毫无忌惮。若姑容宽纵，则此等匪徒，不知悛改，反因此次查办，益肆其怨诽，充其所至，必将入于吕留良一派。该犯断不可留，着传谕高晋等，勘得确情，即将阎大镛按律定拟，速行完案。

六月二十九日，高宗下令"引吕留良之例"严惩阎大镛。

据《高宗实录》卷六三九乾隆二十六年六月丙申条记：

> 署两江总督高晋奏，沛县抗粮监生阎大镛，现在搜查伊家及该犯亲友处，有从前刊刻，续经烧毁之《俣俣集》，诗文中有讥刺官吏，愤激不平，甚至不避庙讳，更有狂悖语句。谨粘签呈览。得旨：如此可恶，当引吕留良之例严办矣。

十一月六日，沈德潜选《国朝诗别裁集》，以钱谦益冠首，为高宗斥作"纰谬""老愦"。

据《高宗实录》卷六四八乾隆二十六年十一月庚子条记：

> 谕军机大臣等，沈德潜来京，进所选《国朝诗别裁集》，求为题辞。披阅卷首，即冠以钱谦益。伊在前明，曾任大僚，复仕国朝，人品尚何足论！即以诗言，任其还之明末可耳，何得引为开代诗人之首？又如慎郡王，以亲藩贵介，乃直书其名，至为非体。更有钱名世，在雍正年间获罪名教，亦行入选。甚至所选诗人中，其名两字俱与朕名同音者，虽另易他字，岂臣子之谊所安。且其间小传评注，俱多纰谬。沈德潜身既老愦，而其子弟及依草附木之人，怂恿为此，断不可为学诗者训。朕顾可轻弁一辞乎？已命内廷翰林逐一检删，为之别白正定矣。

是年夏，戴震致书卢文弨，议《大戴礼》校勘事，并绍介友人程瑶田前往拜谒。

据《戴震文集》卷三《再与卢侍讲书》记：

> 去冬刻就《屈原赋注》，属舍弟印送，谅已呈览，尚有误字。其《大戴礼记》一书，今正复检一过，又得若干事。后因穷处，多繁杂，未及订定。兹略举大致，以乞教正。……兹敝友程君亦田，名瑶田，上年秋闱后，同震至扬。今复往，特取道江阴，愿抠谒大君子。其人少攻词章之学，诗

古文词皆有法度，书法尤绝伦，直造古人境地。年来有志治经，所得甚多。与震往还十余载，行日励，学日进，而境日困。今遭重丧，不得已外出，情可悲也。其读书沉思核订，比类推致，震逊其密。想阁下所乐取其长，而进其未逮者也。

程廷祚著《尚书通议》成。
据《青溪集》卷六《尚书通议自序》记：

廷祚智识浅昧，自幼嗜读伏氏之书，垂老而不知其说，有憾于衷。爰以戊寅之春，覃思毕力，私欲有所论著。乃知上古之文，学者一时虽若难明，而详玩皆有可通，其词艰而指显也。证佐无待于外求，而篇中义或相备，其文简而法密也。凡笺疏之支离，与史传之漏落，往往能越章句之表而得之。要以不拂乎经之本然，而契乎人心之不言而同然者以止，廷祚有志而未逮也。姑以目之所见，笔之于书，阅三载而成一编，名曰《尚书通议》。敢云宏阐政教而发明古圣人之精微乎？后之君子，或于愚者之一得，而不无取焉尔。

乾隆二十七年壬午　1762年

三月十三日，江永卒。五月，戴震撰《江慎修先生事略状》以为纪念。

据《戴震文集》卷十二《江慎修先生事略状》记：

先生姓江氏，名永，字慎修，婺源之江湾人。少就外傅时，与里中童子治世俗学。一日，见明丘氏《大学衍义补》之书，内征引《周礼》，奇之。求诸积书家，得写《周礼》正文，朝夕讽诵。自是遂精心于前人所合集《十三经注疏》者，而于"三礼"尤功深。……盖先生之学，自汉经师康成后，罕其俦匹。……卒年八十有二，所著书：《周礼疑义举要》六卷，《礼记训义择言》六卷，《深衣考误》一卷，《礼经纲目》八十八卷，《律吕阐微》十一卷，《春秋地理考实》四卷，《乡党图考》十一卷，《读书随笔》十二卷，《古韵标准》六卷，《四声切韵表》四卷，《音学辨微》一卷，《推步法解》五卷，《七政衍》《金水二星发微》《冬至权度恒气注》《历辨》《岁实消长辨》《历学补论》《中西合法拟草》各一卷，《近思录集注》十四卷。……先生生于康熙辛酉年七月十七日，卒于乾隆壬午年三月十三日。

八月二十六日，陈黄中卒。

据钱仪吉辑《碑传集》卷一四〇沈廷芳撰《陈徵士黄中墓志铭》记：

君讳黄中，字和叔，晚号东庄谷叟。先世自常熟来迁。考讳景云，蔚然通儒，学者称文道先生。君资英特，善读书，能承其家学，尤长于史。顾性狷介，负奇节，少许可，不妄与人交。贫交必久，故贤者恒乐与之亲。乾隆元年召试博学鸿词，时海内多士集阙下，罔不奔走征逐，以声气相高。

君独习静萧寺，罕识面，予得缔交焉。及再赴京兆闱，胥下第。乃幕游南北，为养亲计。君学通今古，凡山川险隘及礼乐兵农数大政，钱谷盐筴之出纳，律令格式之宽严，悉洞其要。又工于章奏，诸开府引以为重。……乾隆二十七年八月二十六日终，年五十有九。将易箦，以所删《宋史》及诗文集属彭进士绍升订定。又《新唐书刊误》三卷，《谥法考》三卷，《导河书》一卷。为文清劲雄深，其气疏以达，洵旷代才也。

又据《清史稿》卷四八四《文苑一》记：

何焯，字屺瞻，长洲人。……门人著录者四百人，吴江沈彤、吴县陈景云为尤著。景云字少章，……少从焯游，焯殁，独系吴中文献几二十年。……子黄中，字和叔。诸生。父子皆长史学，而黄中尤以才略自负。……尝病《宋史》芜杂，别撰纪传表百七十卷。又著《国朝谥法考》《阁部督抚年表》。

乾隆二十八年癸未　1763年

二月二十日，卢文弨跋秦蕙田著《五礼通考》。
据《抱经堂文集》卷八《五礼通考跋》记：

> 天地间一皆礼之所蟠际乎，五礼之用，犹夫四时五行之成岁功也。盖尝大较分之，嘉近于春，宾近于夏，军近于秋，凶近于冬，而吉实流贯乎四者之中，亦犹夫土之寄王于四时焉。天高地下，万物散殊，人之生也，孩提知爱，少长知敬。盖自三才立而礼即于是乎肇端，有圣人作，为之经纬焉。踵而成之者，未必皆合于节文之中，然亦缘情而制，因义而起，苟择其宜而审行之，固亦圣人之所许也。吾师味经先生，因徐氏《读礼通考》之例，而遍考五礼之沿革，博取精研，凡用功三十八年而书乃成。文弨受而读之。其书包络天地，括囊人事，缕析物情，探制作之本旨，究变迁之得失。义未安，虽昔贤之论不轻徇；理苟当，即豪末之善亦必录。穷经者得以息纷纭之讼，处事者得以定画一之准。大矣哉！古今之菁英尽萃于此矣，洵悬诸日月不刊之书也。

案：《五礼通考》卷首载文弨《跋》，文末尚有如下数语："时岁在癸未二月既望五日，受业卢文弨拜识。"

春，戴震入京会试，初识段玉裁。
据段玉裁辑《戴东原先生年谱》乾隆二十八年四十一岁条记：

> 是年春，先生入都会试，不第。……居新安会馆，一二好学之士，若汪元亮、胡士震辈，皆从先生讲学，玉裁与焉。

九月五日，官修韵书，高宗题名《音韵述微》。

据《高宗实录》卷六九四乾隆二十八年九月己未条记：

协办大学士户部尚书刘纶、刑部尚书秦蕙田奏：臣等恭承指示，校正韵书。窃惟古诗、赋、颂、箴、铭，韵从通叶。钦定《叶韵汇辑》一书，义例精当，久已成编，惟律韵尚仍旧本。谨按韵书昉隋、唐，分合异同，源流滋别，考证维艰。臣等悉心参考，就现在通行韵书中，有应更改增损者，折衷《广韵》《集韵》《礼部韵略》《五音集韵》《韵会举要》等书，及诸家辩论，参互得失之故，列为凡例，并将列韵格式，先呈御览。其新编韵书，请赐嘉名。得旨：书名着定为《音韵述微》。

又据钱大昕自题《竹汀居士年谱》乾隆二十八年三十六岁条记：

锡山秦文恭公奉诏修《音韵述微》，属居士任编校，所进条例，皆居士具稿。

十月九日，沈德潜毁《国朝诗别裁集》旧板，另辑新本进呈。
据《高宗实录》卷六九六乾隆二十八年十月壬辰条记：

谕军机大臣等：前岁沈德潜来京，所进《国朝诗选》，因有不合体制之处，当令内廷诸臣裁订后，寄交尹继善，会同沈德潜刊刻成书。至今已阅二载，未知所刻曾否完竣，并旧有板片曾否更改。着刘统勋寄信尹继善、庄有恭等，令其于奏事之便，附折奏闻。寻庄有恭奏，沈德潜亲赍印就样书二套并折交臣代进，其错谬原板，业于上年销毁报闻。

十月十日，清廷征集江永遗著《四声切韵表》《音学辨微》。
据《高宗实录》卷六九六乾隆二十八年十月癸未条记：

谕军机大臣等：现在修辑韵书，闻安徽婺源县有已故生员江永，曾著《四声切韵表》及《音学辨微》二书，稿本已成，未经刊刻。着传谕该抚，即饬该县，就其家购觅。如因一时钞录不及，竟将原本随奏折之便，附封送京，以备采择。书竣，即行发还。

十月十四日，清廷从福建学政纪昀奏，将帝王名讳载入《科场条例》，武英殿及各省坊刻经书，一体遵行。

据《高宗实录》卷六九六乾隆二十八年十月丁酉条记：

> 军机大臣等议覆：福建学政纪昀奏称，坊本经书，尚仍全刻庙讳、御名本字，应仿唐石经、宋监本例，凡遇庙讳，俱刊去末一笔，并加有偏旁字者，俱缺一笔。又武英殿官韵及各经书，于御名本字尚系全刻，及加有偏旁字者，俱未缺笔。请将本字及加有偏旁字者，并行缺笔，载入《科场条例》，如误书者，依不谙禁例处分。武英殿书板校正改刊，并行文各省，一体遵奉，将坊刻各经籍改刊。从之。

是年，段玉裁抄录戴震著《原善》三篇、《尚书今文古文考》《春秋改元即位考》。

据段玉裁辑《戴东原先生年谱》乾隆二十八年四十一岁条记：

> 先生大制作，若《原善》上、中、下三篇，若《尚书今文古文考》，若《春秋改元即位考》三篇，皆癸未以前，癸酉、甲戌以后，十年内作也。玉裁于癸未皆尝抄誊。记先生尝言："作《原善》首篇成，乐不可言，吃饭亦别有甘味。"又言："作《改元即位考》三篇，倘能如此文字做得数十篇，《春秋》全经之大义举矣。"又言："《尚书今文古文考》，此篇极认真。"

乾隆二十九年甲申 1764年

七月十一日，清廷将官修《周易述义》《诗义折中》《春秋直解》颁发各省，令依式刊行。

据《高宗实录》卷七一四乾隆二十九年七月辛酉条记：

> 谕：前辑《周易述义》《诗义折中》《春秋直解》告成，于从来传注离合异同之处，参稽是正，允宜津逮士林。而校刊讫工，未经颁发。著将此三书，每省各颁一部，依式锓版流传，俾直省士子，咸资诵习。其原本即庋藏学官，以示嘉惠广厉至意。

秦蕙田委托卢文弨校勘《五礼通考》，文弨校毕，有书复秦氏。

据《抱经堂文集》卷十八《复秦味经先生校勘五礼通考各条书》记：

> 日承尊谕，以所著《五礼通考》虽已刊刻完竣，未即行世，恐其中或有参错不及细检处，须及今改订为善。文弨学识短浅，诚知不足以副谣诼。然先生之虚怀为已至矣，翻阅之劳，所不敢辞。谨就愚见，似其中尚有可参酌者数事。辄疏左方呈览。……尊案云："《夏小正》缇缟传末，有'何以谓之小正以著名也'十字，殊不可解。朱子《仪礼经传》移在《夏小正》篇名之下。戴氏震考正，以为北宋《大戴礼》本无之，乃《尔雅疏》之文，校书者误编入此。其说极确，今芟去。"文弨谨案：此系戴君初说，曩曾与论及此，殊不敢以为然。即朱子所更定，亦有未安。既而戴君精思之，乃知旧本非误，其读当于"何以谓之"句断，"《小正》以著名也"六字为一句。此于本书亦有例。因为叹服，前人之不得其解者，止坐句读未明耳。今新刻《大戴礼》，即从戴君后说。此条亦宜改正，"缇缟"注下，应增入十字。

九月九日，秦蕙田卒。

据《潜研堂文集》卷四十二《光禄大夫经筵讲官太子太保刑部尚书秦文恭公墓志铭》记：

> 太子太保、尚书秦公，以经术笃行知名海内，起家词苑，官登极品。岁甲申四月，以疾请解任，温旨不许。八月，复具疏乞回籍调治，诏允所请，仍悬缺以待。公既受命，买舟南下，疾遂革，以九月九日巳时薨于沧州。……公讳蕙田，字树峰，号味经，……金匮人……公幼而颖悟，及长，从给谏公于京邸，何屺瞻、王若林、徐坛长诸先生，咸折辈行与之交。中岁居里门，与蔡宸锡、吴大年、尊彝、龚绳中为读经之会。尝慨《礼经》名物制度，诸儒诠解互异，鲜能会通其说，故于郊社、宗庙、宫室、衣服之类，尤究心焉。上御极之初，江阴杨文定公领国子监事，荐公笃志经术，可佐教成均。既而直内廷，课皇子讲读，益以经术为后学宗。尝言："儒者舍经以谈道，非道也；离经以求学，非学也。"故以穷经为主，而不居讲学之名。……公凤精"三礼"之学，……撰为《五礼通考》二百六十二卷，先经后史，各以类别，凡先儒所聚讼者，一一疏其脉络，破其症结，上探古人制作之原，下不违当代之法，殚思二十余年，稿易三四而后定，自言生平精力尽于是焉。……公生于康熙壬午十月十九日，殁时年六十有三。

十一月一日，清廷准御史曹学闵奏，以"平定准噶尔及回部，拓地二万余里"，决议重修《大清一统志》。

据《高宗实录》卷七二二乾隆二十九年十一月戊申条记：

> 军机大臣等议覆：御史曹学闵奏称，从前纂修《大清一统志》，于乾隆八年告成，久已颁行海内。近年来，平定准噶尔及回部，拓地二万余里，实为振古未有之丰功。前命廷臣纂修《西域图志》，并令钦天监臣，前往测量各部经纬地度，增入舆图，惟《一统志》尚未议及增修。请饬儒臣，查照体例，将西域新疆敬谨增入。……谕曰：……即令方略馆按照各条，厘订纂辑。一俟纂出稿本，悉照《续文献通考》例，随缮随进，候朕裁定。

乾隆三十年乙酉 1765 年

六月二十三日，高宗颁谕，重开国史馆，修纂文武大臣列传。
据《高宗实录》卷七三九乾隆三十年六月丁卯条记：

> 国史所以传信，公是公非，所关原不容毫厘假借。……从前国史编纂时，原系汇总进呈，未及详加确核。其间秉笔之人，或不无徇一时意见之私，抑扬出入，难为定评。今已停办年久，自应开馆重事辑修。着将国初已来，满汉大臣已有列传者，通行检阅，核实增删。考正其未经列入之文武大臣，内而卿贰以上，外而将军、督抚、提督以上，并宜综其生平实迹，各为列传。

夏，王鸣盛自刻早年诗文，结为《西庄始存稿》三十卷。
据《西庄始存稿》卷首王氏门人张涛所撰《序》记：

> 西庄先生文学，天下称之。然人之所以称先生者，皆非先生志意之所存，而先生之所为好学深思而深造自得者，人固莫能窥也。自有宋诸儒倡明道学，元明承之，义理大阐，而汉唐经师章句、训诂专门家法渐以衰息。我朝诸先辈始复留意，盖虚言告退，实学肇兴，儒林之盛，轶前古矣。先生最后出，以高明优爽之质，用沈深颛实之功。自其少时，固已横骛别驱，踔厉风发。中年以后，超乘而上，譬诸撤藩垣而洞房奥，脱鳞介而生羽翮。盖尝上下二三千年，深思夫通经学古之所由，知义理必从考据入，未有考据舛而可言义理者。声音、文字、象数、名物，探颐沟深，久之得其窾繁，汉人之传注，唐人之义疏，尽能通其旨要。夫是乃博之以理趣，而溢之为文章，洋洋乎左右逢源，而初未尝欲执笔，学为如是之文也。呜呼！先生

之好学深思,深造自得,夫岂薄殖轾才、虚锋涨墨,摩拟剽窃、扪壁扶墙者所敢望哉?先生之学邃于经,而平生之精力尤在《尚书》。所著《后案》六十卷,表征存逸,截断众流。其他杂著又不下十余种,略皆具稿可缮写。美哉!博且深矣。夫文章必本于经术,夫人而能言之。然文人治经,不过约其纲宗,撮其崖略,熏染其芳臭气泽而已。若章句、训诂,固有所未暇及,而守训诂家法者,又往往胶葛重腿,无以自运,而不复措思于修辞。是以文人与经师常不能兼也,先生独能兼之。先生岂遂能尽掩前人哉?盖亦适会其时,而去短集长以有此也。若乃用韵之语,献酬之作,摘华掞藻,皆其余技,而世顾艳称之,抑末矣。近日郑寒村序黄南雷,谓其即文即道。计改亭序汪钝庵,亦有合经与道与文而为一之说。予谓士生宋、元、明之下,所难正不在论道,患其无学耳。以实学为文,合经与文而为一,先生是也。予小子承乏词垣,于先生为后进,因得从游门墙之列,兹先生稿初刻方竣,敬举肤言,挂名末简,聊致区区向往之私云尔。乾隆乙酉长夏,授业门人宣城张涛再拜,谨书于广陵旅次。

九月十五日,高宗颁谕,再论国史纂修事宜。
据《高宗实录》卷七四四乾隆三十年九月戊子条记:

列传体例,以人不以官。大臣中如有事功、学术足纪,及过迹罪状之确可指据者,自当直书其事,以协公是公非。……且如儒林,亦史传之所必及,果其经明学粹,虽韦布之士不遗,又岂可拘于品位,使近日如顾栋高辈,终于淹没无闻耶?

秋,戴震自定《水经》一卷。
据段玉裁辑《戴东原先生年谱》乾隆三十年四十三岁条记:

是年秋八月,定《水经》一卷。自记云:"夏六月,阅胡朏明《禹贡锥指》引《水经注》,疑之。因检郦氏书,展转推求,始知朏明所由致谬之故,实由唐以来,经、注互讹。……今得其立文定例,就郦氏所注,考定经文，别为一卷，兼取注中前后倒紊不可读者，为之订正，以附于后。是役也，为郑氏书还其脉络，非治《水经》而为之也。"玉裁按：此《水经》一卷，今未著录。然别经于注，令经、注不相乱，此卷最为明晰。后召入四库馆，纂修此书，纲领不外乎是，特于讨论字句加详耳。玉裁昔年写得此本，并自记一篇，固当镌赠同志。

又据杨应芹辑《东原年谱订补》是年订补云：

《水经》一卷，由《水经》《附考》《后记》三部分组成，另外又附有作者"以河、江为纲，按地望先后"而考定的《水经》一百二十三水的新次序，故又题名曰《水经考次》。《水经》一卷抄本，今藏北京大学图书馆，《水经考次》今藏北京图书馆。从混淆的经、注中辨离出全部经文，是这一卷书的中心内容。《附考》乃力图补正《渭水篇》漏简和《颖水》诸篇错简之尝试。《后记》交代了辨析经、注的办法和标准，即四大义例。《后记》若作独立成篇的文章，当题名为《书水经后》。段玉裁收此篇入文集，误增一字，曰《书水经注后》，又删去了因"其语已见于前篇"的二百多字，其中包括四大义例。

再据《水经考次》卷末《书后》记：

夏六月，阅胡朏明《禹贡锥指》所引《水经注》，疑之。因检郦氏书，辗转推求，始知朏明所由致谬之故。《水经》立文，首云某水所出，已下不复重举水名。而注内详及所纳小水，加以采摭故实，彼此相杂，则一水之名不得不循文重举。《水经》叙次所过郡县，如云"又东过某县南"之类，一语实赅一县。而注内则自县西至东，详记水历委曲。《水经》所列，即当时县治，至善长作注时，已县邑流移。注既附经，是以云径某县故城，经无有称故城者也。凡经例云"过"，注例云"径"。是书至唐、宋间遂残缺淆紊，经多误入注内，而注误为经，校者往往以意增改。……今就郦氏所注，考定经文，别为一卷，兼取注中前后倒紊不可读者，为之订正，以附于后。是役也,为治郦氏书者梦如乱丝,而还其注之脉络,俾得条贯,非治《水经》而为之也。乾隆三十年乙酉秋八月,休宁戴震记。

戴震入都,途经苏州,撰《题惠定宇先生授经图》,以表彰惠栋学术。

据《戴震文集》卷十一《题惠定宇先生授经图》记:

前九年,震自京师南还,始觌先生于扬之都转盐运使司署内。先生执震之手言曰:"昔亡友吴江沈冠云尝语余,休宁有戴某者,相与识之也久,冠云盖实见子所著书。"震方心讶少时未定之见,不知何缘以入沈君目,而憾沈君之已不及觏,益欣幸获觌先生。明年,则又闻先生殁于家。今徒拜观先生遗像曰《授经图》者,盖先生之学,直上追汉经师授受,欲坠未坠,埋蕴积久之业,而以授吴之贤俊后学,俾斯事逸而复兴。震自愧学无所就,于前儒大师不能得所专主,是以莫之能窥测先生涯涘。然病夫"六经"微言,后人以歧趋而失之也。言者辄曰:"有汉儒经学,有宋儒经学,一主于故训,一主于理义。"此诚震之大不解也者。夫所谓理义,苟可以舍经而空凭胸臆,将人人凿空得之,奚有于经学之云乎哉?惟空凭胸臆之卒无当于贤人圣人之理义,然后求之古经。求之古经而遗文垂绝,今古县隔也,然后求之故训。故训明则古经明,古经明则贤人圣人之理义明,而我心之所同然者,乃因之而明。贤人圣人之理义非它,存乎典章制度者是也。松崖先生之为经也,欲学者事于汉经师之故训,以博稽三古典章制度,由是推求理义,确有据依。彼歧故训、理义二之,是故训非以明理义,而故训胡为?理义不存乎典章制度,势必流入异学曲说而不自知,其亦远乎先生之教矣。震入都过吴,复交于先生令子秉高与二三门弟子,若江君琴涛、余君仲林,皆笃信所授,不失师法。先生之学有述者,是先生虽已云逝,而声欬仍留。震方慨然于徒接先生画像,而吴之贤俊后学,彬彬有汉世郑重其师承之意,可不谓幸欤?

九月十日，董秉纯跋全祖望遗著《经史问答》。

据《全祖望集汇校集注》附录《经史问答跋》记：

《谢山先生文集》一百二十卷，前五十卷先生所手定。自四十卷至四十九卷为《经史问目》。今年秋过武林，吴丈城，先生之同社也，纯请主剞劂氏。吴丈曰："海内望谢山文久矣，全集今兹未能，盍以《问目》十卷为嚆矢，可乎？"因商之杭丈世骏、汪丈沆，并遗书广陵马丈曰璐，皆愿勷事。纯亦告之同里诸后进随力佽助，而万三福独任校刊，功尤为多，遂以集事。纯更请吴丈为之序，吴丈谦不敢当。而谢山先生以全稿命纯藏弆，虽弥留，亟请谁当序先生文者，先生卒不答。故今亦不敢别求叙，但以纯所诠次《世谱》弁首云。乾隆乙酉九月十日，门弟子董秉纯跋尾。

乾隆三十一年丙戌　1766年

四月二十一日，高宗命题策试各省贡士，倡导讲求经史之学。

据《高宗实录》卷七五九乾隆三十一年四月庚申条记：

> 缅惟经学为出政之原，史册为鉴观之本。……"六经"之旨，千古范围，约举数端，以现诵习。《易》传三义，《书》分六体，《诗》有三作，《春秋》著五始，《戴记》多后儒之所增，《周礼》以冬官为散见。其说可胪举欤？穷经致用，先务贯通。《象传》《象辞》，何以《乾卦》独立于爻下？《二典》《三谟》，何以《左氏》引以为《夏书》？《王风》《鲁颂》，编《诗》何以独异？《左传》《公》《穀》，经文何以互殊？以《礼记》为《曲礼》，易《周官》为《周礼》，始于何人、何代，能确凿言之欤？史以垂彰瘅，而体例不必尽同。……凡人之贤否，事之得失，俱见于传，复作论赞，疑若赘设，沿而不废，毋亦拘于体例耶？兹命廷臣重修国史，期于据事直书，永昭惩劝，有可以援古证今，裨益编摩者欤？

夏，程晋芳复书程廷祚，推许廷祚新著《象爻求是说》，决意致力经学撰著。

据程晋芳《勉行堂文集》卷三《与家绵庄书》记：

> 足下所著《象爻求是说》，初读之，似平淡犹人耳，及取古贤所著诸《易》说相质证，然后知兹书之精深奥突，不惟突过古人，并前此尊著《易》说二种，亦无能及。……以视王辅嗣廓清之功，谓有过之无不及也。愚少时游好，惟在六经，学焉而未有所述。今近五十，思欲有所撰著，以发吾胸中之蕴。念《大易》一书，经足下再三研究，无能别辟蹊径，《春

秋》则方子望溪亦几罄其义,《尚书》前人所述咸多善本,又有足下《通议》。惟《毛诗》先儒论说各执一是,鲜能相通,足下《青溪诗说》持论至精,而结体尚略,愚殆将从事于此。京华虽号尘海,苟减应酬,尚可有为。五六载间,将有成书,未知天果假我以年否也。

秋,章学诚撰《论学书》一通,颇涉一时学术风尚。

据章学诚《章氏遗书》卷二十二《与族孙汝楠论学书》记:

学问之途,有流有别,尚考证者薄词章,索义理者略征实。随其性之所近,而各标独得,则服、郑训诂,韩、欧文章,程、朱语录,固已角犄鼎峙而不能相下。必欲各分门户,交相讥议,则义理入于虚无,考证徒为糟粕,文章祇为玩物。汉唐以来,楚失齐得,至今嚣嚣,有未易临决者。惟自通人论之则不然,考证即以实此义理,而文章乃所以达之之具。事非有异,何为纷然。……往仆以读书当得大意,又年少气锐,专务涉猎,四部九流,泛览不见涯涘,好立议论,高而不切,攻排训诂,驰骛空虚,盖未尝不恻然自喜,以为得之。独怪休宁戴东原振臂而呼曰:"今之学者,毋论学问文章,先坐不曾识字。"仆骇其说,就而问之,则曰:"予弗能究先天后天,河、洛精蕴,即不敢读元亨利贞;弗能知星躔岁差,天象地表,即不敢读钦若敬授;弗能辨声音律吕,古今韵法,即不敢读关关雎鸠;弗能考三统正朔,《周官》典礼,即不敢读春王正月。"仆重愧其言!因忆向日曾语足下所谓"学者只患读书太易,作文太工,义理太贯"之说,指虽有异,理实无殊。充类至尽,我辈于"四书"一经,正乃未尝开卷卒业,可为惭惕,可为寒心!近从朱先生游,亦言甚恶轻隽后生,桰腹空谈义理,故凡所指授,皆欲学者先求征实,后议扩充。所谓不能信古,安能疑经,斯言实中症结。仆则以为,学者祈向,贵有专属。博详反约,原非截然分界。及乎泛滥渟蓄,由其所取愈精,故其所至愈远。古人复起,未知以斯语为何如也。要之,谈何容易?十年闭关,出门合辙,卓然自立以不愧古人,正须不羡轻隽之浮名,不揣世俗之毁誉,循循勉勉,即数十年中人以下所不屑为者而为之，乃有一旦庶几之日。斯则可为知者道，未易一一为时辈言耳。

年初，戴震入都会试。途经苏州，自友人朱奂处借录惠栋校宋本《礼记注疏》。

据段玉裁辑《戴东原先生年谱》乾隆三十一年四十四岁条记：

入都会试不第，居新安会馆。……入都时，在苏州借朱文游奂所藏《礼记注疏》。此书乃惠定宇先生依吴进士泰来所藏宋刊本校出，凡为卷七十，与唐、宋《志》合。除此本外，无不六十三卷者。其字句不同处，今本脱去连行无考处，一一完善。程太史鱼门晋芳、姚比部姬传鼐及玉裁皆临缮一部。

戴震面辞段玉裁拜师之请。

据段玉裁辑《戴东原先生年谱》乾隆三十一年四十四岁条记：

始玉裁癸未请业于先生，既先生南归，玉裁以札问安，遂自称弟子。先生是年至京，面辞之，复于札内辞之。又有一札云："上年承赐札，弟收藏俟缴，致离舍时，匆匆检寻不出。在吾兄实出于好学之盛心，弟亦非谦退不敢也。古人所谓友，原有相师之义，我辈但还古之友道可耳。今将来札奉缴。"观于姬传及玉裁之事，可以见先生之用心矣。直至己丑相谒，先生乃勉从之。朱文正公尝曰："汝二人竟如古之师弟子，得孔门汉代之家法也。"

戴震著《声韵考》初成。

据段玉裁辑《戴东原先生年谱》乾隆三十一年四十四岁条记：

是年，先生所著《声韵考》四卷已成，同志传写。凡韵书之源流得失，古音之由渐明备，皆骉括于此。玉裁刻诸蜀中。癸巳以后，先生又取玉裁《音均表》之说："支、佳一部，脂、微、齐、皆、灰一部，之、咍一部，汉人犹未尝通用，画然为三"，补入《论古音》卷内。李大令文藻刻诸广东，孔户部继涵又刻诸曲阜，二刻与前刻详略不同。

戴震执教户部侍郎裘曰修家馆，著《杲谿诗经补注》成。
据段玉裁辑《戴东原先生年谱》乾隆三十一年四十四岁条记：

> 是年不第后，馆于裘文达公邸第，文达公命子孙师之，故直隶总督名行简，其徒也。注《诗·周南、召南》，名之曰《杲谿诗经补注》。"杲谿"二字，盖以自别于诸言《诗》者。先生不随俗为别号，天下称东原先生而已。先是癸酉成《诗经补传》，已而在扬州，以此书之序及"论郑声"一条，示是仲明。仲明索观《诗补传》，先生辞之，作者与之论学而已，盖亦自恐于斯未信也。至是始成《二南》，改称《补注》。作诗本旨，详于某篇几章几句之下，其体例犹旧也。今《二南》著录，而《诗补传》已成者不著录。先生所谓每憾昔人成书太早，多未定之说者，于此可见。

是年，戴震增订旧作《原善》为三卷。
据段玉裁辑《戴东原先生年谱》乾隆四十二年五十五岁条记：

> 《原善》卷上、卷中、卷下，孔户部所刊《戴氏遗书》第九，合为一册。始先生作《原善》三篇，见于户部所刊文中者也。玉裁既于癸未抄写熟读矣。至丙戌，见先生援据经言，疏通证明之，仍以三章者分为建首，比类合义。古圣贤之言理义，举不外乎是。

又据《原善》卷首戴震自记云：

> 余始为《原善》之书三章，惧学者蔽以异趣也，复援据经言疏通证明之，而以三章者分为建首，次成上、中、下卷，比类合义，灿然端委毕著矣。天人之道，经之大训萃焉。以今之去古圣哲既远，治经之士，莫能综贯，习所见闻，积非成是，余言恐未足以振兹坠绪也。藏之家塾，以待能者发之。

乾隆三十二年丁亥　1767 年

二月二日，清廷开三通馆，续修《通考》《通典》《通志》。

据《高宗实录》卷七七八乾隆三十二年二月丙申条记：

谕：前开馆续纂《文献通考》一书，并添辑本朝一切典制，分门进呈，朕亲加披览，随时裁定。全书现在告竣，经该总裁等奏，请将馆务停止。因思马端临《通考》，原踵杜佑《通典》、郑樵《通志》而作，三书实相辅而行，不可偏废。曩因旧本多讹，曾命儒臣详为校勘，镌刻流传，嘉惠海内。今《续通考》复因王圻旧本，改订增修。惟《通典》《通志》，向未议及补辑，士林未免抱阙如之憾。著仍行开馆，一体编辑。……命大学士傅恒、尹继善、刘统勋充三通馆正总裁，吏部尚书协办大学士陈宏谋、兵部尚书陆宗楷、刑部尚书舒赫德，充副总裁。

三月二十二日，程廷祚卒于江宁。

据程晋芳《勉行堂文集》卷六《绵庄先生墓志铭》记：

先生……初名默，后更名廷祚，字启生，别号绵庄。……自王辅嗣注《易》，扫图纬之霾尘，迨宋元诸儒，尊希夷河洛图书，互卦、变卦、卦气之说，杂焉交陈。又或拘执爻位阴阳、乘承比应之体，著书愈多，易学愈晦。先生乃著《易通》，后又成《大易择言》三十卷，晚年又为《彖爻求是说》六卷，《易》学于是乎大备。……余之识先生也，当乾隆元年，北上过淮，执余手孜孜，勉以问学。自是三十余年，先生游淮扬必主余家，余应试江宁必与先生昕夕聚首。其得稍有识知，窃附于文人学士之末者，皆先生教也。……生于康熙三十年辛未三月二日，卒于乾隆三十二年丁亥三月二十二日，享年七十有七。

程晋芳撰《晚书订疑后序》，主张梅氏《古文尚书》虽伪，但不可轻言废弃。

据程晋芳《勉行堂文集》卷二《晚书订疑后序》记：

> 国朝诸儒，承草庐吴氏、震川归氏、旌川梅氏之绪言，力辨梅氏《古文尚书》之伪。其尤明晰不可夺者，阎百诗之《尚书古文疏证》、惠定宇之《古文尚书考》。佐之者，家绵庄之《晚书订疑》也。先是西河毛氏力主古文非伪作，撰《古文尚书冤词》。绵庄后起，别撰《古文尚书冤词》，以攻毛氏，晚年复成是书，然未见《古文疏证》也。其后，余购《疏证》以赠之，绵庄读竟，叹曰："此与吾心适同，有胜我者，有与我异者。"其说载于中卷。盖于阎、惠二家之外，别辟门径，而足以补所未及。书凡三卷，卷上自《史》《汉》载《古文尚书》之由，至《孟子》所见之《武成》，尚存凡十二条。卷中《书序》及辨《尚书古文疏证》二条。卷下杂论晚书二十五篇，附录《今古文尚书授受源流》二条。前有绵庄自序，余又曾见惠定宇为之序，而此本未及载也。……要之，梅书虽后起伪作，自是晋人之书。今人于唐宋人文集，且宝贵之，况六朝以上乎！其中嘉言正论，颇有来历，当与伏书分别观之，未可悉弃也。近儒沈冠云谓，梅书虽伪，终不至废，学者亦不必虑其废也。知言哉！然儒生读书，不辨真伪，占哗圂囵，则又不可矣。

案：晋芳此文，年月未详，因系跋《晚书订疑》，故姑系于廷祚卒年，俟考。

五月一日，程晋芳致书江南友人梅鋗，喟叹一时理学之不振。

据程晋芳《勉行堂文集》卷三《与梅二如书》记：

> 始晋芳之至京师，岁在庚午，见钟励瑕、王仲颖两先生，动止语默，无不合于道。乃叹程、朱以来，未坠之绪，在此二人。癸酉再至京师，而

仲颖病笃，励瑕犹官主事。及三至京师，仲颖死已十年，励瑕以员外郎告归亦十载矣。茫茫人海，欲求笃行穷经之士，百不得一。……今海宇熙熙，无可拟议，独理学之绪不甚振。使得如足下者十数辈作而兴之，所维系非细故也。然知之艰，少纵即逝，悠悠此心，不知其何所届矣。愿足下持之勿懈，芳亦因以自儆焉。丁亥五月一日。

江声自乾隆二十六年始撰，迄于是年六月，成《尚书集注音疏》十二卷。

据《尚书集注音疏》附《前述》记：

六艺定于孔子，皆阮而后兴，而《尚书》之阮为尤甚。……声窃愍汉学之沦亡，伤圣经之晦蚀，于是翻阅群书，搜拾汉儒之注。……自重光大荒落之秋，以迄玄弋敦牂之冬，成《尧典》《咎繇谟》《禹贡》《甘誓》《汤誓》诸篇暨百篇之叙，至《盘庚》，则以汉注绝少而中辍者久之。既念一匮之覆，终不足以发古谊、存绝学，乃复以己见，探讨经谊，精研诂训。又自柔兆阉茂之夏，迄强圉大渊献之夏，周一岁而成《盘庚》以后二十余篇之注，并前所辑者亦重加厘正。其亡篇之遗文，有散见它书者，则并其原注采之，各随其篇第而傅厕其间。其无篇名者，总列于后。为书十卷，并百篇之序一卷、逸文一卷，凡十二卷。而疏则犹未遑也，将更须三载，庶几卒业矣乎？

六月五日，蔡显"逆书"案发，高宗颁谕严惩。

据《高宗实录》卷七八六乾隆三十二年六月丁酉条记：

谕军机大臣等：高晋等奏，刊刻逆书之举人蔡显等，究拟分别凌迟斩决一折，已批三法司核拟速奏。蔡显身系举人，辄敢造作书词，恣行怨诽，情罪重大，实为天理国法所难容。但阅原书内签出各条，多属侘傺无聊，失志怨愤之语，朕方以该犯尚无诋毁朝政字句，其情与叛逆犹去一间，或可原情酌减。及细检未签各处，如称戴名世以《南山集》弃市，钱名世以年案得罪；又"风雨从所好，南北杳难分"，及《题友袈裟照》有"莫教行化乌场国，风雨龙王欲怒嗔"等句，则系有心隐跃其词，甘与恶逆之人为伍，实为该犯罪案所系。……至为逆犯作序之闻人倓，目击书词狂悖，甘为附和，并不举首，其情深属可恶，非仅援杖流之例可蔽厥辜。……其书内列名，曾从逆犯受业之刘朝栋等，自当逐一严加根究。……即书贾吴姓，业为刷印流传，岂无知传播者可比，亦应治以应得之罪。

十二月四日，齐周华"党恶狂悖"案发，牵连礼部侍郎齐召南。
据《高宗实录》卷八〇〇乾隆三十二年十二月甲子条记：

谕：据熊学鹏奏，天台县逆犯齐周华，党恶狂悖，按律定拟。并称该犯系原任侍郎齐召南堂兄，一并参奏请旨等语。齐召南身为侍郎，见近族有此逆犯，何以并不据实奏闻！齐召南着来京候旨。

十二月十六日，卢文弨因奏疏失当，被撤湖南学政职。
据《高宗实录》卷八百一乾隆三十二年十二月丙子条记：

湖南学政卢文弨条奏一折，全属不谙事体，其意专务弋取虚名，于学校士习，大有关系。……所见如此纰缪，若仍令其典司学政，必致诸生罔知绳检，风气日漓，岂朕造就多士之本意耶？卢文弨着即撤回，交该部严加议处。

十余年前，惠栋以《易汉学》手稿交友人王昶。是年，王昶为惠氏遗稿撰跋，以资纪念。
据王昶《春融堂集》卷四十三《易汉学跋》记：

汉学废久矣，《易》滋甚。王氏应麟集郑君之遗，未得其解，自后毋论已。定宇世传经术，于注疏尤深。所考《易汉学》，分茅设蕝，一卦气，一纳甲，一世应，一爻辰，一升降，而汉儒以象数说《易》者始备。……夫汉儒诸家之说，今略见于李鼎祚《易传》，颇恨其各摘数条，参差杂出，不获见其全，因不能推而演之也。定宇采掇排次，稿凡五六易。丁丑与余客扬州，始定此本，命小胥录其副，以是授余，盖其所手书者。今下世已十年矣，展复数过，为之怃然。又考《晋书·艺术传》，台产少专《京氏易》，善图谶、秘纬、天文、洛书、风角、星算、六日七分之学。又《隋书·经籍志》，梁有《周易飞候六日七分》八卷，亡。此二条为采掇所未及，因并记于跋尾。

岁末，卢文弨为刘光南《中庸图说》撰序，推阐其师桑调元之说，表彰朱子学，昭示"昌明理学"的追求。

据《抱经堂文集》卷二《中庸图说序》记：

文弨弱冠执经于桑弢甫先生之门，闻先生说《中庸》大义，支分节解，纲举目张，而中间脉络，无不通贯融洽，先生固以为所得于朱子者如是。盖先生少师事姚江劳麟书史先生，劳先生之学，一以朱子为归，躬行实践，所言皆见道之言。虽生阳明之里，余焰犹炽，而独卓然不为异说所惑。先生信从既久，固宜其言之与朱子悉相胞合，而文弨亦幸得窃闻绪余。于按试宝庆日，诸生循例讲书，有以《君子中庸》一章进讲者，与吾素所闻于吾师者，未有合也，因举吾师之说以为诸生正告焉。既有以所著《中庸图说》来质者，则新化生员刘光南也。其所解平易切实，多与吾旧所闻合，而又本朱子相当相对之语以为之图。不知者或以为穿凿破碎，而吾独喜其一本于自然，初非私意小智之所能为也。及入试，刘生又冠其曹，其文能以理胜，迥异乎矜才使气以求见长者，益信其有得于儒先之旨深也。吾房师汉阳孙楚池汉先生，尝寓书教文弨宜昌明理学，毋务华而弃实。顾所至殊不易得，既得刘生，丞举以告。先生索其书，于今月始赍以往，使者尚未返，不知于先生意何如？适刘生远来索序，岁云暮矣，姑且以文弨所见者塞其请。弢甫先生远在浙江，异日将并寄是书以求正，必待两先生许可，而后乃可为是书增重也。

乾隆三十三年戊子　1768年

正月十日，官修《历代通鉴辑览》成。

据《高宗实录》卷八〇二乾隆三十三年正月己亥条记：

> 《御批通鉴辑览》告成。御制序曰：编年之书，莫备于皇祖御批之《资治通鉴纲目》。盖是书集三编为一部，……篇幅虽多，而议论乃什倍于事实。……故命儒臣纂《历代通鉴辑览》一书，尽去历朝臣各私其君之习，而归之正。自隆古以至本朝，四千五百五十九年事实，编为一部全书。

三月四日，清廷因江西巡抚奏，查出李绂等人文集中"纰缪语言"，下令销毁"各项书本版片"。

据《高宗实录》卷八〇六乾隆三十三年三月壬辰条记：

> 谕军机大臣等：吴绍诗奏，查出李绂各集语多愤嫉，请革去生前官秩，并将伊子孙革职，解赴质审。……该抚所奏，将李绂子孙革职审拟及查封家口房屋，并查核李茹旻、冯咏、冯谦、万承仓、吴名岸、黄石麟等之处，一并无庸置议。但此等纰缪语言，既已刊刻成书，倘仍听其谬种流传，其于世道人心，贻误不浅。所有各项书本版片，该抚可逐一查明，即行销毁，毋令稍有留遗。

三月二十九日，浙江巡抚奏请将齐周华案所涉"妄言祸福"图书，"追板销毁"。

据《高宗实录》卷八〇七乾隆三十三年三月丁巳条记：

> 浙江巡抚熊学鹏奏，天台县逆犯齐周华悖逆一案，其书内所载为作齐

巨山序之新昌县人吕抚,早经身故。于其家中,查出《圣学图》一张、《一贯图》一张,所刻图说,虽无狂悖语句,但所称四大三际等语,半出撮拾附会。又列无稽图名于《一贯图》之下,怪诞不经。至所称六年穰,六年旱,十二年一大饥大熟等语,乃系妄言祸福,应追板销毁,以维正学。得旨:览。

五月二十三日,齐召南卒。

据《清史列传》卷七十一《齐召南传》记:

> 齐召南,字次风,浙江天台人。雍正七年副贡生。乾隆元年,召试博学鸿词,改翰林院庶吉士。……十三年,充会试同考官,入直上书房。大考一等一名,授内阁学士,兼礼部侍郎。……三十二年,族子周华以党吕留良遣戍,归刻其书,呈巡抚熊学鹏,诬列召南十罪。诏磔周华,逮召南至京,……革职。归,寻卒,年六十六。

又据钱仪吉辑《碑传集》卷三十二秦瀛撰《礼部侍郎天台齐公墓表》记:

> 公卒以乾隆三十三年五月二十三日。……所著有《水道提纲》三十卷,已刊行。又《历代帝王表》十三卷、《后汉公卿表》一卷、《宝纶堂文集》若干卷、《诗》若干卷,藏于家。

五月,卢文弨钞校惠栋遗著《春秋补注》毕,撰跋一篇。

据《抱经堂文集》卷八《惠定宇春秋补注跋》记:

> 丙戌之春,借得此本,课两儿分钞,不解文义,舛讹者半,儿子师江阴朱与持黼略为正之。钞未竟,会有湖南之行,携之箧中两年矣,卒卒无暇理此。今年至京师,长夏无事,补钞末卷。元本经转写亦有误,复为之一一正定,书乃完善。昔杜元凯尝谓,立德不可及,立功立言,或可庶几。其注《左传》,诚欲以当不朽之一也,岂知纰缪荒略之失,亦有不能自掩焉

者。名位赫奕，当时或未敢相难，而后之经生，乃得明目张胆，掎摭其短长，岂非率尔之为累哉？公卿大夫，各有职业，其为学必不如经生之专且勤，何事强其所不能以为名邪？虽然，元凯居其位，尚有余力著书，余则因官罢闲居，仅能卒业，弥不及矣，书之以识吾愧云。时戊子五月书。

七月二十四日，纪昀、王昶等因漏泄惩治卢见曾贪污案消息，被革职遣戍。

据《高宗实录》卷八一五乾隆三十三年七月己酉条记：

> 大学士刘统勋奏，审讯卢见曾寄顿赀财一案，先后究出向与卢见曾认为师生之候补中书徐步云，伊戚翰林院侍读学士纪昀，并军机处行走中书赵文哲，军机处行走郎中王昶，漏泄通信，应照例拟徒。……得旨：徐步云与卢见曾认为师生，遇此等紧要案件，敢于私通信息，以致卢见曾豫行寄顿，甚属可恶，著发往伊犁效力赎罪。纪昀瞻顾亲情，擅行通信，情罪亦重，著发往乌鲁木齐效力赎罪。余依议。

是年，戴震应直隶总督方观承聘，在保定修订《直隶河渠书》。八月十七日，方氏病故，刑部尚书杨廷璋接任。宾主失和，戴震返京。

据段玉裁辑《戴东原先生年谱》乾隆三十三年四十六岁条记：

> 是年，应直隶总督方恪敏公之聘，修《直隶河渠书》一百十一卷，未成。会恪敏薨，接任者前大学士杨公廷璋，不能礼敬先生，辞之入都。

九月二十八日，卢见曾卒。

据闵尔昌辑《碑传集补》卷十七卢文弨撰《故两淮都转盐运使雅雨卢公墓志铭》记：

> 公讳见曾，字抱孙，号澹园。先世在明初由涞水徙德州左卫。……康熙五十年举于乡，逾十年中礼部试。……以乾隆三十三年九月二十八日，故于苏，年七十有九。……公尝自号雅雨山人，谈艺者无不知有雅雨先生

也。公最笃师友之谊,珍其遗文而表彰之。……补刻朱竹垞《经义考》成完书,又刻《尚书大传》《大戴礼》等书十四种,皆善本。又惠定宇《周易述》、王渔洋《感旧集》,亦皆梓行。其《山左诗钞》若干卷,则公所选辑也。独己之诗文,唯《塞外集》有版本,余无暇自遴择。家居渐次编定,被籍时为有司所毁。今公子所掇拾,唯古文七十篇、诗二百七十首而已。

乾隆三十四年己丑　1769年

二月一日，重修太学文庙成，高宗撰碑文纪念。
据《高宗实录》卷八二八乾隆三十四年二月甲寅条记：

> 重修太学文庙成，御制碑文曰：……国学始于元太祖，置宣圣庙于燕京，由元及明，代有损益修葺。至本朝而崇奉规模为大备，列圣右文临雍，必事轮奂。乾隆戊午，朕诣学展仪，先诏易盖黄瓦，聿昭茂典。然丹艧虽致饰壮观，而上栋下宇，风雨燥湿，历年既久，浸敧是虞。爰以岁丁亥，发帑二十余万，特简重臣司其事。越己丑仲春告蒇工，朕亲释奠以落成焉。

四月二十一日，高宗命题，策试天下贡士于太和殿。
据《高宗实录》卷八三三乾隆三十四年四月癸酉条记：

> 朕万几之暇，懋勤典学，尤期海内弦诵之士，共励精勤，以光文治。钦选《四书文》，颁行已久，而或失之雷同剿说，或失之怪僻艰深，其弊安在？将教之者非欤，抑取之未善耶？夫以帖括为时文，其说已误，而以词赋取实学，其本已离，不得已而专试策论，又多浮词撦拾之患。今由科举以及朝考，三者皆用之矣，而未收得人之效，何欤？将欲一洗陋习，归于清真雅正，多士其以心得者著于篇。

戴震为余萧客著《古经解钩沉》撰序，阐发由训诂以通经，通经以明道的为学主张。
据段玉裁辑《戴东原先生年谱》乾隆三十四年四十七岁条记：

> 入都会试不第。为余仲林作《古经解钩沉序》。

又据《戴震文集》卷十《古经解钩沉序》记：

> 士生千载后，求道于典章制度，而遗文垂绝，今古县隔，……仅仅赖夫经师故训乃通。……经自汉经师所授受，已差违失次，其所训释，复各持异解。余尝欲搜考异文，以为订经之助，又广揽汉儒笺注之存者，以为综考故训之助。顾力不暇及，以语族弟时甫，方事于此。书未稿就，而吾友朱君文游，以其友余仲林之《古经解钩沉》若干卷，千里驰寄。前有天台齐宗伯、太仓王光禄二序，既为之导其意，嘉其存古之功。文游复语余曰："二公于子，廿数年之知，二公之所称许，是以余子又欲得子之一言也。"吾以仲林之为是书，好古而有师法，然吾因之重有感也。……后之论汉儒者，辄曰故训之学云尔，未与于理精而义明。则试诘以求理义于古经之外乎？若犹存古经中也，则凿空者得乎？呜呼！经之至者道也，所以明道者其词也，所以成词者未有能外小学文字者也。由文字以通乎语言，由语言以通乎古圣贤之心志，譬之适堂坛之必循其阶，而不可以躐等。……今仲林得稽古之学于其乡惠君定宇，惠君与余相善，盖尝深嫉乎凿空以为经也。二三好古之儒，知此学之不仅在故训，则以志乎闻道也，或庶几焉。

夏，戴震作幕山西，应聘修《汾州府志》。

据段玉裁辑《戴东原先生年谱》乾隆三十四年四十七岁条记：

> 是年夏，先生与朱文正公善，文正时为山西布政司使，先生偕玉裁往。玉裁主讲寿阳书院，先生客文正署中，已而汾州太守孙君和相聘修府志。是年成《汾州府志》三十四卷，其书之详核，自古地志所未有。

六月六日，清廷查禁钱谦益著《初学集》《有学集》。

据《高宗实录》卷八三六乾隆三十四年六月丙辰条记：

> 钱谦益……著《初学集》《有学集》，荒诞背谬，其中诋谤本朝之处，不一而足。……此等书籍悖理犯义，岂可听其流传，必当早为销毁。著各

该督抚等将《初学》《有学》二集，于所属书肆及藏书之家，谕令缴出，汇齐送京。至于村塾乡愚，僻处山陬荒谷者，并著广为出示，明切晓谕，定限二年之内，俾令尽行缴出，毋使稍有存留。钱谦益籍隶江南，其书板必当尚存，且别省或有翻刻印售者。俱著该督抚等，即将全板尽数查出，一并送京，勿令留遗片简。

六月二十五日，清廷责令江苏地方当局加快查缴钱谦益著述，不得因循贻误。

据《高宗实录》卷八三七乾隆三十四年六月乙亥条记：

钱谦益……《初学》《有学》二集，……前谕查销刻本，予限二年。原因边远省分及穷乡僻壤，一时或难周遍，是以宽定其期，俾不致失于疏漏。若江南地居近省，且系钱谦益原籍所在，尤应首先查缴。……高晋奉到此旨，务即实力查办，不得仅以委之属员塞责。若不留心身亲其事，以致有名无实，日后一有发觉，惟该督抚是问。八月二十九日，清廷责令广东地方当局查缴钱谦益著述。

据《高宗实录》卷八四一乾隆三十四年八月戊寅条记：

钱谦益《初学》《有学》二集，前经降旨通谕各督抚，查办追缴。今据永德查奏，诸在林、劳武曾将原本在广东照依翻刻。……著传谕李侍尧、钟音，于该省书坊明白晓谕，切实详查，如有翻刻板片及印就书本，即速追出，解京销毁。

同日，高宗颁谕，责令致仕旧臣沈德潜、钱陈群缴出所藏钱谦益著述。

据《高宗实录》卷八四一乾隆三十四年八月戊寅条记：

沈德潜、钱陈群二人，平素工于声韵，其收藏各家诗集必多。在钱陈群，于钱谦益诗文，似非其性之所近，且久直内廷，尚属经事，谅不致以应禁之书，转视为可贵。若沈德潜，向曾以钱谦益诗，选列《国朝诗别裁》集首，经朕于序文内申明大义，令其撤去。但既谬加奖许，必于钱谦益之诗多所珍惜。……伊二人宁不感戴殊荣，勉思仰副？若其家尚有钱谦益《初学》《有学》等集，未经呈缴者，即速遵旨缴出，与两人毫无干涉。……设或不知警悟，密匿深藏，使悖逆之词尚留人世，此即天理所不容，断无不久而败露之理。……朕于奖善惩恶，悉视其人之自取，从无丝毫假借。钱陈群尤所深知，而沈德潜则恐不能尽悉矣。

九月七日，沈德潜卒。
据《高宗实录》卷八四三乾隆三十四年九月庚子条记：

高晋奏，沈德潜于九月初七日在籍病故。

又据《清史列传》卷十九《沈德潜传》记：

沈德潜，江南长洲人。乾隆四年进士，……十一年三月，授内阁学士。……十二年四月，命在上书房行走。……十四年，诏原品休致。……三十四年……九月，德潜病卒。高晋覆奏，德潜家并无未缴钱谦益诗文集。

九月十一日，邵晋涵跋惠栋遗著《古文尚书考》。
据黄云眉《邵二云先生年谱》乾隆三十四年二十七岁条记：

李文藻以谒选客京师，钞校纪昀所藏惠栋《古文尚书考》。先生亦参校其书，卷末并有先生是年重阳后二日之手跋云：

惠氏《古文尚书考》，余最爱其《辨正义》四条，《证孔氏逸书》九条，议论精当，为竹垞、亭林所未逮。至下卷所述，则本前人而推广之者也。郑晓谓姚方兴二十八字，曰若句袭诸篇首，重华句袭诸《史记》，濬哲掠《诗·长发》，文明掠《乾·文言》，温恭掠《颂·那》，允塞掠《雅·常武》，玄德掠《淮南子鸿烈》，乃试以位掠《史·伯夷传》，其言与惠氏近。又旌德梅鷟撰《读书谱》四卷，《尚书考翼》一卷，余未之见。据陈第所引，如谓《禹谟》克艰，本诸《论语》；人心道心，本诸《荀子》；《咸有一德》之观政观德，取诸《吕氏春秋》；《说命》建邦设都，取诸《墨子·尚同篇》；《冏命》交修不逮，取诸《楚语》。此皆辨论之最有关系者。惠氏之书，与之符合，而不言其出于梅氏，祇别载梅说九条，何欤！梅氏之外，闻又有姚际恒《古文尚书通论·别伪例》十卷，钱煌《壁书辨疑》六卷，与阎氏《古文尚书疏证》后先并出，当备购其书，互相参考。（原注：见《山东省立图书馆季刊》一集一期，王琯《李南涧之藏书及其他》。）

是年五月至十一月，李文藻谒选在京，借为纪昀京邸检曝书籍之便，过录惠栋、戴震著述多种。

据李文藻《南涧文集》卷上《琉璃厂书肆记》记：

乾隆己丑五月二十三日，予以谒选至京师，寓百顺胡同。九月二十五日，签选广东之恩平县。十月初三日引见，二十三日领凭，十一月初七日出京。此次居京师五月余，无甚应酬，又性不喜观剧，茶园酒馆，足迹未尝至，惟日借书抄之。

又据同书《古文尚书考跋》云：

惠定宇经义底稿数种，在予房师纪晓岚先生所。乾隆己丑夏，予以谒选客京师，时先生方戍西域，郎君半渔招余检曝书籍，得见惠著《周易述》《易汉学》《周易本义辨证》《左传补注》《古文尚书考》。

又据戴震著《经考》卷末李文藻撰跋记：

是书从河间纪先生处借录，经余姚邵二云手校一过，无其讹错矣。乾隆己丑九月十八日，益都李文藻记于京城虎坊桥北百顺胡同寓舍。

十二月四日，清廷拟撤毁钱谦益经史诸书"悖谬"序文。
据《高宗实录》卷八四八乾隆三十四年十二月壬子条记：

军机大臣等奏,查汲古阁刻"十三经"、"十七史"、《唐诗鼓吹》、吴伟业《梅村集》、王士祯《渔洋集》等书,均有钱谦益序文,应请撤去。得旨:知道了。其经史及诸集内,所有钱谦益序文,语无悖谬者,俱不必撤毁。

乾隆三十五年庚寅　1770年

正月十日，清廷审查钦天监藏书。
据《高宗实录》卷八五〇乾隆三十五年正月戊子条记：

> 军机大臣等奏，臣等面奉谕旨，查询钦天监有无占验各书。据天文科各员称，所贮占验书，于乾隆十年，大学士傅恒取去四本，余存写本、刻本、观象玩占书共二十本。又刻本《开元占书》三十六本，博士薛鼎所修《农占书》草稿一本，天文生潘士权所修《农占书》草稿三本。俱缴进，并无存留。至乾隆二十三年奉旨纂《天文正义》成，颁贮三部。所有八节风占及星宿机祥之类，遵照此书摘取，更无杂项占书。报闻。

正月二十九日，清廷拟销毁占验书十八种。
据《高宗实录》卷八五一乾隆三十五年正月丁未条记：

> 军机大臣等奏，臣等面奉谕旨，查内廷存贮步算天文书十四种，均非占验书。其占验书十八种，俟呈览后即毁。从之。

二月，段玉裁著《诗经韵谱》成，经邵晋涵送请钱大昕订正。钱大昕欣然复书，既赞赏段著，亦间有商榷。
据钱大昕《潜研堂文集》卷三十三《与段若膺书》记：

> 闻足下名久矣。项邵孝廉与桐，以足下所撰《诗经韵谱》见示，寻绎再三，其于古人分部及音声转移之理，何其审之细而辨之确也。……足下谓音变而义未改，如"印吾台予"之"台"，非不可变如"哈"音，而"三台""天台"，古人故读若怡。真通人之论，先民有作，岂能易足下之

言乎！足下又谓声音之理，分之为十七部，合之则十七部无不互通。盖以《三百篇》间有歧出之音，故为此通韵之说，以弥缝之。愚窃未敢以为然也。……古人之音，固有若相通者，如真与清、东与侵，间有数字相出入，或出于方言，或由于声转，要皆有脉络可寻，非全部任意可通。……足下既考古而正经文之讹，而又兼存此传讹之音，以为通转之例，大道之多歧，必自此始矣。

四月九日，钱大昕应段玉裁之请，为《诗经韵谱》撰序。

据《潜研堂文集》卷二十四《诗经韵谱序》记：

> 金坛段君若膺撰次《诗经韵谱》成，予读而善之，叙其端曰：自文字肇启，即有音声，比音成文，而《诗》教兴焉。三代以前，无所为声韵之书，然《诗》三百五篇具在，参以经传子骚，类而列之，引而伸之，古音可偻指而分也。……明三山陈氏，始知考《毛诗》、屈宋赋以求古音。近世昆山顾氏、婺源江氏，考之益博以审。今段君复因顾、江两家之说，证其违而补其未逮，定古音为十七部。……辨哉言乎！古人以音载义，后人区音与义而二之，声音之不通而空谈义理，吾未见其精于义也。此书出，将使海内说经之家奉为圭臬，而因文字声音以求训诂，古义之兴有日矣，讵独以存古音而已哉！

五月一日，钱大昕自选诗集成。该书凡十卷，卷末有诗题惠栋《授经图》。

据《潜研堂诗集》卷首《自序》记：

> 予既以有韵之文受知圣明，然性不喜啖名，检点箧中所作，亦无甚称意者，故从未敢刻以问世。而江南书肆选刊近人诗，往往滥收拙作，真赝相半。偶有一客过予，诵所见佳句，听之愕然，谢以非某作，句亦殊不佳，客怃然而退。予于诗虽非专门，而寸心得失之故，要自知之，固不欲掠它人之美，亦岂可以恶诗冒为己有！兹取前后所作，钞为一集，不敢自以为

乾隆三十五年庚寅　1770年　219

是，亦欲存庐山之真面云尔。庚寅岁五月丁丑朔，大昕书。

又据《潜研堂诗集》卷十《题惠松崖徵君授经图》云：

汉儒说经重诂训，授受专门先后印。三代遗文近可推，大义微言条不紊。后人凿空夸心得，一笔欲将郑服摈。虚谭名理诃玩物，陈义甚高词已遁。我朝经术方昌明，天遣耆儒破迷闷。红豆风流手泽贻，三世大师清望峻。正谊常晞董仲舒，识古共推刘子骏。尤长羲《易》沂九师，辅嗣说行存亦仅。郢书燕说一例芟，坠简逸象尽日捃。画吞仲翔洵已足，论持赵宾兼肯仞。苦心孤诣识者谁，后有子云或能信。礼堂写定不得传，令子趋庭万人俊。群书暗诵才翩翩，家法相承语谆谆。青紫拾芥何足云，朴学千秋宜自奋。吾生亦有好古癖，问奇曾许抠衣进。廿年聚散等浮沤，宿草青青老泪抆。展图仿佛见平生，苦井长眢几时浚。黄门精熟继长翁，试听它年石渠论。

是年，戴震为曲阜孔氏重刊《五经文字》《九经字样》撰序，倡导研究文字学。

据《戴震文集》卷十《重刊五经文字九经字样序》记：

唐国子司业张参《五经文字》，初书于屋壁，日久剥坏，乃更土涂，以木版关其背，使负墉相比，而书其表，语详刘禹锡《国学新修五经壁记》。及开成二年，国子监《九经》石壁成，翰林勒字官唐玄度复拾补参所略，为《九经字样》。二书即列《石经》之后。今石刻具存，字多损阙，末有庸妄人补字。乾隆戊子冬，曲阜孔君体生谓，拓本不能家有其书，遂雕印成袠，又详加考正，别自为卷附焉。……自宋已来，学者于小学不讲，朱锡鬯云："《五经文字》独无雕本，为一阙事。"然周广顺三年，尚书左丞兼判国子监事田敏，献印版书《五经文字》《九经字样》各二部，奏称臣等自长兴三年校勘、雕印九经书籍。是此书雕本，在印版书甫创之初已有之，而绝不传闻，盖此学废弃久矣。孔君好古而知所从事，能去华取实于世之所不讲。余读是本，核订精审，不徒有功小学而已。治经之儒，先欲识字，其必自此书始。

钱大昕始研究《说文解字》。

据钱大昕自定义《竹汀居士年谱》乾隆三十五年四十三岁条记：

> 是岁始读《说文》，研究声音文字训诂之原。间作篆隶书。

程晋芳为沈大成《学福斋集》撰序，称许沈氏古文"醇厚尔雅"，兼及明清间古文诸家得失。

据《勉行堂文集》卷二《学福斋文集序》记：

> 乾隆庚寅夏，余来扬州，与老友松江沈君沃田昕夕过从。沃田酷爱余诗，为余作序，并属余序所著《学福斋古文》，余不能辞也。忆在都门，萃海内胜流，论及近日士夫学问，或曰："本朝经史考据之学，以及骈体诗词，皆远过前明，所不及者，时文与古文耳。"余曰："时文则信然矣，若古文岂遂多让耶？"……本朝之文亦不弱于前明矣。矧望溪前则有顾、黄、姜、魏诸家，后则沃田而外，盖不下数十人。虽其人尚未经论定，要皆能自成一家，视王、李诸人之赝作，不啻籋青云而游太虚，即谓突过前明，亦奚不可也！沃田之学之邃，他序盖详，余不复论及。惟爱其文不矜才，不使气，醇厚尔雅，足以追踪前辈，函盖众流，因论文以发其端云。

乾隆三十六年辛卯　1771年

四月二十二日，高宗命题，策试各省贡士，倡导学求执中。
据《高宗实录》卷八八三乾隆三十六年四月辛卯条记：

> 策试天下贡士邵晋涵等一百六十一人于太和殿前。制曰：……昔《虞书》以十六字衍万世心法之传，厥指不外执中，曰精曰一，执中之诣力也。逮尼山道隆祖述，子思子作《中庸》，特揭时中之义，以明一脉相承。而于大舜之用中，推溯问察隐扬，执两端之运量，其即精一之谓欤？顾中即天命之性，致中即尽性之事。《左氏》言受中以生，而《汤诰》言恒性曰降衷，衷与中二欤一欤？子舆氏又申执中无权之说，异学之分涂何在？隋儒王通有《中说》十卷，其粹远过荀、扬，学者转以僭经訾之，何欤？嗣是言心性莫若宋五子。周子《太极图说》，以中与正并举，程子言忠恕犹中庸，不可偏举，能缕析其底蕴欤？

四月二十五日，高宗颁谕，斥责贡士对策华而不实。
据《高宗实录》卷八八三乾隆三十六年四月甲午条记：

> 谕：前因殿试对策，贡士等多用颂联，甚非先资拜献之道，屡经降旨饬禁。今日读卷诸臣，将拟定十卷进呈，阅其文词，仍未免颂多规少，其间且有语涉瑞应者，朕意深为不取。夫文章华实不同，即关系士习淳漓之辨。贡士等进身伊始，若徒挦撦肤辞，习为谀颂，岂敦尚实学本意！现就各卷中，择其立言稍知体段，不至过事铺张者，拔列前茅。其措词近浮，及引用字句失当之卷，酌量抑置，以昭激劝。并将此旨通行晓谕知之。

六月，罗有高为江永遗著《古韵标准》撰序，称述江永及顾炎武离析古韵之功。

据江永《古韵标准》卷首罗有高《古韵标准叙》记:

> 夫小学六书,经艺之根柢,政教之权舆。训诂指归,《尔雅》总其钤键;形体孳益,《说文》详之。惟有音道,自成均古法不传,乐器散缺,真解殆绝。至于韵学一端,在古诚为糟粕,黄小受诗,当即通晓音部。而后世老生大儒,蒙缪不省,因袭固陋,不能复古。否则私智穿凿,疑误后来,愈无讥矣。六朝诸子,精究今韵,具有伦次,而颇惜其不兼存古读。是以秦、汉以前有韵之文,颠沛割裂,不复成章。若夫三经二纬,古乐体质,讴歌依之以永言,金石依之以谐声,邕好德之根荄,立中和之基始。而乃迁就方土,胶泥凤见,转益聱牙,何能通导性灵,兴发蹈舞?故顾氏《音学五书》之功,于是为大。江氏因之,撰《古韵标准》,宣决顾氏之蔽,匡正阙失,易气平心,求其是当,厥事尤伟。间有一二未允,而为有高耿耿之明所及知者,窃僭附论诸本书各韵之委。哲人览之,或可取裁乎?……乾隆辛卯六月,瑞金罗有高书于恩平寓舍。

八月十八日,清廷议复朝鲜国王,应将陈建《皇明通纪》、朱璘《明纪辑略》二书在该国"查禁焚销"。

据《高宗实录》卷八九一乾隆三十六年八月丙戌条记:

> 礼部议:朝鲜国王李昑奏称,国内流传康熙丙子年间朱璘所撰《明纪辑略》,本于明人陈建《皇明通纪》,载其先世之事,因讹袭谬,诬妄含冤,请将二书中有关小邦之语,并行刊去。查朱璘《辑略》,于乾隆二十二年,浙江巡抚杨廷璋奏请销毁。其陈建《通纪》,现遍访京城书肆,并无售者。是二书在中国久已不行,无事改削。该国王所称诬蔑其国祖康献王旦世系,及其四世祖庄穆王倧事迹二条,今恭阅钦定《明史·朝鲜列传》,载其始祖世系,及国人废珲立倧之处,考据已极详明。乾隆三年,我皇上允该国王所请,刷印颁给。该国自当钦遵刊布,使其子孙臣庶知所信从。若陈建

《通纪》、朱璘《辑略》二书，应令该国王于其国中自行查禁焚销，永杜疑窦。从之。

九月十六日，张震南因献策获罪处死。
据《高宗实录》卷八九三乾隆三十六年九月癸丑条记：

> 谕曰：张震南本系以诗句狂诞发遣之人，乃怙恶不悛，复敢于伊犁地方递呈献策，妄言滋事，其罪实无可宥。但核其词句，尚与悖逆者稍间。张震南着改为立斩，即于该处正法示众。

十月，翁方纲著《粤东金石略》在广州刊行。
据《粤东金石略》卷首《自序》记：

> 世多称集古自欧阳子，然碑记之作，始于陈緼、谢庄，邈矣。而梁时书目，已有《广州刺史碑》十二卷，恶得以服岭以南限哉！……方纲八年五周历，崖扪藓剔，所得盖五百余种，录为十二卷。以其有与图经互证者，故于受代之顷锓诸板，而补订讨论，以俟异日。……乾隆三十六年冬十月二十二日，大兴翁方纲。

十二月十二日，清廷责令改订辽、金、元诸史人、地、官名。
据《高宗实录》卷八九八乾隆三十六年十二月戊寅条记：

> 谕：前以批阅《通鉴辑览》，见前史所载辽、金、元人、地、官名，率多承讹袭谬，展转失真。又复诠解附会，支离无当，甚于对音中曲寓褒贬，尤为鄙陋可笑。……今《金国语解》业已订正藏事，而诸史原文尚未改定，若俟辽、元《国语》续成汇订，未免多需时日。著交方略馆，即将《金史》原本先行校勘，除史中事实久布方策，无庸复有增损外，其人、地、职官、氏族等，俱依新定字音，确核改正。其辽元二史，俟《国语解》告竣后，亦即视《金史》之例，次第厘订画一。仍添派纂修官，分司其事，总裁等综理考核，分帙进览候定。

钱大昕著《金石文跋尾》六卷成。

据《竹汀居士年谱》乾隆三十六年四十四岁条记：

> 是岁，撰次《金石文跋尾》六卷成，益都李南涧为刊板。

是年，戴震会试落第，再至山西，纂修《汾阳县志》。季冬，为温方如《西河文汇》撰序。

据段玉裁辑《戴东原先生年谱》乾隆三十六年四十九岁条记：

> 是年，会试不第，后修《汾阳县志》。……壬辰，玉裁因公诖误入都，见先生案上有新修《汾阳县志》，举一条相示云云，今已忘之。《汾州府志》，玉裁于卢学士家得之，《县志》今不可得也。

又据《戴震文集》卷十《温方如西河文汇序》记：

> 己丑秋，余至汾阳，应太守孙公之召也。属纂次府志，为之考订累月日。今李侯复以县志事邀之，再至。有持温君方如《西河文汇》请余言者。余未得与方如纵谈昔人访寻金石文字，厌意深远，徒见兹编，盖用心亦勤矣。方如持三寸弱管，踯躅于荒榛颓垣间，得其残碑，舐墨手抄，为人之所不为，在今日诚不易遇其人。……凡为书若干卷，虽所录文难拟诸古作者之立言有法，特以有涉于方志，观事存之。而方如搜讨之勤，倘用是专事遗逸，为府、州县志补阙正讹，更加日力，增删成帙，岂不足宝爱乎？因书以俟之。乾隆辛卯季冬月，休宁戴震撰。

戴震为沈大成《学福斋集》撰序，主张为学当由小学故训入手，最终以求明道。

据《戴震文集》卷十一《沈学子文集序》记：

> 强梧赤奋若之岁，余始得交于华亭沈沃田先生。……先生之学，于汉经师授受欲绝未绝之传，其知之也独深。……凡学始乎离词，中乎辨言，

终乎闻道。离词则舍小学故训无所藉，辨言则舍其立言之体无从而相接以心。先生于古人小学故训，与其所以立言用相告语者，研究靡遗。治经之士，得聆一话言，可以通古，可以与几于道。

自是年秋起，朱筠出任安徽学政，一时学坛俊彦纷纷入其幕府。据《高宗实录》卷八九二乾隆三十六年九月己亥条记：

> 谕：各省学政，现届差满，……安徽学政着朱筠去。

又据朱筠《笥河文集》卷七《游采石记》记：

> 辛卯冬十二月廿六日，余与上虞张方海凤翔、余姚邵二云晋涵、及门会稽章实斋学诚、宛平徐文圃瀚、武进洪稚存礼吉、黄仲则景仁、宛平莫逊之与俦，为采石之游。

又据章学诚《章氏遗书》卷十八《邵与桐别传》记：

> 当辛卯之冬，余与同客于朱先生安徽使院，时余方学古文辞于朱先生，苦无藉手。君辄据前朝遗事，俾先生与余各试为传记，以质文心。其有涉史事者，若表志记注、世系年月、地理职官之属，凡非文义所关，覆检皆无爽失。由是与余论史契合隐微。

又据吕培等辑《洪北江先生年谱》乾隆三十六年二十六岁条记：

> 十一月，先生以馆谷不足养亲，买舟至安徽太平府，谒朱学使筠。时学使尚未抵任，沈太守业富素重先生，留入府署。未匝月，适安徽道俞君成欲延书记，太守以先生应聘，已至芜湖，有留上朱学使书。学使得之甚喜，以为文似汉魏，即专使相延入幕。以腊月八日复抵太平，黄君景仁已先在署。学使作书遍致同朝，谓甫到江南，即得洪、黄二生，其才如龙泉、太阿，皆万人敌云。是年秋，在江宁与汪明经中、顾进士九苞订交。及入学使署，又与邵进士晋涵、高孝廉文照、王孝廉念孙、章孝廉学诚、吴秀

才兰庭交最密,由是识解益进。

桑调元卒于浙江。

据《清史列传》卷六十七《桑调元传》记:

> 桑调元,字伊佐,浙江钱塘人。……年十五,受业于(劳)史,得闻性理之学。……尝主九江濂溪书院,构须友堂,祠史,以著渊源有自。又辟余山书屋于东皋别业,友教四方之士,一以程、朱为法。晚主泺源书院,益畅师说。著有《论语说》二卷,所言皆阐《集注》未尽之义,颇为细密。又《躬行实践录》十五卷,言敬言仁,一宗程、朱,持论亦极醇正。其时文纵横排奡,自成一家。有《弢甫集》八十四卷。乾隆三十六年卒,年七十七。

姚范卒于安徽。

据郑福照辑《姚惜抱先生年谱》乾隆三十六年四十一岁条记:

> 正月八日,世父姜坞先生卒。

又据《清史列传》卷七十二《姚范传》记:

> 姚范,字已铜,鼐世父。乾隆七年进士,改翰林院庶吉士。九年,充顺天乡试同考官。十年,散馆,授编修,充"三礼"馆纂修官。后以告归,卒于里。范之学沉究遗经,综括精粹。每读书辄著所见于卷端,经史子集,丹黄杂下,词繁者裁短幅纸书之,无虑数千百条。鼐尝载数则于《经说》中……。立身行己,一准程、朱,乡后进咸师尊之。其曾孙莹,哀其遗集,为《援鹑堂笔记》三十四卷、《古文集》五卷、《诗集》七卷。

十月二十九日,沈大成卒。

据钱仪吉辑《碑传集》卷一四一汪大经撰《沈先生大成行状》记:

> 先生姓沈氏,讳大成,号沃田,松江华亭县人。……幼承家训,长师

黄宫允唐堂先生，而交吴中惠徵君松崖、天都戴孝廉东原、西泠杭太史堇甫、青浦王廷尉兰泉。故其为学原本"六经"，凡古今典章之沿革，政事之得失，与夫一名一物流传，考索研究，原委井然。……著有《学福斋文集》二十卷、《诗集》三十八卷。著而未成者，《读经随笔》也。先生生于康熙庚辰十月二十五日，殁于乾隆辛卯十月二十九日，年七十有二。

乾隆三十七年壬辰　1772年

正月四日，高宗颁谕，命收集古今群书，"以彰千古同文之盛"。据《高宗实录》卷九〇〇乾隆三十七年正月庚子条记：

> 命中外搜辑古今群书。谕：朕稽古右文，聿资治理，几余典学，日有孜孜。因思策府缥缃，载籍极博，其钜者羽翼经训，垂范方来，固足称千秋法鉴。即在识小之徒，专门撰述，细及名物象数，兼综条贯，各自成家，亦莫不有所发明，可为游艺养心之一助。是以御极之初，即诏中外搜访遗书，并命儒臣校勘十三经、二十一史，遍布黉宫，嘉惠后学。复开馆纂修《纲目三编》《通鉴辑览》及"三通"诸书。凡艺林承学之士，所当户诵家弦者，既已荟萃略备。第念读书固在得其要领，而多识前言往行以蓄其德，惟搜罗益广，则研讨愈精。如康熙年间所修《图书集成》全部，兼收并录，极方策之大观，引用诸编，率属因类取裁，势不能悉载全文，使阅者沿流溯源，一一征其来处。今内府藏书，插架不为不富，然古今来著作之手，无虑数千百家，或逸在名山，未登柱史。正宜及时采集，汇送京师，以彰千古同文之盛。……但各省搜辑之书，卷帙必多，若不加之鉴别，悉令呈送，烦复皆所不免。着该督抚等，先将各书叙列目录，注系某朝某人所著，书中要指何在，简明开载，具折奏闻。候汇齐后，令廷臣检核，有堪备阅者，再开单行知取进。庶几副在石渠，用储乙览。从此四库七略，益昭美备，称朕意焉。

是年正月，戴震自友人朱奂处见赵岐注《孟子》校本二种，喜赵氏学说残而复完，欣然撰跋。

据《戴震文集》卷十《孟子赵注跋》记：

吾友朱君文游，出所藏校本二示余。一有虞山毛扆手校印记，……一为何仲子手校之本。……二校本各有详略，得以互订。外有章丘李氏所藏北宋蜀大字章句本，毛斧季影钞者，并得赵岐《孟子篇序》。于是台卿之学，残失之余，合之复完，亦一大快也。乾隆壬辰春正月，休宁戴震识。

二月十九日，沈廷芳卒于北京。

据汪中《汪中集》卷六《沈公行状》记：

公字椒园，本徐姓，世为仁和人。……康熙五十年八月，公生于海宁之园华里。……弱冠游京师，声誉籍甚，……安溪李侍郎清植、长洲惠学士士奇、太仓张詹事鹏翀、桐城方侍郎苞，于时并申师友之契。……乾隆元年，……御试保和殿，名在二等，选翰林院庶吉士。……补山东按察使。二十七年，上南巡至山东，以公年老，命以原品致仕。……既归，……累为鳌峰、端溪、乐仪、敬敷四书院山长。……三十六年，与祝皇太后寿，恩加一级。明年二月甲申，考终于京师……。有《理学渊源》十卷、《续经义考》四十卷、《鉴古录》十六卷、《文章指南》四卷、《隐拙斋诗集》四十卷、《文集》二十卷。

三月十二日，查世柱《全史辑略》案发。

据《高宗实录》卷九〇四乾隆三十七年三月丁未条记：

又谕：朕览何焵折奏，罗山县在籍革职知县查世柱，著书不法，并将该犯所纂《全史辑略》四卷呈览，已批交该部核议速奏矣。及阅所纂书内，该抚签出各条，乃沿明季野史之陋。至于明末三王之书立、书继，其说亦非创自该犯。且遇大清起兵之处，亦知抬写，并未敢诋毁本朝，尚不至于大逆。但将应禁之《明史辑略》藏匿不毁，且敢采辑成书，自有应得之罪。其板片书册，自应一并销毁。俟刑部议覆时，再行酌量降旨。

三月十四日，查世柱案审结。

据《高宗实录》卷九〇四乾隆三十七年三月己酉条记：

> 刑部议奏，河南巡抚何煟奏，罗山县在籍革职知县查世柱，纂辑禁史，悖逆不道，拟斩立决。得旨：此案查世柱藏匿应禁《明史辑略》，且敢妄行采辑成书，刑部拟以重辟，固属罪有应得。但检阅所纂之书，系沿明季野史，尚非创自该犯，词语亦不至于悖逆。查世柱著从宽改为拟斩监候，秋后处决。

四月十三日，高宗颁谕，令追究王中"逆书"案。

据《高宗实录》卷九〇六乾隆三十七年四月戊寅条记：

> 又谕：……何煟……另折所奏审拟邪教一案，已批三法司核拟。及阅谌梅家搜出王中所传逆书，内有"平明不出周刘户，进在戊辰己巳年"之句。朕阅"平明"之"明"，左旁"日"字有补改痕迹，细察笔法，系"胡"字迁就改易而成，其为大逆显然。即后页"也学太公渭水事，一钓周朝八百秋"二语，亦俨然有自居太公兴周之意，不可不彻底严究，以申国法。

九月，安徽学政朱筠，奏请将"十三经"于太学摹勒上石。

据《高宗实录》卷九一七乾隆三十七年九月辛酉条后记：

> 安徽学政朱筠奏，蒙恩简任以来，时以实学训迪，诸生亦蒸蒸向风。第试卷中别字俗体，触目皆是，江南且然，何况小省！请敕下儒臣，取"十三经"正文，依许慎《说文》、顾野王《玉篇》、陆德明《释文》，校定点画。择翰林、中书之工书者，以清汉二体书之，摹勒上石，揭于国子监之壁，昭示万世。得旨：此奏虽是，待朕缓缓细酌。

是年，章学诚始著《文史通义》。夏，由安徽返乡，旅居宁绍台道冯廷丞衙署。秋，就《文史通义》撰著事，有书致京中诸师长曹学闵、钱大昕、朱棻元。

据黄云眉著《史学杂稿续存》附录《章氏遗书未收入之实斋手札二

通》一、《上慕堂光禄书》记：

  秋气转清，南州木叶渐索……。夏间迂道返浙，十里故土，便如隔世。值均弼先生观察宁绍，渡江相见，为道先生近履，及受之、申之两兄颇悉。慰甚慰甚。……在绍伏疴两月，颇惧得过日多。哀集所著《文史通义》，其已定者，得内篇五，外篇二十有二。文多不可致，谨录三首，求是正讫，转致辛楣先生、朱春浦师。两处书俱未缄，亦乞阅后封致。……愚侄章学诚顿首。外文三篇，并呈朱春浦师及辛楣先生，以缮录手不暇给也。

又据同书二、《上晓徵学士书》记：

  学诚顿首晓徵学士先生阁下：自出都门，终日逐逐，江南秋高，风日清冽，候虫木叶，飒飒有南北风气之殊。因忆京华旧游，念久不获闻长者绪论，以为耿耿。敬想入秋来起居定佳，伏维万福。学诚自幼读书无他长，惟于古今著述渊源，文章流别，殚心者盖有日矣。尝谓古人之学，各有师法，法具于官，官守其书，因以世传其业。访道者不于其子孙则其弟子，非是即无由得其传。昔孔子问礼，必于柱下，而汉代迁、固之书，他学者未能通晓，必待外孙杨恽，女弟曹昭，始显其业，意可知也。《周官》三百六十，皆守其书，而存师法者也。秦火而后，书失传而师法亦绝，今所存者，特其纲目。《司空篇》亡，六卿联事之义，又不可以强通，条贯散失，学术无所统计，所赖存什一于千百者，向、歆父子之术业耳。盖向、歆所为《七略》《别录》者，其叙六艺百家，悉惟本于古人官守，不尽为艺林述文墨也。其书虽轶，而班史《艺文》独存。《艺文》又非班固之旧，特其叙例犹可推寻。故今之学士，有志究三代之盛，而溯源《官礼》，纲维古今大学术者，独汉《艺文志》一篇而已。夫《艺文》，于贾谊《左传》训故，董仲舒说《春秋》事，尹更始《左传》章句，张霸《尚书》百两篇，及叔孙《朝仪》，韩信《军法》，萧何《律令》之类，皆灼然昭著者，未登于录。秦官奏事，太史公书，隶于《春秋》，而诗赋五种，不隶《诗经》。

要非完善无可拟议者。然赖其书，而官师学术之源流，犹可得其仿佛。故比者校雠其书，申明微旨，又取古今载籍，自六艺以降，讫于近代作者之林，为之商榷利病，讨论得失，拟为《文史通义》一书。分内、外、杂篇，成一家言。虽草创未及什一，然文多不能悉致，谨录三首呈览，阁下试平心察之，当复以为何如也。学术之歧，始于晋人文集，著录之舛，始于梁代《七录》，而唐人四库因之，千余年来，奉为科律，老师宿儒，代生辈出，沿而习之，未有觉其非者。体裁讹滥，法度横决，汹汹若溃堤之水，浸流浸失，至近日而求能部次经史，分别传志，题款署目之微，亦往往而失也。独怪刘子玄之才，其于艺林得失，讨论不可为不精，持择不可为不审，而于隋志经籍，不责其擅改班固成法，而讥其重录古书，君子一言以为不智，其失莫甚于此！郑樵校雠，实千古之至论，而艺文部次，不能自掩其言。且班志未尝废图谱，而郑氏深非其收书不收图，则郑樵于此道要亦未尝明习，以才高言多偶合耳。向、歆之业不传，而《官礼》家法，邈不可考，古人大体，学者又何从而得见欤？欧阳《新唐·艺文》，删去叙录，后代著录之书，直如书贾簿籍，无论编次非法，即其合者，亦无从而明其义例，校雠之失传，所系岂细故哉！阁下前示《元艺文志》初稿，所录止元世著述。窃谓后代补苴前史，自与汉唐诸史不可一例相拘，第《宋史》而后，古书存亡聚散，从此失纪。且志一代艺文，先录其中外藏书，庶有裨于后人辨证。元至正间，诏求天下遗书，如上海庄氏书目分甲乙十门，亦其选也。其余私门目录，或存或亡，而秘书监志官书目录，固可得其大概。夫前代志艺文者各有所本，《汉志》本于《七略》，《隋志》本于《七录》，《唐志》本《集贤殿目》，《宋志》本《崇文总目》，其间明注有录无书，或标著录若干家，不著录若干家者，皆据所本之书而言，此知古人不必尽见四库而始为志也。然则《秘书》一志，自可作一《七略》粉本，余或徐俟考订。愿阁下有以易之也。学诚兀兀无以自主，尝持固陋之说，质于朋辈，莫不哑然引去。惟竹君师颇允其说，邵君与桐独有惬于《通义》一书，其所著述往往采其凡例，意乡人不免阿所好欤？然天壤之大，得一二知己，可以不恨，区区之论，固不足庭喻而户告之也。阁下精于校雠，而益以闻见之富，又专力整齐一代之书，凡所搜罗撰述，皆足追古作者而集其成，即今绍二刘之业而广班氏之例者，非阁下其谁托！敢以一得之愚，质之左右，惟赐之教答而扩以所未闻，幸甚！不宣。学诚再拜。八月二十日二鼓，太平府署中。

黄云眉先生注云：上二书录自陈监先在太原书肆所钞得之乾嘉学者等致汾阳曹慕堂父子手迹中。见一九四六年十一月六日《大公报·文史》。

又据章学诚《章氏遗书》卷二十二《候国子司业朱春浦先生书》记：

不侍函丈，才匝岁耳，意思悁悁，辄如积数十年之忱，不获一面诉然者。夫非先生别路孤赏，向推骨肉心肾之爱，何以及此！学诚二十年不见江南秋矣。当微风脱叶，候雁初鸣，辄忆儿时乡里情事，历历如昨。今忽为羁客悲秋，襄游邈不可得。……夫人之相知，得心为止。学诚家有老母，朝夕薪水之资，不能自给，十口浮寓，无所栖泊，贬抑文字，稍从时尚，则有之矣。至先生所以有取于是，而小子亦自惜其得之不偶然者，夫岂纷纭者所得损益。是以出都以来，颇事著述，斟酌艺林，作为《文史通义》。书虽未成，大指已见辛楣先生候牍所录《内篇》三首，并以附呈。先生试察其言，必将有以得其所自。

邵晋涵有书致章学诚，寄厚望于学诚《文史通义》的撰述。
据邵晋涵《南江文钞》卷八《与章实斋书》记：

实斋六兄足下：别离如昨，倏及三旬，想兴居安吉，校文余暇，未知《文史通义》新有撰述否？自《周官》之法失传，六艺乘散，校雠诸家紊而不知其统，缀学之徒，无所承受。昧者受罩牢，黠者操奇谲，憪然奋笔以眩耀时人之耳目。其术愈岐，其迹亦屡迁，其去康庄也愈远。诚得为之安定其辞，厘正其体，如衡之悬，如规矩之正，无巧工不巧工，率依仿以从事，世相守以成法，罔或离畔以去也，不诚六籍以昌明哉！足下以伉爽之识，沈贽之思，采《七略》之遗意，娓娓于辨章旧闻，考撰异同，校雠之得其理，是诚足下之责也。……寒夜独坐，想念甚切，信笔馺缕，何异徽州使院中对饮小楼，商榷今古乎？然终恨足下之不能面论也。

案：胡适、姚名达订补《章实斋先生年谱》乾隆三十七年壬辰条："由此可知先生作《文史通义》，实始于是年。"其下注云："《南江文钞》，《与章实斋书》亦可作证。"

十月十七日，清廷敦促各省督抚、学政购访遗书。

据《高宗实录》卷九一九乾隆三十七年十月戊寅条记：

谕军机大臣等：前以历代流传旧书，及国朝儒林撰述，向来未登大内收藏书目者，已降旨直省督抚，会同各学政，通行购访，汇列书名奏闻，再令廷臣检核，行知取进。迄今几及匝岁，曾未见一人将书名录奏，饬办殊为延缓。……各督抚等，其即恪遵前旨，饬催所属，速行设法访求。无论刊本、钞本，一一汇收备采。俟卷帙所积稍充，即开具目录，附折奏明，听候甄择移取。仍将现在作何办定章程，及有无购得若干部之处，先行据实奏覆。

十一月二十五日，安徽学政朱筠奏报访求遗书情况，建议开馆校书。

据朱筠《笥河文集》卷一《遵旨覆奏访求遗书折子》记：

臣职在文学，自去冬抵任以来，即准部札，接奉前旨，留心购访。及臣按试各属，一县一州，随处咨询，并饬学官诸生，各举闻见所及，无论刻本抄本，取送校阅。其陆续赍到及访闻现有其书可采录者，若安庆则有方以智《通雅》，方中德《古事比》，方中履《古今释疑》；徽州则有江永《礼经纲目》《周礼疑义》，戴震《考工记图》《屈原赋注》；宁国则有梅鼎祚《算学全书》，施闰章《愚山集》，吴肃公《街南集》及《阐义》；太平则有徐文靖《竹书统笺》《山河两戒考》；凤阳则有曹楷《闵子年谱》；颍州则有《刘体仁集》；六安则有连斗山《周易辨画》；庐州则有合肥县知县张佩芳《陆贽奏议纂注》诸书。并皆潜心服古，说有依据，足成一家之言，可备甄择。其余前代故书，尚俟渐次网罗，以期充备。其如何办立章程，开局汇校，一面与抚臣札商，务期搜访无遗，编次有法，足资广益，仰答勤求。俟卷帙稍充，目录谨辑，再行汇奏，恭呈乙览。

又据同书卷一《谨陈管见开馆校书折子》记：

一、旧本抄本，尤当急搜也。汉唐遗书，存者希矣，而辽、宋、金、元之经注、文集，藏书之家，尚多有之。顾无刻本，流布日少。其他九流百家，子余史别，往往卷帙不过一二卷，而其书最精，是宜首先购取，官抄其副，给还原书。用广前史艺文之阙，以备我朝储书之全，则著述有所原本矣。

一、中秘书籍，当标举现有者，以补其余也。臣伏思西清东阁，所藏无所不备。第汉臣刘向校书之例，外书既可以广中书，而中书亦用以校外书。请先定中书目录，宣示外廷，然后令各举所未备者以献，则藏弆日益广矣。臣在翰林，常翻阅前明《永乐大典》，其书编次少伦，或分割诸书以从其类，然古书之全而世不恒觏者，辄具在焉。臣请敕择取其中古书完者若干部，分别缮写，各自为书，以备著录。书亡复存，艺林幸甚。

一、著录、校雠，当并重也。前代校书之官，如汉之白虎观、天禄阁，集诸儒校论异同及杀青。唐宋集贤校理，官选其人。以是刘向、刘知幾、曾巩等，并著专门之业。历代若《七略》《集贤书目》《崇文总目》，其书具有师法。臣请皇上诏下儒臣，分任校书之选。或依《七略》，或准四部，每一书上，必校其得失，撮举大旨，叙于本书首卷，并以进呈，恭俟乙夜之披览。臣伏查武英殿原设总裁、纂修、校对诸员，即择其尤专长者，俾充斯选。则日有课，月有程，而著录集事矣。

一、金石之刻，图谱之学，在所必录也。宋臣郑樵，以前代著录陋阙，特作二略以补其失。欧阳修、赵明诚，则录金石；聂崇义、吕大临，则录图谱，并为考古者所依据。请特命于收书之外，兼收图谱一门，而凡直省所存钟铭碑刻，悉宜拓取，一并汇送校录良便。

戴震为任基振著《尔雅注疏笺补》撰序，重申以训诂治经的为学方法。

据段玉裁辑《戴东原先生年谱》乾隆三十七年五十岁条记：

> 是年，为国子监丞任君领从（原注：名□□，高邮人。）作《尔雅注疏笺补序》。任君自丙戌已成书，至此七年，成定本，请序。

又据《戴震文集》卷三《尔雅注疏笺补序》记：

> 《尔雅》，"六经"之通释也。援《尔雅》附经而经明，证《尔雅》以经而《尔雅》明。……丙戌春，任君领从以所治《尔雅》示余，余读而善之。今又越七载，任君官京师，犹孜孜是学不已，更出其定本属余撰序。夫今人读书，尚未识字，辄目故训之学不足为。其究也，文字之鲜能通，妄谓通其语言，语言之鲜能通，妄谓通其心志，而曰傅合不谬，吾不敢知也。任君勤于治经，盖深病夫后儒凿空之说，歧惑学者，欲使本诸《尔雅》，以正故训，故以是学先焉。书中考索精详，辨据明晰，则读其书者固知之。休宁戴震。

是年会试落第，戴震与广东顺德胡亦常同舟南归，胡氏抄录戴震著述，携回广东。

据钱大昕《潜研堂文集》卷四十六《孝廉胡君墓志铭》记：

> 岭以南才士，予所识者三人，钦州冯敏昌鱼山，顺德张锦芳药房及胡亦常同谦。同谦以《诗经》举于乡，出吾友益都李南涧之门。其来京师，介南涧书访予，与之言诗文源流，洞中症结。它日读其所作诗，超然独往，脱弃凡近之格。既下第南归，与休宁戴东原同舟，至富春江乃别。舟中，尽钞东原所著书，携归，将刊之东粤。抵家后，手书报予，欲壹其志于经术，予益耸然异之。

又据段玉裁辑《戴东原先生年谱》乾隆三十七年五十岁条记：

是年，会试南归，与顺德胡亦常同舟月余，亦常能好学得师者，益都李君文藻门下士也。

是年秋，戴震著《绪言》成。
据段玉裁辑《戴东原先生年谱》乾隆三十七年五十岁条记：

《孟子字义疏证》，原稿名《绪言》，有壬辰菊月写本，程氏易田于丙申影抄。

戴震主讲浙东金华书院，刊自定《水经注》。
据段玉裁辑《戴东原先生年谱》乾隆三十七年五十岁条记：

是年，主讲浙东金华书院，刊自定《水经注》。至癸巳，未及四之一，而奉召入都矣。后在都踵成之，今不用校语之本是也。聚珍板本依旧时卷第，全载校语，而经、注相淆者悉更之，得之者可以知宋后本之无不舛误。自刻板本，悉去校语，悉将正文改定，于注文循其段落，每节跳起，难读处可一目了。而不分卷数，为十四册，以今所存水百二十三，每水为一篇。以河、江为纲，按地望先后，分属于河、江左右为次。得之者可以撇弃校订，专壹考古，善长之书，合二本无遗憾矣。自刻本有先生自序及曲阜孔户部序，与聚珍板同时而出者也。

程晋芳整理旧日家藏书目，撰《桂宧藏书序》一篇，可觇一时藏书掌故。
据程晋芳《勉行堂文集》卷二《桂宧藏书序》记：

今海内藏书家，相传无若宁波范氏天一阁。阁之四面，池水回环，客有借钞者，自置糇糒，具纸笔坐阁中，不限月日，竣事乃去。扬州马氏，余之族姻也，以数万金购得传是楼、曝书亭藏书。余尝假其目录观，则亦无甚奇秘本，意其畏人假索，别编一目以杜请求欤？然窃闻有湖州书贾，设小肆于其宅旁，以利啖司书者，潜获异书去。主人年笃老，防察疏，可叹也。吴郡朱文游者，嗜书成癖。家所藏三种，曰善本，宋元精刻及影摹旧本最工者；曰校本，经竹垞、义门及惠氏定宇朱墨雠勘者；曰秘本，人间所罕传而已独有者。惜其于四部恒有之书不甚鸠集，而宋元人文集又复寥寥。然则稽古之儒，必众籍赅缮，而后足备研求。日月如流，材力所限，不几抱愿以终乎？余年十三四岁，即好求异书，家所故藏，凡五千六百余卷。有室在东偏，上下小楼六间，庭前杂栽桂树，名之曰桂宦。四方文士来者，觞咏其中，得一书则置楼中，题识装潢，怡然得意。吾友秀水李情田，知余所好，往往自其乡挟善本来。且购且钞，积三十年而有书三万余卷。其后家益贫，不获已则以书偿宿负，减三分之一。自来京师十年，坊肆间遇有异书，辄典衣以购，亦知玩物丧志之无益，而弗能革也。壬辰长夏，病卧一室，取旧时书目阅视，为之慨然。回顾江南，家无一橼片瓦，故书之寄在戚友家者，知能完整如旧否？而随身书籍，尚有万五千卷，足供循览。因就旧目，详为编次，以志余畴昔之苦心。其存者稍为别裁，他日或幸有力，犹将补所未备。要之，视范、马、朱氏所藏，终不逮远矣。欧阳子云，足吾所好，终老焉可也，遑计其他乎！

冬抄，王念孙避仇至安徽，入朱筠幕，与汪中定交。

据刘盼遂辑《王石臞文集补编》之《与汪喜孙书三》记：

尊甫与念孙定交于笥河先生幕府，在壬辰之冬。

又据刘盼遂辑《高邮王氏父子年谱》乾隆三十七年二十九岁条记：

会试不第，与刘台拱定交于京师。出都避祸天长，旋于冬抄赴安徽太平府，从朱筠于安徽学政任。

又据《笥河文集》卷首李威撰《从游记》记：

先生在江南，广延知名士居幕下，四方学者争往归焉。高邮王怀祖，深明六书七音之旨，旁通训故考据，一时贤士谈古学者，皆弗及也。避祸天长，闻先生能为人排难解纷，跋涉往见。先生敬礼之，时从问字质疑，未尝以前辈体貌自居，为飞书当路，护持其家尽力。江都汪容甫，才学通敏，冠绝江南北。素傲睨，好诋议人，辄招时忌，无能合其意者。乃负笈从先生游，先生亦礼遇之有加，歉然常若弗及之也。

乾隆三十八年癸巳　1773年

正月十八日，安徽学政朱筠刊布宋版《说文解字》。
据朱筠《笥河文集》卷五《说文解字叙》记：

> 大清乾隆三十有六年冬十一月，筠奉使者关防来安徽视学。明年，按试诸府州属，辄举"五经"本文，与诸生月日提示讲习。病今学者无师法，不明文字本所由生。其狃见尤甚者，至于谣谄不分，锻锻不辨，据旁著处，适内加商，点画淆乱，音训泯棼。是则何以通先圣之经，而能言其义耶？既试，岁且一周。又明年春，用先举许君《说文解字》旧本，重刻周布，俾诸生人人讽之，庶知为文自识字始。惜未及以徐锴《系传》及他善本详校。第令及门宛平徐瀚，检正刻工之讹错，又令取"十三经"正文，分别本书载与不载者，附著卷末，标曰《文字十三经异同》。略可见古人文字承用之意，知者当自得之。……昭阳大荒落孟陬之月十八日。

二月六日，清廷议覆安徽学政朱筠开馆校书事宜。
据《高宗实录》卷九二六乾隆三十八年二月乙丑条记：

> 军机大臣等议覆安徽学政朱筠条奏搜辑遗书事宜。一、汉、唐遗书已少，辽、宋、金、元之经注、文集，及九流百家、子余史别，若无刊本，请购取官钞等语。应遵奉前旨，如系家藏未刊之书，缮录副本，将原本给还，仍令各省妥协搜采。一、宋臣郑樵作《图谱》《金石》二略，欧阳修、赵明诚则录《金石》，聂崇义则录《图谱》，并为考古依据。请兼收图谱一门，将各省所有钟铭碑刻，拓取汇选。查古今金石源流，可供考证者具在。至山林荒寂之所，必令官为拓取，恐致纷扰，毋庸渎办。一、前明《永乐

大典》一书，陈编罗载，请择其中若干部，分别缮写，以备著录。查此书原共二万二千九百余卷，一万一千九十五册。就原书目录检查，其中不恒经见之书颇有，若概不分别选择，殊非采访遗书本义。应拣派修书翰林，逐一查校，如有实无传本，而各门凑合，尚可成书者，摘开书名，伏候训示。一、前代校书著录，如《七略》《集贤书目》《崇文总目》等编，俱可师法。应令儒臣于每书校其得失，撮举大旨，叙于卷首，以便观览。查宋王尧臣等《崇文书目》、晁公武《读书志》，就所藏书籍，编次目录，别为一书，最为简当。应仿其体例，分经、史、子、集，详载部分卷数，撰人姓名，垂示久远。

得旨：军机大臣议覆朱筠条奏内，将《永乐大典》择取缮写，各自为书一节。……著即派军机大臣为总裁官，仍于翰林等官内，选定员数，责令及时专司查校。……先行摘开目录奏闻，候朕裁定。……至朱筠所奏，每书必校其得失，撮举大旨，叙于本书卷首之处。若欲悉仿刘向校书序录成规，未免过于繁冗。但向阅内府所贮康熙年间旧藏书籍，多有摘叙简明略节，附夹本书之内者，于检查洵为有益。应俟移取各省购书全到时，即令承办各员，将书中要指隐括，总叙崖略，粘贴开卷副页右方，用便观览。余依议。

二月十二日，卢文弨为惠栋遗著《九经古义》撰序，表彰惠氏务实之学。

据卢文弨《抱经堂文集》卷二《九经古义序》记：

《九经古义》十六卷，吴徵士惠松崖栋先生之所著也。凡文之义，多生于形与声。汉人去古未远，其所见多古字，其习读多古音，故其所训诂要本旨为近，虽有失焉者，寡矣。唐之为释文、为正义者，其于古训亦即不能尽通，而犹间引其说，不尽废也。至有宋诸儒出，始以其所得乎天之理，微会冥契，独辟突奥，不循旧解。其精者固不可易，然名物、象数、声音、文字之学多略焉。近世学者安于记诵辞章之习，但知发策决科为务，与之言古训，骇然以为迂晦而难通，塞耳而不能听也。嗟乎！此学问之所以日入于靡烂，而有终身读书不识一字之诮也乎！今读徵君此书，单词片义，具有证据，正非曲徇古人。后之士犹可于此得古音焉，求古义焉，是古人之功臣而今人之硕师也。为性理之学者，或视此为糟粕。然虚则易歧，实则难假，承学之士要必于此问涂，庶乎可终身不惑也。余十数年前见是书，即为之商略体例，校订讹字，而还之徵君之子承绪。洎余自湖南归，复从乞借钞，携之京师。嘉定钱学士辛楣大昕，历城周进士书愚永年，各录一本以去，而余转鹿鹿未能卒业。至今春，赖友朋之力，始得录全。计元本之在余箧中，又五年所矣。书此以见岁月之空驰，而读书能不间断诚难也，且以志余愧云。时乾隆三十八年仲春，旬有二日。

二月十二日，清廷开馆校核《永乐大典》，高宗确定他日采录成编，题名《四库全书》。

据《高宗实录》卷九二六乾隆三十八年二月庚午条记：

谕：昨据军机大臣议覆朱筠条奏，校核《永乐大典》一折，已降旨派军机大臣为总裁，拣选翰林等官，详定规条，酌量办理。兹检阅原书卷首序文，其言采掇搜罗，颇称浩博，谓足津逮四库。及核之书中，别部区函，编韵分字，意在贪多务得，不出类书窠臼，是以踳驳乖离，于体制未为允协。……朕意从来四库书目，以经、史、子、集为纲领，裒辑分储，实古今不易之法。是书既遗编渊海，若准此以采撷所登，用广石渠金匮之藏，较为有益。着再添派王际华、裘曰修为总裁官，即会同遴简分校各员，悉心酌定条例，将《永乐大典》分晰校核。除本系现在通行，及虽属古书而词义无关典要者，不必再行采录外，其有实在流传已少，其书足资启牖后学，广益多闻者，即将书名摘出，撮取著书大指，叙列目录进呈，候朕裁定，汇付剞劂。其中有书无可采，而其名未可尽没者，祇须注出简明略节，以佐流传考订之用，不必将全部付梓，副朕裒补阙遗，嘉惠士林至意。再是书卷帙如此繁重，而明代葳役，仅阅六年。今诸臣从事厘辑，更系弃多取少，自可克期告竣，不得任意稽延，徒诮汗青无日。仍将应定条例，即行详议，缮折具奏。

寻议：查《永乐大典》一书，但夸繁博，殊无体例，搜罗古籍，采录固在无遗，别择尤宜加审。今欲征完册，以副秘书，则部分去取，不可不确加校核。谨遵旨将应行条例公同悉心酌议。……得旨：依议。将来办理成编时，著名《四库全书》。

二月二十二日，清廷责成江浙地方官府收求流散民间的《永乐大典》。

据《高宗实录》卷九二七乾隆三十八年二月辛巳条记：

谕军机大臣等：近因访求载籍，以翰林院所储之《永乐大典》内，多有人未经见之书，派员查核，约缺一千余本，较原书少什之一，不知何时散佚。闻此书当时在内阁收存时，即有遗失。……著高晋、三宝札知各本籍地方官，令向各家一为访问，倘果有其书，无论本数多寡，即为缴出送京。……又或此书别经流播，因而散落人间，以及书贾坊林，视为前朝旧书，转相售易，亦属事理所有，并著高晋等留心体访。

三月二十八日，高宗就访求遗书事再颁谕旨，指斥各地督抚敷衍塞责，下令以半年为限，务将搜书事办妥。

据《高宗实录》卷九二九乾隆三十八年三月丁巳条记：

谕：前经降旨，令各该督抚等，访求遗书，汇登册府。近允廷臣所议，以翰林院旧藏《永乐大典》，详加别择校勘，其世不经见之书，多至三四百种。将择其醇备者，付梓流传……及各省奏到书单，寥寥无几，且不过近人解经论学、诗文私集数种，聊以塞白。……上以实求而下以名应，殊未体朕殷殷咨访之意。……著再传谕各督抚等，予以半年之限，即遵朕旨，实力速为妥办，陆续奏报。若再似从前之因循搪塞，惟该督抚是问。

三月二十九日，高宗颁谕，敦促江浙督抚将已得遗书汇送京城。
据《高宗实录》卷九二九乾隆三十八年三月戊午条记：

> 谕军机大臣等：昨以各省采访遗书，奏到者甚属寥寥，已明降谕旨，详切晓示，予以半年之限，令各督抚等，作速妥办矣。……至书中即有忌讳字面，并无妨碍，现降谕旨甚明。即使将来进到时，其中或有诞妄字句，不应留以疑惑后学者，亦不过将书毁弃，转谕其家，不必收存，与藏书之人并无干涉，必不肯因此加罪。至于督抚等经手汇送，更无关碍，又何所用其疑畏乎？朕平日办事光明正大，可以共信于天下，高晋等尤所深知。而其所隶州郡，藏书什倍于别省，征访之事，更当向其责成。著将此专交高晋、萨载、三宝，务即恪遵朕旨，实力购觅，并当举一反三，迅速设法妥办，以副朕殷殷伫望之意。如有觅得之书，即行陆续录送，毋庸先行检阅。

闰三月三日，高宗颁谕，敦促两淮盐政收访遗书。
据《高宗实录》卷九三〇乾隆三十八年闰三月壬戌条记：

> 谕军机大臣等：……淮扬系东南都会，商人中颇有购觅古书善本弆藏者，而马姓家蓄书更富。……李质颖系翰林出身，于典籍气味尚近，且现为盐政，查办尤易为力。……著传谕李质颖，即遵旨妥办。查访藏书内流传已少，及现在并未通行各书，向其家借出，缮录副本呈送。

闰三月十一日，清廷任命《四库全书》馆正副总裁。
据《高宗实录》卷九三〇乾隆三十八年闰三月庚午条记：

> 谕：现在办理《四库全书》，卷册浩繁，必须多派大臣，董司其事。刘统勋、刘纶、于敏中、福隆安、王际华、裘曰修，俱著为正总裁，英廉、庆桂外，并添派张若溎、曹秀先、李友棠为副总裁。

同日，清廷任命《四库全书》馆一应纂修人员，并征调邵晋涵、周永年、戴震等入馆校书。

据《高宗实录》卷九三〇乾隆三十八年闰三月庚午条记：

> 大学士刘统勋等奏：纂辑《四库全书》，卷帙浩博，必须斟酌综核，方免罣漏参差。请将现充纂修纪昀、提调陆锡熊，作为总办。原派纂修三十员外，应添纂修翰林十员。又查有郎中姚鼐、主事程晋芳、任大椿、学正汪如藻，降调学士翁方纲，留心典籍，应请派为纂修。又进士余集、邵晋涵、周永年，举人戴震、杨昌霖，于古书原委，俱能考订，应请旨调取来京，令其在分校上行走，更资集思广益之用。从之。

闰三月二十八日，高宗颁谕，令在扬州就近借钞盐商马氏藏书。
据《高宗实录》卷九三一乾隆三十八年闰三月丁亥条记：

> 谕军机大臣等：前以办理《四库全书》，闻扬州商人马姓，家内藏书颇富，曾传谕李质颖，令其就近妥办访问借钞。昨据高晋等奏到续采书单折内，已将商人马裕家内书籍，开列目录。……所开各书，亦多系近代人诗文等集，其于古书善本，尚不概见。……并著李质颖善为寻觅，如单外另有佳本，仍开目录续奏。

夏初，邵晋涵致书朱筠，述及结撰中之《尔雅正义》。
据《南江文钞》卷八《与朱笥河学士书》记：

> 三月中，从寿州寄札候安，不知达否？入夏来，伏为清善，遥切企绪。晋涵到正阳书院，僻居乡曲，终日为诸生调朱墨，课呫嗫。……每见风帆，即动归思。《尔雅正义》随时编辑，尚未得定本。唐裴瑜《尔雅注》，未知全书尚存否？今以《酉阳杂俎》所引者考之。……晋涵见闻浅陋，又立说必须本前人，不敢臆决，偶有所得，敢质言之。

案：邵晋涵《南江文钞》卷十一《诰授中宪大夫升授江南守巡道淮安府知府郑君墓志铭》云："乾隆三十八年春，余游江南之凤阳，司正阳书院讲席。"与此书"晋涵到正阳书院，僻居乡曲"语合，故是书当作于乾隆三十八年。

四月二十八日，高宗颁谕，不允接受浙江藏书家献书。

据《高宗实录》卷九三三乾隆三十八年四月丙辰条记：

> 谕军机大臣等：今日三宝奏，据鲍士恭等呈称，愿以家藏书，上充秘府，计共一千九百余种。……所有进到各书籍，将来办竣后，仍须给还各本家自行收藏，无藉伊等恭进。将此传谕三宝，转谕鲍士恭等知之。

五月一日，高宗颁谕，令取《四库全书》精华，编纂《四库全书荟要》。

据《高宗实录》卷九三四乾隆三十八年五月己未条记：

> 谕：朕几余懋学，典册时披，念当文治修明之会，而古今载籍，未能搜罗大备，其何以裨艺林而光策府。爰命四方大吏，加意采访，汇上于朝。又以翰林院署，旧藏明代《永乐大典》，其中坠简逸篇，往往而在，并敕开局编校。芟芜取腴，每多世不经见之本，而外省奏进书目，名山秘笈，亦颇裒括无遗。合之大内所储，朝绅所献，计不下万余种。自昔图书之富，于斯为盛。特诏词臣，详为勘核，厘其应刊、应钞、应存者，系以提要，辑成总目，依经、史、子、集，部分类聚，命为《四库全书》。……第全书卷帙浩如烟海，将来庋弆宫庭，不啻连楹充栋，检玩为难。……着于《全书》中撷其菁华，缮为《荟要》，其篇式一如《全书》之例。盖彼极其博，此取其精，不相妨而适相助。庶缥缃罗列，得以随时浏览，更足资好古敏求之益。着总裁于敏中、王际华专司其事，书成，即以此旨冠于《荟要》首部，以代弁言。

五月十六日，清廷重申编纂《四库全书》宗旨，不允献书。

据《高宗实录》卷九三五乾隆三十八年五月甲戌条记：

> 谕：前经降旨，博访遗编，汇为《四库全书》，用昭石渠美备，并以嘉惠艺林。旋据江浙督抚及两淮盐政等奏到，购求呈送之书，已不下四五千

种，并有称藏书家愿将所有旧书呈献者。固属踊跃奉公，尚未能深喻朕意。……所有进到各书，并交总裁等，同《永乐大典》内现有各种，详加核勘，分别刊钞。择其中罕见之书，有益于世道人心者，寿之梨枣，以广流传。余则选派誊录，汇缮成编，陈之册府。其中有俚浅讹谬者，止存书名，汇入总目，以彰右文之盛。此采择《四库全书》本旨也。……所有各家进到之书，俟校办完竣日，仍行给还原献之家。

五月，江声著《尚书集注音疏》历时六年蒇事，全书仿其师惠栋《周易述》例，自注复自疏之。

据《尚书集注音疏》附录《尚书集注音疏后述》记：

古人之文，古人之常言也。道之于口，闻者靡不知，笔之于书，读者靡不解，无庸传述为也。乃音以方俗而殊，言以古今而异，或一字而解多涂，或数名而同一实。圣贤惧后学之河汉前言也，于是《尔雅》有作，而故训兴焉。两汉诸儒咸据之以解群经，由是传注迭兴而经谊赖以明矣。于时风气醇古，语虽达而未详，意虽摛而未罄。后之学者欲为引申其说，故自南北朝以至唐初，谊疏迭出，而传注又赖以证明矣。凡此，皆后人疏前人之书，未有己注之而即己疏之，出于一人手者。有之自唐明皇帝之《道德经注疏》始。吾师惠松崖先生《周易述》，融会汉儒之说以为注，而复为之疏，其体例固有自来矣。声不揆梼昧，综核经传之训诂，采摭诸子百家之说，与夫汉儒之解，以注《尚书》。言必当理，不敢炫奇；谊必有征，不敢欺世，务求惬心云尔。顾自唐、宋以来，汉学微甚，不旁证而引申之，鲜不以为孟浪之言，奚以信今而垂后？则疏其弗可已也矣。岁在强圉大渊献之六月，《尚书集注》始成，拟更三载而成疏。乃距今昭阳大荒落之五月，六周寒暑而卒业焉。唯曰庶无负昔闻之师说云尔，敢窃比先师之《周易述》，睎附著述之林哉？

六月十六日，清廷令儒臣考证朱彝尊著《日下旧闻》，撰《日下旧闻考》。

据《高宗实录》卷九三七乾隆三十八年六月甲辰条记：

> 谕曰：本朝朱彝尊《日下旧闻》一书，博采史乘，旁及稗官杂说，荟萃而成，视《帝京景物略》《燕都游览志》诸编，较为该备，数典者多资之。第其书详于考古而略于核实，每有所稽，率难征据，非所以示传信也。朕久欲详加考证，别为定本。方今汇辑《四库全书》，典籍大备，订讹衷是之作，正当其时。京畿为顺天府所隶，而九门内外，并辖于步军统领衙门，按籍访咨，无难得实。著福隆安、英廉、蒋赐棨、刘纯炜选派所属人员，将朱彝尊原书所载各条，逐一确核，……编为《日下旧闻考》。并著于敏中总其成，每辑一门，以次进呈。

夏，戴震与章学诚相晤于浙江宁波，就地方志纂修体例各抒己见，不欢而散。

据章学诚《章氏遗书》卷十四《记与戴东原论修志》云：

> 乾隆三十八年癸巳夏，与戴东原相遇于宁波道署，冯君弼方官宁绍台兵备道也。戴君经术淹贯，名久著于公卿间，而不解史学，闻余言史事，辄盛气凌之。见余《和州志例》，乃曰："此于体例则甚古雅，然修志不贵古雅，余撰汾州诸志，皆从世俗，绝不异人，亦无一定义例，惟所便尔。夫志以考地理，但悉心于地理沿革，则志事已竟，侈言文献，岂所谓急务哉？"余曰："余于体例求其是尔，非有心于求古雅也。……如余所见，考古固宜详慎，不得已而势不两全，无宁重文献而轻沿革耳。"

七月十一日，高宗颁谕，准许邵晋涵、周永年、余集、戴震、杨昌霖等，或与庶吉士一体散馆，或与新科进士一体殿试。

据《高宗实录》卷九三八乾隆三十八年七月戊辰条记：

> 谕：前据办理《四库全书》总裁奏，请将进士邵晋涵、周永年、余集，

举人戴震、杨昌霖，调取来京，同司校勘。业经降旨允行。但念伊等现在尚无职任，自当予以登进之途，以示鼓励。著该总裁等留心试看年余，如果行走勤勉，实于办书有益，其进士出身者，准其与壬辰科庶吉士一体散馆，举人则准其与下科新进士一体殿试。

八月，戴震抵京。适值《四库全书》馆总裁裘曰修于五月一日去世，应请代书馆另一总裁于敏中为裘氏撰墓志铭。

据段玉裁辑《戴东原先生年谱》乾隆三十八年五十一岁条记：

仲秋，至京师。是年，裘文达公薨，先生作墓志铭，代于文襄公笔也。

又据《戴震文集》卷十二《光禄大夫工部尚书太子少傅裘文达公墓志铭》（原注：癸巳代）记：

公讳曰修，字叔度，姓裘氏，世为新建人。……乾隆己未进士。……公年才六十有二，体貌清癯，神彩奕奕。以文学侍从之臣，遍历六部，……最后充《四库全书》总裁。公自著有《诺皋集》并诗文、奏疏若干卷。……生于康熙壬辰十月二十九日，殁于乾隆癸巳五月朔日。

王昶致书《四库全书》馆总纂官陆锡熊，推荐惠栋著《易汉学》《周易述》。

据王昶《春融堂集》卷三十一《与陆耳山侍讲书》记：

比者征书遍天下，遗文坠简出于荒冢破壁者必多，未审亡友惠君定宇之《周易述》及《易汉学》，当路者曾录其副以上太史否？《周易述》德州所刊，闻其家籍没后，版已摧为薪。此书本发明李资州《集解》，而《易汉学》为之纲，微《易学》，则《易述》所言不可得而明。此二书，某寓中皆有之。《易学》盖征君手写本，凤喈光禄、摺升员外皆覆加考正，尤可宝贵。如四库馆未有其书，嘱令甥瑞应检出，进于总裁，呈于乙览，梓之于馆阁，庶以慰亡友白首穷经之至意。余尚有《古文尚书考证》等书，晓征学士殆有其本，如得并入秘书，尤大幸也。

《四库》馆臣程晋芳，撰《易汉学跋》《周易述跋》，于惠氏《易》学颇有微辞。

据程晋芳《勉行堂文集》卷五《易汉学跋》记：

《易汉学》八卷，近人惠氏栋定宇所辑。首《孟长卿易》二卷，次《虞仲翔易》一卷，次《京君明易》二卷，次《郑康成易》一卷，次《荀慈明易》一卷，次《河图洛书先后天两仪四象太极图辨》《重卦说卦辨》共一卷。中卷兼载一行《历经》及《火珠林》推衍法。观其次序，似非手订之书，所搜辑亦未极赅备，而虞氏逸象尤适用其他，则但资博雅而已。余尝谓《诗》《书》"三礼""三传"，汉儒注释多胜后人，至《易》学，则宋、明以来，较胜于汉人，尝著论序辨之。噫！学者苟不入其室，焉得操矛以伐耶？李延平、朱子皆深于内典，而其辟二氏之学最精。则学《易》者又不可不知汉人涂径也。

又据同书同卷《周易述跋》记：

右长洲惠栋定宇著，专注汉学，既自为注，复以古注参之。自上下经至《杂卦传》，凡二十一卷。第二十二、二十三卷曰《易微言》，皆取古书之有关于阴阳理道者。自卷二十四至三十为《易大义》《易例》《易法》《易正讹》，皆未刻，意其家当有之，惜未及见也。近者汉学之盛，倡于定宇，谓《易》有五家，汉、魏、晋、唐、宋，惟汉《易》用师法，得其传。不知辅嗣微言，不同于解老，凡定宇所尸祝者，既辅嗣既拨之云雾也。辅嗣开其先，宋贤继其后，又得家绵庄《易》学三书，参之以安溪诸人，而《易》道大备矣。然此采辑颇博，足资搜讨，如以《易》之正则在是焉，则入于幽谷不复出矣。

案：程氏二跋未详确切时间，因及惠栋《易》学二书，故一并著录。

程晋芳著《周易知旨编》，当成于上述二跋之前。

据《勉行堂文集》卷二《周易知旨编序》记：

> 晋芳非能注《易》者也，学《易》而已。学之既久，于汉唐以来讲贯有得者，好之甚斯著之，其不合者，间有辨论，亦记于篇。积以岁月，遂成卷轴，将以自诲，畴敢诲人？独念《易》经辅嗣之廓清，又得康伯、仲达纂续疏解，宋贤辈出，大义愈明。我朝安溪讲肄于前，家绵庄剖晰于后，凡诸乘承比应之拘牵，阳位阴位之傅会，与夫互卦、卦气、卦变、方圆先后图位，固已一举而空之，宜乎四圣人之心思昭揭千古矣。而三十年来，学士大夫复倡汉学，云《易》非数不明，取辅嗣既扫之陈言，一一研求，南北同声，谓为复古。使其天资学力果能上逮九家，吾犹谓之不知《易》也，况复好奇骋异，志在争名，徒苦其心，自堕于茫忽之域，不可叹耶？

八月二十日，安徽学政朱筠在徽州紫阳书院公祭江永、汪绂。

据《笥河文集》卷十一《婺源县学生汪先生墓表》记：

> 婺源为我家文公之故里，宋、元、明以来，钜师魁儒，绳绳相续，流风未湮。于今见者，实惟段萃汪先生、江湾江先生尤著。筠在京师，早闻江先生名。比奉命视学来江南，试徽州，征其书，尽读之而善，会有求言之诏，即具以闻。旋檄府建主，祔祀紫阳书院，风示学官弟子，俾之向学。既癸巳八月，再试徽士，婺源学廪膳生余元遴，抱持其师汪先生之遗书十余帙来献。且言曰："元遴之师绂，乐贫守道，著述过身，其书可传，其行可享，殁嗣斩焉，善人将惧。元遴敢奔告待命于下执事。"余发书卒读，其书与江先生埒。且闻诸府人，汪先生之行，视江先生无不及也。于时博议遍举文公之徒，得十五氏暨汪先生，悉为之主位十有六，诹以八月二十日，迎主书院，补祀诸儒之次。

朱筠上《购献遗书折子》，愿将京邸藏书缮录进呈。

据《笥河文集》卷一《购献遗书折子》记：

> 臣自幼授书，籍隶辇下，岁时喜购旧刻逸编，积之三十年，家中间有善本。恭逢我皇上求书盛典，亦愿以蠡酌管辉，上资海日。臣自奉命来南，家中故籍，现嘱臣门人，吏部主事程晋芳、礼部主事史积容，两家收贮。臣程晋芳现在《四库全书》馆，与充纂校之事。臣谨即记忆所有，经史之外，宋元集部略多，凡得四十余种，开单呈览。伏祈皇上可否即以臣所开单付馆，令臣程晋芳等检取，校录其可用者，附入《全书》，缮录进呈。

九月二十一日，朱筠罢学政职，降调翰林院任编修。

据《高宗实录》卷九四三乾隆三十八年九月丁丑条记：

> 谕曰：朱筠因生员欠考捐贡一案，部议降三级调用，自属应得处分。念其学问尚优，著加恩授为编修，在办理《四库全书》处行走。

是年，杭世骏卒。

据《清史列传》卷七十一《杭世骏传》记：

> 杭世骏，字大宗，浙江仁和人。……雍正二年举人。乾隆元年，召试博学鸿词，授翰林院编修，校勘武英殿"十三经""二十四史"，纂修《三礼义疏》。……罢归后，……晚主讲扬州、粤东书院，以实学课士子。……三十八年卒，年七十六。所著《续礼记集说》一百卷、《石经考异》二卷、《史记考证》《三国志补注》《补晋书传赞》《北齐书疏证》《续方言》《经史质疑》《续经籍考》《两浙经籍志》《词科掌录》《词科余话》《两汉书蒙拾》《文选课虚》《道古堂集》《鸿词所业》《榕城诗话》《亢宗录》。晚年欲补《金史》，特构补史亭，成书百余卷。

吴玉搢卒。

据闵尔昌辑《碑传集补》卷四十五韩梦周撰《吴山夫先生传》记：

> 先生姓吴氏，名玉搢，字藉五，号山夫，淮之山阳人。……淮安为江南名区，地大而多材。国朝以来，风尚屡变。初竞为诗歌古文词，既又究

切于制义。南北方学者，各以声气相应，或客其地相与讲劘以成业，以故淮多知名士。先生稍后出，独究心于六书，合异同之迹，析传流之变，形声既明，训诂斯定。因以考辨经义，纠谬正讹，遂大得其指归。当是时，淮安诸老辈相继凋谢，先生岿然独重于时。平生著述不下十余种，而《说文引经考》《金石存》《别雅》《六书述部叙考》，为功尤伟。……年七十有六以卒。

又据段朝端辑《吴山夫先生年谱》记，吴玉搢生于康熙三十七年，卒于乾隆三十八年，得年七十六岁。

十二月，汪梧凤卒。

据《汪中集》卷六《大清故贡生汪君墓志铭》记：

国初以来，学士陋有明之习，潜心大业，通于六艺者数家，故于儒学为盛。迨乾隆初纪，老师略尽，而处士江慎修崛起于婺源，休宁戴东原继之，经籍之道复明。始此两人，自奋于末流，常为乡俗所怪。又孤介少所合，而地僻陋，无从得书。是时，歙西溪汪君，独礼而致诸其家，饮食供具惟所欲。又斥千金置书，益招好学之士，日夜诵习讲贯其中。久者十数年，近者七八年、四五年，业成散去。其后江君殁，大兴朱学士来视学，遂尽取其书上于朝，又使配食于朱子。戴君游京师，当世推为儒宗。后数岁，天子修四库之书，征领局事。是时天下之士，益彬彬然向于学矣，盖自二人始也。抑左右而成之者，君信有力焉，而君不幸死矣。然君亦以是自力于学，所著文二百余篇，咸清畅有法，著《楚辞音义》三卷，又治《毛诗义编》未成。以乾隆三十八年十二月卒，年四十七。……君讳梧凤，字在湘。

乾隆三十九年甲午　1774年

二月六日，清廷举行仲春经筵，君臣讨论《论语·雍也》"仁者先难而后获"一句。高宗以董仲舒、朱子所解并论，认为"董仲舒正谊明道之论，略为近之"。

据《高宗实录》卷九五二乾隆三十九年二月己丑条记：

直讲官永贵、王际华进讲《论语》"仁者先难而后获"一句。讲毕，上宣御论曰：问仁于孔子者多矣，而所对各有不同。然圣门以颜渊为高弟，孔子所对者，则曰克己复礼。以此知克己复礼，实为仁之最切最要，即所对樊迟者，亦岂外于是哉！盖先难者何？克己也；后获者何？复礼也。夫难莫难于克己。仁者天理也，私欲介于中，其能存天理者鲜矣。故《易》曰："大师克相遇。"必用大师之力，而后能克其私欲，以全天理。故《易》又曰："颜氏之子，其殆庶几乎！有不善未尝不知，知之未尝复行也。不远复，无祗悔，元吉。"皆克己复礼之谓也。董仲舒正谊明道之论，略为近之。而朱子举以为不求后效，又以为警樊迟有先获之病，未尝申明告颜子之意。余故叙而论之。

二月，李文藻在广东刊布惠栋遗著《春秋左传补注》。
据该书卷首李文藻所撰跋记：

惠定宇先生《左传补注》六卷，向在京师，假阅未及录。乾隆壬辰冬，历城周书昌寄副至羊城，乃戴东原先生手校本。予覆校其半，将归潮阳，以付顺德胡生亦常刻之。明年癸巳三月，胡生书至，云刻未竣而病。久之始知其是月已死。其冬，予再至羊城，属顺德张君锦芳藏其事，而胡生不及见矣。胡能诗古文，精六书，予辛卯分校乡试所得士。会试报罢，与东原同舟行月余，慕其学，归益钻研经义，豁然有心得。而天弗假以年，惜哉！甲午二月，益都李文藻记。

五月十四日，高宗颁谕，嘉奖进献藏书的江浙藏书家及廷臣。
据《高宗实录》卷九五八乾隆三十九年五月丙寅条记：

> 今阅进到各家书目，其最多者，如浙江之鲍士恭、范懋柱、汪启淑，两淮之马裕四家，为数至五六七百种，皆其累世弆藏，子孙克守其业，甚可嘉尚。因思内府所有《古今图书集成》，为书城钜观，人间罕觏，此等世守陈编之家，宜俾尊藏勿失，以永留贻。鲍士恭、范懋柱、汪启淑、马裕四家，著赏《古今图书集成》各一部，以为好古之劝。又进书一百种以上之江苏周厚堉、蒋曾莹，浙江吴玉墀、孙仰曾、汪汝瑮，及朝绅中黄登贤、纪昀、励守谦、江如藻等，亦俱藏书之家，并著每人赏给内府初印之《佩文韵府》各一部，俾亦珍为世宝，以示嘉奖。

六月二十七日，李文藻以明刻《说文解字》送广东友人冯敏昌，且撰文记送书始末，可觇一时学术风气。
据李文藻《南涧文集》卷上《送冯鱼山说文记》记：

> 国家以《说文》治经，惠半农侍读最先出，其子栋继之。近日，戴东原大阐其义，天下信从者渐多。高邮王怀祖，戴弟子也，己丑冬，遇之京师，属为购毛刻北宋本。适书贾老韦有之，高其直，王时下第囊空，称贷而买之。王曰："归而发明字学，欲作书四种，以配亭林顾氏《音学五书》也。"予是年赴粤，所携书皆钞本之稍难得者，谓其易得者可随处觅之。至则书肆寥寥，同官及其乡士大夫家，亦无可假。是书仅见万历间坊本耳。岁辛卯，罗台山访予于恩平，居数月，其行笈有手校毛刻本，改正甚多，惜未及录。壬辰春，予调潮阳。其书院山长郑君安道，为朱竹君学士分校会试所得士，锐意穷经，且以教其徒。索《说文》于予，乃为札求于济南

周林汲。而揭阳郑运使，适自两淮归里，专一介问有此书否。运使实无之而不遽报，遣健足走扬州，从马秋玉之子取数部，往返才三阅月。以其二饷予，一插架，一贻郑进士，进士喜过望。是冬，予有事羊城，又得林汲所寄，则此本也。首卷有藉圃主人、麦溪张氏诸小印，又有刻赵文敏语二印，方寸六十余字，尤精致，纸色盖百年物。书到时，胡生亦常见之，极羡爱，且曰："广中惟张药房有之。"胡、张相友善，予谓其可借观，不能割也。今年春夏间，予寓广，日与冯鱼山相遇从，鱼山方讲小学，每以不得此书为恨。回潮，及举此赠之。予之于书，聋瞽耳目，徒有之而不能用。鱼山得此，将尽发其聪明，他日以语林汲，其不负万里见寄之意矣乎。予记此，以见粤中得书之难。得之而不能读，是得书易而读书难也。……乾隆甲午六月二十七日，记于潮州红蕉馆。

六月，章学诚撰《志隅自叙》，阐发《文史通义》的撰述缘由。

据《章氏遗书》外编卷十六《志隅自叙》记：

志者史之一隅，州志又志之一隅也。获麟而后，迁、固极著作之能，向、歆尽条别之理，史家所谓规矩方圆之至也。魏晋六朝，时得时失，至唐而史学绝矣。其后如刘知幾、曾巩、郑樵，皆良史才，生史学废绝之后，能推古人大体，非六朝、唐、宋诸儒所能测识，余子则有似于史而非史，有似于学而非学尔。然郑樵有史识而未有史学，曾巩具史学而不具史法，刘知幾得史法而不得史意。此予《文史通义》所为作也。《通义》示人，而人犹疑信参之，盖空言不及征诸实事也。《志隅》二十篇，略示推行之一端，能反其隅，《通义》非迂言可也。呜呼！迁、固、向、歆不可作矣。诚得如刘知幾、曾巩、郑樵其人而与之，由识以进之学，由学而通乎法，庶几神明于古人之意焉，则《春秋》经世之学，可以昌明。第求之天下，解者不过一二人，而亦不暇究其业焉，笑且排者又无论已，则予之所为抚卷而歔欷者也。乾隆三十九年季夏之月。

七月二十五日，高宗颁谕，认可《四库全书》处所进《总目》体例，指出应注明何人所藏、采自何处，并命编纂《简明书目》。

据《高宗实录》卷九六三乾隆三十九年七月丙子条记：

> 办理《四库全书》处进呈《总目》，于经、史、子、集内，分晰应刻、应钞及应存书名三项。各条俱经撰有提要，将一书原委，撮举大凡，并详著书人世次爵里，可以一览了然。较之《崇文总目》，搜罗既广，体例加详，自应如此办理。……今进到之书，于纂辑后，仍须发还本家。而所撰《总目》，若不载明系何人所藏，则阅者不能知其书所自来，亦无以彰各家珍弆资益之善。着通查各省进到之书，其一人而收存百种以上者，可称为藏书之家，即应将其姓名，附载于各书提要末。其在百种以下者，亦应将由某省督抚某人采访所得，附载于后。其官板刊刻及各处陈设库贮者，俱载内府所藏，使其眉目分明，更为详备。至现办《四库全书总目》，提要多至万余种，卷帙甚繁，将来钞刻成书，翻阅已颇为不易。自应于提要之外，别列《简明书目》一编。祇载某书若干卷，注某朝某人撰，则篇目不烦，而检查较易。俾学者由书目而寻提要，由提要而得全书。

八月五日，高宗颁谕，重申搜缴违碍书籍，严禁"藏匿伪妄之书"。

据《高宗实录》卷九六四乾隆三十九年八月丙戌条记：

> 谕军机大臣等：前曾谕令各督抚，采访遗书，汇登册府。下诏数月，应者寥寥。彼时恐有司等，因遗编中或有违背忌讳字面，惧涉干碍，而藏书家因而窥其意指，一切秘而不宣。因复明切宣谕，即或字义触碍，乃前人偏见，与近时无涉，不必过于畏首畏尾。……乃各省进到书籍不下万余种，并不见奏及稍有忌讳之书。岂有裒集如许遗书，竟无一违碍字迹之理！况明季末造，野史者甚多，其间毁誉任意，传闻异词，必有诋触本朝之语。正当及此一番查办，尽行销毁，杜遏邪言，以正人心而厚风俗，断不宜置之不办。……著传谕该督抚等，于已缴藏书之家，再令诚妥之员，

前往明白传谕。如有不应存留之书，即速交出，与收藏之人并无干碍。朕凡事开诚布公，既经明白宣谕，岂肯复事吹求！若此次传谕之后，复有隐讳存留，则是有心藏匿伪妄之书，日后别经发觉，其罪转不能逭。

冬，《四库全书》纂修官姚鼐辞官南归。行前，翰林院编修翁方纲有序送行。姚鼐为文别钱坫。

据钱仪吉辑《碑传集》卷一四一姚莹撰《姚先生鼐家状》记：

《四库》馆启，选一时翰林宿学为纂修官。诸城刘文正公、大兴朱竹君学士，咸荐先生以部郎入局。时非翰林为纂修官者八人，先生及程鱼门、任幼植尤相善。金坛于文襄雅重先生，欲一出其门，竟不往。书竣，当议迁官。文正公以御史荐，已记名矣，未授而公薨，先生乃决意去，遂乞养归里。乾隆三十九年也。先是馆局之启，由大兴朱竹君学士，见翰林院贮《永乐大典》，中多古书，外间所未见，告之于文襄，奏请开局重修，欲嘉惠学者。既而奉旨搜求，天下藏书毕出。于是纂修者竞尚新奇，厌薄宋元以来儒者，以为空疏，剖击讪笑之不遗余力。先生往复辨论，诸公虽无以难，而莫能助也。将归，大兴翁覃溪学士为叙送之，亦知先生不再出矣，临行乞言，先生曰："诸君皆欲读人未见之书，某则愿读人所常见书耳。"

又据翁方纲《复初斋文集》卷十二《送姚姬川郎中归桐城序》记：

姬川郎中与方纲昔同馆，今同修《四库书》。一旦以养亲去，方纲将受言之恐后，而敢于有言者！窃见姬川之归，不难在读书，而难在取友；不难在善述，而难在往复辨证；不难在江海英异之士造门请益，而难在得失毫厘悉如姬川意中所欲言。姬川自此，将日闻甘言，不复闻药言。更将渐习之久，而其于人也，亦自不发药言矣。此势所必至者也。

又据姚鼐《惜抱轩文集》卷七《赠钱献之序》记：

孔子没而大道微，汉儒承秦灭学之后，始立专门，各抱一经，师弟传受，侪偶怨怒嫉拓，不相通晓。其于圣人之道，犹筑墙垣而塞门巷也。……宋之时，真儒乃得圣人之旨，群经略有定说。元明守之，着为功令。当明佚君，乱政屡作，士大夫维持纲纪，明守节义，使明久而后亡，其宋儒论学之效哉！……明末至今日，学者颇厌功令所载为习闻，又恶陋儒不考古而蔽于近，于是专求古人名物、制度、训诂、书数，以博为量，以窥隙攻难为功。其甚者，欲尽舍程朱，而宗汉之士。枝之猎而去其根，细之搜而遗其钜，夫宁非蔽与！

十月，戴震在《四库全书》馆校《水经注》《九章算术》《五经算术》诸书成。

据段玉裁辑《戴东原先生年谱》乾隆三十九年五十二岁条记：

是年十月，先生校《水经注》成，恭上。《水经注》自北宋以来无善本，不可读。先生读此既久，得经、注分别之例有三：一则《水经》立文，首云某水所出，已下无庸再举水名。而注内详及所纳群川，加以采摭故实，彼此相杂，则一水之名，不得不更端重举。一则经文叙次所过州县，如云又东过某县之类，一语实赅一县，而注则沿溯县西以终于东，详记所径委曲。经据当时县治，至善长作注时，县邑流移，是以多称故城，经无有言故城者也。一则经例云"过"，注例云"径"，不得相淆。得此三例，迎刃分解，如庖丁之解牛，故能正千年经、注之互讹，俾言地理者，有最适于用之书。《大典》本较胜于各本，又有道元自序，钩稽校勘，凡补其缺漏者二千一百二十八字，删其妄增者一千四百四十八字，正其臆改者三千七百一十五字。高庙褒嘉颁行……

是年校《九章算术》成。《九章算术》，晋刘徽撰。先生以世人罕有其书，近时以算名者，如王寅旭、谢野臣、梅定九诸子，咸未之见。丁亥岁，因曹君竹虚入翰林院观《永乐大典》，知有是书，病其离散错出，思缀集之而不能。癸巳奉召，乃尽心排纂成编，并考订讹异，附案语。其注中所指朱实、青实、黄实之类，皆按图而言，图既不存，则注猝不易晓。因推寻注意，为之补图，以成完帙。……

按：先生于《水经注》，改正经、注互淆者，使经必统注，注必统于经，其功最钜。此乃先生积久顿悟所成，非他人能赞一辞也。……

是年十月，校《五经算术》成，……有《提要》一篇。

十一月九日，因广东搜获屈大均遗书，清廷明令查禁"明末国初悖谬之书"。

据《高宗实录》卷九七〇乾隆三十九年十一月戊午条记：

谕：前以各省购访遗书，进到者不下万余种，并未见有稍涉违碍字迹，恐收藏之家惧干罪戾，隐匿不呈。因传谕各督抚，令其明白宣示，如有不应留存之书，即速交出，与收藏之人并无干碍。今据李侍尧等查出逆犯屈大均各种书籍，粘签进呈。并请将私自收藏之屈大均族人屈稔浈、屈昭泗，问拟斩决等语。屈大均悖逆诗文，久经毁禁，本不应私自收存。但朕屡经传谕，凡有字义触碍，乃前人偏见，与近时无涉。其中如有诋毁本朝字句，必应削板焚篇，杜遏邪说，勿使贻惑后世。然亦不过毁其书而止，并无苛求。朕办事光明正大，断不肯因访求遗籍，罪及收藏之人。所有粤东查出屈大均悖逆诗文，止须销毁，毋庸查办。其收藏之屈稔浈、屈昭泗，亦俱不必治罪。并着各督抚再行明切晓谕，现在各省，如有收藏明末国初悖谬之书，急宜及早交出，概置不究，并不追问其前此存留隐匿之罪。……若经此番诚谕，仍不呈缴，则是有心藏匿伪妄之书，日后别经发觉，即不能复为轻宥矣。

同日，高宗颁谕军机大臣，令江浙各省严查"触碍书籍"。

据《高宗实录》卷九七〇乾隆三十九年十一月戊午条记：

谕军机大臣等：前此谕令各督抚遍行晓谕，如有收藏违碍之书，即及早交出，免其治罪。并以此等笔墨诋毁之事，大率江浙两省居多，其江西、闽、粤、湖广，亦或不免。因指名交各督抚留心查办，乃高晋、萨载、三宝，皆覆奏称查无违碍之书。今李侍尧等既从粤省查出屈大均诗文，不应江浙等省转无明末国初存留触碍书籍。岂高晋等办事不及李侍尧之实力乎？抑江浙各藏书之家，尚不能深晓朕意乎？着传谕各督抚，再行明白晓谕，此时即速呈献，尚不为晚。……若再隐匿不缴，后经发觉，即治以有心藏匿之罪，必不姑宽，并于该督抚等是问。

乾隆四十年乙未　1775年

正月九日，江西巡抚海成以搜缴违碍书籍尽力，得高宗褒奖，责成各省仿效。

据《高宗实录》卷九七四乾隆四十年正月丁巳条记：

> 谕军机大臣等：今日海成奏到搜罗遗书一折，据称绅士明理之人，现在宣扬恩旨，伊等天良难泯，自当呈献无遗。但恐村僻愚民，本不知书，而家藏断简遗编，或涉不经。更有读书旧家，子孙零替，其败笥残箧中，不无违碍书籍，而目不识丁，虽出示收缴，亦难必其尽献。现在复饬各属，传集地保，逐户宣谕，无论全书废卷，俱令呈缴，按书偿以倍价，俾尽行缴出，以便分别办理等语。所办颇好。各省查办遗书，其中狂悖字句，节经降旨各督抚，实力查缴，并准其自行首出，仍不加之罪愆。虽现在各省已有缴到者，而所缴尚觉寥寥，其势似未能遍及。今海成所办，较为周到，且又不致烦扰，各省自可仿而行之。着传谕各督抚，照式一体妥办。海成原折，并着钞寄阅看。

正月二十日，清廷令两浙总督高晋将应毁书籍并版片"解京销毁"。据《高宗实录》卷九七五乾隆四十年正月戊辰条记：

> 谕军机大臣等：据高晋……另折所奏，收缴遗书内应毁各书，如查有书版，即行查销等语。此等应毁书籍，如有板片存留，着查明一并解京销毁。

是年春，陆燿集清初迄乾隆间诸儒有裨经世之文为一编，题为《切问斋文钞》，凡三十卷，在山东刊行。

据《切问斋文钞》卷首陆燿《序》记：

　　道备于经，详于史。经犹鹄也，史册所载，则古今射鹄之人也。读经而知鹄之所在，读史而知射者之得失，则固可无事于为文矣。然自孔子之世，即有老聃，孟子之世，即有杨朱、墨翟。遭秦焚书，经阙不全，九流百家，杂然并骛。学者惑于歧途，而六经始晦，经晦而史家之予夺，亦不尽合乎圣人笔削之旨。迨唐昌黎韩子出，始辟老、佛、荀、杨，推尊孟子，以为功不在禹下。其初也，由其学文者以见道，其卒也，举其卫道者以成文。自是唐宋诸儒之务为文以谈道也，而文遂不可以或已。然其弊也，有为训诂之文者，有为讲说之文者。夫经者常也，道之常者，讵待解释？既有汉之笺故，唐之义疏，宋之章句，微言大义已可无憾，而复捋撦细琐，抉剔幽隐，人各一编，家著一集。承学之士，意在博观，玩其枝叶，忘其本文，纷如聚讼，无益毫毛。此何为者也！道犹路也，路有实径，适越者必南辕，之燕者必北辙。九轨之途，参剧之市，荡平正直，周道如砥。今舍而不由，闭户而谈天道，高座而说明心，学案、语录之书日出而不穷，异同宗旨之辨相攻而不已，高明者堕入禅宗，笃实者窘于应务。此又何为者也！至如驰骛词章，揣摩应举，因循卑陋，又不待言。方将由文以见道，而乃耗费精神，为此不急，道不终晦矣乎？故以今人之文，言古人之所已言，与其所不必言，不若以今人之所欲言，与其必当言者，以著之文。必也以经为鹄，以史传中人为同射之耦。鹄有定也，所以置鹄之地无定，或南或北，或东或西，要以必赴乎所悬之而止。及其命中百步之外，或在正中，或在偏际，均之谓中。小有参差，亦非大失。又况事固有与古相违，而于道适合者。譬诸河焉，碣石其入海之路也，自屡徙而南，今在怀卫徐邠以下矣。言道而必执古人之说，不犹入海而必循碣石之踪乎？……方今名臣大儒，接迹熙朝，类能力破空虚之习，切求身世之宜。或已见诸施行，或尚俟诸百世。吾见其持弓矢，审固与史传中人决得失于六经之圃，固不虞序点公罔之裘之扬觯而废然去也，而又于为文乎何有？此则余《切问斋文钞》之意也夫。乾隆四十年乙未春日，吴江陆燿朗甫书。

二月十五日，陕西巡抚毕沅奏，关中书院延请端谨积学之人主持教席，高宗赞赏，令各地遵行。

据《高宗实录》卷九七六乾隆四十年二月癸巳条记：

> 谕曰：毕沅奏，陕西关中书院延请掌教一折，据称，访察各属院长，向来多系上官同僚互相推荐，遂至徇情延请，有名无实。现饬各属，务选端谨积学之人，加意振作，将所请院长姓名籍贯、更换到馆日期，造册详报抚藩衙门察核等语。所办好，已于折内批示。书院为作育人材之地，如果院长得人，实心课导，自可冀造就英才，以收实效。如江苏紫阳书院之沈德潜、彭启丰，尚堪称师儒之席，各省类此者，自不乏人。而如毕沅所称，上官同僚互相推荐，遂尔瞻徇情面，委曲延请，不问其人之是否文行兼优，而各院长等亦惟以修脯为事，不以训迪为心，甚有视为具文，讲席久虚，并不上紧延师，以致师徒星散，有名无实者，所在谅皆不免。其事自当责成督抚，以期实济。着传谕各督抚，嗣后无论省城及各府州县大小书院，务访学行兼优者，俾主讲席。其一切考核稽查之法，并照毕沅所奏办理。

三月三十日，广西巡抚奏请销毁图书，清廷下令将《格物广义》销毁。

据《高宗实录》卷九七九乾隆四十年三月丁丑条记：

> 谕军机大臣等：前日据熊学鹏奏，查出字句违碍，不应存留各书，进呈销毁一折，随于折内批示，以粤西此等事少，不必过求矣。今阅缴到书籍内，……陆显仁《格物广义》一部，多系剿窃前人讲学尘言，杂以一己拘墟之见，所论多踳驳不纯，留之恐贻误后学。其书板、书本，自应销毁，并书名亦不必存。至其书内所签各处，均非讪讥之语，不得谓之悖逆，竟可无事苛求。

三月，汪中将朱筠安徽学政任内业绩辑为《朱先生学政记》四卷。据《汪中集》卷六《朱先生学政记叙》记：

乾隆三十六年，先生以翰林院侍读学士，提督安徽学政，以十一月甲子到官。既岁考遍，科考及安庆，甫卒事，用造册误，左迁去，在官凡二年。……先生教不一术，其要以通经习小学为大端，凡所甄引，咸著于录。尝慨史文阙略，搜所部金石遗文，得三百余通，别为《安徽金石志》三卷。……先生既被议，天子仍置诸翰林，领四库书局。诸生乐先生之教，而惜其去。重念古者行人之职，固以万民之礼俗、政事、教治、刑禁之逆顺为一书，反命于王，以周知天下之政。因属中次其事迹，兼仿赵商《郑志》之例，厘为四卷，俾后之教者，有所取法。……旃蒙敦牂（敦牂二字误，应为协洽，陈垣先生早有订正。——引者）窴月谨叙。

四月二十一日，高宗命题，策试天下贡士于太和殿，倡导稽古之学。据《高宗实录》卷九八一乾隆四十年四月戊戌条记：

朕表彰经籍，用光文治，搜罗遗典，咸集石渠，特简儒臣，俾司编纂，亦既具有条理矣。顾四库之藏，浩如渊海，必权衡有定，去取乃精。昔董仲舒请罢黜百家，专崇孔氏，陶弘景则一事不知，引为深耻。今将广收博采，而传注时多曲说，稗官不免诬词。异学混儒墨之谈，伪体滥齐梁之艳，于人心世教未见有裨。如但墨守经师，胥钞语录，刊除新异，屏斥雕华，则九流之派未疏，七略之名不备，抱残守匮，亦难语该通。至于忠臣孝子，或拙文辞，宵小金壬，间工著述，文行相左，彰瘅安从。他如略、艺编摩以后，晁、陈著录以前，门目各殊，规条歧出，此增彼损，甲合乙分，不有折衷，孰为善例。多士下帷有日，宜以知人论世为先务，其各区陈醇驳，以征稽古之功。

五月五日，李文藻刊布惠栋遗著《易例》。
据李文藻于惠栋《易例》所撰跋记：

惠定宇先生言《易》之书，予所见《周易述》《郑氏易》，先有刻本。《周易古义》为九经中一种，癸巳岁予刻于潮阳。《易汉学》尝录副而复失之。甲午十月，予自潮来羊城，周校书永年寄《易例》一册，亦先生所辑，中多有目无说，盖未成之书。然读先生之《易》者，非此无以发其凡。予以意厘为二卷，属顺德张明经锦芳刊。乙未夏再至，已蕆事。而《易汉学》一书，予座主詹事钱公有写本，当求而刻之。先生又有《左传补注》《尚书古文考》，亦予所刻也。是年五月五日，益都李文藻记。

五月十五日，清廷下令改纂《明纪纲目》。

据《高宗实录》卷九八二乾隆四十年五月辛酉条记：

谕：前曾命仿朱子《通鉴纲目》体例，纂为《明纪纲目》，刊行已久。兹披阅《叶向高集》，见《论福藩田土疏》，所叙当日旨意之养赡地土，原给四万顷，卿等屡奏地土难以凑处，王亦具辞，今减去二万顷云云。则福王当日所得之田，仅二万顷。今《纲目》载福王常洵之国条，云赐庄田四万顷，中州腴土不足，取山东、湖广田益之。与向高所言不合。又所载青海朵颜等人名对音，沿用鄙字，与今所定《同文韵统》音字，及改正《辽金元国语解》，未为画一。是张廷玉等原办《纲目》，惟务书法谨严，而未暇考核精当，尚不足以昭传信。著交军机大臣，即交方略馆，将原书改纂，以次进呈，候朕亲阅鉴定。其原书着查缴。

五月十八日，清廷下令查改《明史》《纲目三编》。

据《高宗实录》卷九八三乾隆四十年五月甲子条记：

谕：昨因《明纪纲目》考核未为精当，命军机大臣将原书另行改辑，候朕鉴定。因思《纲目三编》虽曾经披览，但从前进呈之书，朕鉴阅尚不及近时之详审。若《通鉴辑览》一书，其中体制书法，皆朕亲加折衷，一本大公至正，可为法则。此次改编《纲目》，自当仿照办理。又如《明史》内，于元时人、地名，对音讹舛，译字鄙俚，尚沿旧时陋习。如"图"作为"兔"之类，既于字义无当，而垂之史册，殊不雅驯。今辽、金、元史，已命军机大臣改正另刊，《明史》乃本朝撰定之书，岂可转听其讹谬。现在改办《明纪纲目》，着将《明史》一并查改，以昭传信。

七月，邵晋涵在《四库全书》馆辑校《旧五代史》成。
据《旧五代史》卷末附录《旧五代史撮要》记：

臣等谨案：《旧五代史》一百五十卷，并目录二卷，宋司空同中书门下平章事薛居正等撰。考晁公武《读书志》云：开宝中，诏修《梁唐晋汉周书》，卢多逊、扈蒙、张澹、李昉、刘兼、李穆、李九龄同修，宰相薛居正等监修。《玉海》引《中兴书目》云：开宝六年四月戊申，诏修《五代史》，七年闰十月甲子，书成，凡百五十卷，目录二卷，为纪六十一，志十二，传七十七，多据累朝实录及范质《五代通录》为稿本。其后欧阳修别录《五代史记》七十五卷藏于家。修殁后，官为刊印。学者始不专习薛史，然二书犹并行于世。至金章宗泰和七年，诏学官止用欧阳史，于是薛史遂微。元明以来，罕有援引其书者，传本亦渐就湮没。惟明内府有之，见于《文渊阁书目》，故《永乐大典》多载其文，然割裂淆乱，已非居正等篇第之旧。恭逢圣朝右文稽古，网罗放佚，零缣断简，皆次第编摩。臣等谨就《永乐大典》各韵中所引薛史，甄录条系，排纂先后，检其篇第，尚得十之八九。又考宋人书之征引薛史者，每条采录，以补其阙，遂得依原书卷数勒成一编。晦而复彰，散而复聚，殆实有神物呵护，以待时而出者，遭逢之幸，洵非偶然也。欧阳修文章远出居正等上，其笔削体例亦特谨严，然自宋时论二史者，即互有所主。司马光作《通鉴》，胡三省作《通鉴注》，皆专据薛史而不取欧史。沈括、洪迈、王应麟辈，为一代博洽之士，其所著述，于薛、欧二史亦多兼采，而未尝有所轩轾。盖修所作，皆刊削旧史之文，意主断制，不肯以纪载丛碎自贬其体，故其词极工，而于情事或不能详备。至居正等奉诏撰述，本在宋初，其时秉笔之臣，尚多逮事五代，见闻较近，纪传皆首尾完具，可以征信，故异同所在，较核事迹，往往以此书为长。虽其文体卑弱，不免叙次烦冗之病，而遗文琐事，反藉以获传，实足为考古者参稽之助。又欧史止述司天、职方二考，而诸志俱阙，凡礼乐职官之制度，选举刑法之沿革，上承唐典，下开宋制者，一概无征，亦不及薛史诸志为有裨于文献。盖二书繁简，各有体裁，学识兼资，难于偏废。昔修与宋祁所撰《新唐书》，事增文省，足以括刘昫《旧书》，而昫书仰荷皇上表章，今仍得列于正史，况是书文虽不及欧阳而事迹较备，又何可使隐没不彰哉！谨考次旧文，厘为《梁书》二十四卷、《唐书》五十卷、《晋书》二十四卷、《汉书》十一卷、《周书》二十二卷、《世袭列传》二卷、《僭伪列传》三卷、《外国列传》二卷、《志》十二卷，共一百五十卷，别为目录二卷，而搜罗排纂之意，则著于凡例，具列如左。乾隆四十年七月恭校上。

十月十四日，贵州代理巡抚因处理违禁图书失当，遭高宗严词斥责，重申违禁图书必须解京，统一销毁。

据《高宗实录》卷九九二乾隆四十年十月戊子条记：

> 谕军机大臣曰：韦谦恒奏，查缴违禁书籍折内，称该省现将缴到禁书，封固发还书坊，俟奉旨后，在外销毁等语，实属乖谬，已于折内批抹。各省查办违禁之书，屡经传谕，令各督抚检出解京，并经朕亲行检阅，分别查销，从无在外销毁者。……韦谦恒著传旨严行申饬，并令其自行明白回奏。

十月，段玉裁致书戴震，请为段著《六书音均表》撰序。

据《六书音均表》卷首段玉裁撰《寄戴东原先生书》记：

> 玉裁自幼学为诗，即好声音文字之学。甲戌、乙亥间，从同邑蔡丈一帆游，始知古韵大略。庚辰入都门，得顾亭林《音学五书》读之，惊怖其考据之博。癸未游于先生之门，观所为《江慎修行略》，又知有《古韵标准》一书，与顾氏少异。然实未能深知之也。丁亥自都门归，忆《古韵标准》所称元、寒、桓、删、山、先、仙七韵，与真、谆、臻、文、欣、

魂、痕七韵，三百篇内分用，不如顾亭林、李天生所云，自真至仙，古为一韵之说。与舍弟玉成，取《毛诗》细绎之，果信。……支、佳为一韵，脂、微、齐、皆、灰为一类，之、咍为一韵，而顾氏、江氏均未之知也。成《诗经韵谱》《群经韵谱》各一帙。己丑再至都门，程荪园舍人赏之。第其书简略，无注释，不可读。是年冬，寓法源寺侧之莲华庵，键户烧石炭，从邵二云孝廉借书，竟为注释。每一部毕，孝廉辄取写其副。至庚寅二月书成，钱辛楣学士以为凿破混沌，为作序。三月，铨授贵州玉屏县。壬辰四月，三入都。时先生馆于洪素人户部之居。以是书请益，先生云，体裁尚未尽善。玉裁旋奉命发四川候补。八月至蜀，后署理富顺及南溪县事。……今年夏六月，偕同官朱云骏入报销局，兴趣略同，暇益潜心商订。九月书成，为表五：一曰《今韵古分十七部表》，别其方位也；二曰《古十七部谐声表》，定其物色也；三曰《古十七部合用类分表》，洽其旨趣也；四曰《诗经韵分十七部表》，胪其美富也；五曰《群经韵分十七部表》，资其参证也。改名曰《六书音均表》，均即古韵字也。……所为《诗经小学》《书经小学》《说文考证》《古韵十七部表》诸书，亦渐次将成。今辄先写《六书音均表》一部寄呈座右，愿先生为之序而纠其疵谬，则幸甚幸甚。玉裁顿首。

闰十月十七日，清廷查禁《遍行堂集》《皇明实纪》《喜逢春传奇》，将收藏违禁图书的高秉交刑部治罪。

据《高宗实录》卷九九五乾隆四十年闰十月辛酉条记：

谕军机大臣等：朕昨检阅各省呈缴应毁书籍，内有僧澹归所著《遍行堂集》，系韶州府知府高纲为之制序，兼为募资刊行。因查澹归名金堡，……所著诗文中，多悖谬字句，自应销毁。高纲身为汉军，且系高其佩之子，世受国恩，乃见此等悖逆之书，恬不为怪，匿不举首，转为制序募刻，其心实不可问。使其人尚在，必当立置重典。因令查阅其家收存各种书籍。今于高纲之子高秉家，查有陈建所著《皇明实纪》一书，语多悖谬，其书板自必尚在粤东。着传谕李侍尧等，即速查明此书板片，及所有刊印之本，一并奏缴。又查出《喜逢春传奇》一本，亦有不法字句，系江宁清笑生所撰。曲本既经刊布，外间必有流传，……一并传谕高晋、萨载，于江宁、苏州两处，查明所有刷印纸本及板片，概行呈缴。……高秉……自有应得之罪，已交刑部审办。

闰十月十九日，高宗重申查禁金堡、陈建著述，殃及丹霞山寺金堡传人。

据《高宗实录》卷九九五乾隆四十年闰十月癸亥条记：

谕军机大臣等：昨因高秉家内查出《皇明实纪》一书，内多悖逆字句，应行销毁。其书系东莞人陈建所著，……又名《皇明通纪》，恐刻板或有两副，应一并查明缴进。至僧澹归《遍行堂集》，语多悖谬，必应毁弃，即其余墨迹、墨刻，亦不应存。着李侍尧等逐一查明缴进，并将所有澹归碑石，亦即派诚妥大员，前往椎碎推仆，不使复留于世间。又闻丹霞山寺，系澹归始辟。……着李侍尧等即速详悉查明，……不许澹归支派之人复为接续。

闰十月二十三日，清廷禁毁僧人函可诗集，下令追查函可在沈阳的传人及碑刻等。

据《高宗实录》卷九九五乾隆四十年闰十月丙寅条记：

谕军机大臣等：朕检阅各省呈缴应毁书籍内，有千山和尚诗本，语多狂悖，自应查缴销毁。查千山名函可，广东博罗人，故又称为博罗剩人，后因获罪，发遣沈阳。函可既刻有诗集，恐无识之徒，目为缁流高品，并恐沈阳地方为开山祖席，于世道人心甚有关系。着弘晌、富察善即速确查，从前函可在沈阳时，曾否占住寺庙，有无支派流传，承袭香火，及有无碑刻字迹留存，逐一查明，据实覆奏。

闰十月二十五日，清廷弛禁《明纪辑略》，并下令于《通鉴辑览》

附纪南明福、唐、桂三王事迹。

据《高宗实录》卷九九五乾隆四十年闰十月己巳条记：

> 谕：甲申岁，我国家既定鼎京师，而明福王朱由崧，为南京诸臣迎立，改元首尾一载。其后，唐王朱聿键、桂王朱由榔，相继称号者又十有余年。当时以其事涉本朝开创之初，凡所纪年号，例从芟削。即朱璘之《明纪辑略》，亦以附三王纪年，为浙江抚臣等所奏毁。兹以搜访遗集，外省奏进此书，阅其体例，非不尊崇本朝，且无犯讳字迹。徒以附纪明末三王，自不宜在概禁之列。前命编纂《通鉴辑览》，馆臣请不录福王事实。因念历朝嬗代之际，进退予夺，系乎万世公论。……特命于明崇祯末，附纪福王年号。……至芜湖被执，始大书明亡。……《明纪辑略》已命有司弛其禁。而《通鉴辑览》校刊将竣，其令《四库全书》馆总裁，诠叙唐、桂二王本末，别为附录卷尾。

该月，安徽巡抚奏报查缴"伪妄"图书情况。

据《高宗实录》卷九九五乾隆四十年闰十月末记：

> 是月，安徽巡抚李质颖奏，饬属续行查缴伪妄各书，共一百种。内除九十八种，各省及安省已经缴过。又《皇明书》一种，系前明野史，纪载庞杂，不便存留，今一并解送《四库全书》处，查明销毁。谨另缮书目，恭呈御览。其未经缴过者，则有《焚余续草》二本，系赵维寰所作，语多悖谬。……臣现咨明浙江原籍，严查送毁。所有《焚余续草》一书，恭呈御览。又前抚臣裴宗锡任内，查缴各书内，有查出《金正希集》不全板片二百四十四块，又《峄桐集》不全板片三百二十一块，已另交委员解军机处，查明销毁。

是年，卢文弨应鲍廷博之请，为其辑刻《知不足斋丛书》撰序。

据卢文弨《抱经堂文集》卷五《鲍氏知不足斋丛书序》记：

> 昔人丛书之刻，为嘉惠于学者至也。虽然，亦有反以为病者，真伪不分，雅俗不辨，或删削而非完善，或脱误而鲜校雠。就数者之中，不完与不校之为弊更甚。……吾常以谓，必得深于书旨而有余力者，始足以任此事。择之必其精，如《三坟》《端木诗传》《鲁诗说》《素书》《忠经》《天禄外史》之类勿录也；取之必其雅，如《百川学海》《百家名书》所辑之繁芜猥杂者勿录也。而且勿惜工费，一书必使其首尾完善，勿加删节。至于校雠之功，如去疾焉，期于尽而后止。如此，古人之精神始有所寄，而后人之聪明亦有所入，则丛书之刻始为有益而无弊。或问余曰："子所属望者，今岂有其人乎？"余曰："必吾友鲍君。"既答或人，然未以语鲍也。今鲍君果有斯举，先以其目示余，凡百有二十种，皆善本，无伪书、俗书得间厕焉。其校雠之精，则其囊时尝刊《销夏记》《名医类案》等书已有明征，不待言已。

案：《丛书》卷首载卢序撰写时间为乾隆三十七年四月。

章学诚于是年入都，因邵晋涵而访翰林院编修周永年于周氏藉书园。永年勤于聚书，卷帙几近十万。章氏应约为永年《藉书园书目》撰序。

据章学诚《章氏遗书》卷十八《周书昌别传》记：

> 余自己丑、庚寅间，京师闻书昌名，未得见。辛卯始识与桐，欲访书昌。时二君甫成进士，俱罢归铨部，意不自得，先后出都门。余亦游涉江湖，不遑安处。乙未入都，二君者方以宿望被荐，与休宁戴震等特征修《四库书》，授官翰林，一时学者称荣遇。而戴以训诂治经，绍明绝学，世士疑信者半。二君者皆以博洽贯通，为时推许。于是四方才略之士，挟策来京师者，莫不斐然有天禄、石渠句坟抉索之思。而投卷于公卿间者，多易其诗赋、举子艺业，而为名物考订，与夫声音文字之标，盖骎骎乎移风俗矣。余因与桐往见书昌于藉书之园。藉书园者，书昌之志也。书昌故温饱，橐馁于书，积卷殆近十万。不欲自私，故以藉书名园，藉者借也。尝以其意，请余为《藉书目录》之序。

又据《章氏遗书》卷八《藉书园书目叙》记：

《藉书园书目》者，历城周林汲编修籍录所藏经史百家之书，用隋、唐四库例，粗具孔目，以备稽检者也。周君尝患学之不明，由于书之不备，书之不备，由于聚之无方。故竭数十年博采旁搜之力，弃产营书，久而始萃。今编目所录，自经部以下，凡若干万卷，而旧藏古椠，缮钞希觏之本，亦略具焉。然周君之志，盖欲构室而藏，托之名山。又欲强有力者为之赡其经费，立为纪纲，而使学者于以习其业，传钞者于以流通其书，故以藉书名园。又感于古人藏书之义，著《儒藏说》一十八篇，冠于书首，以为永久法式。呜呼！周君于斯可谓勤矣。

又据《松邻丛书》甲编载周永年《儒藏说》记：

书籍者，所以载道纪事，益人神智者也。自汉以来，购书藏书，其说綦详，官私之藏，著录亦不为不多，然未有久而不散者。则以藏之一地，不能藏于天下，藏之一时，不能藏于万世也。明侯官曹氏学佺，欲仿二氏为儒藏，庶免二者之患矣。盖天下之物，未有私之而可以常据，公之而不能久存者。然曹氏虽倡此议，采撷未就。今不揣谫劣，愿与海内同人，共肩斯任，务俾古人著述之可传者，自今日永无散失，以与天下万世共读之。……先正读书遗矩，亡于明之中叶，高者失之于玄虚，卑者失之于妄庸。儒藏既立，宜取自汉以来，先儒所传读书之法，编为一集，列于群书之首，经义、治事，各示以不可紊之序，不可缺之功。凡欲读藏者，即以此编为师，斯涉海有航，无远弗届。而书籍灿陈，且如淮阴之用兵，多多益善矣，又何患其泛滥而无归哉！

程晋芳在《四库全书》馆得黄宗炎著《图学辨惑》，欣然作跋，表彰黄氏《易》学。

据《勉行堂文集》卷五《图学辨惑跋》记：

晦木先生学有本源，于《易》理尤邃。既撰《周易象辞》十九卷、《寻门余论》二卷，复成兹一卷，以辨陈图南传授之谬。余少时读李鼎祚《易解》，每窃疑之。既乃得梨洲《易学象数论》，为之豁然心开，谓前人不我河汉也。然求难弟之书，竟不可得。乾隆乙未，始于浙省所进遗书中见之，盖与胡氏之《易图明辨》、程氏之《易通》，皆能拨云雾于晦昧之余，使百日青天昭垂于千古矣。近吴郡一二儒生，复取汉人飞伏世应之说及宋儒图象，反复研求，欲翻汉庭老吏已断成案，不亦难乎？经术正而人心正，所关于世道者诚不小也。

是年，翁方纲有书致程晋芳，评论钱载、戴震二人论学的争议。

据翁方纲《复初斋文集》卷七《理说驳戴震作》附《与程鱼门平钱戴二君议论旧草》记：

昨箨石与东原议论相诋，皆未免于过激。戴东原新入词馆，斥詈前辈，亦箨石有以激成之，皆空言无实据耳。箨石谓东原破碎大道，箨石盖不知考订之学，此不能折服东原也。诂训名物，岂可目为破碎？学者正宜细究考订诂训，然后能讲义理也。宋儒恃其义理明白，遂轻忽《尔雅》《说文》，不几渐流于空谈耶？况宋儒每有执后世文字习用之义，辄定为诂训者，是尤蔑古之弊，大不可也。今日钱、戴二君之争辨，虽词皆过激，究必以东原说为正也。然二君皆为时所称，我辈当出一言持其平，使学者无歧惑焉。东原固精且勤矣，然其曰圣人之道必由典制名物得之，此亦偶就一二事言之可矣。若综诸经之义，试问《周易》卦、爻、彖、象，乘承比应之义，谓必由典制名物以见之，可乎？《春秋》比事属辞之旨，谓必由典制名物见之，可乎？即《尚书》具四代政典，有谟训诰誓之法戒存焉，而必处处由典制名物求之，可乎？即《诗》具征鸟兽草木，而有忠孝之大义，劝惩之大防，必尽由典制名物求之，可乎？圣门垂教，《论语》其正经也，《论语》《孟子》必以典制名物求之，可乎？《孝经》以典制名物求之，可乎？戴君所说者，特专指"三礼"与《尔雅》耳，……岂概以典制名物得之者乎？……是以方纲愚昧之见，今日学者，但当纂言，而不当纂礼。纂言者，前人解诂之同异，音训之同异，师承源委之实际，则详审择之而已矣。若近日之元和惠氏、婺源江氏以及戴君之辈，皆毕生殚力于名物象数之学，至勤且博，则实人所难能也。吾惟爱之重之，而不欲劝子弟朋友效之。必若钱君及蒋心余斥考订之学之弊，则妒才忌能者之所为矣。故吾劝同志者深以考订为务，而考订必以义理为主。

案：翁氏此札原无年月，而札中有"戴东原新入词馆"一语，则可大致推知。据《高宗实录》记，戴震入翰林院为庶吉士，时在乾隆四十年五月。翌年五月，钱载任官山东学政离京。故而钱、戴论学不和，当为乾隆四十年五月以后之事。因此，姑将此札系于是年。

乾隆四十一年丙申　1776年

正月初一日,钱塘为其族父钱大昕二十余年前所著《三统术衍》撰《后记》成。

据《三统术衍》卷末附钱塘《后记》云:

自班氏作《志》而后,《三统》之历传,而其术不传矣。得先生追而述之,于数千载之余,遂可以人人通知历术而无难,而后之欲明《春秋》与《汉书》者,必皆考正于是焉。……后有知而好之者,不足为先生重;其不知而好之也,不足以轻先生。要与《春秋》《汉书》,同永永于终古而已矣。记其后者,先生之族子塘也。记之日,则丙申岁之天正朔旦。冬至日名甲戌,为乙未岁之十一月一日也。

春,戴震复书段玉裁,就段著《六书音均表》而详论古音学。

据戴震《戴震文集》卷四《答段若膺论韵》记:

仆以为考古宜心平,凡论一事,勿以人之见蔽我,勿以我之见自蔽。……顾氏于古音有草创之功,江君与足下皆因而加密。顾改侯从虞,江改虞从侯,此江优于顾处。顾药、铎有别而江不分,此顾优于江处。其郑为六,顾为十,江为十三,江补顾之不逮,用心亦勤矣。此其得者,宜引顾、江之说,述而不作。至支、脂之有别,此足下卓识,可以千古矣。仆更分祭、泰、夬、废及月、曷、末、黠、辖、薛,而后彼此相配,四声一贯,则仆所以补前人而整之就叙者。愿及大著未刻,或降心相从而参酌焉。

春,汪中有书致刘台拱,谈一时江南学风,推钱大昕为"一代之儒宗"。

据刘文兴《刘端临先生年谱》乾隆四十一年二十六岁条，录汪中书记：

去年闰月一书，想已达耶？田君至，得手教，甚慰！

中江宁之行，为见谢公耳，书院未可得也。岁暮至松江，见韩锡胙。韩乃清狂不慧之人，语及读书考古之学，便裂眦怒詈如不共戴天之仇，而士林翕然以为通人，恐亦吠声之论耳。于中既不能留，亦无所赠，竟至乞食而归，亦奇事也。闻足下馆于丁溪。其地主，中知其人，将来定不能相得。去就之义，足下自能权之，为谋养计，或可略其小节耳。中至江以南，所见材俊之士以常州为最；此时秀出者约四五人，惟是以作诗为性命，而以袁枚为宗师，毁誉从违，惟其所向，可不谓"秦无人"乎？扬州一府，若足下，若怀祖，若中，虽所造不同，然皆通经术，立名节，有忧民之心，于势分声名绝无依附，亦可谓豪杰之士矣。风雪中得怀祖书，甚推重足下。又中前造嘉定，与钱先生语弥日；其人博学无方，而衷于至当，其高出戴君不止十等，诚一代之儒宗也。中于韵学多扣槃，然告之钱先生无不合者。又中近校《尚书正义》，决然知《伪孔传》出于王肃，亦得数确证，欲为《尚书考异》一书，未得也。晤足下时，当共证之。足下言《逸礼》东汉世已不存，可著一论见示。说经之文，以明切为贵，可不必蹈文士常蹊。又《仪礼注》校出者，望明以告我。武曹近来读书若何？乞为我问之。县考后，当同令表妹来宝应，恐其时足下不得家食也，怅怅！堂上二老，乞为起居。诸维自爱不一。

三月，戴震为王千仞著《诗比义述》撰序，讨论《诗》之赋、比、兴。

据《戴震全书》之三十二《东原文集》卷十《诗比义述》记：

昔壬申、癸酉岁，震为《诗补传》未成，别录书内辨证成一袟（帙），曾见有袭其说，以自为书刊行者。不知先生何由见震原书，择其合于比义若干条，俾得以名附大著中。先生之子栗人，与震同举于乡，今为朝廷名御史。震虽未获亲闻先生讲论，而先生以是书远寄京师示震，且属序之，不得辞也。……六书假借，引喻以明，无非比也。赋者比之实也，兴者比之推也。得比义，于兴不待言，即赋之中复有比义。先生博采众说，逐条以己所得为案语足成之，凡八卷。欲学者引伸触类，知德行，达政体。孔子两许门弟子可与言诗，意实在此。然则是书为益，岂浅鲜哉？乾隆丙申三月，休宁戴震谨序。

三月，戴殿海、殿泗兄弟刊刻其师齐召南遗著《水道提纲》蒇事。

据《水道提纲》卷末戴氏兄弟《跋》记：

右《水道提纲》二十八卷，天台齐息园先生所辑也。此书创稿于《一统志》馆，迨先生予告南归，掌教敷文书院，海与弟泗肄业院中，窃见先生寒暑不辍，次第编纂。书成，方拟上呈乙夜之览，会卧病因循，旋捐馆舍，愿未得遂。壬辰岁，恭逢恩旨搜访遗书，先生子式迁敬缮洁本，恭送书局进呈，先生之愿藉以获申矣。顾廷阁之藏，海内承学之士虑未尽见。甲午秋，式迁复介槐塘汪五丈沆，寄书来浦阳山中，嘱为开雕。此海等夙志也，遂奉先生手定原本，束装抵杭，约同志鲍廷博、周君瑶，详加雠校，以授剞劂氏。当鸠工之始，桐城张祭酒裕莘，合都下诸同学撰有公启，邮寄来浙，将醵金刊行，闻已集事而止。丙申春，山阳阮太史姜郝先生，复示校本，慎重商榷。盖争先快睹，数千里有同心如是也。计开雕于乙未四月，蒇事于丙申二月。覆校既竣，谨书数语于卷尾，以识颠末，且以酬诸君子襄事之盛意云。乾隆丙申三月，受业门人戴殿海、殿泗百拜跋。

六月，段玉裁将戴震著《声韵考》及自著《六书音均表》在四川刊行。

据《经韵楼集》卷六《刻声韵考》记：

己丑之春，先生成《声韵考》四卷，都下传写，玉裁录之置箧中。……玉裁翻绎有年,弗敢失坠。窃引而申之,补所未备,成《六书音均表》五卷。丙申之夏,并镌以赠问字者,以见予学之有师承,匪苟而已也。六月十一日,弟子金坛段玉裁谨书。

七月,董秉纯钞校《鲒埼亭集外编》成。

据《全祖望集汇校集注》附录董秉纯撰《鲒埼亭集外编题词》记:

谢山先生易箦时,以诗文稿付纯藏弆,手定凡六十卷,其余残篇剩简及重出未删之作,亦有整幅成帙者,几满一竹笥,纯泣拜而受。先生丧毕,细为搜检,粘连补缀,又汇为七十卷。其中与正集重复,及别见于他作者,几十之四。拟重删定,以多先生手书,不忍涂乙,思更誊写,衣食奔走,卒卒未及。岁丙戌,馆东村邱氏之松声柏影楼,课徒之隙,手钞得三百余纸,后复南北历录,作辍无定,虽船唇驴背,无弗挟以偕行,而竟未能蒇事。今丙申春,判那州,地僻政简,署中寂静,日课字四千,四阅月而卒业,于是重为厘定。……予之钞此,历十有一年,且方以为得就修正之始,盖传书之难如此。……今自先生之殁,二十有二年矣,穿中片石,卒无应者,而遗书之飘荡,岌岌有不可知之势。至使予只轮孤翼,皇皇于车尘马足之间,卒以案牍余劳,完此委付。天或假年,犹当再为覆审。否则藉手以报先生于地下,其不在斯乎?夫亦重可慨也矣。乾隆四十一年丙申秋七月,受业董秉纯书于粤西那地州官署。

九月八日,卢文弨复书汪中,感谢所寄《孟子章指》及《仪礼》逸注。

据卢文弨《抱经堂文集》卷十九《答汪容甫书》记:

九月八日,文弨白容甫足下:今世可与道古者极鲜,足下年方壮盛,而专精古义,此已能不囿于流俗矣。惜相隔百里而遥,不能朝夕见,以策我之颓惰,意常缺然。承示《仪礼》逸注一条,并以所录《孟子章指》全本见寄,使得补足以成完书,诚大快也。在辛巳岁,从吴友朱君文游处,借得毛斧季所临吴鲍庵赵注《孟子》校本，独末卷缺章指，于意终未慊也。今相距十有六年而始得之，幸目力无大减，尚可一手誊写，不假他人，晚境之乐，无过此矣。……《孟子》全册今先奉还，其《仪礼》尚欲细看一过再寄上。闻近著小学，一本古训，补苍之亡，作雅之翼，拭目以期蚤睹也。

卢文弨据汪中所录《仪礼》郑氏逸注，校勘《仪礼》注疏，撰《书校本仪礼后》。

据《抱经堂文集》卷八《书校本仪礼后》记：

> 昔吾从兄宇安兵部宏熹家居时，尝为人说《仪礼》。余时年尚小，但闻说牲体长胁短胁，与今世所称无异；又谓宰相必用读书人，兹言良不诬，亦因读《仪礼》有感而发也。嗣后秀水盛君庸三世佐从余师桑弢甫先生于南屏精舍讲此书，盛君以所得著为《集传》，疏其凝滞，约其旨归。余读而善之，亦遂有志于是。以为礼之节次，皆出于自然，苟得其一，不难以三隅反也。閒贾氏《疏》亦尝订正其误，有出于馆阁校本之外者。然以云融贯，则卒莫能自信。今年江都汪君容甫中语余曾见宋本《仪礼》郑氏注，与今本有异同。余因假其传录者以归，即用《注疏》本就文改之。然宋本郑氏注，实与贾疏先后次第多不符同，当是贾氏未疏之前，所传本不一，即他经亦有之。然则此注自当单行，余乃就有疏本录之，为不审也。后之读者，其勿以疏而疑宋本注之未是，庶几得之。盛君于今本郑注之误，亦疑之，以为当作某，今得本证之良是，于此益服其精思为不可及也。兵部兄康熙四十五年进士，仕至郎中，适宗人有为大司马者，避嫌遂乞归。一子早死，其遗书多散失。余曩所闻，特其浅浅者耳。盛君乾隆十三年进士，为令云南，有解铜之役，卒于江南仪征舟次。其书之在亡不可知，其大略则锡山秦大司寇尝取之载于《五礼通考》内矣。附著之，以见余之所以知读此书者，实由于二君云。

案：文末，有文弨乾隆五十九年正月补记一段，据云："于后知容甫所云宋本，非真宋本也。其郑注前后移易，乃据元敖继公《集说》本耳。甲寅正月记。"

卢文弨据汪中所录赵岐《孟子章指》，校勘《孟子》注疏，撰《孟子注疏校本书后》。

据《抱经堂文集》卷八《孟子注疏校本书后》记：

赵邠卿注《孟子》，今所传监本、汲古阁本，凡与疏相连者，多被增损，失赵注之旧矣。赵氏于每一章后，皆有章指，作疏者径削去之，仍取其辞置于疏首，而又不尽用也。独于章指所用事辞，往往于疏内具释之。然则何以知章指为疏人所去也？其于《耻之于人大矣》章，具著之矣，云："凡赵注有所要者，虽于文段不录，然于事未尝敢弃之而不明。"是以疏内释章指之语者，不一而足。当馆阁校刻经史时，于此书未尝前后契勘，于是见注无其文而疏乃为之具释者，则疑以为衍文，或又以为他书误入于此，或径删去之，或虽删而仍录其疏于考证中。乃亦有疑今所传赵注之不全者。众论差互，皆不知有章指二字之名目也。乾隆辛巳，余从吴友朱文游处借得毛斧季所临吴匏庵校本，乃始见所为章指者，独于末卷缺如也。后见余仲林萧客所纂《五经钩沉》，亦复如是。更后乃闻有何仲子校本，则所缺者独完，求之累岁不获。今江都汪容甫乃始以其录自何本者借余，遂得补录，以成完书。计今年丙申，上距辛巳，十六年矣。及老眼犹明，得还汉人旧观，岂不大快也哉！更有《孟子》篇叙，亦出赵氏，世知之者盖鲜。余意欲先钞篇叙与章指孤行，而注之为后增损者，亦不可不复其旧。诚得好古而有力者，合而梓之，则尤为善之善已。疏非孙宣公所撰，而假托其名。宣公有《音义序》，作疏者即略改数语，便以为《正义序》，此尤为作伪之明验。昔人讥其疏陋不足观，非过论也。

卢文弨校勘《荀子》成。

据《抱经堂文集》卷十《书荀子后》记：

曩余于乾隆四年，以事羁余姚，寓周巷景氏东白楼中，抽架上有杨倞注《荀子》一书，遂手钞之为巾箱本。诸子自老、庄外，唯此为得之最先也。世之讥荀子者，徒以言性恶耳。然其本意，则欲人之矫不善而之乎善，其教在礼，其功在学。性微而难知，唯孟子为能即其端以溯其本原，此与性道教合一之义，无少异矣。然而亦言忍性，则固气质之性也。又曰："性也有命焉，君子不谓性也。"则在孟子时，固有执气质以为性者。荀子不尊信子思、孟子之说，而但习闻夫世俗之言，遂不能为探本穷原之论。然其少异于众者，众人以气质为性，而欲遂之，荀子则以气质为性，而欲矫之耳。且即以气质言，亦不可专谓之恶。善人忠信，固质之美者，圣人亦谓其不可不学，学礼不徒为矫伪之具明矣。荀子知夫青与蓝、冰与水之相因也，而不悟夫性与学之相成也，抑何其明于此而暗于彼哉？然其中多格言至论，不可废也。余后得版本不甚精，曾以他本校一过。今年得影钞大字宋本，后有刘向《校录奏》一篇，并其篇目，在未经杨氏改易之先。最后两行，一题将仕郎守秘书省著作佐郎充御史台主簿臣王子韶同校，一题朝奉郎尚书兵部员外郎知制诰上骑都尉赐紫金鱼袋臣吕夏卿重校，此当在宋英宗时奉敕校定者。写极工楷，而讹错亦复不少。然以校俗间本，则此本字句尚未经改窜。余亟取以正余本之误，盖十有八九焉。向尝疑王深宁《诗考》引《荀子》，与今本多不合，至是始释然。……岁月如流，回忆三十八年前事，若在梦境。而白发明镫，手此一编，摩挲探讨，不自意得见善本，疑若有鬼神为之赐，抑何幸欤！

卢文弨为齐召南遗著《水道提纲》作跋。
据《抱经堂文集》卷九《水道提纲跋》记：

此书天台齐息园先生所著也。先生名召南，字次风。乾隆元年，中博学鸿词科，入词林，命课诸皇子读。坠马，骨几折，以礼部侍郎致仕。主浙江敷文书院讲席最久，以族匪连逮，讯明释归，未几卒。此书二十八卷，先海而次及诸水。于诸水，先经流而次及支流之巨者，至支中之支，则附见焉。……是书刊于其门下士浦江戴君兄弟殿海、殿泗，以其本贻余，故得而卒读焉。若戴君者，可谓不负其师者与！

《孝经》孔安国注自日本传回，鲍廷博出资刊行，卢文弨欣然撰序。据《抱经堂文集》卷二《新刻古文孝经孔氏传序》记：

> 《孝经》有古今文，郑康成注者，今文也，孔安国传者，古文也。五代之际，二家并亡。宋雍熙中，尝得今文郑氏注于日本矣，今又不传。新安鲍君以文，笃学好古，意彼国之尚有是书也，属以市易往者访求之，顾郑氏不可得，而所得者乃古文孔氏传，遂携以入中国。此书亡逸殆及千年，而一旦复得之，此岂非天下学士所同声称快者哉！鲍君不以自私，亟付剞劂，而以其本示余。……余所以致辨者，恐人因开卷一二龃龉，遂并可信者而亦疑之，则大非鲍君兢兢扶微振坠之本意矣。故备举其左证于前，以明可信。

是时，卢文弨在南京主持钟山书院讲席几近五载，有书致其师孙汉，讨论一时世风、学风病痛，言及"上之人不能贵士"，"摧折之唯恐其不至"。

据《抱经堂文集》卷十八《寄孙楚池师书》记：

> 日承手示，论近今人士学不如古者有二弊：一则贫窭所累，不能不以衣食分其志；一则为学使者不能衡鉴惟允，取通经学古者以风示之。夫士也既处不能专精之势，而所以应上之求者，又可以幸而得之，此所以绩学能文之士，盖千百人中庶几一二而犹未可必也。兹言可谓切中近时之弊。……窃谓近之弊，尤在乎志节之不立，风操之不振。故中材以下，以贫为病而堕其守者有之矣。盖不独役役焉惟治生之是急也，亦由上之人不能贵士而遇之以礼，偶有微忤，辄欲借以立威，而摧折之唯恐其不至。于是士之自处也亦日贱，所忧不徒学之不专、文之不工而已。

九月三十日，高宗颁谕，"令将《四库全书总目》及各书提要，编刊颁行"。

据《高宗实录》卷一〇一七乾隆四十一年九月戊戌条记：

谕：昨《四库全书》荟要处，呈进钞录各种书籍，朕于几余披阅，见粘签考订之处，颇为详细。所有各签，向曾令其附录于每卷之末，即官版诸书，亦可附刊卷尾。惟民间藏版，及坊肆镌行之本，难以概行刊入，其原书讹舛，业经订正者，外间仍无由得知，尚未足以公好于天下也。前经降旨，令将《四库全书总目》及各书提要，编刊颁行。所有诸书校订各签，并着该总裁等，另为编次，与《总目提要》一体付聚珍版，排刊流传。

十一月十五日，鲍廷博自序《知不足斋丛书》。

据《知不足斋丛书》卷首鲍廷博撰序记：

宋左氏之《百川学海》，元陶氏之《说郛》，明陈氏之《秘笈》，前人颇以删节讹脱少之。然左氏十集聚百余种，陶氏正续多至二千种，陈氏五集亦二百余种，至今裒然具存，要非尽同一脔之尝。较之汉唐亡书，仅见于宋人类事及诸书注释所引用，得其一鳞片甲以为快者，其所资益不已多乎？此廷博所以汲汲为丛书之刻，盖有感于斯也。……惟是每刻一书，乐与同志悉力校勘，务求完善，视左、陶诸刻，加精审焉。览是编者，亮能鉴此区区之苦心也。……乾隆丙申十一月既望，歙长塘鲍廷博以文氏谨述。

十一月十六日，高宗颁谕，就销毁图书事进行"区别甄核"。

据《高宗实录》卷一〇二一乾隆四十一年十一月甲申条记：

谕：前因汇辑《四库全书》，谕各省督抚遍为采访。嗣据陆续送到各种遗书，令总裁等悉心校勘，分别应刊、应钞及存目三项，以广流传。第其中有明季诸人书集，词意抵触本朝者，自当在销毁之列。节经各督抚呈进，并敕馆臣详悉检阅，朕复于进到时，亲加披览，觉有不可不为区别甄核者。如钱谦益，……金堡、屈大均，……乃托名胜国，妄肆狂狺，其人实不足齿，其书岂可复存！自应逐细查明，概行毁弃。……若刘宗周、黄道周、……熊廷弼、……王允成、……叶向高……，其书为明季丧乱所关，足资考镜，惟当改易违碍字句，无庸销毁。……或明人所刻类书，……所有触碍字样，固不可存，然祇须删去数卷，或删去数篇，或改定字句，亦不必因一二卷帙，遂废全部。

十一月二十二日，戴震致书段玉裁，告以因患足疾，拟于来年春后南旋。

据《戴震全书》之三十五《与段茂堂等十一札》之第八札记：

春间有札，详论韵之分合，以入声为枢纽，并《声韵考》一本，托龚公转寄。因大著尚有当酌处，或更参定，俟覆书到撰序，俟几一载。而仆自三月初获足疾，至今不能行动，以纂修事未毕，仍在寓办理。拟明春告成，乞假南旋。……上若膺贤弟足下。友人戴震顿首，十一月二十二日灯下。外寄上《经典释文》一套，计十本，《水经注》全部，计十四册，并《六书音均表》原稿一本，祈检收。又《天图》二张。

十二月一日，高宗颁谕，销毁沈德潜《国朝诗别裁集》板片。
据《高宗实录》卷一〇二二乾隆四十一年十二月戊戌条记：

谕军机大臣等：前因沈德潜选辑《国朝诗别裁集》，进呈求序。……命内廷翰林，为之精校去留，俾重锓版，以行于世，其原板自应一并销毁。但阅时既久，此板曾否销毁，任听存留。而沈德潜身故后，其门下士无识者流，又复潜行刷印，则大不可。着传谕杨魁，即查明此板现存何处，如未经销毁，即委员将板片解京，并将未经删定之刷印原本，一并查明恭缴。

十二月三日，高宗颁谕，命国史馆编纂《明季贰臣传》。
据《高宗实录》卷一〇二二乾隆四十一年十二月庚子条记：

谕：昨阅江苏所进应毁书籍内，有朱东观选辑《明末诸臣奏疏》一卷，及蔡士顺所辑《同时尚论录》数卷。……当时具疏诸臣内，如王永吉、龚鼎孳、吴伟业、张缙彦、房可壮、叶初春等，在明已登仕版，又复身仕本朝，其人既不足齿，则其言不当复存，自应概从删削。……此等大节有亏之人，……自应于国史内另立《贰臣传》一门。……着国史馆总裁查考姓名事实，逐一类推，编列成传，陆续进呈，候朕裁定，并通谕中外知之。

十二月十三日，高宗颁谕，褒奖禁书尽职的江西巡抚海成，严词斥责"不实力查办"的江浙督抚。

据《高宗实录》卷一〇二二乾隆四十一年十二月庚戌条记：

> 谕军机大臣等：海成奏，将各属续获应毁书籍，分晰开单进呈，并称自展限倍价购买以来，据各属搜买，以及民间缴呈，应毁禁书，前后共有八千余部之多。虽屡经家喻户晓，乃尚不能一时净尽，再请展限购求等语。所办甚好。看来查办遗书一事，惟海成最为认真，故前后购获应行毁禁书籍，较江浙两省尤多。江浙为文物所聚，……高晋、三宝办经数年，杨魁亦已到任半载，何以轻率若此！俱着传旨严行申饬。……如此番查办之后，民间尚有违禁潜藏者，将来别经发觉，除将本人治罪外，仍惟该督抚是问。

乾隆四十二年丁酉　1777 年

正月，戴震应段玉裁之请，为段著《六书音均表》撰序。据《戴震文集》卷十《六书音均表序》记：

> 韵书始萌芽于魏李登《声类》，积三百余年，至隋陆法言《切韵》，梗概之法乃具。……唐初，因法言撰本为选举士人作律诗之用……宋吴棫作《韵补》，……郑庠作《古音辨》，仅分阳、支、先、虞、尤、覃六部。近昆山顾炎武更析东、阳、耕、蒸而四，析鱼、歌而二，故列十部。吾郡老儒江慎修永于真已下十四韵，侵已下九韵，各析而二，萧、宵、肴、豪及尤、侯、幽亦为二，故列十三部。古音之学，以渐加详如是。前九年，段君若膺语余曰："支、佳一部也，脂、微、齐、皆、灰一部也，之、咍一部也。汉人犹未尝淆借通用。……"余闻而伟其所学之精，好古有灼见卓识。又言："真、臻、先与谆、文、殷、魂、痕为二，尤、幽与侯为二，得十七部。"今官于蜀地且数年，政事之余，优而成是书，曰《六书音均表》。凡为表者五，撰述之意，表各有序说，既详之矣。其书始名《诗经韵谱》《群经韵谱》，嘉定钱学士晓征为之序。兹易其体例，且增以新知，十七部盖如旧也。……夫六经字多假借，音声失而假借之意何以得？故训音声，相为表里，故训明，六经乃可明。后儒语言文字未知，而轻凭臆解以诬圣乱经，吾惧焉。段君又有《诗经小学》《书经小学》《说文考证》《十七部古韵表》等书，将继是而出，视逃其难，相与凿空者，于治经孰得孰失也？乾隆丁酉孟春月，休宁戴震序。

正月十四日，戴震致书段玉裁，以"理"字为例，重申训诂治经的为学主张，并附寄《六书音均表序》。

据《戴震全书》之三十五《与段茂堂等十一札》之第九札记：

> 仆自十七岁时，有志闻道，谓非求之六经、孔、孟不得，非从事于字义、制度、名物，无由以通其语言。宋儒讥训诂之学，轻语言文字，是欲渡江河而弃舟楫，欲登高而无阶梯也。为之卅余年，灼然知古今治乱之源在是。孟子辟杨墨，曰"率兽食人，人将相食"；语告子，曰"率天下之人而祸仁义"。两称"圣人复起，不易吾言"，皆承"先于其心，害于事，害于政"。夫仁义何以祸斯民？观近儒之言理，吾不知斯民之受其祸之所终极矣。……一启口而曰理，似今人胜昔人。吾谓昔人之胜今人，正在此。盖昔人斥之为意见，今人以不出于私即谓之理，由是以意见杀人，咸自信为理矣。聊举一字言之，关乎德行、行事匪小。仆自上年三月初获足疾，至今不能出户，又目力大损。今夏纂修事似可毕，定于七八月间乞假南旋就医，觅一书院糊口，不复出矣。竭数年之力，勒成一书，明孔孟之道，余力整其从前所订于字学、经学者。《四库全书》例于现在人撰述不录，仆之《考工记图》《屈原赋注》，巳年江南巡抚曾取以进，馆中依例去之。今大著亦不得抄入。……上年春作札，详论韵事。……比时以大著未刻，有所商处。今既刻成，应撰序，兹兼寄上。……上若膺贤弟足下。友生戴震顿首，正月十四日。

三月二十九日，清廷指派专官，督编《明纪纲目》等十六种官修图书。

据《高宗实录》卷一〇二九乾隆四十二年三月乙未条记：

> 军机大臣等奏：遵旨承办未竣书籍，共十六种。内《通典》《通志》二书，派有专管总裁，《日下旧闻考》亦派有总裁。惟《一统志》《西域图志》，及《辽》《元》《明史》《热河志》《明纪纲目》《通鉴辑览》《音韵述微》《太学志》等书，未经特派。应派专管之员，责成定限速纂，并统交稽查上谕处稽查。至《蒙古源流》一书，内有翻切对音之处，又《临清纪略》

《金川方略》，详悉原委，亦须一手编纂，请仍交军机处赶办。得旨：依议。

春，戴震得悉陆燿著《切问斋文钞》，所撰《璇玑玉衡解》《七政解》二文录入该书卷二十四《时宪》一门，欣然致书陆氏。书中，颇及近儒理欲之说。春末，陆燿接书。后复书戴震，作同调之鸣。

据陆燿《切问斋集》卷二《复戴东原言理欲书》记：

春杪接书，久未裁复，纷纭案牍之中，力小任重，日夜惶疚，即此稽缓，亦足见其才力之困也。阁下究心典籍，高出群儒，修述之事方期身任，胡遽有秋令假归之语？行止何如，临期尚祈示及。如果言旋，倘可迂道济南，一访鹊华之胜，尤所跂望。来教举近儒理欲之说，而谓其以有蔽之心，发为意见，自以为得理，而所执之理实谬。可谓切中俗儒之病。乃原其病之所起，则骛名之一念实为之。盖自宋儒言理，而历代推尊，以为直接孔、孟者，程、朱数大儒而已。于是莫不以理名学，如前世所讥，"太极圈儿大，先生帽子高"者，其来已非一世，由理学之名可以虚附故也。夫理悬于虚，事征于实，虚者易冒，实者难欺。唯言理而著之事，证之以迹，空虚无实之谈，庶不得而妄托。西山《大学衍义》，此其宗乎？至于朱陆、朱王之辨，近世尤多聚讼，其所讼者，皆在毫厘影响之间。若尽举朱子之行社仓、复水利、蠲税银，与象山之孝友于家、惠爱于民，阳明之经济事功、彪炳史册，以为理学真儒之左契，则瞿相之圖，仅有存者矣。顾以此求之，讵易多得！则择其言之切于今者，莫如顾昆山"行己有耻"，田篑山"利之一字，蚀人最深"二语，为废疾膏肓之药石，沉迷大麻之晨钟。而不贵言性言命，"存天理，遏人欲"之虚谈，庶几于风俗之盛衰，吏治之得失，民生之疾苦，在在与民同好恶而不私。于阁下之教，得毋近之，而不止以其名乎？近日从事《文钞》一编，大指如此。惟是所见不多，网罗难尽，浅人易眩，决择未精，其中不无遗憾，是以未敢邮正。今大教谆谆，似欲匡其所不逮者，又可不献其丑拙耶？人便附上一册。燿再拜。

四月七日，清廷表彰朱彝尊《经义考》，以示"阐崇经学"。

据《高宗实录》卷一〇三〇乾隆四十二年四月壬寅条记：

> 谕军机大臣等：朕阅《四库全书》馆所进钞本朱彝尊《经义考》，于历代说经诸书，广搜博考，存佚可征，实有裨于经学。朕因亲制诗篇，题识卷首。此书现已刊行于世，闻书板尚在浙江，着将御制诗录寄三宝，就便询问藏板之家，如愿将朕此诗添冠卷端，听其刊刻，亦使士林咸知朕阐崇经学之意。

四月二十四日，戴震致书段玉裁，告《孟子字义疏证》为"生平论述最大者"，针砭学术时弊，"不得不作"。

据《戴震全书》之三十五《与段茂堂等十一札》之第十札记：

> 仆足疾已逾一载，不能出户，定于秋初乞假南旋，实不复出也。拟卜居江宁，俟居定当开明，以便音问相通。……仆生平论述最大者，为《孟子字义疏证》一书，此正人心之要。今人无论正邪，尽以意见误名之曰理，而祸斯民，故《疏证》不得不作。顷未得人抄寄。兹附致《五经算术》一部，其《九章算术》尚未印出。顺候迩祉，驰溯不宣。上若膺贤弟足下。震顿首，四月廿四日。

彭绍升入京，晤戴震，得读戴著《原善》《孟子字义疏证》。因为学主张不合，彭氏致书戴震，提出商榷。

据彭绍升《二林居集》卷三《与戴东原书》记：

> 承示《原善》及《孟子字义疏证》二书，其于烝民、物则、形色、天性之旨，一眼注定，旁推曲鬯，宣泄无余。其文之切深奥衍，确然《戴记》之遗，汉唐诸儒言义理者，未之或先也。……顾亦有一二大端不安于心者，敢质其说于左右。……合观二书之旨，所痛攻力辟者，尤在"以理为如有物焉，得于天而具于心"，谓涉于二氏。先儒语病则不无，然外心以求理，

阳明王子已明斥其非矣。将欲避真宰、真空之说，谓离物无则，离形色无天性，以之破执可也，据为定论，则实有未尽。以鄙意言之，离则无物，离天性无形色。何也？物譬之方员，则譬之规矩，未有舍规矩而为方员者也。舍规矩而为方员，则无方员矣。形色譬之波，性譬之水，未有舍水而求波者也。舍水而求波，则无波矣。于此欠分明，则于《易》所谓"神"，《诗》所谓"上天之载"，皆将迁就以傅吾之说，而先圣之微言滋益晦。其究也，使人逐物而遗则，徇形色，薄天性，其害不细。

戴震接彭绍升书，抱病复书，逐一驳诘。
据《戴震全书》之三十二《东原文集》卷八《答彭进士允初书》记：

孔子曰："道不同，不相为谋。"言徒纷然词费，不能夺其道之成者也。足下之道成矣，欲见仆所为《原善》。仆闻足下之为人，心敬之，愿得交者十余年于今。虽《原善》所指，加以《孟子字义疏证》，反复辩论，咸与足下之道截然殊致，叩之则不敢不出。今赐书有引为同，有别为异，在仆乃谓尽异，无毫发之同。……昔程子、张子、朱子，其始也，亦如足下今所从事。……程、朱虽皆先入于释氏，而卒能觉悟其非。……在程、朱先入于彼，徒就彼之说转而之此，是以又可转而之彼，合天与心为一，合理与神识为一。而我之言，彼皆得援而借之，为彼树之助。以此解经，而六经、孔孟之书，彼皆得因程、朱之解，援而借之，为彼所依附。譬犹子孙未睹其祖父之貌者，误图他人之貌为其貌而事之，所事固己之祖父也，貌则非矣。实得而貌不得，亦何伤？然他人则持其祖父之貌以冒吾宗，而实诱吾族以化为彼族，此仆所由不得已而有《疏证》之作也。足下所主者，老、庄、佛、陆、王之道，而所称引，尽六经、孔、孟、程、朱之言。诚爱其实乎？则其实远于此。……然则所取者，程、朱初惑于释氏时之言也。所借以助己者，或其前之言，或其后之似者也。所爱者，释氏之实也。爱其实而弃其名，借其名而阴易其实，皆于诚有亏。足下所云"学问之道，莫切于审善恶之几，严诚伪之辨"，请从此始。倘亦如程、朱之用心，期于求是，不杂以私，则今日同乎程、朱之初，异日所见，或知程、朱之指归，与老、释、陆、王异。

然仆之私心期望于足下，犹不在此。程、朱以理为如有物焉，得于天而具于心，启天下后世人人凭在己之意见，而执之曰理，以祸斯民。更淆以无欲之说，于得理益远，于执其意见益坚，而祸斯民益烈。岂理祸斯民哉？不自知为意见也。离人情而求诸心之所具，安得不以心之意见当之，则依然本心者之所为。拘牵之儒，不自知名异而实不异，犹贸贸争彼此于名，而辄蹈其实。敏悟之士，觉彼此之实无异，虽指之曰"冲漠无朕"，究不得其仿佛，不若转而从彼之确有其物，因即取此以赎之于彼。呜呼！误图他人之貌者，未有不化为他人之实者也。诚虚心体察六经、孔、孟之言，至确然有进，不惟其实与老、释绝远，即貌亦绝远，不能假托。其能假托者，后儒失之者也。是私心所期于足下之求之耳。

五月初，戴震著《声类表》九卷成。
据段玉裁辑《戴东原先生年谱》乾隆四十二年五十五岁条记：

丁酉五月上旬，作《声类表》，凡九卷。所云九卷者，即与予书所谓九类，每类为一卷也。先是癸巳春，先生在浙东金华书院，以古音分为七类。至丙申与余书，则七类又改为九类。至临终十数日前，因成此书。孔户部刻诸微波榭，而冠以《与段若膺论韵》六千字者是也。

五月十一日，贾田祖卒于泰州。
据汪中《汪中集》卷六《大清故高邮州学生贾君之铭》记：

君讳田祖，字稻孙。先世北平人。十四世祖愚，以从明成祖靖难功，官高邮指挥司佥事，子孙袭官，因家其地。祖良璧，举人。父兆凤，翰林院检讨。君好学，多所涉猎。喜《左氏春秋》，未尝去手，旁行斜上，朱墨烂然。……与同里李惇、王念孙友，三人皆善饮。酒酣，君辄钩析经疑，间以歌诗。……乾隆四十二年，君试于泰州，五月乙亥，一宿而卒。……

其殁也，年六十有四。

又据《清史列传》卷六十八《贾田祖传》记：

> 贾田祖，字稻孙。诸生。通《左氏春秋》，有《春秋左氏通解》。

五月十五日，姚鼐撰文，祝贺刘大櫆八十寿辰。
据《惜抱轩文集》卷八《刘海峰先生八十寿序》记：

> 曩者鼐在京师，歙程吏部、历城周编修语曰："为文章者，有所法而后能，有所变而后大。维盛清治迈逾前古千百，独士能为古文者未广。昔有方侍郎，今有刘先生，天下文章，其出于桐城乎？"……鼐之幼也，尝侍先生。……及长，受经学于伯父编修君，学文于先生。游宦三十年而归，伯父前卒，不得复见。往日父执往来者皆尽，而犹得数见先生于枞阳。先生亦喜其来，足疾未平，扶曳出与论文，每穷半夜。今五月望，邑人以先生生日为之寿。鼐适在扬州，思念先生，书是以寄先生，又使乡之后进者闻而劝也。

五月二十一日，戴震致书段玉裁，告拟八月南旋。
据《戴震全书》之三十五《与段茂堂等十一札》之第十一札记：

> 前月廿六至今，一病几殆。正卧床榻，见来使，强起作札。……仆归山之志早定，八月准南旋，前信已及之。吾友所为不苟，加以刚直，六年不补，固有由也。君子难进而易退，自立于无过之地，然求全之毁犹不能免。是以内刚外柔，谨慎谦逊，以与为委蛇可耳。仆归后，老亲七十有八，非得一书院不可。陕西毕公欲招之往，太远不能就也。大抵坐定后，乃可书信往来。顺候近祺不宣。上若膺贤弟足下。友人戴震顿首，五月二十一日。外《九章算术》《海岛算经》二种。

五月二十七日，戴震卒。

据段玉裁辑《戴东原先生年谱》乾隆四十二年五十五岁条记：

丁酉五月二十七日晡时，先生卒。时先生寓崇文门西范氏颖园。孔户部于是月三十日发书至蜀云："月之二十二日，在东原先生寓中坐，间见封新刊《九章算术》奉寄。后三日，金辅之榜、洪素人朴两兄来云，东原先生服黑山栀一两，吐后病即剧。初闻疑甚，前见作吾兄札时，精神朗澈，又将泚笔为王廷相作《伤寒论注序》，非病瘵者。乃竟于二十七日晡时，不可作矣。斯人而死，何痛如之！"

又据洪榜《初堂遗稿》之《戴先生行状》记：

先生姓戴，讳震，字慎修，一字东原。……世为休宁人。……先生以雍正元年十二月己巳生邑里之居第，……以四十二年五月辛卯卒于官，享年五十有五。……先生所著书：《今文尚书经》二卷，《毛诗补注》一卷，《春秋即位改元考》一卷，《考工记图》二卷，《大学补注》一卷，《中庸补注》一卷，《孟子字义疏证》三卷，《声韵考》四卷，《声类表》四卷，《勾股割圆记》三卷，《历问》四卷，《经说》四卷，《屈原赋注》一卷，《通释》一卷，《音义》一卷，《经史筹算》一卷，《气穴记》一卷，《藏府象经论》四卷，《葬法赘言》四卷，《文集》四卷，《制义》一卷。先生尝为《七经小记》之书，凡经中训诂、制度、象数、水地诸事，以及天人之道，经之大训，皆比类合义，具其端委，论其指归，俾学者因是以求六经，用力约而功多。书未竟业，成者《原象》一卷，《原善》一卷，《学礼篇》一卷。《水地记》三十卷，先生卒之前数月，手自整理所著书，命工写录，亦未及竟。

六月，洪榜撰戴震《行状》成，携戴遗孤中立往谒朱筠，求撰墓志铭。朱筠称："状中所载《答彭进士书》可不必载，性与天道不可得闻，何图更于程、朱之外，复有论说乎？戴氏可传者不在此。"后洪榜就此致书朱筠，据理驳诘。

据洪榜《初堂遗稿》之《上笥河朱先生书》记：

前者具状戴先生行实，俾其遗孤中立稽首阁下之门，求志其墓石。顷承面谕，以状中所载《答彭进士书》可不必载，性与天道不可得闻，何图更于程、朱之外，复有论说乎？戴氏可传者不在此。榜闻命唯唯，惕于尊重，不敢有辞。退念阁下今为学者宗，非漫云尔者，其指大略有三。其一谓程、朱大贤，立身制行卓绝，其所立说不得复有异同，疑于缘隙奋笔，加以酿嘲，夺彼与此。其一谓经生贵有家法，汉学自汉，宋学自宋，今既详度数，精训诂，乃不可复涉及性命之旨，反述所短以掩所长。其一或谓儒生可勉而为，圣贤不可学而至，以彼矻矻稽古守残，谓是渊渊闻道知德，曾无溢美，必有过辞。盖阁下之指出是三者，仰见阁下论学之严，制辞之慎。然恐阁下尚未尽察戴氏所以论述之心，与榜所以表章戴氏之意，使榜且得罪，不可以终无辞。

夫戴氏与彭进士书，非难程、朱也，正陆、王之失耳；非正陆、王也，辟老、释之邪说耳；非辟老、释也，辟夫后之学者实为老、释，而阳为儒书，援周、孔之言，入老、释之教，以老、释之似，乱周、孔之真，而皆附于程、朱之学。阁下谓程、朱大贤，立身制行卓绝，岂独程、朱大贤，立身制行卓绝，陆、王亦大贤，立身制行卓绝，即老、释亦大贤，立身制行卓绝也。唯其如是，使后儒小生闭口不敢道，宁疑周、孔，不敢疑程、朱，而其才智少过人者，则又附援程、朱，以入老、释。彼老、释者，幸汉唐之儒抵而排之矣。今论者乃谓，先儒所抵排者，特老、释之粗，而其精者，虽周、孔之微旨，不是过也。诚使老、释之精者，虽周、孔不是过，则何以生于其心，发于其事，缪戾如彼哉？况周、孔之书具在，苟得其解，皆不可以强通。使程、朱而闻后学者之言如此，知必急急然正之也。然则戴氏之书，非故为异同，非缘隙酿嘲，非欲夺彼与此，昭昭甚明矣。

至谓治经之士，宜有家法，非为宋学，即为汉学，心性之说，贾、马、服、郑所不详，今为贾、马、郑之学者，亦不得详。夫言性言心，亦不自宋以后兴也，周末诸子及秦、汉间著书立说者，多及之，其辞虽殊，其意究无大异，凡以劝学立教而已。惟老聃、庄周之书，乃有冲虚之说，真宰之名，不寄于事，不由于学，谓之返其性情而复其初。魏晋之间，此学盛兴，而诸佛书流入中土，亦适于此时为盛。其书本浅妄无足道，译者杂以老庄之旨，缘饰其说，大畅玄风。唐傅奕曾言其事矣，然而未敢以入儒书也。至乎昌黎韩氏，力辟佛老，作为《原道》等书，使学者昭然知二氏之非。而其时佛氏之说入人既深，则又有柳子厚之徒，谓韩氏所罪者其迹也，忽其外而遗其中，譬之知石而不知韫玉，彼其不可斥者，往往与《易》《论语》合，不与孔子异道也。此说一出，后之学者，往往执是说，以求之《易》《论语》，而所谓《易》《论语》者，则又专用魏王氏之注与何氏之集解。其人本深于老释，其说亦杂于二家，此则宜其有合也。历唐之末，逮宋之初，此论纷纭固结而不可解。于是读《易》《论语》书者，或往往先从事于二氏，因即以其有得于二氏之精者，以说《易》《论语》之书。是以眉山苏氏作《六一居士集序》，曰："新学以佛老之似，乱周孔之真，识者忧之也。"宋熙宁以后，此弊日深。至于姚江王氏之学行，则直以佛书释《论》《孟》矣。彼贾、马、服、郑当时，盖无是弊。而今学者，束发受书，言理言道，言心言性，所谓理、道、心、性之云，则皆六经、孔、孟之辞，而其所以为理、道、心、性之说者，往往杂乎老、释之旨。使其说之果是，则将从而发明之矣。如其说之果非，则治经者固不可以默而已也。如使贾、马、服、郑生于是时，则亦不可以默而已也。

前之二说，阁下苟详察之，亦知戴氏之非私于其学，而榜之非私于戴氏矣。至于闻道之名，不可轻以许人，犹圣贤之不可学而至。如阁下以此为虑，此其犹存乎后儒之见也。孟子谓："圣人，人伦之至"；首阳之义，孔子称曰"古之贤人"。夫圣贤不可至，盖在是矣。虽然，安可以自弃乎哉？若夫高谈深远者谓之知道，不言而躬行者谓之未闻道，及夫治经训谓之儒林，明性道者谓之道学，此固戴氏所不道，而榜所望于阁下表扬之者，亦不在是也。夫戴氏论性道，莫备于其论《孟子》之书，而所以名其书者，曰《孟子字义疏证》焉耳。然则非言性命之旨也，训故而已矣，度数而已矣。要之，戴氏之学，其有功于六经、孔、孟之言甚大。使后之学者，无驰心于高妙，而明察于人伦庶物之间，必自戴氏始也。惟阁下裁察焉。榜顿首顿首。

十月二十一日，江西王锡侯《字贯》案发。高宗下令严查，并痛斥巡抚海成。

据《高宗实录》卷一〇四三乾隆四十二年十月癸丑条记：

> 谕军机大臣曰：海成奏，据新昌县民王泷南呈首举人王锡侯，删改《康熙字典》，另刻《字贯》，实为狂妄不法，请革去举人，以便审拟等因一折。朕初阅，以为不过寻常狂诞之徒，妄行著书立说，自有应得之罪，已批交大学士九卿议奏矣。及阅其进到之书，第一本序文后"凡例"，竟有一篇，将圣祖、世宗庙讳及朕御名字样开列，深堪发指。此实大逆不法，为从来未有之事，罪不容诛，即应照大逆律问拟，以申国法而快人心。乃海成仅请革去举人审拟，实大错谬，是何言耶！……着传旨严行申饬。至王锡侯身为举人，乃敢狂悖若此。必系久因潦倒，胸多牢骚，故吐露于笔墨。其平时所作诗文，尚不知作何讪谤。此等悖逆之徒，为天地所不容，故使其自行败露，不可不因此彻底严查。

十月二十三日，高宗再颁谕旨，下令查禁"现在刊行"的"违碍"书籍，并全盘否定海成禁书前功。

据《高宗实录》卷一〇四三乾隆四十二年十月乙卯条记：

> 朕令各督抚查办应行销毁书籍，原因书内或有悖理狂诞者，不可存留于世，以除邪说而正人心。是以旧人著作尚且应查，岂有现在刊行者转置不问之理！况逆犯所刊《字贯》，悖逆不法之处，显而易见，何以海成查办各书时，并不早为查出，及至为人首告，始行具奏。可见海成从前查办应毁书籍，原不过以空言塞责，并未切实检查。且折内尚称其书并无悖逆之词。是海成视大逆为泛常，全不知有尊君亲上之义，天良澌灭殆尽。

十月二十六日，高宗就《字贯》案三颁谕旨，下令将海成"交部严加议处"。

据《高宗实录》卷一〇四三乾隆四十二年十月戊午条记：

> 谕：……海成着交部严加议处。

十一月十二日，清廷追究《字贯》案，江西巡抚海成革职，交刑部治罪，工部右侍郎李友棠革职。已故大学士史贻直、尚书钱陈群亦牵连。

据《高宗实录》卷一〇四四乾隆四十二年十一月甲戌条记：

> 谕：……海成着照部议革职，交刑部治罪。……王锡侯《字贯》另本，前有李友棠古诗一首。李友棠身为卿贰，乃见此等悖逆之书，尚敢作诗赞美，实属天良已昧，伊自问复何颜忝列搢绅。李友棠即着革职，亦不必复治其罪。又查其《王氏家谱》内，有原任大学士史贻直序文。其《经史镜》及《唐人试帖诗详解》内，有加尚书衔钱陈群序文。使伊二人尚在，自当向其究问，今二人俱已物故，亦毋庸深究。

十一月十八日，清廷重申查禁"现在刊行"的"悖逆"书籍。
据《高宗实录》卷一〇四五乾隆四十二年十一月庚辰条记：

> 谕军机大臣等：朕前此谕令各督抚查办应行销毁书籍，……乃逆犯王锡侯所作《字贯》一书，大逆不法，各省俱未经办及。……江宁省城与江西省相隔不远，该逆犯初刻《字贯》之本，断无不传行至江宁之理。高晋等此次查办应毁书籍，何以尚未将此等大逆之书列入？岂止查旧人著作，而于现在刊行者转置不问耶！着传谕高晋，即饬属通行访查，如有与《字贯》相类悖逆之书，无论旧刻新编，俱查出奏明，解京销毁。

十二月十七日，清廷惩处《字贯》案失查官员。
据《高宗实录》卷一〇四七乾隆四十二年十二月己酉条记：

吏部奏：署江西布政使、赣南道周克开，按察使冯廷丞，阅看王锡侯《字贯》一书，不能检出悖逆重情，竟同声附和，有乖大义，应请革职，交刑部治罪。其失察妄著书籍之大学士、管两江总督高晋，照例降级留任。得旨：周克开、冯廷丞俱着革职，交刑部治罪。高晋著降一级留任。

严长明自陕西觅得王应麟辑郑玄注《尚书》《论语》，贾逵、服虔注《左传》，欲在江南刊行，卢文弨欣然撰序。

据《抱经堂文集》卷二《王厚斋辑郑氏注尚书序》记：

郑康成注《尚书》九卷，《旧唐书》犹著录，然自隋以来，其学浸微。故秘府一失其本，而世遂无有传之者。郑氏之于《书》，自不及"三礼"之精。《书》前有孔安国之《传》，后有蔡九峰之《注》，故人视郑氏之亡，益不足惜。虽然，一人之见，岂能尽得事理之精详而无遗憾？众家之言，犹必兼采择焉，况郑氏汉之大儒？今所传自《诗》《礼》之外，若《易》《孝经》《论语》，及此书之注，皆寂蔑无闻，使后生不见古义，岂非一恨事哉？宋厚斋王氏辛勤掇拾于坠失之余，于《易》辑为三卷，于《论语》辑为二卷，于《尚书》更辑成十一卷，尤班班可考。……余读《书正义》，见所引郑注，此书亦间有漏略者，此则余为补之，而他书力未能遍及也。郑氏《易》近世已梓行矣，此书与《论语注》，江宁严侍读用晦长明得自秦中故家，欲与王氏所辑《左传》贾、服义并为雕版以传，与吾夫子信好之旨，知皆必有当也。郑氏又注《尚书大传》，朱锡鬯作《经义考》时，谓其已佚，而今尚有四卷之书，见在德水卢氏所镌本虽亦未全，然必非后人所能伪撰也。然则天下之大，安知郑氏所注诸书，若《尚书》、若《论语》、若《孝经》，世间无尚有留遗者在乎？余不禁慨然有余望焉。

又据同书同卷《王伯厚辑古文春秋左传序》记：

文、武、周公之典章制度，于《左氏传》尚有可考者，其言多古文，其训释亦当用古义。自晋杜元凯作《集解》，虽曰取前人之说而会通之，然其间辄以其私臆妄易故训者多矣。其最悖谬者，谓天子三年之丧，卒哭遂除衰麻，更制谅暗之服以终丧。以卫文公大布之衣、大帛之冠为证，遂以其议定当代之制。此其诬经蔑礼，不可为训明甚。而唐时作《正义》，顾乃弃贾、服之旧注，独以杜氏为甲，其不可通处，必曲为之说，而以贾、服为非。今贾、服本书，既已不可复见，就《正义》所引，谓杜所不取者，往往远出杜解之上。宋厚斋王氏乃于诸书中搜辑补缀，贾、服外，若郑康成、马季长、王子雍之说，咸录焉。匪徒掇拾阙遗，盖将以正杜氏之失也。因十二公分十二卷。江宁严用晦从秦中旧家录此以归，余见而爱之。向见吴中惠定宇氏《左传补注》一书，亦以古义纠杜之违，服其精确，录而置之箧中有年矣。今乃知王氏此书，定宇祖父以来即相传有钞本，而外人罕得见。余虽往来吴中，实不知惠氏之有此书也。顷阅近人余仲林所为《钩沉》，而后知之。惟王氏开之于前，故惠氏祖孙得益精之于后。如"邱赋卒两"之说，皆不从杜；"遂扶以下"，依服虔作"遂跣以下"，以为燕饮解袜之明证，一字之异，其有关于典制如此。……此书虽非全文，然学者当愈知宝爱。如惠氏，遂能以是成其家学矣。必若此，庶无负厚斋扶微继绝，迪后人择善而从之指意也乎？是书本无序，余不自揆，既稍加整比，遂僭为题其端云。

又据同书同卷《郑氏注论语序》记：

康成注《论语》十卷，自周、齐至隋，盛行于人间，《唐书》犹著录，至赵宋始不以入志。则书之亡也，其在五代之际乎？金陵严侍读用晦自秦中归，从三原王端毅后人处，钞得王深宁所辑《古文尚书郑氏注》、《古文左传》贾、服各家义，而此书亦其所编缀者也。郑氏注在今日，诚如椎轮耳。使其书尚在，举业家亦必不好，而志古之士，要不忍使其坠遗。深宁叟勤勤搜采于亡佚之余，厘为两卷，此书之不终泯，王氏之力也。……王氏又尝辑《郑氏易》及《诗考》，世多有其书。而此三书，即吾乡藏书家亦未备，故《浙江通志》中亦未以之入录。侍读一见而传其本以归，可谓知所宝矣。余次第录之，适此书先竣，遂序其缘起如此。

卢文弨将所获赵岐《孟子章指》钞传于世。
据《抱经堂文集》卷二《孟子章指序》记：

  汉赵邠卿为《孟子章句》，其《题辞》又有云"章别其指"者。盖随文训释之外，每章撮其大指而为之辞，于是有"章指"之目。……乾隆辛巳之岁，借得毛斧季所临吴匏庵钞本《孟子注》，始见之，而末二卷尚阙。越十有六年，而后睹其全焉。恐友朋中未必皆见是书，故别钞之以传。

钱大昕以所著《金石文跋尾》六卷本赠卢文弨，卢氏致书答谢。
据《抱经堂文集》卷十九《答钱辛楣詹事书》记：

  方今学博而行醇，盖未有出阁下右者，每以不获常奉教为憾。自闻读礼家居，道里差近，弨徒为廪粟所縻，不获走唁，寸私缺如。大著《金石文跋尾》，愿见久矣。今承见示，欣喜疾读。叹考核之精，实有前人欧、赵、洪及本朝顾氏、朱氏之所未逮者。文笔雅健，持论极纯正，皆有益于世教。文弨见闻寡陋，一旦获此，几如贫儿之骤富矣。……愚于金石文字，向来殊未留意，不过从薛尚功、董彦远、洪景伯诸家涉猎耳。然其书传写多讹，与本来判然悬绝者有之。吴门朱氏有《隶释》写本，较胜于刻本，乃为一妄男子所涂改。以一二石本证之，始知其大谬也。此地有樊君轸亭者，聚古碑版甚多，身殁之后，尽为有力者取去矣。溧水有《汉校官碑》，以阁下搜罗之富，续得中必当有此。以前书中未见，故附呈。外先君子诗集一部并呈览。令弟精小学，如鼎臣之有楚金。以逼近秋试，不敢数过相溷，尚冀异日领教也。《方言》郭景纯注，而今本与音切相杂厕，且显然有后人语附益者。观《尔雅》音不混注中，则此亦宜有界隔。其音以指物指事为喻者，当出于景纯，与《山海经》之音政相似。其加翻切者，恐皆后人所为，不知曾为厘正否？

卢文弨复书彭绍升，就彭氏所寄《二林居制义》进行批评，斥其攻击朱子语为"离经而畔道"。

据《抱经堂文集》卷十八《答彭允初书》记：

> 去年寄来《二林居制义》一册，开卷见自序，即有大不惬意者。夫年兄之深于禅学，夫人而知之，即已亦不自讳也。仆自相识以来，至今已二十余年，交情益熟，而未尝与年兄论禅，亦未尝砭年兄之为禅。……吾但取年兄之恬洁直谅而已。……文凡若干篇，实不能遍读，但首篇题为《学而时习之》文，则既见之矣。……学以明伦为主，自书契以来，未之或改也。而言语动作，自幼仪以至于动容周旋中礼，无时而可废学。朱子《集注》自是颠扑不破。今年兄所云"小儒"，所云"臆说"者，何人乎？是明明指朱子而已矣。朱子大儒，古今驳难不一，其于朱子无伤也。而年兄乃肆笔逞臆，不顾所安如此。即以前辈而论，意见各殊，尚当婉约其辞，宁谓朱子而可横詈若斯也！首篇如此，是以未及遍观。盖虽有他作之合理者，而亦无救于此之离经而畔道矣。

余萧客卒于是年。

据任兆麟《有竹居集》卷十《余仲林墓志铭》记：

> 吴中以经术教授世其家者，咸称惠氏。惠氏之学，大都考据古注疏之说而疏通证明之，与六籍之载相切傅。至定宇先生，则尤多著纂，卓卓成一家言，为海内谈经者所宗。其著籍为弟子，能传其业者，则推吾友余君。君讳萧客，字仲林，一字古农，吴县人。……定宇先生没，世之欲传惠氏学者，多从之游。尝慨汉唐诸儒旧经注多散佚，爰采辑各家，分条纂录，编《古经解钩沉》三十卷。……君没于乾隆四十二年某月日，年四十有九。

又据江藩《国朝汉学师承记》卷二《余古农先生》记：

> 乾隆年间，诏开四库馆，征四方名彦充校雠之任，有人以山阴童钰及

先生名达于金坛，因一诸生，一布衣，格于例，不果荐。……卒年四十有七。……藩为先生受业弟子，闻之先生曰："《钩沉》一书，汉、晋、唐三代经注之亡者，本欲尽采，因乾隆壬午得虚损症，危若朝露，急欲成书，乃取旧稿录成付梓，至今歉然。吾精力衰矣，汝能足成之，亦经籍之幸也。"
案：余氏得年，两家所记各异，俟考。

孔继涵集戴震遗著在山东曲阜刊刻。
据孔广森《仪郑堂骈俪文》卷二《戴氏遗书总序》记：

东原先生姓戴氏，讳震，徽州休宁人也。学于古训，言行可法，以荐为《四库全书》纂修，赐官庶吉士。春秋五十有五，乾隆丁酉五月二十七日疾卒。凡所著文章经义若干卷，叔父农部公，先生之昏因也，缀而刊之。广森尝闻先生绪论，又感先生崇阐汉儒，而不终其志以殁，乃为序。……呜呼！君之著书可谓博矣，君之见道可谓深矣。……《戴氏遗书》，于十三经其有补。

乾隆四十三年戊戌　1778年

春，卢文弨接孔继涵寄《戴氏遗书》初成数种，应请撰序，表彰戴震学术。

据《抱经堂文集》卷六《戴氏遗书序》记：

> 吾友新安戴东原先生，生于顾亭林、阎百诗、万季野诸老之后，而其学足与之匹。精诣深造，以求至是之归，胸有真得，故能折衷群言，而无徇矫之失。其著为说也，未尝使客气得参其间，泠然而入，豁然而解。理苟明矣，未尝过骋其辩以排击昔人，而求伸其说。其为道若未足以变易当世之视听，而实至名归，一二名公卿、贤士大夫洒然异之，声誉遂隆隆起。天子开四库馆，以网罗放失，雠校之司必得如刘向、扬雄者，方足以称上指。东原用荐者以乡贡士起家，入馆充校理，命与会试中式者同赴廷对，浡升翰林。天下士闻之咸喜，以为得发抒所学矣。阅四三年，而东原以勤于其职致病，竟不起，此又天下士所为同声惋痛者也。东原在馆校定《大戴礼记》《水经注》《五经算术》《孙子算经》等书，既已官为版行，而其遗书尚伙，或不免有零坠之患，意独窃窃然虑之。今年春，得曲阜孔君荭谷书，则已为之开雕，以其先成若干种寄余。余于是大慰，东原于是乎为不亡矣。

四月十日，湖广总督奏请日后刻书，须先送学政审核。高宗颁谕批驳，声称"欲杜天下人刊书传世之路，无此政体"。

据《高宗实录》卷一〇五四乾隆四十三年四月庚子条记：

> 谕：据三宝奏，嗣后各直省士子，有欲刊刻书籍者，先录正副二本，

送本籍教官，转呈学政核定。其书果无纰缪，有裨世学者，方准刊行……。所见非是。……若如三宝所奏，……竟似欲杜天下人刊书传世之路，无此政体，……断不可行。

五月十五日，钱大昕与弟大昭校勘《后汉书年表》毕，有《后序》送鲍廷博。

据《潜研堂文集》卷二十四《后汉书年表后序》记：

歙鲍君以文得熊氏《后汉书年表》，手自雠校，将刻以行世。以予粗涉史学，属覆校焉。予弟晦之，尤熟于《范史》，因与参考商略，正其传写之讹脱者，两阅月而毕事。乃识其后曰：史之有表，昉于司马子长，至班氏而义例益密。……自范蔚宗书出，而东观谢、薛诸家尽废，志既未成，表乃全阙。熊氏生于千载之后，上追《史》《汉》，斐然有作，洵乎豪杰之士矣。而典籍散亡，《范史》而外，无所取材，……文献无征，不无遗憾于蔚宗焉。……此或千虑之失，第元文未可轻改，聊效光伯《规过》之义，以谂来学云。

是月，钱大昕应两江总督高晋聘，抵达南京，任钟山书院院长，倡导通经读史。

据钱大昕自编《竹汀居士年谱》乾隆四十三年戊戌五十一岁条记：

夏初，总督高文端公延请为钟山书院院长。居士雅不喜为人师，而家居贫约，不无藉束修以供甘旨。江宁去家不远，岁时便于定省，乃勉应之。五月到院，与诸生讲论古学，以通经读史为先。

五月二十七日，高宗颁谕，指斥湖南安化县民刘翱为"狂妄之徒，妄生议论"，下令遣送乌鲁木齐。

据《高宗实录》卷一〇五七乾隆四十三年五月丙戌条记：

谕军机大臣等：前据颜希深奏，安化县民刘翱，禀呈供状书本，现在查办一折。因其委员未妥,已传旨申饬矣。此等狂诞之徒,妄生议论,其平日之不能安分可知,即查无不法字迹,亦当予以外遣,不可复留内地滋事。……如查其家别无悖逆书籍,即将该犯发遣乌鲁木齐等处,以示惩儆。不得因其年已八旬,稍为姑息。

闰六月十七日,山西巡抚奏,查获明人袁继咸《六柳堂集》"语多悖逆"。清廷下令江西及各省严格查缴。

据《高宗实录》卷一〇六一乾隆四十三年闰六月乙亥条记:

谕军机大臣等:据巴延三奏,查获《六柳堂集》二本,系明人袁继咸所著,张自烈编辑,语多悖逆。查袁继咸原籍宜春,系江西省所辖,现在飞咨该省及各省查缴等语。袁继咸既籍隶江西,则其所刊书集,本省必有留存。着传谕郝硕,留心访觅,务将其书本及版片,悉行查出,解京销毁。至《六柳堂集》一书,既久经刊刻,流播山西,其余各省,自必有流传之本。而江南、浙江,尤书籍所汇聚,更宜访查。着传谕江浙两省督抚,实力查缴,毋稍疏漏,并令各省督抚一体确查。

闰六月十八日,清廷重申"查缴违碍书籍",务期"剔厘净尽"。

据《高宗实录》卷一〇六一乾隆四十三年闰六月丁丑条记:

谕军机大臣等:屡经降旨各省督抚,查缴违碍书籍,送京销毁。各该省陆续查出应毁之书,虽纷纷呈缴,但恐此等违碍书籍,外间尚有存留。……不可不将此意明白谕示,令其查缴,剔厘净尽。

七月二十日,章学诚致书钱坫,讨论为学风尚。

据章学诚《章氏遗书》佚篇《与钱献之书》记:

自康熙中年,学者专攻制义,间有讲求经史,撰述词章之类,老师宿儒,皆名之曰杂学。出所业编,但非破承小讲,前提后束,中后八股之体,虽有制作如经,皆不得谓之正学。三十年来,学者锐意复古,于是由汉唐注疏，周秦子纬而通乎经传微言，所谓绝代离辞，同实殊号，阐发要妙，补苴缺遗，可谓愈出而愈奇矣。至四库馆开，校雠即为衣食之业，一时所谓《尔雅》《三苍》《说文》《玉篇》《广韵》之书，哀然盈几案间，而中才子弟，亦往往能摘诒谄商商之悮，则愈盛矣。……戴东原氏之训诂，朱竹君（按：原书失校，"君"字疑为"垞"字之误。）氏之文章，皆无今古于胸中者也。其病则戴氏好胜而强所不知，朱氏贪多而不守统要，然而与风气趋避，则无之矣。余子未能细察，不敢妄为断词。足下术业于从同之中，独具经纬，盖有得于意之所谓诚然而不容已者。他日曙霞既彻，磊落相望，耿耿数晨星中，足下其一座也。是以用抒所见，为足下告，足下当有以进我也。戊戌七月二十日，学诚再拜。

八月四日，李文藻在广西桂林卒。
据翁方纲《复初斋文集》卷十四《李南涧墓表》记：

呜呼！此桂林同知南涧李君之墓，北方之朴学，岭南之循吏也。君讳文藻，字素伯，号南涧，山东益都人。乾隆己卯举于乡，庚辰中礼部试，辛巳成进士，知广东恩平、新安、潮阳县事，……同知广西桂林府事，卒于官。……其在广西，寄予拓本数十百种，疾革时，遗言寄予编次者又百种。予虽寡陋，必为考核论次，以成君之志。书目则周编修永年志之。君年四十有九，……卒于乾隆四十三年八月四日。

又据钱大昕《潜研堂文集》卷四十三《李南涧墓志铭》记：

己卯之秋，予奉命主山东乡试，得益都李子南涧，天下才也。……去岁，南涧自粤西贻予书，言生痈于尻，甚剧。自后久不得音问，又数感恶梦。今冬，其弟文涛使来告曰："吾兄以去年八月四日，病痈终于官舍，遗命不作行状，以自编年谱乞先生铭其墓。"呜呼！南涧果死矣，世岂复有此才哉？南涧讳文藻，字素伯，一字茝畹，晚又号南涧。……生平乐道人之善，乡先正诗文可传者，必撰次表章之。元和惠定宇、婺源江慎修，皆素未相识，访其遗书刊行之。

案：钱大昕此文，本作于乾隆四十四年冬。钱庆曾校注《竹汀居士年谱》，则系于乾隆四十一年，显误。

八月二十七日，徐述夔《一柱楼诗》、殷宝山《岫亭草》两案并发。

据《高宗实录》卷一〇六五乾隆四十三年八月甲申条记：

> 谕军机大臣等：据刘墉奏，如皋县民人童志璘，投递呈词，缴出泰州徐述夔诗一本，沈德潜所撰《徐述夔传》一本。其徐述夔诗内，语多愤激，现移督抚搜查办理等语。徐述夔身系举人，而所作诗词，语多愤激，使其人尚在，必应重治其罪。今徐述夔虽已身故，现据童志璘呈其所作之《一柱楼诗》，已有怨愤之语。其未经查出之诗文，悖逆词句，自必尚多，不可不严切查究，搜毁净尽，以正人心而厚风俗。且正当查缴违碍书籍之时，而其子不将伊父诗文呈出，亦当治以应得之罪。至沈德潜为此等人作传赞扬，亦属非是，念其已经身故，姑免深究。……又另折奏称，有丹徒生员殷宝山，当堂投递狂悖呈词，并于其家中搜出诗文二本，语多荒谬等语。……至阅其《岫亭草》内，《记梦》一篇，有云"若姓氏，物之红色者，是夫物之红，非即姓之红也，红乃朱也"等语，显系指称胜国之姓。……着将书本发交萨载，即提该犯到案。

九月九日，金从善呈词案发。

据《高宗实录》卷一〇六六乾隆四十三年九月乙未条记：

> 谕：本日有锦县生员金从善，于御道旁进递呈词，条陈四事，狂诞悖逆，为从来所未有。观其首以建储为请，盖妄思彼言一出，便可为他日邀功之具。而敢于蔑视王章，情实可恶。……此等逆犯，实属罪大恶极。……着行在大学士九卿，会同严审，定拟具奏。

九月二十一日，徐述夔诗案蔓延。

据《高宗实录》卷一〇六七乾隆四十三年九月丁未条记：

> 徐述夔……罪大恶极，虽其人已伏冥诛，亦当按律严办，以伸国法而快人心。至阅伊同校书之徐首发、沈成濯二名，更堪骇异。二犯一以首发为名，一以成濯为名，四字合看，明是取义《孟子》"牛山之木，若彼濯濯"，诋毁本朝薙发之制，其为逆党显然。实为可恶，已交刑部存记，俟该二犯解到时，严加刑讯。

十月二十七日，卢文弨撰文表彰汪师韩著《韩门缀学》。

据《抱经堂文集》卷十一《书韩门缀学后》记：

> 《韩门缀学》五卷，《续编》一卷，钱塘汪抒怀先生撰。先生名师韩，韩门其别号也。……此书仿佛顾氏《日知录》之体例，先经次史，以及古今事始与杂辩证，征引详洽而考订精核，为近代说部之佳者。……丙寅、丁卯间，余与友朋会文京邸，呈先生，蒙赏识。丙戌，提学湖南，见先生于保阳，录所咏长沙古迹诗示余，余所履实继先生之后尘云。……乾隆四十三年十月二十七日，里后生卢某书。

十一月一日，清廷以两年为限，重申严查"违碍悖逆之书"。

据《高宗实录》卷一〇七〇乾隆四十三年十一月丁亥条记：

> 又谕：前经降旨各督抚，查缴违碍书籍，并令明白宣示，如有收藏明末国初悖谬之书，急宜及早交出，与收藏之人并无干碍。又因王锡侯逆词一案，并令各督抚一体严查。……但查办业经数载，仍复有续获之书。此非近日之认真，皆由前此之忽略。且如徐述夔所著逆词，狂悖显然，其刊板已久，该督抚并未能豫行查出，即可为奉行不力之据。……着传谕各督抚，以接奉此旨之日为始，予限二年，实力查缴。……如限满后，仍有隐匿存留违碍悖逆之书，一经发觉，必将收藏者从重治罪。

十一月二十一日，河南刷卖《圣讳实录》案发。

据《高宗实录》卷一〇七一乾隆四十三年十一月丁未条记：

> 谕军机大臣曰：郑大进奏，据祥符县知县杨暨访获，县民刘峨裱褙铺内，刷卖《圣讳实录》一书。……乃敢将庙讳及朕御名，各依本字全体写刊，不法已极，实与王锡侯《字贯》无异，自当根究刊著之人，按律治罪。

十一月二十七日，徐述夔诗案审结。

据《高宗实录》卷一〇七一乾隆四十三年十一月癸丑条记：

> 大学士、九卿等议奏，徐述夔编造悖逆诗句一案，应照例将各犯分别戮尸斩决。得旨：逆犯徐述夔、徐怀祖，俱着照议戮尸。

> 又谕：……沈德潜……卑污无耻，尤为玷辱缙绅。使其身尚在，虽不至与徐述夔同科，亦当重治其罪。……着照所请，将沈德潜所有官爵及官衔谥典，尽行革去。其乡贤祠牌位，亦一并撤出。所赐祭葬碑文，现派阿弥达前往，会同杨魁，查明扑毁，以昭炯戒。

十二月九日，清廷查禁明人颜季亨著《九十九筹》。

据《高宗实录》卷一〇七二乾隆四十三年十二月乙丑条记：

> 又谕：前据高晋奏缴违碍书籍内，有《九十九筹》一书，计四本，系明人颜季亨所撰。其中诋斥之处甚多，较寻常违禁各书，更为狂悖不法。……着传谕各督抚，一体严查，尽数解京销毁。

乾隆四十四年己亥　1779年

正月二十一日，汪中致书刘台拱，商讨经籍文字校勘，且告以上年交友简况。

据《汪中集》卷七《与端临书》记：

正月二十一日，汪中顿首，谨致端临大兄足下：去年十月，中得四月见寄一书，知留京教学，以待决科。于足下谋生之计甚得，即会试不可必，或上馆得一教职，亦足为养亲地，贫不可长忍也。正岁再得书，知有是正文字数条，惜未及指示一二。中于经文，亦有是正数处，幸足下教之。……去年，交歙程举人瑶田、洪中书榜，二君与金殿撰，于戴君之学，皆可云具体。又长夏客江宁，与钱少詹事相处，日夕谈论甚契，惜不能为足下详说之。

又据刘文兴《刘端临先生年谱》乾隆四十四年二十九岁条记：

去年交歙程举人瑶田、洪中书榜，二君与金殿撰于戴君之学皆可云具体。又长夏客江宁，与钱少詹事相处，日夕谈论甚契，惜不能为足下详说之。程君今在丰润，时来都中，客歙县会馆，其人有体有用，不可不纳交之。李成裕客彭侍郎幕中，王怀祖竟无出山之志，二人惧衰病侵寻，日多郁抑。李君相见时，每以足下笃信宋人之说为恨！君子之学如蜕然，幡然迁之。未审比来进德修业，亦尝发瘖于心否？示知为望。中因冯按察南来，正当急难之际，挺身营护，竟克有济。久宿钟山书院，得受寒湿，八月中归而疟作，医者误以为虚损，过投大补大寒之剂，遂致绝命者二。及乎病后，则体反加壮。中之宿疾，本因脾有湿疾，不能运动，失其生化之原，致成虚弱，而医者乃以地黄、当归治之，是为以水济水。自去年服苓术数十匕，痰去而身健。然家计既重，性复疏野，所谓仕宦者，此生无此志也。病后诸责皆集，苦不可支。有唐碑二种，成裕谋之彭侍郎，得银五百两，涸辙之鱼，遂纵大壑。二人高谊，俱不可及也。近日声名，颇胜于昔，然忧心如捣，无时或休，谅足下同此怀抱。所谕鸠集文字，中亦素有此志，然中之志，乃在《述学》一书，文艺又其末也。苦不得人钞写，闷闷！王白水书并银四两，俱收到。银已奉之于丈母。中憾白水之心未释，不能作书；足下权辞答之可也。道远会稀，相思何已，诸维珍玉，不尽拳拳。汪中顿首。

二月二十一日，福建巡抚黄检，刊刻其祖廷桂生前奏疏，泄漏世宗、高宗朱批，被罢官。

据《高宗实录》卷一〇七七乾隆四十四年二月丙子条记：

> 谕：昨检阅查抄高朴家内书籍，见有已故大学士黄廷桂奏疏刻本，系恭载所奉皇考朱批及朕朱批之折，深为骇异。……黄检着交部严加议处，并着即来京候旨。

卢文弨自上年岁末读《公羊注疏》，至是年三月初毕功，为文略评其得失。

据《抱经堂文集》卷八《书公羊注疏后》记：

> 此书虽列十三经中，能留意者绝少。盖公羊氏以经生之见测圣人，而圣人几为乱名改制之尤。今当圣道大明之日，固夫人而知其说之谬矣。虽然，汉治《公羊》家者，有醇儒焉，有名臣焉，读一书即能得一书之益。今人见解议论远过古人，而行反不逮，何也？乾隆戊戌，余读《春秋繁露》，既已寻其脱简，审其讹文而正之。余因思董生颇精《公羊》家言，为之沿流溯源，则是书不可不读。独恨何氏之识远不逮江都，故其说多苛碎不经之谈。而疏必为之依阿其间，不敢直断以为非是。此犹是汉人欲伸师

学之见，要其缪整亦不待摘抉而后见也。何氏文笔未善，故其言多有晦塞难晓者。疏独能通之，其所引《春秋说》与诸纬书，俱已不传，后世亦赖是见其一二。厕诸疏中，视《论语》《孟子》犹当胜也。阅起于腊之八日，至次年三月十一日始辍功云。

三月，王鸣盛为钱大昭《两汉书辨疑》撰序，赞钱著为"班、范之功臣，史家之指南"。

据《两汉书辨疑》卷首王鸣盛《序》记：

《两汉书刊误》，刘原父与其弟贡父、其子仲冯同撰，今已不传，惟载于前明监板中。……外有吴斗南《补遗》，秀水朱氏称其博洽。以予考之，亦醇疵互见，援引多而裁断少，又以诸经解说，纠缠于史学，未免失之支离耳。钱君可庐，出示所撰《两汉书辨疑》四十二卷，……校讹补阙，精深确当……视刘氏、吴氏不可同年而语矣。《两汉》文字近古，与"五经"相出入，不识字、不通古学者，固难与语此。可庐精于《说文》，深通古训，穿穴经史传记，墓铭碑碣，善求其间，识纯而心细，实事求是，不屑为支蔓语，故能折衷群疑。而于官制、地理，所得尤多，洵班、范之功臣，史家之指南也。予向因专力治经，未遑究心乙部，然于读史之道，固亦略识其梗概。异日拙著《尚书后案》成，当研考诸史，庶几与可庐共相析疑矣。乾隆四十四年春三月，王鸣盛序。

四月二十九日，智天豹遣人御道献书，以"丧心病狂"被斩。

据《高宗实录》卷一〇八一乾隆四十四年四月癸未条记：

谕曰：智天豹以乡曲小民，竟敢编造年号，妄称大清天定运数，指使张九霄于御道旁跪献，狂诞悖逆，情罪实为可恶。……然究与诽谤毁斥者稍为有间。智天豹著从宽改为斩决。

五月二日，清廷查禁沈大绶《硕果录》《介寿辞》。

据《高宗实录》卷一〇八二乾隆四十四年五月乙酉条记：

谕军机大臣等：据护理湖南巡抚陈用敷奏，武生沈荣英等，呈缴沈大绶刊刻《硕果录》《介寿辞》等书，语多狂悖。现派员驰赴该犯家内，逐细搜查，并委员分往作序之陈湄、江苏、余永观各家查搜，提集人犯，督同司道等研审，从重定拟。并飞咨湖北、江西二省，就近查起书籍板片销毁等语。沈大绶身系举人，曾任江西知县，缘事降调，胆敢心怀怨谤，肆其狂吠，情罪实为可恶。虽其人已伏冥诛，亦当照徐述夔之例戮尸，以伸国法而快人心。

五月十五日，钱大昕为严观《江宁金石记》撰序。

据《潜研堂文集》卷二十五《金陵石刻记序》记：

予集录金石二十余年，每见近代收藏家著录，往往至唐而止。予谓欧、赵之视唐五代，犹今之视宋、元、明也。欧、赵之录，近取诸唐五代，今去欧、赵七百余年，尚守其例不变，是责唐之司刑以读酇侯之律，宋之司天以用一行之算也，可乎哉？故予于宋元时刻，爱之特甚，而与予同志者，唯严侍读道甫、朱学士竹君、李郡丞南涧三四人耳。子进为侍读之长子，擩染家学，深造自得，其于金石刻，殆废寝忘食以求之。尤以金陵桑梓之地，旧刻之湮没者既不可考，乃访其见在者，拓而藏之。始汉讫元，以时代为次，录其全文，附以考证，合一府七县，凡若干种。……不特可备一方之掌故，且使著我录者，可销可毁，可蚀可泐，而文终不可亡，善之善者也。

五月二十九日，程树榴《诗序》案发。

据《高宗实录》卷一〇八三乾隆四十四年五月壬子条记：

谕：据闵鹗元奏，天长县生员王廷赞，控首贡生程树榴所刻诗文狂悖，请将知县高见龙、教谕孙麟、训导王守愚解任，现在飞提人犯，来省审讯等因一折。……程树榴《诗序》，有"造物者之心，愈老而愈辣，斯所操之术，乃愈出而愈巧"等语。……牢骚肆愤，怨谤上苍，实属丧尽天良，自为天理所不容。……着交萨载，会同闵鹗元，即速提集案犯，审讯明确，按律定拟具奏。

六月，汪中校勘贾谊《新书》毕，撰序一篇，并附贾氏《年表》一通。

据《汪中集》卷四《贾谊新书序》记：

《新书》五十八篇，汉梁太傅洛阳贾谊撰，今亡一篇。校本传自"凡人之知"至"胡不引殷周秦以观之也"四百三十四字，书亡其文，据以补之。……自《春秋》至《君道》，皆国中失之事。自《官人》至《大政》，皆通论。《修政》上下，皆重言也，三古之遗绪，托以传焉。《容经》以下，皆古礼逸篇与其义。旧本编录亡次第，今略以意属之，定为六卷。题下有事势、有连语、有杂事，与《管子》书同例，今亦仍之。别为《年表》一篇，俾览者详焉。……於乎！汉世慕尚经术，史氏称其缘饰，故公卿或持禄保位，被阿谀之讥；博士讲授之师，仅仅方幅自守；文吏又一切取胜。盖仲尼既没，六艺之学，其卓然著于世用者，贾生也。……乾隆屠维大渊献且月，江都汪中述。

七月十七日，程树榴《诗序》案审结。

据《高宗实录》卷一〇八七乾隆四十四年七月乙亥条记：

谕：刑部等核议，程树榴为王沅作《诗序》，语多狂悖一折。……该犯胆敢掉弄笔端，隐喻讪谤，律以大逆，并不为枉。但念其究未诋斥本朝及得罪于列祖列宗，尚不至如徐述夔之甚。程树榴著从宽改为斩立决。该犯既从宽减，所有故纵之知县高见龙，及缘坐之伊子程熤，俱著从宽改为应斩监候，秋后处决。

八月三日，高宗颁谕，指斥一时文风士习，号召"沉潜经义"。

据《高宗实录》卷一〇八八乾隆四十四年八月甲寅条记：

> 文以明道，宜以清真雅正为宗，朕曾屡降谕旨，谆谆训诫。无如听之藐藐，恬不为怪。读书人于此理尚不能喻，安望他日之备国家任使乎？大抵近来习制义者，祇图速化，而不循正轨，每以经籍束之高阁，即先正名作，亦不暇究心，惟取庸陋墨卷，剿袭寻撦，效其浮词，而全无精义。师以是教，弟以是学，学子以是为揣摩，试官即以是为去取。且今日之举子，即异日之试官，不知翻然悔悟，岂独文风日敝，即士习亦不可问矣。嗣后作文者，务宜沉潜经义，体认儒先传说，阐发圣贤精蕴，务去陈言，辞达理举，以蕲合于古人立言之道，慎毋掉以轻心。

十一月十一日，卢文弨据宋、明诸本校勘贾谊《新书》毕。

据《抱经堂文集》卷十《书校本贾谊新书后》记：

> 《新书》，非贾生所自为也，乃习于贾生者萃其言以成此书耳。……其去贾生之世，不大相远绝可知也。此乃《汉魏丛书》中本。近借得前明两刻本，……两校皆据宋本是正。……又有明正德年一刻本，题为《贾子》，与宋本相出入。……余殚旬日之劳，合三本以校是书，其不可读者不及十之一焉，有所因则易见功也。……乾隆四十有四年冬至前四日书。

卢文弨复书朱缙，讨论讲学事，可见此时朱子学之不振。

据《抱经堂文集》卷十九《答朱秀才理斋缙书》记：

> 读来书，陈义甚高。夫杂学不如经学，而穷经之道，又在于研理。理何以明？要在身体而力行之。时时省察，处处体验，即米盐之琐，寝席之亵，何在非道？即何在非学？正不待沾沾于讲说论议之为功也。姚江劳余山先生，性行诚笃，所学一本程、朱。布衣无尺寸之势，而乡人望而生敬，熏其德以勉为善良者，比比也。先师桑弢甫先生，少年豪迈，不可一世，

而独折节于余山。以所著示先徵士敬甫府君，府君署其后，自称私淑弟子。府君弱冠之年，著有《劝行篇》一通，悼时之易失，而行之不可不自力也，其言剀切深至。当先师设教大梁之日，尝寓书以倡明理学相期，亦如足下所以命仆者。然愚意则以为讲学之名不可居，而要其实则惟视吾力之所至，而有以自尽。即今之课举业者，亦不可不谓之讲学也。以之博一己之富贵则不可，以之求显扬，谋禄养，行义利物，舍举业何以哉？学固有自源而达流者，亦有自流以泝源者。今读四子之书，诠四子之理，知吾之管窥隙见，亦未尝不可以见天。则以知圣贤去人，其闲亦迩，不致惊为高远难至，而循循然庶有以相入。若置举业不讲，而号于人曰："吾讲学，吾讲学。"其不哗且笑者几何也？故与其骇之，莫若驯之。果有同志之士，遗禄利而志道德者，自不必复劝之以举业。然此固千百中之一二，不可概望之于人人矣。文弨早离父师之侧，虽有一知半解，不能阐明劳先生之学，而大发扬之，窃用自愧。今足下读其遗文，而欣欣然有得焉，则余山之传人，非足下其谁哉？仆向闻前辈语云："阅人文字，曲为周旋，此便不是修辞立其诚。"此语铭之不敢失。至于亲疏贫富，一无异视，此自课童蒙时即然，所谓视吾力之所至以自尽者也。昨在西湖书院，见诸生有不衣冠上堂者，严训切之。盖士习之轻佻嚣浮久矣，变之非一朝夕事也。足下所印《余山遗书》，必择其人畀之而后可。若分给诸生，令各偿纸墨之费，恐烦言啧啧起矣，于人己两失之。意待吾力稍裕，印数百部散之人间，以俟闻风兴起之士，庶渊源得以不坠，此诚与足下有同契也。欲过面谈，因一城远隔，不能亟前。终当造门奉访，一慰愿见之诚耳。

又据同书同卷《再答理斋书》记：

承教皆金石至言，敢不佩服。吾友眉庵，亦尝以此相规。近年来，精力远不如前，亦思稍减杂学，求息正途矣。《远异录》述正论以辟异端，足为吾道干城，然异之待辨者，以其似是而非也。今之习，病在无廉耻，不讲辞章，不求功利，不归释老，而公然无忌惮而不顾。圣贤处此，不知更何救之。

卢文弨致书钱大昕，称道《后汉书年表序》"校正精核"，并就年表校勘进行商量。

据《抱经堂文集》卷十九《与辛楣论熊方后汉书年表书》记：

> 文弨拜白辛楣先生阁下：友朋来自金陵者，咸云阁下之于仆，曲相推饰，人有异论，辄拄其口，使不得发。此自是谦德厚道之所形，闻之弥用自愧。阁下品如金玉，学如渊海，国之仪表，士之楷模，得师若此，允无间然，深为一方士子幸矣。读大作《熊方后汉书年表序》，校正精核，指摘弥复切当，源流异同之故，数言了然。于后复丁宁于元文之未可轻改，此不欲殁著书者缉综之劳，而并虑后人纷更之失，致掩其前美，诚凡传述旧人文字者，皆当若是，即仆向来持论亦然。然于此书反复考核，瑕衅甚多，若遽流传，深恐疑误学人，有不得不与阁下商之者。

王鸣盛应鲍廷博之请，为《知不足斋丛书》撰序。

据《知不足斋丛书》卷首王鸣盛《序》记：

> 吾友鲍君以文，与予订交一星终矣。其为人淹雅多通，而精于鉴别，所藏书皆珍抄旧刻，手自校对，实事求是，正定可传。会朝廷下求书之令，君择其尤者进奉，以助延阁广内之储。圣情嘉悦，御制诗章褒奖，奎文睿藻，光贲里闾，人咸艳羡，以为仅事。君不敢自秘，出其所藏，次第寿诸枣木，乐与学者共之。乃汇为五编，曰《知不足斋丛书》。识古如卢学士，既序之矣，君属予继以言。予翻阅一周，知君之有功于艺林为甚巨也。……乾隆己亥冬日，同学弟吴郡西庄王鸣盛拜撰。

十一月二十四日，高宗颁谕，令严格审查各省郡县志书，务必将应禁诗文删除。

据《高宗实录》卷一〇九五乾隆四十四年十一月甲辰条记：

谕军机大臣等：据闵鹗元奏，各省郡邑志书内，如有登载应销各书名目，及悖妄著书人诗文者，请一概俱行铲削等语。所奏甚是。钱谦益、屈大均、金堡等所撰诗文，久经饬禁，以裨世教而正人心。今各省郡邑志书，往往于名胜古迹，编入伊等诗文，而人物艺文门内，并载其生平事实及所著书目，自应逐加芟削，以杜谬妄。至从前各省节次缴到应毁书籍，经朕发交馆臣覆勘，奏定应行毁销者，俱经该馆陆续咨行各省，自可遵照办理。著传谕各督抚，将省志及府县志书，悉心查核，其中如有应禁诗文，而志内尚复采录，并及其人事实书目者，均详悉查明，概从芟节。

是年，王昶有书致汪中，主张读经须循序渐进，不可躐等速成。据王昶《春融堂集》卷三十二《与汪容夫书》记：

昨过竹西，足下论"三礼"甚悉，洵矣足下能信古、能穷经也。然不审足下之穷经，将取其一知半解，沾沾焉抱残守缺以自珍，而不致之用乎？抑将观千古之常经，变而化之谓之通，推而行之谓之事业乎？古人三年通一经，十五年而五经皆通，盈科而进，成章而达，皆此志也。通五经实所以通一经，孔孟谓博学要归反约。故孔子之后，自周以历秦汉，千有余年，山东大师多以一经相授受。仞其师说，虽父子兄弟亦不肯兼而及之。其兼及者惟郑君，殊尤绝质，多闻为富，始于六艺咸有笺注，甚至及于算术、怂纬。其后，孔氏冲远因之，然《周礼》《仪礼》仍以让之贾氏，未常侈其渊浩，兼通而并释者。盖以兼通必不能精，不精则必不能致于用也。本朝制度，六官沿明之旧，实本之《周礼》，圆邱、方泽之祭，亦法之《春官》，朝践为祫，移之于岁暮，馈食为禘，用之于升祔，祀禴烝尝四时之祭，定于四孟，不复筮日，其余随运会之变，而稍加损益焉。是犹周监二代之意耳。士民之礼，著于《会典》，详于《大清通礼》，颁在礼部，未及通行各省，则礼臣之咎也。昔何休注《春秋》，率举汉律，郑君注《三礼》，亦举之，且以光武崇谶纬，故耀魄宝、灵威仰、五大帝皆宗纬说，此穷经好古者之则也。至《仪礼》惟冠昏、相见、乡饮酒、射及士丧礼，以下五篇可以推而致之，余则皆未备，实有难通。今之学者，当督以先熟一经，再读注疏而熟之，然后读他经，且读他经注疏，并读先秦、两汉诸子，并十七史，以佐一经之义，务使首尾贯串，无一字一义之不明不贯。习一经再习他经亦如之，庶几圣贤循循惢惢之至意。若于每经中举数条，每注疏中举数十条，抵掌掉舌，以侈渊浩，以资谈柄，是躐等速成，夸奇炫博，欺人之学，古人必不取矣。又闻顾亭林先生少时，每年以春夏温经，请文学中声音宏敞者四人，设左右坐，置注疏本于前，先生居中，其前亦置经本，使一人诵，而己听之。遇其中字句不同，或偶忘者，详问而辨论之。凡读二十纸再易一人，四人周而复始，计一日温书二百纸。"十三经"毕，接温三史，或南北史。故亭林先生之学，如此习熟而纤悉不遗也。广陵多聪颖士，幸足下以此教之，毋遽务躐等速成，矜奇炫博之学，则几矣。某白。

是年，程晋芳著《春秋左传翼疏》三十二卷成。

据《勉行堂文集》卷二《春秋左传翼疏序》记：

> 余年九岁，受《左传》于宜兴储风崇先生。于时经师课弟子，尚遣读全书，不似后来取坊间选本，约略教之也。……徐州张岵瞻先生，余兄师也，年过七十，时来坐余侧，听诵声……。稍长，与顾震沧先生往还，因知解《左氏》者，自赵东山以下，可十数家，购而藏之。……余入都后，甲戌、乙亥间，始取《左传》注疏反复读之。……丙申之秋，治《尚书》渐有端绪，乃取唐以前书，详加校阅。其有关于《左氏》者，皆摘录之，又录宋以降诸家数十种，补正高氏《春秋地名考略》三百余条。荏苒四年，得书三十二卷，命之曰《春秋左传翼疏》。非敢规杜也，埤孔而已。噫！余今年六十有二矣。回忆受读时，越五十余年，使储、张二公而在，皆百数十岁人，即顾先生，亦百有一岁矣。

罗有高卒于是年正月。翌年，王昶为江西按察使，应请撰《墓志铭》。

据王昶《春融堂集》卷五十八《罗台山墓志铭》记：

　　江西罗君台山，以乾隆丁酉与余定交于京师，相遇从者岁余。明年戊戌五月，君会试报罢，别余南归。己亥闻其讣。又明年庚子，余为江西按察使，乃檄宁夏都州知州趣其子之明赴南昌问故。于是之明以遗集来，且云将卜地以葬，而请余为志墓之文。台山少颖悟，英隽绝人。年十六补博士弟子，慕古豪侠奇伟之行，习技勇，治兵家言。顷之，雩都宋道原授以《持敬》《主一》二铭；赣县邓原昌劝读儒先书，乃由程朱、陆王诸子之训，上沂"六经"、《论》、《孟》之旨。年二十余，又受业于通政使雷公鈜。公故儒者，诫曰："子聪慧，吾惧其流也。"于是归真守约，务为实践。壬午，以优行贡入太学。至京师，与彭进士绍升友善，始以性命之学相剧切。其秋，中顺天乡试。明年癸未，还过苏州，交汪君缙。汪君深于禅悟，解脱无碍。台山素习《楞严》，至是，遂长斋遍读《大乘经》，以求所谓密因了义者。既还瑞金，率弟子入山讲肆，导之为善，兴起者颇众。寻游广东，为恩平县知县李君文藻客。李君耽经谊，台山与之上下议论，又于注疏、小学之书益以博而精。甲午至扬州，寓高旻寺。时照圆贞公主席，机锋简捷，能以词组折服人。台山昼夜参究，积疑尽豁，居半载辞去。……丁酉，偕邵君入都，都中士大夫相从问学，今吏部尚书蔡公新尤器重之。明年四月，得疾，七月南归。余寓书于南雄太守，请主书院。抵苏州复病，居数月行。己亥正月归家，逾旬而殁。台山名有高，瑞金人也。……往余官京师，以事繁辄与台山作夜语，置酒瀹蔬果，陈说生平所得于师友及贞者。时已病，犹必至夜分乃去，因以得悉台山之学，于儒也，宗宋五子书，而群经主注疏，小学主《说文》，《史记》主裴氏、张氏、小司马氏，皆参稽古训，句栉而字比之，归于一是。于释也，皈心宗乘，心折磬山语录，而禅不掩教，尤以净土为归。

刘大櫆卒于是年十月八日。
据钱仪吉辑《碑传集》卷一百十二吴定撰《刘先生大櫆墓志铭》记：

先生姓刘氏，讳大櫆，字耕南，号海峰，桐城人也。……自古文亡于南宋，前明归太仆震川暨我朝方侍郎灵皋继作，重起其衰，至先生大振。……所著有诗文集，已行世。其卒也，以乾隆四十四年十月初八日，年八十有二。

是年，毕沅主持纂辑《西安府志》八十卷成。

据史善长编《弇山毕公年谱》乾隆四十四年五十岁条记：

西安古称天府四塞，自丰镐宅京，而后秦、汉、唐咸建都于此，因是掌故甲于他省。公秉抚兹土七年，名山大川，以暨故墟废井，车马经由过半。于山，则终南、惇物、太乙、华山、武功、太白；于水，则灞、浐、泾、渭、澧、滈、潦、潏。其间存亡分合，虽孔传、班书、桑经、郦注，迄无定论，锥指莫由。其他袭故沿讹，更难究诘。古之纂述，如《关中记》《三辅决录》《咸镐古事》《两京新记》《两京道里记》，皆散佚不传，幸宋敏求《长安志》，藏书家尚有副本。因属通人搜荟群籍，凡与秦中文献关涉者，计得千五百种。发凡举例，类聚区分，文成数万，为门一十有五，分类五十有一，合成一百卷，亲加裁削，为《西安府志》八十卷。

乾隆四十五年庚子　1780年

二月，朱筠任福建学政，撰文表彰戴震生前所校《水经注》。

据《笥河文集》卷六《戴氏校订水经注书后》记：

> 此吾友休宁戴震东原初征入四库馆，以其生平所校《水经注》本，更据《永乐大典》所引互校，损益至二三千言之多，而郦氏原序亦出焉，乃并录以成书，官刻编之聚珍板中者也。东原尝言，是书今本，经传混淆者不少。顾赖其书例，可考而最易明者，若经称一水，必过一郡，而注则屡言是水径某县某故城，自西而南而东。此经与注一定之例也。传写者不知，往往取过与径字，妄改其旧，而郡县及故城之例具在，不可易也。其刻本混淆者，大抵自宋以后。于是博考唐以前人撰著，若《通典》《初学记》，诸书所引，辄与东原所意断是非符合。用是益以自信，而条理秩然。余谓其所校，有功于郦氏良多，然或过信其说，不疑而径改者间有之。虽十得其八九，然于孔圣多闻阙疑之指，未敢以为尽然也。要为近来校雠绝无之本矣。岁乙未，余购得此本于武英殿中。越四年己亥冬，携以入闽。庚子二月，在延平使院，偶绅此书，纸裹扚败。爰令及门青阳徐生钰章之，以琉球纸易去败叶，装为八册。重阅之，因叹东原校雠之精，而墓草之宿，于兹三岁，于是乎书。

孔广森建书屋，题名仪郑堂，以示对郑玄学术的景仰。姚鼐应请撰文纪念。

据《惜抱轩文集》卷十四《仪郑堂记》记：

> 曲阜孔君㧑约，博学工为词章，天下方诵以为善。㧑约顾不自足，作

堂于其居，名之曰仪郑，自庶几于康成，遗书告余为之记。扨约之志，可谓善矣。……以孔子之裔，传孔子之学，世之望于扨约者益远矣。虽古有贤如康成者，吾谓其犹未足以限吾扨约也。乾隆四十五年春二月，桐城姚鼐记。

五月十日，高宗命题，策试天下贡士，指出"帝王之学，与儒者终异"，希望士子发抒"经世之略"。

据《高宗实录》卷一一〇六乾隆四十五年五月戊子条记：

> 策试天下贡士汪如洋等一百五十五人于太和殿前。制曰：……孟子述道统之传，自尧、舜以至于孔子，盖谓心法、治法，同条共贯也。然帝王之学，与儒者终异，保大定功之要，其果在观未发气象，推太极之动静欤？永嘉学派，朱子讥为事功，真德秀作《大学衍义》，其目自格致诚正，至于修齐而止，治平之经略不详焉，抑又何欤？……多士学古入官，于经世之略讲之有素，又新自田间来，于民生利弊知之必悉。其竭虑以对，毋泛毋隐，朕将亲览焉。

五月十六日，清廷禁毁《碧落后人诗》《约亭遗诗》，再令各省督抚，将"狂吠诗词搜毁净尽"。

据《高宗实录》卷一一〇七乾隆四十五年五月甲午条记：

> 谕军机大臣等：前据闵鹗元奏，查有和州逆犯戴移孝及伊子戴昆所著《碧落后人诗》《约亭遗诗》二本。阅其书内，悖逆之处甚多，殊属可恶，已将二书销毁矣。其作序之鲁之裕，身任道员，敢为逆犯作序，使其人尚存，必当重治其罪，今已身故，姑免深究。但此书刊刻多年，留存断不止二本。现据戴昆之孙戴世道供称，《约亭遗诗》系乾隆十年在湖广刻印，恐楚省尚有收藏之家。着传谕闵鹗元、富勒浑等，饬属严查，如有此书板片及钞本、刻本，即行解京销毁。其余别省，亦恐有流传之处，并着各该督抚等，实力查毁。俾狂吠诗词，搜毁净尽，以正风俗而厚人心。倘有片纸

只字存留，将来别经发觉，惟该督抚等是问。

五月，钱大昕著《元史氏族表》成。
据《元史氏族表》卷末黄钟《跋》记：

《元史氏族表》三卷，我师钱竹汀先生所作也。……先生属稿，始于乾隆癸酉七月，成于庚子五月，几及三十年，其用力可谓勤已。

当月二十二日，钱大昕撰《廿二史考异序》。
据《潜研堂文集》卷二十四《廿二史考异序》记：

予弱冠时，好读乙部书，通籍以后，尤专斯业。自《史》《汉》讫《金》《元》，作者廿有二家，反复校勘，虽寒暑疾疢，未尝少辍。偶有所得，写于别纸。丁亥岁，乞假归里，稍编次之。岁有增益，卷帙滋多。戊戌，设教钟山，讲肄之暇，复加讨论。间与前人暗合者，削而去之。或得于同学启示，亦必标其姓名，郭象、何法盛之事，盖深耻之也。……桑榆景迫，学殖无成，唯有实事求是，护惜古人之苦心，可与海内共白。

八月，卢文弨入京，祝贺高宗七十寿辰。冬，南归，翁方纲撰文送行，称道文弨为学精博而"弗畔于朱子"。
据翁方纲《复初斋文集》卷十二《送卢抱经南归序》记：

予不惟君之精且博是叹，而独叹其弗畔于朱子也。凡校雠家之精且博者，皆在南宋，而论乐律如西山，诂字义如北溪，胥于朱门发之。今之学者，稍窥汉人崖际，辄薄宋儒为迂腐，甚者且专以攻击程、朱为事。虞道园有言，此特文其猖狂不学，以欺人而已矣。抱经题跋诸篇，谓世人于朱子，因一二未安，而遂并议其全。又于妄生诋諆，如郭宗昌者，则昌言排之。宜其校正古今，虚公矜慎，而不蹈流俗之弊也。十月，卢文弨在京中钞录庄述祖等所辑何休遗著。

据《抱经堂文集》卷七《题针膏肓起废疾发墨守》记：

> 考《隋书·经籍志》，《春秋左氏膏肓》十卷，《穀梁废疾》三卷，《公羊墨守》十四卷，皆何邵公撰。郑康成为《针膏肓》《起废疾》《发墨守》，何见之慙，乃曰："康成入吾室，操吾戈，以伐我乎？"《公羊》卷帙最多，而亡最早，《膏肓》后亡，《崇文总目》尚有九卷。今三书皆不传。昆陵庄进士葆琛述祖，于各经疏所引，广为搜辑，《针膏肓》得廿八条，《起废疾》得卅八条，《废墨守》得五条。邵公当日专欲伸《公羊》，然《公羊》理本短，囿于乡曲之见，而朝廷典故不能周知，所以一经输攻，而壁垒已摧。后人亦不能复为树立，以与两家相抗拒，此其亡之所以独先也。归安丁孝廉小雅，钞得庄书，并得朱石君学士前任晋藩时所进本，互相校雠。晋本不及庄本采辑之多，而《针膏肓》中，有一条尚为庄本所阙，余于是寡而钞之。其中小小异同，从其长者，不复加以识别。两君任其劳，余获其逸。设不远涉，乌从见此乎！以此置归装中，大可壮我行色。乾隆庚子小春月。

卢文弨为丁杰辑校《郑注周易》撰序，推尊郑玄经说，表彰丁氏辑校之功。

据《抱经堂文集》卷二《丁小疋杰校本郑注周易序》记：

> 郑康成注《周易》九卷，《唐书·艺文志》作十卷，至宋《崇文总目》，则仅有一卷而已，晁、陈两家皆不著录。南宋说《易》家所引用，已非全文。至于末年，四明王厚斋乃复为之裒辑，以成此书。明胡孝辕附梓于李氏集解之后，故凡已见集解者不录。姚叔祥更增补二十五则。皇朝东吴惠定宇栋复加审正，搜其阙遗，理其次第，益加详焉。盖说经之道，贵于择善而从，不可以专家自囿。况《易》含万象，随所取资，莫不具足。郑《易》多论互体，《系辞传》曰："杂物撰德，辨是与非，则非其中爻不备。"又曰："物相杂故曰文。"此即互体之说所自出。王弼学孤行，遂置不讲，而此书亦遂失传。王氏搜群籍而缉综之，功盖不细，其不能无误，则以创始

者难为功也。近者，归安丁小疋孝廉复因胡氏、惠氏两本，重加考定。举向来以郑注《易·乾凿度》之文羼入者，为刊去之；以《汉书》注所云郑氏，乃即注《汉书》者，非指康成；又于字之传讹者，……一一正之。又王氏次序本多颠错，胡氏、惠氏虽迭加更定，而仍有未尽，今皆案郑《易》本文为之整比，复撝补其未备者若干则。扶微振坠，使北海之学大显于世。此厚齐诸君子所重有望于后贤者。而丁君实克缵之，非相违也，而相成也。岂与夫矜所独得，以訾謷前人之所短者之可比哉？余于厚斋所辑，若《诗考》，若郑注《古文尚书》及《论语》，若《左氏》贾、服等义，皆尝订正。惟《诗考》稍加详，此书虽加瞻涉，然精力不及丁君远甚。今睹此本，老眼为之豁然增明。归时携以谂吾党之有力者，合梓之，为《王氏经学五书》，知必有应者乎？至于字音，郑氏时未有反语，及直音某字为某者，后人因其义而知其读，或去其比况之难晓者，而易以翻切之法，以便学者。虽非元文，要为根本于郑，不可废也。夫此书收拾于亡夫之余，复经二三君子之博稽精核，而后得以完然无憾。百世下读是书者，其宝之哉！

十一月十一日，清廷查禁违碍书籍，扩及戏曲剧本。
据《高宗实录》卷一一一八乾隆四十五年十一月乙酉条记：

谕军机大臣等：前令各省将违碍字句书籍，实力查缴，解京销毁。现据各督抚等陆续解到者甚多，因思演戏曲本内，亦未必无违碍之处。如明季国初之事，有关涉本朝字句，自当一体饬查。至南宋与金朝，关涉词曲，外间剧本，往往有扮演过当，以致失实者。流传久远，无识之徒，或至转以剧本为真，殊有关系，亦当一体饬查。此等剧本，大约聚于苏、扬等处，著传谕伊龄阿、全德，留心查察。有应删改及抽掣者，务斟酌妥办，并将查出原本暨删改、抽掣之篇，一并粘签，解京呈览。但须不动声色，不可稍涉张皇。

十二月二十五日，钱载因考证尧陵不符高宗意，被传旨申饬。

据《高宗实录》卷一一二一乾隆四十五年十二月己巳条记：

又谕：前据钱载奏，考证帝尧陵应在平阳，不应在濮州。经大学士、九卿议驳，该侍郎又具折辨奏，朕因复交原议大臣再议。今大学士、九卿等奏，请将该侍郎所奏，濮州属虚，平阳属实之处，仍毋庸议。……钱载本系晚达，且其事祇系考古，是以不加深咎。若遇朝廷政治，亦似此哓哓不已，朕必重治其罪。……着传旨申饬，并将此通谕中外知之。

王鸣盛著《尚书后案》三十卷刊行。

据《尚书后案》卷首王氏《自序》记：

《尚书后案》何为作也？所以发挥郑氏康成一家之学也。《书》本百篇，秦火后，伏生传今文三十四篇，孔安国得壁中古文，增多二十四篇，余四十二篇亡矣。三十四篇者，即二十九篇，《尧典》一，《皋陶谟》二，《禹贡》三，《甘誓》四，《汤誓》五，《盘庚》六，《高宗肜日》七，《西伯戡黎》八，《微子》九，《太誓》十，《牧誓》十一，《洪范》十二，《金縢》十三，《大诰》十四，《康诰》十五，《酒诰》十六，《梓材》十七，《召诰》十八，《洛诰》十九，《多士》二十，《无逸》二十一，《君奭》二十二，《多方》二十三，《立政》二十四，《顾命》二十五，《费誓》二十六，《吕刑》二十七，《文侯之命》二十八，《秦誓》二十九。《伏书》本二十八，《太誓》别得之民间，合于《伏书》，故二十九。安国得古文，以今文读之，又于其中分《盘庚》《太誓》各为三，分《顾命》为《康王之诰》，故三十四也。二十四篇者即十六篇，其目郑具述之。《舜典》一，《汨作》二，《九共》九篇十一，《大禹谟》十二，《益稷》十三，《五子之歌》十四，《胤征》十五，《汤诰》十六，《咸有一德》十七，《典宝》十八，《伊训》十九，《肆命》二十，《原命》二十一，《武成》二十二，《旅獒》二十三，《冏命》二十四也。自安国递传至卫宏、贾逵、马融及郑氏，皆为之注，王肃亦注之，惟郑师祖孔学，独得其真。但诸家祇注三十四篇及百篇之序，增多者无注，至晋又亡。好事者列撰增多二十五篇，内有《太誓》，故于三十四篇删去《太誓》，又分《尧典》之半充《舜典》，《皋陶谟》之半充《益稷》，改为三十三篇，并撰孔传，盖出皇甫谧手云。夫增多者已亡矣，目犹在也，三十四篇汉注犹在也。晋人所撰，与真古文二者皆不合，孔颖达作疏用之，反诬郑述增多为张霸书，自是三十四篇汉注亦亡矣。予遍观群书，搜罗郑注，惜已残缺，聊取马、王传疏益之，又作案以释郑义，马、王传疏与郑异者，条析其非，折中于郑氏。名曰《后案》者，言最后所存之案也。至二十五篇，则别为后辩附焉。嘻！草创于乙丑，予甫二十有四，成于己亥，五十有八矣，寝食此中将三纪矣。又就正于有道江声，乃克成此编。予于郑氏一家之学，可谓尽心焉耳。若云有功于经，则吾岂敢。东吴王鸣盛凤喈。

汪中校勘《墨子》，为墨学辨诬。
据《汪中集》卷四《墨子序》记：

《墨子》七十一篇，亡十八篇，今见五十三篇。明陆稳所叙刻，视它本为完。其书多误字，文义昧晦不可读。今以意粗为是正，阙所不知，又采古书之涉于墨子者，别为《表微》一卷，而为之叙曰：……吾读其书，惟以三年之丧为败男女之交，有悖于道。至其述尧舜陈仁义，禁攻暴，止淫用，感王者之不作，而哀生人之长勤，百世之下，如见其心焉。《诗》所谓"凡民有丧，匍匐救之"之仁人也！其在九流之中，惟儒足与之相抗，自余诸子，皆非其比。历观周汉之书凡百余条，并孔墨、儒墨对举；杨朱之书，惟贵放逸，当时亦莫之宗，跻之于墨，诚非其伦。自墨子没，其学离而为三，徒属充满天下。吕不韦再称巨子（《去私篇》《尚德篇》），韩非谓之显学，至楚汉之际而微（《淮南子·氾论训》）。孝武之世，犹有传者，见于司马谈所述，于后遂无闻焉。惜夫！以彼勤生薄死，而务急国家之事，后之从政者，固宜假正议以恶之哉？乾隆上章困敦涂月，选拔贡生江都汪中述。

卢文弨校勘王应麟《诗考》毕，为文以记所得。

据《抱经堂文集》卷二《增校王伯厚诗考序》记：

> 曩余于此书增其所未备，并以元本补遗，各归本篇，录成清本，为之跋其后矣。自尔以来，时复翻阅，见王氏于《释文》所载之异同，多不引入。夫古来传书，不皆画一，即《释文》本亦与《正义》本多不相同。宋人刻经，《注疏》附以《释文》，至其差龉处，便改《释文》以就《注疏》之本。使非通志堂所梓《宋本经典释文》三十卷具在，后之人又安从识别乎？继又得日本国人山井鼎所为《七经考文》观之，其所传古本，往往与《释文》所云一作某，或作某，及《正义》中所云定本作某者符同。而王氏于异字异义，独不取诸《释文》。说者谓王氏意主别三家之异同，于《毛诗》之异文可从略。余向者亦未之采，今补采之，以广异闻。有陆氏所据之本，有陆氏所云异同之本，具别白焉。若其明指以为非者，则不录也。至今书之讹异者，不但陆氏时未有，即王氏亦当未之知也。余曩已举"朔月辛卯"之讹"月"为"日"，"家伯维宰"之讹"维"为"冢"两条矣，今更悉数之。……凡若此类，世人习其读而昧所从来者比比矣。古书所引，在未误以前，其又可执以为异文乎？本朝严思庵虞惇著《读诗质疑》，会稽范蘅洲家相著《三家诗拾遗》，于此书亦各有增损。然于王氏采用之误，则皆未能尽正，而一经移易，转又滋讹。近又得归安丁小雅校本，凡王氏之沿讹互异者，一一厘革。余见而善之，亟为传录，亦采用严、范二家之长，各著其姓以别之。至所引各书，本无当篇之名，则以余所知者增成之。又若日本国之本，其异同顾多于《释文》，所云虽未必全是，然要为中土旧传之本居多，非僻远之人所能伪撰也。亦取以入焉，而是书乃可谓完然大备矣。噫！诸君子之勤勤掇拾者，非欲申三家以抑毛而夺朱也，义可断章，辞无达诂，是在善读者意逆而微会之耳。

卢文弨致书王念孙，就校勘《大戴礼记》提出商榷。

据《抱经堂文集》卷二十《与王怀祖（念孙）庶常论校正大戴礼记书》记：

读所校《大戴礼记》，凡与诸书相出入者，并折衷之，以求其是，足以破注家望文生义之陋。然旧注之失，诚不当依违，但全弃之，则又有可惜者。若改定正文而与注绝不相应，亦似未可。不若且仍正文之旧，而作案语系于下，使知他书之文，固有胜于此之所传者。观汉魏以上书，每有一事至四五见，而传闻互异，读者皆当用此法以治之。相形而不相掩，斯善矣。此书尚有管见所及，欲请正者。如《夏小正》……足下其为我更审之。既观足下所校本，因并求官本观之，其中复有鄙意所未惬者。以东原之博雅精细，与众人共事，乃亦不能尽其长邪？囊日曾共校此书，其中是者，亦弃而不录，何邪？今摘其当更定者数条于左，与足下共商榷之。

彭绍升为亡友罗有高编订《尊闻居士集》八卷，并撰叙刊行。
据彭绍升《二林居集》卷六《尊闻居士集叙》记：

罗子台山殁之明年，其友彭生搜取遗文，扩张前之所录，为《尊闻居士集》凡八卷。叙之曰：孔氏既殁，学统歧，道术裂。二千余年，承学之士，递相祖述，专门名家，于是有训诂之学，有辞章之学，又进之为道德仁义之学。……并吾世而攻训诂、辞章者，往往有之，其能究极于道德仁义之归者，抑鲜矣。罗子台山，躬明睿之姿，嘐嘐然负进取之志，研精覃思，真积力久，豁然自得。发而为文，弥纶天人，昭析空有，沛然而莫御。盖百数十年间，攻文章、谈道术者，未有或先之者也。

是年，洪亮吉著《三国疆域志》二卷。
据洪亮吉《卷施阁文甲集》卷八《三国疆域志序》记：

陈寿《三国志》，有纪传而无志，然如天文、五行之类，略备沈约《宋书》，皆可不补。其尤要而不可阙者，惟地理一志。元郝经所补，全录《晋书·地理志》，本文即见于沈志中者，亦近而不采，他可知矣。予自戊戌岁校四史毕，即志于此。留心蒐辑者二载，然因有数难，辄复中辍……然用力既久，终不忍辍作，而证左俱绝者，则阙疑以待焉。盖地理之难也，班生录本朝之书，犹存俟考；沈氏征近世之壤，每著存疑。从事于此者，当若是矣。今大类仿《宋书·州郡志》之例，而于扼要之地、争斗之区可考者，附见诸郡县下，参用《郡国志》例焉。其郡之未经分割者，置县次第，准《郡国志》为多，或已分割及废而复置者，则先后类从晋志。要在补原书，而不汩其实，此裒辑之意也。然天下州邑之志，繁如星草，安知所疑而阙者，不皆散见于诸郡邑图志中？补是志者，既非为己，何必皆出一人？同好之君子，苟能随所见而足之，以成一史未竟之事，则是书亦补《三国志》疆域者之权舆矣。

乾隆四十六年辛丑　1781年

正月一日，卢文弨为浦镗所订《十三经注疏正字》作跋。据《抱经堂文集》卷八《十三经注疏正字跋》记：

是书八十一卷，嘉善浦君镗所订正，仁和沈萩园先生廷芳覆加审定，录而藏之，其子南雷礼部世炜上之四库馆。大兴翁覃溪太史方纲从馆中钞出一本，余获见之。前有《叙录》，称所见有监本，有监本修板，有陆氏闽本，有毛氏汲古阁本。今惟监本修板及毛氏本行世，故就此二本之误正焉。其《释文》则以徐氏通志堂本校；又取宋玉山毛氏《六经正误》之说，订其得失。此其大指云尔。余初得日本国人山井氏鼎所撰《易》《书》《诗》《春秋左传》《礼记》《孝经》《论语》《孟子》《考文》，深喜其遵用旧式，据古本、宋本以正今本之误。然特就本对校而已，其误处相同者，虽间亦献疑，然而漏者正多矣。且今本亦有绝胜于旧者，不能辨也。是书所校正，视彼国为倍多，且凡引用他经传者，必据本文以正之，虽同一字而有古今之别，同一义而有繁省之殊，亦备载焉。此则令读者得以参考而已，非谓所引必当尽依本文也。盖引用他书，有不得不少加增损者，或彼处是古字，或先儒之义定从某字。若一依本文，转使学者读之，不能骤晓，则莫若即用字义之显然者为得矣。至字音之用反语，起于魏晋间，反与翻音义同，故胡身之注《资治通鉴》即用翻字。今则依《说文》《玉篇》等书之例，普改为切，殆以反作如字读为语忌也。其书微不足者，不尽知《释文》之本与《义疏》之本元不相同，后人欲其画一，多所窜改，两失本真，此书亦未能尽正也。又未得见古本、宋本，故《释文》及《义疏》有与今之传注不合者，往往致疑，此则外国本甚了然也。又于题篇分卷本来旧式，多不措意，或反有以不误为误者。余有志欲校诸经，已数十年，晚乃得见此两本，其善者兼取之，以汇成一书，而后无遗憾矣。乾隆四十六年元日甲戌书。

正月二日，卢文弨就日本传入《七经孟子考文补遗》撰文，拟以晚年精力，据该书及《十三经正字》校勘诸经。

据《抱经堂文集》卷七《七经孟子考文补遗题辞》记：

此日本国西条掌书记山井鼎之所辑，谓之《七经孟子考文》。七经者，《易》《书》《诗》《左传》《礼记》《论语》《孝经》也，又益以《孟子》，皆据其国唐以来相传之古本，及宋刻本，以校明毛氏之汲古阁本。书成当皇朝康熙五年，其国之享保十一年也。古本只有经与注，其文增损异同，往往与《释文》《正义》语多相合。但屡经传写，亦有舛讹。其助语致多，有灼然知其谬者，亦并载入，然断非后人所能伪作也。其次第先经，次注，次《释文》，而《疏》居后。其条目有考异，有补阙，有补脱，有正误，有谨按，有留（家讳改）旧。凡明代所刻之本，彼国具有，间亦引之，而颇讥篇第行款之不与古合。其言良是，不可以其小邦远人而概弃之也。……此书余从友人鲍以文借得之，犹以其古本、宋本之误，不能尽加别裁，而各本极误者，虽有正误、谨按诸条，亦复不能详备。又其先后位置之间，颇费寻检，因欲取其是者别为一书。庚子入京师，又见吾乡沈嶰园先生所进《十三经正字》，则凡讹误之处，多所改正，其不可知者，亦著其疑。又凡所引经传脱误处，皆据本文正之。此出自中国儒者之手，又过其书远甚。然所见旧本，反不逮彼国之多，故此书卒不可弃置也。余欲两取其长，凡其未是处，则删去之，不使徒秽简编。然今年余已六十有五矣，未知此志能竟成否？聊书于此，以见余之亦有志乎此也。乾隆辛丑，正月二日，呵冻书。

案：文中"留旧"，自注"家讳改"。当为"存旧"。因文弨父名存心，故卢氏改"存"字为"留"。

二月十三日，高宗不允廷臣续编《四书文》之请，重申整饬文风、士风。

据《高宗实录》卷一一二四乾隆四十六年二月丙辰条记：

> 制义以清真雅正为宗。乾隆初年，钦定《四书文》，刊刻颁行，士子如果殚思讲习，阐明理法，则典型具在，一切可奉为法程。无如近日士风，专为弋取科名起见，剽窃浮词，不复研究经史，为切实根柢之学，以致文体日就卑靡。虽屡经降旨训饬，而积习难回，仍不免江河日下之势。惟在司文柄者，随时甄别，力挽狂澜，以期文风渐归醇正。若多为选刻颁行，而习举业者仍束庋高阁，不能潜心研究，虽多亦奚以为！

二月十五日，高宗颁谕，确定《四库全书》各部著录次第。
据《高宗实录》卷一一二四乾隆四十六年二月戊午条记：

> 谕：昨据《四库全书》总裁奏进《总目》，请于经、史、子、集各部，冠以圣义、圣谟等六门。……于编排体例，究属未协。……俱着各按撰述人代先后，依次编纂。至我朝钦定各书，仍各按门目，分冠本朝著录诸家之上。

二月十六日，清廷以《四库全书总目》办竣，嘉奖纪昀、陆锡熊等。
据《高宗实录》卷一一二五乾隆四十六年二月己未条记：

> 谕：《四库全书总目提要》现已办竣呈览，颇为详核。所有总纂官纪昀、陆锡熊，著交部从优议叙。其协勘查校各员，俱著照例议叙。

三月十八日，尹嘉铨为父会一请谥并从祀孔庙案发。
据《高宗实录》卷一一二七乾隆四十六年三月辛卯条记：

> 谕：今日回跸至保定，有尹嘉铨遣伊子至行在，奏为伊父请谥，……请从祀孔庙。……如此丧心病狂，毫无忌惮，其视朕为何如主耶？……尹

嘉铨着革去顶带，拿交刑部治罪。

同日，清廷查禁《西斋集》《秋吟阁诗》。
据《高宗实录》卷一一二七乾隆四十六年三月辛卯条记：

谕：……王仲儒所著《西斋集》，指斥狂悖，殊堪发指。伊曾孙王度既于限内呈缴，尚可免其治罪。至汪之珩既为作跋，又为出赀刊印，是亦一狂悖之流，今已身故，姑免深究。伊子汪为霖，现任刑部郎中，伊处如并未存留此书，或知其语涉悖妄，业经销毁，朕亦不加治罪。若其家现有收藏，则罪无可逭。着传谕英廉、诺穆亲，即亲赴汪为霖家中，严密搜查。……又王国栋所著《秋吟阁诗》，……着一并严查，搜缴净尽。

四月十七日，尹嘉铨以"莠言乱政"，被"处绞立决"。
据《高宗实录》卷一一二九乾隆四十六年四月庚申条记：

谕：尹嘉铨……肆无忌惮，罪不可逭，因降旨将伊拿交刑部治罪，并查伊家有无狂悖不法字迹。随据英廉、袁守侗于伊京寓及本籍查伊所著各书，则其中狂妄悖谬之处，不可枚举。……乃欲于国家全盛之时，逞其私臆，妄生议论，变乱是非，实为莠言乱政。……着加恩免其凌迟之罪，改为处绞立决。

四月二十日，清廷下令查禁尹嘉铨所著各书。
据《高宗实录》卷一一二九乾隆四十六年四月癸亥条记：

又谕：现据英廉、袁守侗查抄尹嘉铨京寓及本籍，所著各书，其中狂妄悖谬之处，不可枚举，业经饬令销毁。尹嘉铨悖谬书籍既多，其原籍亲族戚友，必有存留之本。着传谕袁守侗，明切晓谕，令其将书籍、板片，悉行呈出。……而直隶及各省，别有刊刻尹嘉铨所著诗文，亦即详查书本及板片解京。

四月二十一日，高宗命题，策试天下贡士于太和殿，倡言"学术首严真伪"。

据《高宗实录》卷一一二九乾隆四十六年四月甲子条记：

> 策试天下贡士钱棨等一百六十九人于太和殿前，制曰：……学术首严真伪，士子读书敦行，处为良士，出为良臣，原不藉文字为标榜。自欺世盗名之徒，托言讲学，谬窃虚声，而明季东林诸人，流而为门户，为朋党，甚至莠言乱政，变易是非，实于朝常国体，世教民风，所关甚大。其何以息邪说，距诐行，使行坚言辩者不得逞其私臆，学术纯粹，毋误歧趋，以正人心而端风教欤？

初夏，程晋芳著《尚书今文释义》四十卷成。

据《勉行堂文集》卷二《尚书今文释义序》记：

> 余栫昧寡学，……丁亥、戊子间，取伏书反复读之，意若有会。取诸家注释，择其尤者，次第著于篇，凡五载而第一稿成。癸巳之夏，从事四库书，所见书益多，重加裒辑，三年而第二稿成。又三年，增删改易，第三稿成，而余年已六十余矣。……《孔传》虽晚出，而得于周、秦、汉之旧闻者多，数典辨物，中者十之六七。宋人取诸心得，不免武断之讥，而于汉晋诂训蔽塞丛结处，亦颇爬梳一二，均未可偏废也。……余之为是编也，岂敢自谓跨轶前贤，然平心审择二千年来讲说之善者，遐采旁搜，遗漏者罕矣。

四月，段玉裁自四川辞官返乡，途经南京，谒钱大昕于钟山书院。

据段玉裁《古文尚书撰异》卷十三乾隆五十五年七月自识记：

> 辛丑之四月，自四川引疾归，途谒钱詹事于钟山书院。詹事言《洪范》"貌曰恭，言曰从，视曰明，听曰聪，思曰容"，此可补入尊著《六书音均表》。……詹事又言，考证果到确处，便触处无碍。如东原在都门分别《水

经》与郧注,得其体例,涣然冰释。余闻其说,即闭门校此书。

闰五月九日,清廷严惩江西僧人昙亮"不法经符"案一应寺僧。

据《高宗实录》卷一一三二乾隆四十六年闰五月辛亥条记:

> 又谕曰:郝硕奏,据莲花厅同知禀报,盘获游僧昙亮,于行李内查出经卷,内有《镇坛大悲法水》一本,《南泉秘旨》一本,中有不法字迹,……直书御名。……所办甚好。该犯等既已出家为僧,乃敢将不法经符辗转传习,甚至直书御名,狂悖已极。……明学、慧定,俱着即凌迟处死,续先着戮尸,昙亮着即处斩。其应行缘坐之露斯、述唐,着从宽改为应斩监候,秋后处决。

闰五月十一日,卢文弨自友人丁杰处得《周礼订义》方苞、钟晼订正本,肃然撰跋,以志敬慕。

据《抱经堂文集》卷八《方望溪钟蔗经两先生删订周礼订义书后》记:

> 今上登极之初,纂修"三礼",望溪先生为总裁,选通礼学者为纂修,大兴钟蔗经先生与焉。名晼,字励暇,官至礼部仪制司郎中。蔗经,其晚年自号也。此《周礼订义》,乃宋乐清王与之次点所著。其用朱笔点勘者,蔗经也;用绿笔审正者,望溪也。别其是非,择所去取,蔗经先之,望溪成之,间亦有异同焉。此正修"三礼"时所相与衡校之底本也。计凡旧人礼说,皆当有望溪点定者;即蔗经所刊修,亦不止此。而此一书适为乌程丁小疋氏所得,出以示余,皆二公真迹也。余不及登望溪之门,独于蔗经游从最熟。及其老而依子宦游也,余一见之于南昌,又见之于松江,又见之于江宁,诒余《祭礼考》一册。今斯人不可作矣,睹其遗墨,庄谨不苟,恍如见其为人。望溪有评《史记》,真笔在北平黄氏,亦用绿色笔,与此正同,岂以此自识别耶?蔗经富于经学,著书甚多。其子观察君居忧婴疾,今不知何似,未知其能为乃翁表章否也。……乾隆四十六年,闰月十一日,

后学卢某跋。

六月二十七日，朱筠卒于北京。
据《笥河文集》卷首孙星衍撰《笥河先生行状》记：

先生姓朱，讳筠，字竹君，号笥河，顺天大兴人。……乾隆十八年癸酉举于乡，明年甲戌成进士。……四十四年督学福建，……卒于四十六年六月二十七日，春秋五十有三。……先生以为，经学本于文字训诂，又必由博反约，周公作《尔雅》，《释诂》居首，保氏教六书，《说文》仅存。于是刊布许氏《说文》于安徽以教士，复奏请采录《永乐大典》逸书。上览奏异之，乃命开《四库全书》馆，御制诗以纪其事。又以"十三经"文字，传写讹舛，奏请仿汉熹平、唐开成故事，择儒臣校正，立石太学。奉谕缓办，因著《十三经文字同异》若干卷，藏于家。于时皖、闽之士，闻绪言余论，始知讲求根柢之学。四海好学能文者，俱慕从先生游。而戴徵君震、邵学士晋涵、王观察念孙诸人，深于经术训诂之学，未遇时，皆在先生幕府。……其督学安徽，旌表婺源故士江永、汪绂等，祠其主于乡贤，以劝朴学之士。在福建，与弟珪相代，一时传为盛事。……其后文正主持文教，海内名流，皆以暗中索拔，多先生所赏契者。故世称据经好古之士为朱派云。

七月，毕沅辑《关中金石记》成，钱大昕应请撰序，钱坫以幕友而作跋。
据《关中金石记》卷首钱大昕《序》记：

金石之学，与经史相表里。侧菌异本，任城辨于《公羊》；戞昊殊文，新安述于《鲁论》；欧、赵、洪诸家涉猎正史，是正尤多。盖以竹帛之文，久而易坏，手钞板刻，展转失真。独金石铭勒，出于千百载以前，犹见古人真面目，其文其事，信而有征，故可宝也。关中为三代、秦汉、隋唐都会之地，碑碣之富，甲于海内。巡抚毕公秋帆以文学侍从之臣，膺分陕之任，三辅、汉中、上郡皆按部所及。又尝再领总督印，逾河陇，度伊凉，跋涉万里，周爰咨询，所得金石文字，起秦汉，讫于金元，凡七百九十七通。雍凉之奇秀，萃于是矣。公又以政事之暇，钩稽经史，决摘异同，条举而件系之。正六书偏旁，以纠冰英之谬；按《禹贡》古义，而求汉濮之源。表河伯之故祠，紬道经之善本，以及三藏五灯之秘，七音九弄之根。偶举一隅，都超凡谛，自非多学而识，何以臻此？在宋元丰中，北平田概尝撰《京兆金石录》六卷，其书虽不传，然陈氏《宝刻丛编》屡引之。揆其体例，仅纪撰书姓名、年月，初无考证之益。且所录不过京兆一路，岂若斯记，自关内、山南、河西、陇右，悉著于录；而且征引之博，辨析之精，沿波而讨源，推十以合一，虽曰尝鼎一脔，而经史之实学寓焉。大昕于兹事笃嗜有年，尝恨见闻浅尠，读公新制，如获异珍。它日按籍而求，以补藏弆之阙，则是编为西道主人矣。辛丑岁七月，钱大昕序。

又据同书卷首钱坫《书后》记：

彝鼎之显由二汉，则许淡长言之矣；志碑之著由二魏，则郦中尉详之矣。皆以金石刻核，考古事古言，用资洽闻。然或代易物湮，始存终轶，往往不可得征。老沙勒之犹不能久，宁论易珍耶？《唐史》载乾元中京师坏钟像，私铸小钱，会昌中李郁彦以钟铎纳巡院，充鼓铸用；《宋史》载姜遵知永兴军，太后诏营浮图，遵毁汉唐碑碣，以代砖甓。摧败之事岂特前世，后或甚之矣。巡抚公监兹放失，欲永其传，讲政之暇，日采集焉。又用真知，条证肆考，傅合别否，务得故实。取其片羽，可用为仪，盖蔚然于洪、苏、欧、赵之上矣。令坫校字，得审观焉。点次卷目，谨识其尾。时乾隆重光赤奋若岁相月，后学钱坫撰。

九月，刘台拱离京南旋，翁方纲撰文送行，鼓励台拱究心《仪礼》。 据刘文兴《刘端临先生年谱》乾隆四十六年三十一岁条记：

九月，自京师归，翁覃溪（方纲）先生作序赠之。

又据翁方纲《复初斋文集》卷十二《送刘端临归宝应序》记：

宝应刘生，学广而气醇，吾尝谓今世后进之士考订《礼经》者，必于生属焉。故于其归而发之曰：吾所谓订《礼经》者，非谓礼有所未安，有待于厘次之也。昔者朱子尝作《通解》矣，曰"家礼"，曰"乡礼"，曰"学礼"，曰"邦国礼"，曰"王朝礼"。而后来戴山刘氏，亦尝首《夏小正》而附《月令》矣，次《丹书》而附《王制》矣，稽之于《礼》合乎？曰，是有辨也，杨信斋固言之矣。曰近世儒生，知有唐开元以后之礼，而不知有《仪礼》，此盖所值之时不同，而其所救之弊亦异也。今之为儒者，不审朱子之用心，而动援古自饰曰，"朱子亦尝云尔"。此所谓舛也。且焉有儒生而议王朝邦国之礼者哉？吾所属望于生者，则欲考其篇目章句而已。然而又有所不可者，如管、荀、贾子之书，皆礼文所散见者，因而掇拾移补，则不可也。又以某之错简，当置某篇，某句当属某篇，则僭忒之心生焉，又大不可也。经礼、曲礼有秩然可分者，《少仪》《内则》之类是也。有不可分者，《玉藻》《大传》之类是也。如必以一人之意，类次而辑定之，则亦不可也。去此诸不可者，而因训诂著录，以讨求其先后类记之所以然，因以得先圣制作之精意，则庶乎得礼之宜矣。凡今之士，先务在于平心，不为苟得而已。故书以为生赠。

九月九日，毕沅校《山海经》成。

据《山海经新校正》卷首毕沅《〈山海经〉新校正序》记：

《山海经》作于禹益，述于周秦，其学行于汉明。晋而知之者，魏郦道元也。《五藏山经》三十四篇，实是禹书。禹与伯益主名山川，定其秩祀，量其道里，类别草木鸟兽，今其事见于《夏书·禹贡》《尔雅·释地》及此经《南山经》以下三十四篇，……为禹书无疑也。……沅不敏，役于官事，校注此书凡阅五年，自经传子史、百家传注、类书所引，无不征也，其有阙略，则古者不著，非力所及矣。既依郭注十八卷，不乱其例；又以考定

《目录》一篇附于书。其云"新校正"者，仿宋林亿之例，不敢专言笺注，将以俟后之博物也。乾隆四十六年九月九日。

十月十五日，毕沅补正《晋书地理志》成。
据《补正晋书地理志》卷一毕沅《晋书地理志新补正卷一并序》记：

《晋书地理志》二卷。案新、旧《唐书》，为房玄龄等二十人所撰，今核其书，大要以晋武帝太始、太康中为定，自惠帝时已略焉，至东晋则尤略。盖唐初诸儒于地理之学，非所研究，故颜师古注《前汉书》以京兆南陵为今宁国府南陵县，章怀太子注《后汉书》以九江当涂为今太平府当涂县。……唐初修《晋书》，不特不旁考诸书，即王隐《地道》之编，沈约《州郡》之志，亦近而不采，殊可怪矣。……夫晋世版舆，上承三国之瓜分，下值南朝之侨置，建罢沿革，所系非轻。盖马彪撰《郡国》，既不详安顺以后；沈约志《州郡》，又难究徐兖以西。使诸贤能据贞观见存之图籍，述太康混一之山川，可采既多，用功亦易。而今之撰录若此，则唐初诸贤不究地理学之过也。沅官事之暇，嗜博观史籍，间以所见校正此志讹漏，凡数百条，又采他地理书可以补正阙失者，皆录入焉，分为五卷。升元注作大字，则从刘昭补注《郡国志》旧例也。时乾隆四十六年岁在辛丑孟冬月十五日。

十月，毕沅著《道德经考异》成。
据《道德经考异》卷首毕沅自序记：

太史公作《史记》，为老子立传云："老子姓李名耳，字伯阳，谥曰聃，为周守藏室史。西出关为关令尹喜著书上、下篇而去，莫知其所终。"又云："或曰周太史儋即老子，或曰非也。世莫知其然否？"沅案：古聃、儋字通，《说文解字》有聃字云"耳曼也"，又有儋字云"垂耳也"。南方瞻耳之国，《大荒北经》《吕览》瞻耳字并作儋。又《吕览》老聃字、《淮南王书》瞻耳字，皆作耽。《说文解字》又有耽字云："耳大垂也。"盖三字声义相同，故并借用之。郑康成云："老聃，古寿考者之号。"斯为通论矣。老子与老莱子是二人，老子苦县人，老莱子楚人。《史记》老莱子著书十五篇，《艺文志》作十六篇，亦为道家之言，且与孔子同时，故或与老子混而莫辨。……《隋书·经籍志》云："《老子道德经》二卷，汉文帝时河上公注。梁有战国时河上丈人注二卷。"考《高士传》："河上丈人不知何国人，明老子之术，自匿姓名，居河之湄，著《老子章句》。当战国之末，诸侯交争，驰说之士，咸以权势相倾，唯丈人隐身修道，老而不亏。"是谓战国时人也。《神仙传》："河上公者，莫知其姓字，汉文帝时结草为庵于河之滨。"是谓文帝时人也。志画为二人。沇所见老子注家不下百余本，其佳者有数十本，唯唐傅奕多古字古言，且为世所希传。故就其本互加参校，间有不合于古者，则折众说以定其是。字不从《说文解字》出，不审信也。近世多读书君子，然浅近者有因陋而无专辨，或好求异说以讨别绪，则动更前人陈迹，在若信若不信之间，沇不敢为之也。倘考之不得其精，亦唯曰我过矣！我过矣！乾隆四十六年十月。

十月，程晋芳著《尚书古文解略》六卷成。
据《勉行堂文集》卷二《尚书古文解略序》记：

梅氏晚出书，元、明诸贤，虽间一辨之，而未极其致。我朝阎伯诗、程绵庄、惠定宇辈出，始抉摘无遗蕴，虽以西河之博识多闻，为之奋臂大呼，莫能翻已成之案也。然近儒沈果堂谓，是书必不能废。余独有取乎其言，以为匪特不能废，亦不可废也。……要当分别观之，且不宜与伏书相混耳。辛丑初夏，排纂《今文释义》第四稿竣，爰取梅书读之。因孔、蔡二传，略为去取，参以别家之说，凡六阅月而成《解略》六卷。

是年，卢文弨取《七经孟子考文》《十三经注疏正字》之所长，参以己见，校勘《周易注疏》成，题为《周易注疏辑正》。
据《抱经堂文集》卷七《周易注疏辑正题辞》记：

余有志欲校经书之误,盖三十年于兹矣。乾隆己亥,友人示余日本国人山井鼎所为《七经孟子考文》一书,叹彼海外小邦,犹有能读书者,颇得吾中国旧本,及宋代梓本,前明公私所梓,复三四本。合以参校,其议论亦有可采。然犹憾其于古本、宋本之讹误者,不能尽加别择。因始发愤为之删订,先自《周易》始,亦既有成编矣。庚子之秋,在京师,又见嘉善浦氏镗所纂《十三经注疏正字》八十一卷,于同年大兴翁秘校覃溪所假归读之,喜不自禁。诚不意垂老之年,忽得见此大观,更喜吾中国之有人,其见闻更广,其智虑更周,自不患不远出乎其上。虽然,彼亦何可废也。余欲兼取所长,略其所短,乃复取吾所校《周易》,重为整顿,以成此书,名之曰《周易注疏辑正》。《正字》于郭京、范谔昌之说,亦有取焉。余谓其皆出于私智穿凿而无所用,故一切刊去。若汉以来诸儒传授之本,字句各异,已见于《释文》者,今亦不录,惟《释文》本有与此书异者著焉。唐宋人语之近理者,虽于《注疏》未尽合,亦间见一二焉。如欲考经文之异同,则自有前明何氏楷所著《古周易订诂》在,学者自求之可耳。毛氏汲古阁所梓,大抵多善本,而《周易》一书,独于《正义》破碎割裂,条系于有注之下,致有大谬戾者。盖《正义》本自为一书,后人始附于经注之下,故毛氏标书名曰《周易兼义》,明乎向者之未尝兼也。此亦当出自宋人,而未免失之卤莽。《正字》亦未见宋时佳本,故语亦不能全是。此则今之官本为近古也。《周易》旧本独不载《释文》于经注间,可无窜易迁就之弊,今就通志堂梓本并为校之。辅嗣《略例》,余案头祇有官本,亦就校之。噫!余非敢自诩所见出《正字》《考文》上也,既睹两家之美,合之而美始完,其有未及,更以愚管参之。夫校书以正误也,而粗略者或反以不误为误。《考文》于古本、宋本之异同,不择是非而尽载之,此在少知文义者,或不肯如此。然今读之,往往有义似难通,而前后参证,不觉涣然者,则正以其不持择之故,乃得留其本真于后世也。既再脱稿,遂书其端云。

卢文弨就《方言》校勘事,致书丁杰,表彰戴震《疏证》之功,亦

补正戴书疏失。

据《抱经堂文集》卷二十《与丁小雅杰进士论校正方言书》记：

> 《方言》一书，戴君《疏证》已详，愚非敢掩以为己有也。然《疏证》之与校正，其详略体例，微当不同。亦因其中尚有未尽者，欲以愚见增成之，故别钞一编。今不能即寄，聊举一二，乞足下审正之。大凡昔人援引古书，不尽皆如本文。故校正群籍，自当先从本书相传旧本为定。况未有雕板以前，一书而所传各异者，殆不可遍举。今或但据注书家所引之文，便以为是，疑未可也。……戴君通人，在日文弨敬之爱之，情好甚挚。今此书若无戴君理之于前，使文弨专其事，纰缪当益多，决不止于此区区数条而已。今戴君已没，宁忍为之吹毛索瘢乎？然念古书流传既久，其考订必非一人精力所能尽。戴书之善者，已尽取之而著之矣，安知他人所见，不又有出于文弨所见之外者乎？愿足下先为吾断其是非焉。如有新得，乞即录示是望。

顾九苞卒于是年。

据章学诚《章氏遗书》卷十九《顾九苞传》记：

> 顾九苞，字文子，扬州兴化人。余与生同岁。乾隆丁酉，选拔贡生，选拔于本科乡举同年也。余举于丁酉，与君又同谱，而相知为深。辛卯、壬辰之间，余游江南。时太平知府沈先生业富，余荐师也，博通好古，延揽才俊，一时知名之士，若阳湖洪君亮吉、武进黄君景仁暨庄君炘等，时相过从，而君乃为先生子在廷授经。……庚子拜贤书，辛丑进士。……自戊徂丑四阅年，充《四库》校录，冀叙铨得一学职，即谋归侍，不计登第否也。俄叙铨有期，又联登第，君即请急而归……行次天津，疽发于项，卧病逆旅，旬日遂卒。

乾隆四十七年壬寅　1782年

正月廿六日，卢文弨校勘熊方《后汉书年表》成。

据《抱经堂文集》卷四《校定熊方后汉书年表序》记：

  当宋南渡时，有澧州参军丰城熊方者，以所为《后汉书年表》十卷进于朝，未闻所以可否之者，史家亦不著录，郑氏《通志》、马氏《文献通考》皆不载。吾友鲍君以文，得宋梓本，欲复开雕，以裨补东汉史之遗阙。既手自雠校，又益以嘉定钱宫詹辛楣弟兄之覆审，而复以示余。余偕老友江阴赵君敬夫，重加考核，粗讫功，携之入燕，又携之入晋，夺于他事，此书置几案间四阅岁矣。今年正月，兀坐精舍，无应酬之烦，自念此书若不及今整顿，恐后精力益不支。于是发愤为之，位置高下，排比疏密，一一皆经手定。宫詹之意，重戒更张，即余亦岂好为改作者。然熊氏草创之劳，固不可泯，而其抵牾之失，亦不能为之讳。若复因循，或转致贻误后人。于是更定其尤甚者数条，与夫未是而犹可仍其旧者，皆著说于下，以俟后之人取衷焉。……乾隆四十七年，岁在壬寅，孟陬月下旬六日，杭东里人卢某书于三立书院之须友堂。

正月廿九日，《四库全书》告成。

据《高宗实录》卷一一四九乾隆四十七年正月丙寅条记：

  《四库全书》告成。总裁质郡王永瑢等，带领总纂、提调、纂修、分校、督催、收掌等员引见。

二月十三日，卓天柱收藏"逆诗"案发。

据《高宗实录》卷一一五〇乾隆四十七年二月庚辰条记：

谕军机大臣等：据陈辉祖等奏，查出仁和县监生卓天柱等，收藏伊先人卓长龄等诗集，内有"薙头轻卸一层毡"，又"发短何堪簪，厌此头上帻"，及"彼都人士，痛绝黍禾"之语。又卓士忠钞录本朝诗内，并不将御制诗出格缮写，辄敢妄用红笔圈点，实属大逆狂吠，现在彻底究审等语。……虽该犯已幸逃显戮，伊孙卓天柱等，于此等悖逆诗集，并不即行首缴，且挖去违碍字迹，有心隐藏，自有应得之罪。著陈辉祖审明，照例定拟。

四月一日，陈鳣著《诗人考》成。
据陈鳣《简庄文钞》卷二《诗人考叙》记：

《诗》三百篇，上自天子后，下至臣庶妾媵，孔子取而录之，以为鉴戒。弟别其风为何国，而正其雅颂，使各得其所。盖以诗存人，不以人存诗也。然而诗人之姓氏，学者犹传其一二，《毛诗》之叙尚矣，其余往往散见于他说。善读者因其人而得其诗之美刺，与夫时之兴衰，俗之厚薄，此《诗》教之可通于《春秋》者也。末学支离，不师古训，即《诗叙》且视为无用，安问其他！孟子曰："颂其诗，不知其人，可乎？"肄业之暇，辑为是编，一以《毛诗》为归，证以齐、鲁、韩三家遗说，更举群书附益之，即有不合者，亦存其名而详辨之。自惟单闻浅见，古书之留于今者，不能尽得，挂漏纰缪，固皆不免。大雅之士，监其庸而恕其妄焉，斯幸矣。乾隆四十有七年，夏四月丁卯朔叙。

五月七日，河南生员程明湮，撰寿文用语不当，高宗借故将其处死。
据《高宗实录》卷一一五六乾隆四十七年五月癸卯条记：

又谕：据三法司核奏，河南生员程明湮，为郑友清妄作寿文，内有"绍芳声于湖北，创大业于河南"，语言悖逆，照大逆律凌迟处死等因一折，所拟未为允协。程明湮妄作寿文，及圈点成语之处，不过文理不通，滥用恶套，与公然造作悖逆语言者有间。郑友清疑有违碍，用纸贴出，并未径行告讦。乃程明諲心生忿怨，率领生徒胡高同等，辄肆拳殴，并写斥骂语言，粘贴街市泄忿。此等党同恶习，实启师生门户之渐，于世道人心，甚有关系。程明諲之罪，实在于此。该犯毋庸照大逆凌迟处死律定拟，改为应斩立决。

七月五日，卓天柱收藏"逆诗"案审结。
据《高宗实录》卷一一六〇乾隆四十七年七月庚子条记：

谕：……卓长龄等五犯，……究系康熙初年之人，且物故已久，……着加恩免其戮尸。……卓天柱……两目青盲，未曾见过诗集，着从宽改为应斩监候，秋后处决。

七月九日，《四库全书》头份缮峻，高宗颁谕，除以六年为限，完成二、三、四份，分藏文渊、文溯、文源、文津四阁外，续缮三份，安置江南文汇、文宗、文澜三阁。
据《高宗实录》卷一一六〇乾隆四十七年七月甲辰条记：

谕：朕稽古右文，究心典籍，近年命儒臣编辑《四库全书》，特建文渊、文溯、文源、文津四阁，以资藏庋。现在缮写头份告峻，其二、三、四份，限于六年内，按期蕆事，所以嘉惠艺林，垂示万世，典至巨也。因思江、浙为人文渊薮，……兹《四库全书》，允宜广布流传，以光文治。如扬州大观堂之文汇阁，镇江金山寺之文宗阁，杭州圣因寺行宫之文澜阁，皆有藏书之所。着交四库馆，再缮写全书三份，安置各该处。

七月十四日，高宗命儒臣编纂《河源纪略》。
据《高宗实录》卷一一六〇乾隆四十七年七月己酉条记：

谕：……所有两汉迄今，自正史以及各家河源辨证诸书，允宜通行校阅，订是正讹，编辑《河源纪略》一书。着四库馆总裁，督同总纂等，悉心纂办。

七月十九日，《四库全书总目》改正本二百卷、《简明目录》二十卷、《考证》一百卷均告编成。

据《纂修四库全书档案》下册第1602至1603页乾隆四十七年七月十九日质郡王永瑢等奏：

> 兹据总纂官臣纪昀、臣陆锡熊等将抄录各书，依四库门类次第标列卷目，并撰人姓名，撮举大要，纂成《简明目录》二十卷。谨缮写稿本，装作二函，恭呈御览，伏候钦定。至《总目提要》业于上年办竣进呈，荷蒙圣训指示，令将列圣钦定诸书及御制、御批各种，均按门类，分冠本朝著录各书之上，毋庸概列部首。现在亦已将体例遵奉改正，另行排次，仍编成二百卷，装作二十函，谨一并复进。又《四库全书考证》，亦据纂修官王太岳、曹锡宝等汇总派纂，编成一百卷，装作十函，理合一并进呈。

又据纪昀《纪晓岚文集》卷八《诗序补义序》记：

> 余于癸巳受诏校秘书，殚十年之力，始勒为《总目》二百卷，进呈乙览。以圣人之志，藉经以存，儒者之学，研经为本，故经部尤纤毫不敢苟。凡《易》之象数、义理，《书》之今文、古文，《春秋》之主传、废传，《礼》之王、郑异同，皆别白而定一尊，以诸杂说为之辅。惟《诗》则托始小序，附以辨说，以著争端所自起，终以范蘅洲之《诗沈》、姜白岩之《诗序补义》、顾古湫之《虞东学诗》，非徒以时代先后次序应尔也。盖《诗》之构争久矣。王肃首起而驳郑，王基遂踵而难王，孙毓复申王说，郑统又明郑义。其书今并不传，其逸文散见诸书者，已纷纭缪辖矣。至宋而庐陵颍滨，小立异同，未显攻也。郑樵始发难端，而朱子和之，是为新学。范处义力崇旧说，而吕祖谦、严粲等遥应之，是为古学。于是尊序废序，为不可破之门户。两派之中，遂横决而旁溢，一为王质《诗总闻》之派，主于冥思力索，翻空出奇，是新学之变本加厉者也；一为何楷《诗世本古义》之派，主于论世知人，穿凿附会，是古学之逐影失形者也。其间互有短长，不能

偏废。故朋党互轧，未有已时。余作《诗类总序》有曰："攻汉学者，意不尽在于经义，务胜汉儒而已；伸汉学者，意亦不尽在于经义，愤宋儒之诋汉儒而已。各挟一不相下之心，而又济以不平之气，激而过当，亦其势然欤？今以范氏之书持王、何两派之平，以姜氏、顾氏之书持《小序》《集传》之平，六七百年朋党之习，舍是非而争胜负者，其庶几少息矣乎？"

十月二十九日，高宗检出《四库全书》"谬妄"，颁谕处分主事馆臣。据《高宗实录》卷一一六七乾隆四十七年十月壬辰条记：

> 谕：四库馆进呈原任翰林院检讨毛奇龄所撰《词话》一书，内有"清师下浙"字样，殊属背谬。……毛奇龄尚系素有文望之人，且身故已久，朕不肯因其字句背谬，照从前戴名世等之案办理。但此等书籍经纂修、校对等阅过，即应按照馆例，签改进呈。乃漫不经心，俱未看出，实非寻常疏忽可比。除将原书交馆改正，并查明此外有无似此等字样，一并签改外，所有书内列名之总纂官纪昀、陆锡熊，总校官陆费墀、王燕绪，分校官刘源溥，俱着交部分别议处。……着行文外省各督抚，细心查办，有似此者，一体改录。

十一月七日，高宗颁谕，以"议论偏谬"，命订正、抽改《通鉴纲目续编》。

据《高宗实录》卷一一六八乾隆四十七年十一月庚子条记：

> 谕：朕批阅《御批通鉴纲目续编》，内周礼《发明》、张时泰《广义》，于辽金元事，多有议论偏谬及肆行诋毁者。……着交诸皇子及军机大臣，量为删润，以符孔子《春秋》体例。仍令粘签进呈，候朕阅定。并将此谕冠之编首，交武英殿，照改本更正后，发交直省各一部，令各照本抽改。

十一月二十八日，第二份《四库全书》缮竣。

据《高宗实录》卷一一六九乾隆四十七年十一月辛酉条记：

谕：第二份《四库全书》校缮完竣，办理尚属迅速。

十二月一日，陈鱣辑郑玄注《孝经》成。
据陈鱣《简庄文钞》卷二《集孝经郑注叙》记：

郑康成注《孝经》，见于《范书》本传，《郑志》目录无之；《中经簿》但称郑氏解而不书其名，或曰是其孙小同所作。谨按郑《六艺论》叙《孝经》云："玄又为之注"；叙《春秋》亦云："玄又为之注。"盖郑注《春秋》未成，后尽与服子慎，遂为服氏注，详见《世说新语》。乃从来列郑注，更无及《春秋》者。窃以其注《孝经》，亦未写定，而其孙小同追录成之。据《隋书》称，《郑志》亦小同所撰。此或以先人未竟之书，故不敢载入目录。《中经簿》所题，盖要其终，《范书》所纪，则原其始也。……自玄宗取诸说以为己注，而后之学郑氏者日少。五季之衰，中原久佚。宋雍熙初，日本僧奝然以是书来献，议藏秘府，寻复失传。近吾友鲍君以文，属汪君翼沧从估舶至彼国购访其书，亦不可得矣。幸陆氏《释文》尚存其略，群籍中间有引之。因仿王伯厚《郑氏周易》例，集成一编。……乾隆四十有七年，冬十二月癸亥朔，书于武原客耕舍。

卢文弨合戴震、丁杰诸家所校《方言》，重加比勘，于是年蒇事。
据《抱经堂文集》卷三《重校方言序》记：

《方言》至今日而始有善本，则吾友休宁戴太史东原氏之为也。义难通而有可通者通之，有可证明者，胪而列之，正讹字二百八十一，补脱二十七，删衍字十七，自宋以来诸刻，洵无出其右者。乾隆庚子，余至京师，得交归安丁孝廉小雅氏，始受其本读之。小雅于此书采获裨益之功最多，戴氏犹有不能尽载者，因出其钞集众家校本凡三四，细书密札，戳眷行间。或取名刺余纸，反复书之，其已联缀者，如百纳衣，其散庋书内者，纷纷如落叶，勤亦至矣。以余为尚能读此书也，悉举以畀余，余因以考戴氏之书，觉其当增正者尚有也。刘歆求《方言》入录，子云不与，故《艺文志》无之。乃班氏于雄本传举其所著书，亦阙《方言》，世不能无疑。考常璩《华阳国志》载雄书，凡《太玄》《法言》《训纂》《州箴》《反离骚》，皆与传同，而不及四赋，乃云："典莫正于《尔雅》，作《方言》。"此最为明证。应劭而下，称引日益多，而是书遂大著。其卷数则歆书中云十五卷，郭景纯序亦云三五之篇，隋唐以下志皆云十三卷，并合与遗脱不可知，然定在郭注之后。《宋志》又云十四卷，当因刘歆书，与雄答书向附在简末者，亦别为卷，而并数之也。雄识古文奇字，尝作《训纂篇》，今不传。赵宋时，书学生亦令习《方言》，则《方言》中字，其传授必有自。……余以管见，合之丁君校本，复改正百廿有余条，具著其说，可覆案也。郭氏注《尔雅》三卷外，又有《音》一卷，则知此书之音，亦必不与注相杂厕。后人取便读者，遂并合之。以郭音古雅难晓，又附益以近人所音，如《通志》载有吴良辅《方言释音》一卷，此书当有捃摭及之者。余欲使注自为注，仿刘昭注补《续汉志》之例，进郭注为大字，而音则仍为小字。虽未必即还景纯之旧观，然要使有辨焉尔。至集各家说，及文弨之说，上又加圆围以隔之。戴书已行世，故唯录其切要者。旧本又有云字一作某者，疑出于晁公武子止。案晁《读书志》云："予传《方言》本于蜀中，后用国子监刊行本校之，多所是正，其疑者两著之。"据斯言，则知为晁氏所加无疑也。予嘉丁君之绩，而惜其不登馆阁，书成，不得载名于简末，世无知焉。又其所缉综者，纷纶参错，不易整比，久久将就散失，不愈可惜乎？故以余闲为成就之如此。丁君名杰，今已成进士，待学博士阙于杭州，其学实不在戴太史下云。

钱大昕著《廿二史考异》一百卷成。
据《竹汀居士年谱》乾隆四十七年五十五岁条记：

　　居忧，足迹不出户。撰次《廿二史考异》成，凡百卷。

李调元辑刻《函海》，于年杪初成。

据《函海》卷首李调元撰《总序》记：

余不能化于书而酷有嗜书癖，通籍后，薄游京师，因得遍访异书，手自校录。然自《汉魏丛书》《津逮秘书》而外，苦无足本。幸际圣天子重修《永乐大典》，采遗书，开《四库》，于是人间未见之书，骈集麇至，石渠天录，蔑以加矣。余适由广东学政任满，蒙特恩，监司畿辅，去京咫尺，而向在翰院同馆诸公，又时获鳞素相通，因以得借观天府藏书之副本。每得善本，辄雇胥录之，始于辛丑秋，迄于壬寅冬，裒然成帙，真洋洋大观矣。有客谀余所好，劝开雕以广其传，遂欣然为之。余蜀人也，故各书中于锦里诸耆旧著作，尤刻意搜罗，梓行者居其大半。而新都升庵博学鸿文，为古来著书最富第一人。现行世者除《文集》《诗集》及《丹铅总录》而外，皆散轶不传，故就所见已刻未刻者，但睹足本，靡不收入。……附以拙纂，名曰《函海》。……干隆四十七年十二月初六日。

十二月，卢文弨叙毕沅辑《关中金石记》，赞誉其金石学方面的成就。

据毕沅《关中金石记》卷首卢文弨《叙》记：

余生平未尝至关中，闻有所谓碑林者，未由见也。数十年前，有人从长安来，叩之，则大率在榛莽中，雨淋日炙，不加葺治，甚且众秽所容，几难厕足。盖未尝不慨然兴叹也！镇洋毕公，前抚陕之二载，政通人和，爰以暇日，访古至其地，顾而悚息。于是，堂庑之倾圮者，亟令缮完；旧刻之陷于土中者，洗而出之。开成石经多失其故第，复一一加以排比，于外周以阑楯，又为门以限之，使有司掌其启闭。废坠之久，蔚然更新，儒林传为盛举。及公之复莅秦中也，乃并裒各郡邑前后所得金石刻，始于秦，讫于元，著为《关中金石记》八卷。考正史传，辨析点画，以视洪、赵诸人，殆又过之。夫人苟趣目前，往往于先代所留遗不甚爱惜，而亦无以为后来之地。儒生网罗放失，亦能使古人之精神相焕发，而或限于其力之所不能，必赖上之人宝护而表章之，以相推相衍于无穷，其视治效之仅及于一时者，相什百也。公之于政也，绵有余力，故能百废具兴，即此亦其一也。自国朝以来，为金石之学者多于前代。以余所知，若昆山顾氏炎武、秀水朱氏彝尊、嘉兴曹氏溶、仁和倪氏涛、大兴黄氏叔璥、襄城刘氏青芝、黄冈叶氏封、嘉兴李氏光映、邠阳褚氏峻、钱塘丁氏敬、山阳吴氏玉搢、嘉定钱氏大昕、海盐张氏燕昌，皆其选也，继此者方未有艾。得公书而考之，庶几古今人之精神命脉，不至中绝也乎！乾隆四十有七年季冬，杭东里人卢文弨叙。

是年，毕沅著《乐游联唱集》，幕府中人吴泰来、严长明、洪亮吉、孙星衍、钱坫等和之，称一时之盛。

据史善长编《弇山毕公年谱》乾隆四十七年壬寅五十三岁条记：

> 公著《乐游联唱集》，时在幕府者，长洲吴舍人泰来、江宁严侍读长明、阳湖洪孝廉今翰林院编修亮吉、孙文学今山东兖沂曹道星衍、嘉定钱明经今乾州州判坫，皆吴、会知名士。门人伏羌令杨芳灿序之。

又据《乐游联唱集》卷首杨芳灿《乐游联唱集序》记：

> 《乐游联唱集》者，我灵巘夫子与同幕诸公之所著也。……洵学海之洪澜，艺林之秘宝也已。芳灿飘飘羁宦，零落缣缃。忆绛帐之清严，慨素交之睽阔。闻玉敦珠盘之会，不觉神移；睹挟辀拔戟之材，能无色动？喜一编之入手，写万本以难停。属以绪言，命为喤引。过元圃之瑰奇，侈陈燕石；听宫悬之嘈杂，滥列齐竽。未知所以裁之，多见不知量也。门生梁溪杨芳灿谨序。

乾隆四十八年癸卯　1783 年

正月九日，梁玉绳著《史记志疑》三十六卷成。

据《史记志疑》卷首梁氏《自序》记：

> 余自少好太史公书，缀学之暇，常所钻仰。然百三十篇中，愆违疏略，触处滋疑，加以非才删续，使金鍮罔别，镜璞不完，良可闵叹。解家匡谬甄疵，岂无裨益，第文繁事博，舛漏尚多。因思策励驽骞，澄缘波源，采斐、张、司马之旧言，搜今昔名儒之高论，兼下愚管，聊比取刍，作《史记志疑》三十六卷，凡五易稿乃成。在宋刘氏撰《两汉刊误》，翼赞颜注，吴斗南复著《刊误补遗》。深惭鄙浅，何敢继组前修，祗缘勤苦研席，星历一终，享帚徒矜，惜肪莫弃，则剡其瑕而缝其阙，实有望于后之为斗南者。乾隆四十八年龙集癸卯，初月九日，仁和梁曜北玉绳自序。

二月二十六日，孙星衍为毕沅著《山海经新校正》作后序，推扬毕沅于《山海经》之订讹，可与戴震校《水经》比美。

据毕沅《山海经新校正》卷首孙星衍《山海经新校正后序》记：

> 秋颿先生作《山海经新校正》，其考证地理，则本《水经注》，而自九经笺注、史家地志、《元和郡县志》《太平寰宇记》《通典》《通考》《通志》，及近世方志，无不征也。自汉以来，未有知《山海经》为地理书。……先生开府陕西，假节甘肃，粤自崤函以西、玉门以外，无不亲历。又尝勤民，洒通水利，是以《西山经》四篇，《中次五经》诸篇，疏证水道为独详焉。……星衍夙著《经子音义》，以补陆氏德明《释文》；有《山海经音义》二卷，及见先生，又焚笔砚。若《海外经》已下诸篇，杂有刘秀校注之词，

分别其文，降为细字，其在近世，可与戴校《水经》并行不倍。……乾隆四十八年癸卯二月廿六日，阳湖后学孙星衍书于陕西节院长欢书屋。

三月，毕沅辑《说文解字旧音》成。

据《说文解字旧音》卷首毕沅《叙》记：

> 唐以前传注家多称《说文解字音》，《隋书·经籍志》有《说文音隐》，疑即是也。因撮录之，以资考证。并为之叙曰：汉许君慎作《说文解字》十四卷成，其子召陵万岁里公乘冲，以安帝建光元年上书献之。且云："臣父故太尉南阁祭酒慎。"……许君之书，大略皆以文定字，以字定声。其立一为端者，皆文也；形声相益者，皆字也。故云："文物，象之本字，言孳乳而生。"其例有云从某某声，从某某省声，从某从某亦声；又云读若某。其时，如郑众、郑兴、杜子春及康成之徒，注诸经礼，高诱注吕不韦、淮南王等书皆然。自反音而读若之例遂变。反音昉自孙炎，李登作《声类》亦用之。晋吕忱依托许书，又作《字林》，其弟静因《声类》则作《韵集》，韵书实始焉。是编《隋志》次在忱书之下，但云有四卷，而不详撰著姓名及时代。……则是编为忱以前人所作无疑。……是编所辑虽寡，要为探本之谊，后之人不知珍重者，陋也。癸卯岁乾隆四十有八年三月日。

四月，毕沅著《夏小正考注》成。

据《夏小正考注》卷首毕沅《叙》记：

> 《大戴记》八十一篇，今止四十篇。其篇自三十九始，无四十三、四、五，及六十一四篇，有两七十三，或云两七十四，《小正》盖其弟四十七篇也。案《汉书·艺文志》："七十子后学者所记《礼》百三十一篇。"别无大、小戴之目。今所记《小戴》有四十九篇，《大戴》有八十一篇，合之正得百三十篇之数，较《艺文志》所说止少一篇，并此二书，即后学者所记欤？……《小正》于天象、时制、人事、众物之情，无不具纪，洵为一代之巨宪。故夫子称之曰："欲观夏道，吾得夏时焉。"又曰："行夏之时。"

司马迁曰："孔子正夏时，学者多传《夏小正》。"此书之所由来欤？作者之圣，言辞简要，后儒为之训注。……经注不分，则习之或误。《小正》经为禹启所制，历二千余年而戴德始作传。不加之条晰，必有以传为经，以经为传之弊。沅所见各家，自今所行《大戴记》外，其专本有宋朱子本、有关泫本、有傅崧卿本、有王应麟本、有元金履祥本，本朝有故尚书大兴黄叔琳本、有故尚书无锡秦蕙田本、有今学士钱塘卢文弨本、有故编修休宁戴震本、有今主事曲阜孔继涵本，皆分经传，亦并有异同。案：引者又有郑康成、郭璞、孔颖达、欧阳询、徐坚、李善、一行诸人。因遴加参校，附以鄙释，名曰《夏小正考注》。《小正》有戴氏传之于前，又有北周卢辩注之于后。今经既残破，传复讹乱，辩注又不传，若据考不精，各以私意类分互证，是诬之矣。沅于诂训，信好雅言，文字默守许解，经礼则专宗郑学。戴之说是，必曲证以申明之；偶得一间，又求之诸经，以附合本旨，庶得尊经后传之义。夫由今以溯传，既二千年矣，由传以溯经，又二千年，历四千余年之久，而通之者卒不多见其人，盖信古者少矣，可不深叹哉！癸卯岁乾隆四十有八年四月日。

春，邵晋涵与章学诚在京中论《宋史》及宋儒。
据章学诚《章氏遗书》卷十八《邵与桐别传》记：

乾隆癸卯之春，余卧病京旅，君载予其家，延医治之。余沉困中，辄喜与君论学，每至夜分，君恐余惫，余气益壮也。因与君论修《宋史》，谓竢君书成后，余更以意为之，略如《后汉》《晋史》之各自为家，听决择于后人。君因询予方略，余谓当取名数事实，先作比类长编，卷帙盈千可也，至撰集为书，不过五十万言，视始之百倍其书者，大义当更显也。君曰，如子所约，则吾不能，然亦不过参倍于君，不至骛博而失专家之体也。余因请君立言宗旨，君曰宋人门户之习，语录庸陋之风，诚可鄙也。然其立身制行，出于伦常日用，何可废耶。士大夫博学工文，雄出当世，而于辞受、取与、出处、进退之间，不能无箪豆万钟之择，本心既失，其他又何议焉？此著《宋史》之宗旨也。余闻其言而耸然。

六月，姚鼐校勘《老子》，成《老子章义》。

据《惜抱轩文集》卷三《老子章义序》记：

  《老子书》，六朝以前，解者甚众，今并不见，独有所谓河上公《章句》者，盖本流俗人所为，托于神仙之说。其分章尤不当理，而唐宋以来莫敢易，独到知几识其非耳。余更求其实，少者断数字，多则连字数百为章，而其义乃明，又颇为训其旨于下。夫著书者，欲人达其义，故言之首尾曲折，未尝不明贯，必不故为深晦也。然而使之深晦、迂而难通者，人好以己意乱之也。《庄子·天下篇》引《老子》语，有今文所无，则知传本今有脱谬。其前后错失甚明者，余少正之，并以待世好学君子论焉。……乾隆四十八年夏六月，桐城姚鼐序。

七月七日，孙星衍校勘《神农本草经》毕。

据孙星衍《问字堂集》卷三《校定神农本草经序》记：

  孔子云："述而不作，信而好古。"又云："多识于鸟兽草木之名。"今儒家拘泥耳目，未能及远，不睹医经《本草》之书。方家循守俗书，不察古本药性异同之说。又见明李时珍作《本草纲目》，其名已愚，仅取大观本，割裂旧文，妄加增驳，迷误后学。是书集成，庶以辅翼完经，启蒙方伎，钞胥之任，匪有发明，略以所知，加之考证。……据古订正，勿嫌惊俗也。乾隆四十八年，岁在癸卯，七月七日，撰于都门官菜园上街寓舍。

八月二十日，卢文弨撰文，记在山西为三立书院钞补《通志堂经解》的经过。传播文献，倡导经学，用心良苦。

据《抱经堂文集》卷七《题三立书院所藏通志堂经解卷首》记：

  三立书院中，旧藏有《通志堂经解》六十函，而独阙其首帙，余蓄意欲补之。乾隆辛丑，庶吉士介休刘君锡五，余小门生也，旧尝监院事，其请假归也，来谒余。余属其还朝之日，就京师士大夫家借本钞足，并与下一帙，令如式装潢之。乃岁余而书不至。余同年友洗马大兴翁覃溪知余将离山西，惟此为悬悬，因即代刘君成之以寄余。微翁君之力，将并其次帙而亦亡之，不转重余之过欤？但书首有诸名人所作序，并其目录，尚皆阙如，今不及补矣。后有同志，更为钞足，庶几大快也。中间林拙斋《尚书全解》，本阙卷第三十四未梓，曩友人从《永乐大典》中钞得以示余，亦未得补入，此皆有待于后之人。噫！此书之能全读者罕矣，唯桐城方望溪先生曾遍为点勘。其专治一二经，从而嚅哜者尚多有，今余虽不及见若人乎，然不可不留以相待也。乾隆四十有八年，岁在昭阳单阏，壮月既望后五日。

九月十五日，毕沅著《经典文字辨正书》成。
据《经典文字辨正书》卷首毕沅《叙》记：

余究思典籍，求迹籀斯，每慨《草木篇》多变旧文，司马相如作诂训书积生诡字，《尔雅》十九篇多俗字，若不折衷南阁，曷由探本彼仓？故从五百廿部，穷九千余言，遍讨别指，以示专归。其义取之魏江式、齐颜之推，其文则较之唐陆德明、颜元孙、张参、唐元度，周郭忠恕，宋张有诸家为正矣。然元孙自谓能参校是非，较量异同，立俗通正三例定字，而舛失偏多。……张有则以宋徐铉刊定《说文解字》为真本，凡徐所参入及新附字，概指为许书。……余少居乡里，长历大都，凡遇通儒，皆征硕学。初识故元和惠征君栋，得悉其世业。继与今嘉定钱詹事大昕、故休宁戴编修震交，过从绪论，辄以众文多诬，纠辨为先。既能审厥时讹，必当绍其绝诣。门生嘉定钱明经坫，向称道吴江处士声能作通证书，欲以经典异文尽归许君定字，是犹余之志也。夫处鲍居兰，熏荍易剖，生麻入缁，形色弗蒙。若使岐多路惑，则靡所适从。谅彼归异出同，则自逢指要。爰因暇景，既竭愚才，日省月记，杀青斯竟。举纲举目，愿无背于往制；去泰去甚，事始契于宿怀。引之能伸，用亦无爽。如云未尽，殆其谓之；或有讵陈，亦无隐焉。乾隆昭阳亶安岁九月望日。

十月，毕沅注《墨子》书成，十二月刊行。

据《墨子注》卷首毕沅《自序》记：

> 《墨子》七十一篇，见《汉艺文志》。隋以来，为十五卷，目一卷，见《隋经籍志》。宋亡九篇，为六十一篇，见《中兴馆阁书目》。实六十三篇。后又亡十篇，为五十三篇，即今本也。本存《道藏》中，缺宋讳字，知即宋本。……今上开四库馆，求天下遗书。有两江总督采进本，谨案亦与此本同。自此本以外，有明刻本，其字少见，皆以意改，无《经上下》及《备城门》等篇，盖无足观。《墨书》传述甚少，得毋以孟子之言，转多古言古字。先是仁和卢学士文弨、阳湖孙明经星衍，互校此书，略有端绪，沅始集其成。因遍览唐、宋类书，古今传注所引，正其讹谬。又以知闻，疏通其惑。自乾隆壬寅八月，至癸卯十月，逾一岁而书成。……先秦之书，字少假借，后乃偏旁相益。若本书，……实足以证声音文字训诂之学，好古者幸存其旧云。如其疏略，以俟敏求君子。乾隆四十八年，岁在昭阳单阏涂月，叙于西安节署之环香阁。

又据该书卷首孙星衍撰《后序》记：

> 乾隆四十八年癸卯十二月，弇山先生既刊所注《墨子》成，以星衍涉于诸子之学，命作后叙。星衍以固陋辞，不获命，叙曰：……弇山先生于此书，悉能引据传注、类书，匡正其失。又其古字古言，通以声音训诂之原，豁然解释。是当与高诱注《吕氏春秋》、司马彪注《庄子》、许君注《淮南子》、张湛注《列子》，并传于世。其视杨倞、卢辩，空疏浅略，则偭然过之。时则有仁和卢学士抱经、大兴翁洗马覃溪及星衍三人者，不谋同时，共为其学，皆折衷于先生。或此书当显，幸其成帙，以惠来学，不觉僭而识其末也。阳湖孙星衍撰。

陕西巡抚毕沅敬儒爱士，一时俊彦，多延致其幕府。

据吕培等辑《洪北江先生年谱》乾隆四十六年三十六岁条记：

先是孙君星衍已入关，并札言陕西巡抚毕公沅钦慕之意，先生遂决意游秦。四月十六日，偕崔同年景仪西行。……五月望后抵西安，寓开元寺一宿。毕公闻先生来，倒屣以迎。翌日，遂延入节署。时幕中为长洲吴舍人泰来、江宁严侍读长明、嘉定钱州判坫及孙君与先生，凡五人。

又据洪亮吉《更生斋文甲集》卷四《书毕宫保遗事》记：

公爱士尤笃，闻有一艺长，必驰币聘请，惟恐其不来，来则厚资给之。余与孙兵备星衍留幕府最久，皆擢第后始散去。孙君见幕府事不如意者，喜漫骂人，一署中疾之若雠。严侍读长明等，辄为公揭逐之，末言："如有留孙某者，众即卷堂大散。"公见之不悦，曰："我所延客，诸人能逐之耶？必不欲与共处，则亦有法。"因别构一室处孙，馆谷倍丰于前，诸人益不平，亦无如何也。

冬，程晋芳游济南，欣然为陆燿《切问斋集》撰序。
据《切问斋集》卷首程晋芳《序》记：

乾隆癸卯冬，晋芳来济南，寓陆方伯青来先生署中。时先生以公事赴郓城，余闻其著有《切问斋诗文集》，从其令子索观。凡杂著、论、说、书、序、记如干首，合成六卷。盖先生之文不止是，而已录者在此。读讫而言曰：

先生德行政事，无藉于文字之传，而自有可传者，况又有文如是耶！不读先生之文，不知其制行之本，与泛应之才，一时皆根柢经训，发为事业，而因时驭变，悉古圣贤化裁权度之宜。夫然后知儒学之可贵，而孔、孟、程、朱之绪，衍之弥长，扬之愈光，不可一息离也。先生于学问考订，心平而识明，不为争辨叫嚣，而析理分条，事之得失自见。其辟二氏，绌星命，讥谶纬，咸守正则。论《易》则宗辅嗣、伊川，而于先后天图，及汉儒飞伏世应之学，扫除殆尽。若其浚泉河、豫仓谷、设保甲、洪盗贼诸书，施之实用，旦夕可收厥效。余故谓先生文虽不多，而经术诸著，置之罗鄂州、金仁山，及近贤陆陆堂、沈果堂集中，不让后先也。经济之文，置之宗忠简、于忠肃、王文成集中，弗愧斡略也。噫！若先生者，可谓不负读书者矣。

先生还署之期尚远，而余行戒征装，将往大梁，不及与先生别。念先生自今以往，皆为国家宣力之时，立德、立功者何限！而余归老江乡，不获与先生执手问难。所愿先生劳苦之余，不废立言之旨，以惠后人，以广斯集之篇第。因于集之简端，书数百言以志焉。时长至后一日，新安程晋芳拜序。

是年五月，黄景仁卒于山西运城。

据洪亮吉《卷施阁文甲集》卷十《候选县丞附监生黄君行状》记：

乾隆四十八年，岁在癸卯，黄君景仁以瘵疾卒于解州。临终，以书贻友人洪亮吉于西安，俾经纪其丧。亮吉发书即行，以五月十六日，临君殡于解州之运城。……君讳景仁，字汉镛，一字仲则，……武进人。……岁辛卯，大兴朱先生筠奉命督安徽学政，延亮吉及君于幕中。……今陕西巡抚毕公沅奇君才，厚资之，遂以乾隆四十一年，上东巡召试二等。在武英殿书签，例得主簿，入资为县丞。铨有日矣，为债家所迫，复抱病逾太行，出雁门，将复游陕。次解州，病殆，遂卒于今河东盐运使沈君业富运城官署。距生乾隆十四年，年三十有五。

又据《清史列传》卷七十二《黄景仁传》记：

诗宗法杜、韩，后稍稍变其体，为王、李、高、岑，卒其所诣，与李白最近。乾隆间论诗者，推为第一。……著《两当轩诗文集》《竹眠词》，凡二十二卷。

十月六日，孔广森撰成《春秋公羊通义》。

据《春秋公羊通义》卷十二《春秋公羊经传通义叙》记：

昔我夫子，有帝王之德，无帝王之位，又不得为帝王之辅佐，乃思以其治天下之大法，损益六代礼乐文质之经制，发为文章，以垂后世。而见夫周纲解弛，鲁道陵迟，攻战相寻，彝伦或熄，以为虽有继周王者，犹不能以三皇之象刑，二帝之干羽，议可坐而化也。必将因衰世之宜，定新国之典，宽于劝贤，而峻于治不肖，庶几风俗可渐更，仁义可渐明，政教可渐兴。乌乎托之？托之《春秋》。《春秋》之为书也，上本天道，中用王法，而下理人情，不奉天道，王法不正，不合人情，王法不行。天道者，一曰时，二曰月，三曰日。王法者，一曰讥，二曰贬，三曰绝。人情者，一曰尊，二曰亲，三曰贤。此三科九旨既布，而壹裁以内外之异例，远近之异辞，错综酌剂，相须成体。凡《春秋》者三家，粤唯《公羊》氏有是说焉。……故曰《左氏》之事详，《公羊》之义长。《春秋》重义不重事，斯《公羊传》尤不可废。方今《左氏》旧学湮于征南，《穀梁》本义汨于武子，唯此《传》相沿，以汉司空掾任城何休《解诂》列在注疏，汉儒授受之旨，藉可考见。其余《公羊墨守》《穀梁废疾》《左氏膏肓》《春秋汉议文谥例》之等，尚数十篇，惜无存者。《解诂》体大思精，词义奥衍，亦时有承讹率臆，未能醇会传意。三世之限，误以所闻始文，所见始昭，遂强殊鼻我于快，而季姬、季友、公孙慈之曰卒，皆不得其解。外大夫奔例时，诸侯出奔无罪时，有罪月，内大夫出无罪月，有罪日，功过之别，内外之差，宜然也。何邵公自设例，与经诡戾，而公孙敖之日，归父之不日，两费词焉。叔术妻嫂，传所不信，邵公反张大之，目为非常异义可怪之论。亦犹传本未与辄拒父，隽不疑诡引以断卫太子之狱，致令不晓者为传诟病。此其不通之一端。七十子没而微言绝，"三传"作而大义暌，《春秋》之不幸耳。幸其犹有相通者，而三家之师必故各异之，使其愈久而愈歧。何氏屡蹈斯失，若盟于包来下，不肯援《穀梁》以释传；叛者五人，不取证《左传》，而凿造谏不以礼之说。又其不通之一端也。今将袪此二惑，归于大通，辄因原注，存其精粹，删其支离，破其拘窒，增其隐漏，冀备一家之言。依旧帙次为十一卷，窃名曰《通义》。胡母生、董生既皆此经先师，虽义出传表，卓然可信。董生绪信，犹存《繁露》，而《解诂》自序，以为略依胡母生条例，故亦未敢轻易也。昔韩文公遗殷侍御书云，近世《公羊》学几绝，何氏注外不见他书，圣经贤传屏而不省，要妙之义无自而寻。非先生好之乐之，味于众人之所不味，务张而明之，其孰能勤勤拳拳若此之至？固鄙心之所最急者。如遂蒙开释，章分句断，其心晓然，且使序所注挂名经端，自托不腐，其又奚辞。盖自有唐巨儒，惜此传之坠绝，而望人之讲明也如是。今殷侑之注，已复不存，更以穴知孔见，期推测于千百祀之后。安得有道如昌黎者而就正其失也？钻仰既竭，不知所裁。乾隆四十有八年孟冬甲子，裔孙翰林检讨广森谨言。

十二月十八日，孔继涵在曲阜病逝。

据翁方纲《复初斋文集》卷十四《皇清诰授朝议大夫户部河南司主事孔君墓志铭》记：

> 君讳继涵，字体生，一字誧孟，号荭谷，曲阜人，至圣六十九世孙。……君雅志稽古，于天文、地志、经学、字义、算数之书，无不博综。……遇藏书家罕传之本，必校勘付锓，以广其传。所刻有《五经文字》《九经字样》《算经十书》，杜预《春秋长历》《春秋土地名》，赵汸《春秋金锁匙》，宋庠《国语补音》，赵岐《孟子注》，休宁戴震《文集》诸种。未刻者，君所自撰《考工车度记》《补林氏考工记解》《句股粟米法》各一卷，《释数》《同度记》各一卷。其余题跋杂著，名《红榈书屋集》者，又若干卷，《词》四卷。君生于乾隆四年正月二日，卒于四十八年十二月十八日。

乾隆四十九年甲辰　1784年

正月初一，王鸣盛为褚寅亮著《仪礼管见》撰序。

据《仪礼管见》卷首王鸣盛《序》记：

学问之道，首识字，次穷经，次考史。然史学不必有所专主，而字学、经学则必定其所宗，文字宜宗许叔重，经义宜宗郑康成，此金科玉条，断然不可改移者也。郭学尤精者"三礼"，乃《周礼》《礼记》注，妄庸人群起嗤点之；独《仪礼》为孤学，能发挥者固绝无，而谬加指摘者亦尚少。其貌似宗仰，阴肆掊击，而书得盛行于世者，惟敖继公而已矣。近日万充宗、沈冠云，于郑注亦多所纠驳；至张稷若、马德淳，但粗为演绎，其于敖氏之似是而非，均未能正其失，以明郑学之精也。吾友褚先生擂升，冷面隔俗，沉思好古，著《仪礼管见》三卷，于敖氏洞见其症结，驱谿其茅霾，宛然而入，划然以解。嘻！先生岂好辨哉？辨敖氏之失，而郑氏之精乃明，抑岂特为郑氏之功臣哉？所以欲明郑注之精者，正为郑注明而经义乃明也。其自序谓敖之意不专在解经，而惟在与郑立异，及其说有不通，则改窜经文以迁就其词。此言可谓切中敖氏之病。微先生之详审善读书，何由发其覆耶？大抵郑学览文如诡，观理即畅，顾自宋迄明，六七百年之间，说经者十九皆以叛郑为事，其叛郑者十九皆似是而非。但恨不能多得详审善读书如先生者十数辈，一一尽举而厘正之耳。夫说经之必有所专主，此汉经师所谓家法，予撰《十七史商榷》暨《蛾术编》，已备著其说矣，然如先生之说经，究何尝有偏徇党曲之蔽乎？囊者先生盖尝说《周易》，于郑注外，兼取孟喜、京房、荀爽、虞翻诸家；于《春秋左氏传》，则专取贾逵、服虔；于《公羊传》，则取何休，皆与郑氏不尽合也。其专主于郑者，惟礼学焉。可知先生之公听并观，其墨守家法与择善而从，仍两不相悖也。凡此数者，余皆与先生有同志。若《尚书》《毛诗》，则予惟力遵郑义，而先生亦许可之。"德不孤，必有邻"，此但可为知者道，岂易为流俗人言与？乾隆四十有九年，岁在甲辰正月上日，同学愚弟王鸣盛再拜顿首谨序。

正月十七日，陈鳣辑郑玄《六艺论》成。

据陈鳣《简庄文钞》卷二《六艺论叙》记：

> 郑氏《六艺论》一卷，《隋》《唐志》载其目。五季以来，郑学自《毛诗》"三礼"外，尽已散佚。宋王伯厚集《周易注》，后人踵而行之，郑氏之书渐次收合。惟《六艺论》未见辑本，因广为搜讨，录成一编。……因念古书之留于今者日少，区区采摭之苦心，殆所谓存什一于千百耳。乾隆四十有九年，春王正月癸卯，书于震泽舟次。

二月二十一日，高宗颁谕，俟江南三阁《四库全书》缮竣，准许士子钞读。

据《高宗实录》卷一一九九乾隆四十九年二月丁丑条记：

> 谕：前因江、浙为人文渊薮，特降谕旨，发给内帑，缮写《四库全书》三份，于扬州文汇阁、镇江文宗阁、杭州文澜阁，各藏庋一份。原以嘉惠士林，俾得就近钞录传观，用光文治。第恐地方大吏，过于珍护，读书嗜古之士，无由得窥美富，广布流传。是千缃万帙，徒为插架之供，无裨观摩之实，殊非朕崇文典学，传示无穷之意。将来全书缮竣，分贮三阁后，如有愿读中秘书者，许其陆续领出，广为传写。

二月，毕沅著《音同义异辨》成。

据《音同义异辨》卷首毕沅《叙》记：

> 既作《辨正书》，每念《经典》之文多假借之道，非必古人字少，以一字而兼数以之用，皆缘隶写转讹，避繁文而趋便易所成。《说文解字》所有

其音同、其义异者，据形著训，杂而不越，分观并举，式镜考资。因另为一编，附于《辨正》之后，庶不偕邰陵之旨云尔。沅再识。

四月二日，段玉裁订《毛诗故训传》三十卷成。

据《毛诗故训传》卷首段玉裁《毛诗故训传定本小笺题辞》记：

《毛诗故训传》三十卷者，玉裁宰巫山，事简所订也。曷为三十卷？从《汉志》也。夫人而曰治《毛诗》，而所治者乃朱子《诗传》，则非《毛诗》也，是以订《毛传》也。《故训传》与《郑笺》，久与经文相杂厕，曷为每篇先经后传也？还其旧也。周末汉初，传与经必各自为书也。然则《汉志》云，《毛诗经》二十九卷，《毛诗故训传》三十卷，本各自为书。今厘次传文选其旧，而每篇必具载经文于前者，亦省学者两读也。传多于经一卷，其分合今无考也。传之与经杂厕放于何时？盖郑君笺《诗》时所为也。《毛诗》于鲁、齐、韩后出，未得立学官，而三家既亡，孤行最久者，子夏所传，其义长也。其称《故训传》何也？古者传以述义，如左氏、公羊氏、穀梁氏之于《春秋》，子夏之于《丧服》，某氏之于《小正》，皆是也。《释故》《释训》，以记古今异言，《尔雅》是也。毛公兼其义，而于故训特详，故不专曰传，而曰《故训传》，是小学之大宗也。……《大序》是子夏作，《小序》是子夏、毛公合作，不得援范氏《后汉书》"卫宏作《毛诗序》"一语，为左证也。……夫人而曰治《毛诗》，而有其名，无其实。然则《毛诗故训传》三十卷，是编乌可以已也！读毛而后可以读郑，考其同异，略详疏密，审其是非。今本合一，而人多忽之，不若分为二，次第推燀也。乾隆甲辰，四月二日。

四月二十六日，高宗命题，策试天下贡士于太和殿，以通经致用相号召。

据《高宗实录》卷一二〇五乾隆四十九年四月庚戌条记：

策试天下贡士侯健融等一百十二人于太和殿前，制曰：……夫致用在乎通经，士自束发授书，思探奥旨，先考赜文。宋儒谓，有举其辞而不能通其义者矣，未有通其义而不能举其辞者也。简策异同，微言实关大义，诸经互引，厥有殊辞。唐人刻石犹存，或间与今判。郭氏之《易举正》，王氏之《诗考》，杂胪歧出。《礼》之《大学》，《书》之《武成》，考定纷如。《春秋》经文，三传间别。诵习有素，其能赅赜而条系欤？

纪昀以是年会试副考官，选辑《甲辰会试录》成，撰文以明经义取士之源流及原则。

据《纪晓岚文集》卷八《甲辰会试录序》记：

窃惟经义取士，昉自宋王安石。然俞长城所刻安石诸作，寥寥数行，如语录笔记，程式之制，定不如斯。其出自何书，亦无可考证，疑近时好事者所为。惟《宋文鉴》载张才叔《自靖人自献于先王》一篇，发挥明畅，与论体略同，当即经义之初式矣。元延祐中定科举法，经义与经疑并用。其传于今者，经疑有《四书疑节》，经义有《书义卓跃》，可以略见其大凡。明沿元制，小为变通。吴伯宗《荣进集》中，尚全载其洪武辛亥会试卷。大抵皆阐明义理，未尝以矜才炫博相高。成化后，体裁渐密，机法渐增。然北地变文体，姚江变学派，而皆不敢以其说入经义，盖尺度若是之谨严也。其以佛书入经义，自万历丁丑会试始。以六朝词藻入经义，自几社始。于是新异日出，至明末而变态极矣。我朝龙兴，斫雕为朴。列圣以来，时时以厘正文体为训。我皇上丁宁告诫，尤恺切周详。是以士风醇厚，文教昌明，至今日而极盛焉。

夫设科取士，将使分治天下之事也。欲治天下之事，必折衷于理。欲明天下之理，必折衷于经。其明经与否不可知，则以所言之是非醇驳，验所学之得失，准诸圣贤以定去取，较他途尚为有凭。而学者求工经义，不得不研思于经术，借以考究古训，诵法先儒，不涉于奇邪之说，于民心士习，尤为先正其本原。经义一法，至今不变，明体达用之士，亦时时挺出于其间，职是故也。

今之所录，大抵以明理为主，其逞辨才，骛杂学，流于伪体者不取；貌袭先正而空疏无物，割剥理学之字句，而饾饤剽窃，似正体而实伪体者，亦不取，期无戾于通经致用之本意而已。

夏，洪亮吉著《汉魏音》四卷成。
据《卷施阁文甲集》卷八《汉魏音序》记：

古之训诂即声音。……展转相训，不离初音。汉儒言经，咸臻斯义。以迄刘熙《释名》，张揖《广雅》，魏晋以来，《声类》《字诂》诸作，靡不皆然。声音之理通，而"六经"之旨得矣。……夫求汉魏人之训诂，而不先求其声音，是谓舍本事末。今《汉魏音》之作，盖欲为守汉魏诸儒训诂之学者设耳。止于魏者，以反语之作始于孙炎，而古音之亡亦由于是，故以此为断焉。……排比阙失，成于六旬，演赞前后，断为四卷。书成，值乾隆四十九年，岁在阏逢执徐长至日。

六月二十一日，程晋芳西游关陕，卒于西安旅寓。
据翁方纲《复初斋文集》卷十四《蕺园程君墓志铭》记：

新安程君，少以文名江南。乾隆壬午，始官京师，予与接席赋诗，目为淹雅者流耳。后十年，予自粤东归，始与深交，往复劘切者十有二年。尝叹其博综经史，诗文撰述，皆所易几，而独其笃守程、朱，为后学所宜矜式也。君束发时，读蕺山刘念台《人谱》，见其论守身、事亲大节，辄心慕之，故以蕺园自号。其后综览百家，出入贯弗于汉、宋诸儒之说，未始不以程、朱为职志也。著《正学论》七篇，反复于体用、博约之际。……君治经之功，与年俱进。著《周易知旨编》三十卷，《尚书今文释义》四十卷，《尚书古文解略》六卷，《诗毛郑异同考》十卷，《春秋左传翼疏》三十二卷，《礼记集释》二十卷，《诸经问答》十二卷，《群书题跋》六卷。又所为诗四十四卷，文十六卷，《桂宦书目》二卷。……辛卯成进士，授吏部主事。癸巳岁，高宗纯皇帝允廷臣之请，特开《四库全书》馆，妙选淹通硕彦，俾司修纂，君与其列。旋以馆阁诸公，校核讹错，皆罹薄谴，独君所手辑，毫发无疵。书成奏请，纯皇帝素稔君才，仰荷特达之知，改授编修。本朝自新城王文简公以部曹改官翰林，而后词林掌故，不复多觏，洵异数也。……君讳晋芳，初名廷镆，字鱼门。……生于康熙五十七年十月二十四日，卒于乾隆四十九年六月二十一日，享年六十有七。

程晋芳晚年撰《正学论》七篇，未详具体年月，因翁方纲文论及，故姑系于此，或可作程氏论学之盖棺定论。

据《勉行堂文集》卷一《正学论一》记：

  今海宇清平，上所操八柄八则以驭下者，悉本孔、孟、程、朱之理，而士大夫之处心积虑，未见有盟幽慎独之人。何其与上之所望者相戾也！岂以程、朱为不足学乎？……往哲未远，即以我朝论，潜庵、稼书、伯行诸公，距今才数十年耳。其流风余韵，犹有及见之者，盖不独私淑已也。

又据同书同卷《正学论一》记：

  海内儒家，昌言汉学者几四十年矣。其大旨谓，唐以前书，皆寸珠尺璧，无一不可贵。由唐以推之汉，由汉以溯之周、秦，而《九经》《史》《汉》，注疏为之根本，宋以后可置勿论也。呜呼！为宋学者未尝弃汉唐也，为汉学者独可弃宋、元以降乎？然而学士大夫，相率而趋，同辙合涂，莫有异者，何也？……群居坐论，必《尔雅》《说文》《玉篇》《广韵》诸书之相砺角也，必康成之遗言，服虔、贾逵末绪之相讨论也。古则古矣，不知学问之道果遂止于是乎！……然则有志之士，必不为俗拘，不泥古，不遗今，博学而反求诸约，养心而不蔽于欲，卓然为儒大宗。岂必专守一家，蒙龁龁小夫之诮哉？

六月，毕沅重刊《三辅黄图》。

据《三辅黄图》毕沅经训堂重刊本《序》记：

《隋志》云一卷,记三辅宫观、陵庙、明堂、辟雍、郊畤等事,即所谓旧图也。如淳、晋灼注《汉书》,郦道元注《水经》,宇文恺议立明堂,王元归议上帝后土坛,并称之。此本作六卷,盖唐世好事者所辑,故杂用晋以后书,并颜师古说,又多与淳等引据不同。考宋敏求、程大昌、陈振孙、王应麟诸辈所见,即今本是也,知唐以后旧本已佚久矣。大昌云:"渐台、彪池、高庙、元始、祭社稷仪,皆祖本旧图,今渐台、高庙无旧图云云。"恐今本更非宋旧焉。今并加校正,而以今本所无者附载于后。以乾隆四十有九年六月刻成,是为序。

七月二日,高宗颁谕,命廷臣更议历代帝王庙祀典。
据《高宗实录》卷一二一○乾隆四十九年七月乙卯条记:

谕:朕因览《四库全书》内,《大清通礼》一书,所列庙祀,历代帝王位号,乃依旧《会典》所定,有所弗惬于心。……所有历代帝王庙祀典,着大学士、九卿更行悉心详议具奏。

七月二十日,高宗颁谕,敦促官修诸书限期完成。
据《高宗实录》卷一二一一乾隆四十九年七月癸酉条记:

又谕:前据各馆总裁,将纂办各书,奏明立限完竣。兹令军机大臣详加查核,内如《满州源流考》《日下旧闻考》《契丹国志》《明唐桂二王本末》《河源纪略》《兰州纪略》,俱能依限完竣。……至《开国方略》《宗室王公表传》《续通志》三书,逾限未经办竣,亦并未声称展限。着将该纂修交部照例议处。其总裁等未能督催,亦着一并查议。

八月十五日,毕沅辑刻《晋太康三年地志》《晋书地道志》。
据《晋太康三年地志》卷首毕沅《晋太康三年地志王隐晋书地道志总序》记:

盖二书作于晋,而盛行于齐、梁、北魏之时。沈约撰《宋书》,刘昭注《续汉书》，魏收述《魏史》，所征舆地之书不下数百，然约之州郡，惟准《太康》；昭之注郡国，收之述地形，则一本《地道》。他若郦道元等，又皆悬其片言，视若准的。今观沈约之论曰："州郡一志，唯以续汉郡国校《太康地志》，参伍异同，用相征验。"魏收之序曰："班固考地理，马彪志郡国，魏世三分，晋又一统，《地道》所载，又其次也。"足知当时言地理者，自两汉地志之外，于三国及泰始之际，则征《太康》；于晋之东西，则征《地道》，不以别书参之，亦信而有征者矣。至唐而《艺文类聚》《史记注》《文选注》所征引，始觉寥寥，则是书已不显也。宋初修《太平御览》，尚述是书，故乐史《寰宇记》亦间引之。厥后阙如，盖亡失可知矣。余年来官事之暇，好搜讨地理之书，以为有益于实事实学。兹以旧所掇集者，各分为卷，付之剞劂。其《元康地志》及不著姓氏《晋地志》《晋书地理志》数条，亦附录焉，庶嗜古者有所采云耳。时乾隆四十九年岁在甲辰八月十五日。

九月十六日，卢文弨刻庄述祖校《白虎通》。

据《抱经堂文集》卷三《校刻白虎通序》记：

乾隆丁酉秋，故人子阳湖庄葆琛见余于钟山讲舍。携有所校《白虎通》本。此书讹谬相沿久矣，葆琛始为之条理而是正之，厥功甚伟。因亟就案头所有之本传录其上，舟车南北，时用自随，并思与海内学者共之。在杭州楷写一本，留于友人所。在太原又写一本，所校时有增益。后又写一本寄曲阜桂未谷。今年家居，长夏无事，决意为此书发雕。复与二三友人，严加考讹，信合古人所云校书如雠之旨。凡所改正，咸有据依。于是元明以来讹谬之相沿者，几十去八九焉。梓将毕工，海宁吴槎客又示余小字旧刻本，其《情性篇》足以正后人窜改之失，盖南宋以前本也与？其余异同，皆于补遗中具之。此书流传年久，间有不可知者，阙之，然要亦无几矣。因撮其略为之说曰：事必师古，而古人又谁师哉？道之大原出于天，古人凡事必求其端于天。释《尚书》者，于稽古有异说。余以为稽考古道，古道即天也。天何言哉？稽考古道，是乃尧之所以同于天也。古之圣人，凡命一名，制一事，曷尝不本之于阴阳，参之于五行，原其始以要其终，穷则变而通则久，其有不知而作者乎？必无是也。读是书可以见天人之不相离，而凡万变之相嬗乎前，无一非出于自然者，曾私智小慧之可得与其间哉？顾说之不免有岐者何也？天体至大，仁者见仁，知者见知，昭昭之天，何莫非天？当时天子虽称制临决，而亦不偏主一解，以尽绳众家之说。此犹吾夫子多闻见而择之识之之意云尔。世有善读者，则此书之为益也大矣。倘泥其偏端，掩其全美，而辄加以轻诋，夫岂可哉！若夫是书之缘起，与历代相传卷帙异同之数，则具见于葆琛之所为考，余又奚赘。乾隆四十有九年，九月既望，东里卢文弨书于太仓州之娄东书院。

十一月十日，孙星衍辑释《仓颉篇》三卷成。
据《问字堂集》卷四《仓颉篇集本序》记：

《仓颉》七章者，秦李斯所作；一篇者，赵高、胡母敬所益；五十五章者，汉间里师所并；八十九章者，扬雄所续；一百二十章者，班固所续。《训故》一篇为二卷者，杜林所撰。《三仓》三卷者，晋张轨所合。《三仓训故》三卷者，魏张揖、晋郭璞所撰。赵高《爱历》、胡母敬《博学》在《仓颉》中，扬雄《训纂》、贾鲂《滂喜》在《三仓》中。杜林故亡于隋，《仓颉》《三仓》及故亡于宋。然自汉及唐，迄于北宋，传注、字部、类书、内典，颇有引者。星衍始刺其文，撰为三卷，训纂解诂，即用《说文》部居，使读者易于寻览。……顷礼部仪制司任君大椿集《字林》八卷，雕版行世。星衍以戊辰之岁，读书江宁瓦官寺阁，游览内典，见玄应《一切经》，并慧苑《华严经音义》，引《仓颉》为多，随加采摭，兼采儒书，阅五年矣。粗具条理，刊而行之，庶亦小学之助。玄应、慧苑之书，世多不传，宋人好博，如朱文公、王伯厚亦未之见。中引古书尤多，足与陆德明《经典释文》并垂于世。星衍又尝揄扬其美，属友刊行焉。乾隆四十九年，太岁在甲辰，十一月十日，撰在陕西节署环香书屋。

十一月二十六日，内廷四阁《四库全书》缮竣。

据《高宗实录》卷一二一九乾隆四十九年十一月丁丑条记：

> 谕：现在《四库全书》四份造竣。该馆书籍，每份三万六千册，卷帙浩繁，自第一份书成后，迄今甫届三年，其二三四份俱以次进呈全完，办理尚为迅速。

卢文弨校勘惠栋遗著《九经古义》毕。

据《抱经堂文集》卷十二《题九经古义刻本后》记：

> 此书乃益都李才江在粤东时所梓也。曲阜孔𫍯谷以贻余。余先已就惠氏家得其本录之，今取以对校，钞本内少一条，得刻本补之；而刻本内之讹误，余亦因以正之，皆成完书。惠氏四世传经，其最著者，为半农先生、红豆先生，乃定宇之祖若父也。定宇实克缵承，不愧其先世，令人企羡不置。此本俟余长孙能庸少长授之，亦望其毋坠前人之业，如惠氏可师也。

李惇卒于是年。

据《清史列传》卷六十八《李惇传》记：

> 李惇，字成裕，江苏高邮人。乾隆四十五年进士。……与同县王念孙、贾田祖同力于学，又与任大椿、刘台拱、汪中、程瑶田等相研摩。邃深经传，尤长于《诗》及《春秋》。晚好历算，得宣城梅氏书，尽通其术，与钱塘齐名，著有《群经释小》八卷。……又有《古文尚书说》《毛诗三条辨》《考工车制考》《左氏通释》《杜氏长历补》《浑天图说》《读史碎金》《诗文集》。……四十九年卒，年五十一。

凌廷堪致书其师翁方纲，阐述为文为学之道，兼及汪中、阮元学行。

据《校礼堂文集》卷二十二《上洗马翁覃溪师书》记：

> 今年在扬州，见汪君容甫，研经论古，偶及篇章。汪君则以为《周官》

《左传》本是经典，马《史》、班《书》亦归纪载，孟、荀之著述迥异于鸿篇，贾、孔之义疏不同于盛藻。所谓文者，屈、宋之徒爰肇其始，马、扬、崔、蔡实承其绪，建安而后流风大畅，太清以前正声未泯。是故萧统一序，已得其要领，刘勰数篇，尤征夫详备。唐之韩、柳，深谙斯理，降至修、轼，浸失其传。是说也同学或疑之，廷堪则深信焉。……独是汪君既以萧、刘作则，而又韩、柳是崇。良由识力未坚，以致游移莫定。犹之《易》主荀、虞而周旋辅嗣，《诗》宗毛、郑而回护考亭，所谓不古不今，非狐非貉者也。愚见若是，未知适从，伏惟教之。又有仪征阮君名元字梁伯者，年逾弱冠，尚未采芹，其学问识解，俱臻极诣，不独廷堪瞠乎其后，即方之容甫、郑堂，亦未易轩轾也。

凌廷堪客居扬州，经汪中绍介与江藩定交，并为江著《周易述补》撰序。

据《校礼堂文集》卷二十六《周易述补序》记：

元和惠君定宇著《周易述》二十卷，未竟而卒，阙自《鼎》至《未济》十五卦，《序卦》《杂卦》二传。德州卢运使序而刻之，其阙帙如故，慎之也。《易》家之庞杂，如王、韩之凿，宋人之陋，《太极》《河洛》之诞，此在国初诸儒，黄宗炎氏、毛奇龄氏、胡渭氏，皆能言其非者。然从未有尽祛魏晋以来儒说之异，而独宗汉《易》者也。汉《易》最深者，无过荀氏、虞氏，其说今仅散见于李氏鼎祚《集解》中。后儒土苴视之，而不以为《易》之准的，是《易》终为幽渺不可知之书。愚者怖之，陋者凿之，而汉之师法尽亡矣。……惠君生千余年后，奋然论著，专取荀、虞，旁及郑氏、干氏九家等义，且据刘向之说，以正班固之误。盖自东汉至今，未析之大疑，不传之绝学，一旦皆疏其源而导其流，不可谓非豪杰之士也。予读其书而惜其阙，思欲补之，自惧寡陋，未敢属草。癸卯春，在京师闻旌德江君国屏为惠氏之门人，作《周易述补》，心慕其人，未得见也。次年客扬州，汪容甫始介余交江君。读其所补十五卦，引证精博，羽翼惠氏，皆余所欲为而不能为者。……惠氏之书……犹不免用王弼之说。江君则悉无之,方之惠书,殆有过之,无不及也。

冬,赵翼应两淮盐运使聘,主持安定书院讲席。
据《瓯北先生年谱》乾隆四十九年五十八岁条记:

先生年五十八,恭逢皇上南巡,迎驾于扬州。是冬,两淮盐运使全公德请至安定书院讲席。先生以扬州距家不远,可作近游,乃就之。时扬州在籍乡官多京华故人,谢少司寇溶生、秦观察黉、张翰编坦、吴翰编以镇、沈运使业富,皆翰林前辈,晨夕过从,颇极诗酒之乐。自是,两年皆在扬州。

是年,应洪亮吉之请,邵晋涵为洪氏《汉魏音》撰序。
据《南江文钞》卷五《汉魏音序》记:

阳湖洪君稚存,服习故训,精核六书之学,裒集遗经旧注,厘以《说文》部分,撰《汉魏音》四卷。其言曰:"求汉魏人之训诂,而不先求其声音,是谓舍本事末。此书之作,欲为守汉魏诸儒训诂之学者设也。"余尝病夫后儒说经昧于古音,而使古人之训诂不明,读洪君撰集之书,略为申绎其义焉。……训诂者,文字之本,音声者,训诂之原。学者由汉魏之音,求声始以穷其转,斯能知三百篇之比音协句,本于自然。后世袭舛承讹,亦有所由致。匡后世之舛讹,通古人之训诂,则六艺九家之传,皆文从字顺,而无诎屈之言。成学治古文,其亦有取乎此也。

十一月九日,孙希旦病逝于《四库全书》馆臣任。
据孙希旦《礼记集解》卷首孙衣言撰《敬轩先生行状》记:

先生孙氏,讳希旦,字绍周,自号曰敬轩。先世有讳桐彪者,自永嘉徙居瑞安,……至先生八世矣。……乾隆壬午,举浙江乡试。己丑会试,挑取中正榜。中正榜者,会试榜出,主司择其当中而限于额者别为一榜,引见,以内阁中书、国子监学正用,乾隆以前旧制也。而先生引见得中书,

乾隆四十九年甲辰　1784 年

辛卯补授中书。《四库全书》馆开，先生为分校官，以父忧归。服除，中戊戌科进士，以一甲第三赐及第，授翰林院编修。复以母忧归。服除，充武英殿分校官，《国史》"三通"馆纂修官。《四库全书》第一部成，议叙加一级。初修《四库书》，大学士金坛于文襄公为总裁，以王应麟《玉海》征引繁博，俾先生专任校勘。至是，上以叶隆礼所为《契丹国志》体例混淆，书法讹舛，又所采胡安国之论多谬说，诏馆臣重加厘定，文襄遂并《大金国志》以属先生。其明年，书成，天子以为善，敕部议叙，而先生已病。今钦定《契丹国志》，世莫知为先生手订也。……比冬初，气益逆，喘急，遂不起，乾隆甲辰十一月九日也。……其于诸经，尤深于"三礼"。辛卯以后，始专治《小戴》，注说有未当，辄以己意为之诂释，谓之《注疏驳误》。己亥居忧，主中山书院，乃益取宋、元以来诸家之书，推广其说，为《集解》五十卷。其大指在博参众说，以明古义，而不为诡词曲论。……其他论著，有《尚书顾命解》一卷，《求放心斋诗文集》若干卷。……先生生于乾隆丙辰十二月二十日，其卒也，年仅四十有九。

案：孙希旦著《礼记集解》，开雕于咸丰十年六月，迄同治七年三月始成。

乾隆五十年乙巳　1785年

正月一日，洪亮吉为毕沅辑刻《晋太康三年地志》《王隐晋书地道志》作后叙。

据《晋太康三年地志》毕沅辑刻本卷首洪亮吉《后叙》记：

《灵岩山馆丛书》大类有三：小学家一，地理家二，诸子家三。地理自《三辅黄图》至宋敏求《长安志》，凡若干种。先生以亮吉粗知湛浊，梢别广轮，每成志地之书，辄预校雠之役。阆逢执徐岁壮月，所校《太康志》《地道志》二卷刊成，授简宾筵，命书后序。谨按：太康三年者，晋平吴后第二年也。日南之地甫入舆图，建业之宫裁为郡治，于是潘岳著关中之记，挚虞成畿服之经，王范上交广之书，徐氏作都城之录。唐李善注《文选》，称《太康地志》曰："都卢国，其人善缘高。"是知州郡之外，又志八荒；风土之余，兼详异俗；拓地万里，成于二纪；刘石未兴，扬益既灭；令甲之所载，典午之最盛云。厥后，贾耽之述四夷，乐史之详百国，盖权舆于此与。王隐以作史之才，著承家之美，时则五马渡江才逾三主，群龙战野已没八州。而史氏区区，欲按伊洛之图，举秦函之界，虽寰中百县曾隶方舆，而海外十洲同夫飘渺。抚剑及伊吾之北，而褰裳阻天限之江者焉。今观所述，姑臧、榖远，辨方语之讹；大夏、令支，补职方之阙。采声周实，或见诮于郦元；绾籍陈图，庶丞登于刘氏矣。以此编摩，推其绍述，则仲远一记，既导美于《太康》；彦季全编，殊有功于处叔。饮水知源，抚柯求叶，亦沈约、魏收之祖也。昭代右文，坤舆日辟，皇帝复撰灵河之纪，著泺水之源，舆书归于乙部，卢车资夫宸断。巍乎大哉！莫以尚矣。先生才为命世，学既专家，每集一编，期乎匝月。焕绿字赤文之采，补兰台石室之藏。茫乎莫测，兴望若之惊；疑者勿言，守阙如之义。亮吉不敏，遂不辞而序之云尔。元月朔日，门生阳湖洪亮吉书于中喹仙馆。

二月七日，高宗至文庙行释奠礼，在新建辟雍行讲学礼，以示崇儒重道。

据《高宗实录》卷一二二四乾隆五十年二月丁亥条记：

> 上诣文庙，行释奠礼。礼成，御彝伦堂，更衮服，临新建辟雍，行讲学礼。

又据同条录高宗《国学新建辟雍圜水工成碑记》云：

> 国学者天子之学也。天子之学曰辟雍，诸侯之学曰泮水。北京之国学，自元历明，以至本朝，盖五百余年矣。有国学而无辟雍，名实或不相称焉。虽有建议请复，以乏水而格部议，至今未复。癸卯春，始有复建之谕。甲辰冬，乃观新工之竣。将于乙巳仲春，行释奠礼，遂临雍以落成焉。夫北京为天下都会，教化所先也，大典缺如，非所以崇儒重道，古与稽而今与居也。

二月九日，清廷以《四库全书》既成，集词臣于乾清宫考试，对翰林院进行清理。

据《高宗实录》卷一二二四乾隆五十年二月己丑条记：

> 谕曰：朕因修《四库全书》，未免从权优用。兹书既告成，理应循名责实，以清翰苑。是以于乾清宫考试，而切题者不一二见。祇按其文字优劣，分为四等。……不入等之检讨饶庆捷、侍讲索尔敏、侍读学士永德、洗马沐特恩，俱着革职。其留馆者，各宜自愧，读正书，励实行。

二月二十九日，《四库全书》馆补刊《通志堂经解》成。高宗颁谕，说明该书辑刻原委。

据《高宗实录》卷一二二五乾隆五十年二月己酉条记：

谕：《四库全书》馆进呈补刊《通志堂经解》一书，朕阅成德所作序文，系康熙十二年，计其时成德年方幼稚，何以即能淹通经术？向即闻徐乾学有代成德刊《通志堂经解》之事，兹令军机大臣详查成德出身本末，乃知成德于康熙十一年壬子科中式举人，十二年癸丑科中式进士，年甫十六岁。徐乾学系壬子科顺天乡试副考官，成德由其取中。夫明珠在康熙年间，柄用有年，势焰薰灼，招致一时名流如徐乾学等，互相交结，植党营私。是以伊子成德，年未弱冠，夤缘得取科名，自由关节。乃刊刻《通志堂经解》，以见其学问渊博。古称皓首穷经，虽在通儒，非义理精熟，毕生讲贯者，尚不能覃心阐扬，发明先儒之精蕴。而成德以幼年薄植，即能广搜博采，集经学之大成，有是理乎？更可证为徐乾学所裒辑，令成德出名刊刻，俾藉此市名邀誉，为逢迎权要之具耳。夫徐乾学、成德二人，品行本无足取，而是书荟萃诸家，典赡赅博，实足以表章"六经"。朕不以人废言，故命馆臣将板片之漫漶断阙者，补刊齐全，订正讹谬，以臻完善，嘉惠儒林。但徐乾学之阿附权门，成德之滥窃文誉，则不可不抉其隐微，剖悉源委，俾定论昭然，以示天下后世。

六月二十三日，陆耀卒于湖南。

据《切问斋集》卷首《陆公行状》记：

公陆氏，讳耀，字青来，一字朗甫，世居吴江之芦墟。……乾隆十七年壬申，恩科举于京兆。甲戌会试明通，考授内阁中书。……乙未升山东按察使，……丙申署山东布政使，……甲辰授湖南巡抚，……以劳卒于官署，时乾隆五十年六月二十三日，距生于雍正元年正月二十四日，得年六十三岁。……著有《切问斋集》《朗甫诗编》。于运河成《备览》六卷，秉臬有《济南信谳》四卷。又尝辑国朝文有关人心世道之作，类为《切问斋文钞》三十卷。至悯地方荒旱，著《甘薯录》，圣谕嘉其切要，令大吏刊行。

六月三十日，陈鳣著《郑康成年纪》成。

据《简庄文钞》卷二《郑君年纪叙》记：

　　北海郑氏之学，自汉至唐，学者宗之。稍晦于宋元，殆明嘉靖间，乃以程敏政之言，罢其从祀，而改祀于其乡。国朝始复之，诚为盛举。其所注《毛诗》《周官礼》《仪礼》《礼记》，颁示学官，而外若《周易》《尚书》《论语》等注，更得好古之士，旁罗曲摭，采获递详。庶几郑学复兴之会乎？昔卢转运见曾，既编《郑司农集》，附于《尚书大传》之后。鳣方补辑《郑注孝经》《六艺论》，因约其生平，为《年纪》一卷，以《范史》本传为主，证以他书。蔚宗尝言，其王父豫章君，每考经训，传授生徒，专以郑氏家法。武子去汉末未远，所传当必有据。鳣生千余岁后，乃欲深考古人，其间差谬，知所不免。抑亦欧阳永叔所谓，于郑氏一家之学，尽心焉而已矣。乾隆五十年，夏六月丁未晦书。

又据钱大昕《潜研堂文集》卷二十六《郑康成年谱序》记：

　　读古人之书，必知其人而论其世，则年谱要矣。年谱之学，昉于宋世，唐贤杜、韩、柳、白诸谱，皆宋人追述之也。经术莫盛于汉，北海郑君兼通六艺，集诸家之大成，删裁繁芜，刊改漏失，俾百世穷经之士，有所折衷，厥功伟矣。而后人未有谱其年者；庸非缺事乎！海宁陈君仲鱼，始据本传，参以群书，排次事实，系以年月，粲然有条，咸可征信，洵有功于先哲者矣。予尝读《戒子书》，云"公车再召，比牒并名，早为宰相"，殆指荀慈明而言。慈明委蛇台司，未有匡时之效，史家虽曲为申释，视北海之确乎不拔者，相去远矣。有济世之略而审时藏器，合于"无道则隐"之正，此大儒出处所由异乎逸民者流与？予因叙此谱而推及之。

案：大昕此序，未详年月，因序陈氏书，故一并记于此。

夏，王鸣盛为赵翼《瓯北集》撰序。

据《瓯北集》卷首王鸣盛《序》记：

曩庚辰，与耘菘定交塞山行幄中，握手谈艺甚欢。明年，耘菘第三人及第，领史职，公私事冗，不得恒会合。比予奉讳南归，别已二纪矣。耘菘则从词垣特简为广西镇安郡守，会大军征缅甸，又奉命从大将军果毅阿公出边。及回任，调守广东之广州府，又擢贵州贵西道观察。归田以来，编刻所为诗约二千篇，寄予序之。予雒诵一周，其在朝之作，所交之友皆吾友，所历之境皆吾境，予语所不能道者，耘菘若代吾道之。老病局缩乡里，顾瞻玉堂，如在天上，今乃旧游历历，影现心目，省忆生平，欣然以喜。其出塞之作，境奇诗益奇，皆人耳所未闻，目所未睹，恍恍我之凥轮神马而翱翔乎万里之外，快矣哉！鄙吝为之顿消，而神智为之顿扩也。吁！诗之道大矣，非才与境相遭则无以发之。耘菘之才，俊而雄明，秀而沉厚，所得于天者高。又佐以学问，故言之短长与声之高下皆宜，略言之不见其促，繁言之不见其碎，浅言之不见其轻浮，深言之不见其郁罔。当其得意，如关河放溜，瞬息无声，又如太阿出匣，寒铓百道。兹非其才为之与？而不知其妙绪独抽，排粗入细，正多腻旨妍思溢乎文句之外，而未尝徒以驰骋为能事也。……乾隆乙巳长夏，同学弟王鸣盛西庄氏拜撰。

八月二日，高宗颁谕，令礼部编纂《律吕正义简要》，以示"作乐崇德，协律同和"。

据《高宗实录》卷一二三六乾隆五十年八月己卯条记：

谕：古乐以宫、商、角、徵、羽为五音，合诸变宫、变徵，则为七音。今之乐犹古之乐，何以乐部所奏乐章，仅以五、六、工、尺、上等字为音，而问之以宫、商、角、徵、羽，则茫然不知为何事。……《律吕正义》一书，卷帙既繁，剖析又极精微，乐工未易领会。德保系礼部尚书，太常寺、乐部皆所综理。庄存与则礼部侍郎而兼管乐部。……着德保、庄存与悉心讲求检阅，于《律吕正义》一书，取要节繁，辑为《简要》一编。

十月，卢文弨校勘《春秋繁露》毕，偕友人聚资刊行。

据《抱经堂文集》卷八《书春秋繁露目录后》记：

案此书之大恉，在乎仁义。仁义本乎阴阳，阳居大夏而阴居大冬，见天之任德不任刑也。又言除秽不待时，如天之杀物不待秋。则董子之论，固非倚于一偏者。其《重政》篇云："圣人所欲说，在于说仁义而理之。不然，传于众辞，观于众物，说不急之言，而以惑后进者，君子之所甚恶也。"即此可知其立言之本意矣。我皇上新考试词臣，取仲舒语"以仁安人，以义正我"命题。臣窃仰窥圣德圣治，固已与天地同流，与阴阳协撰矣，而于是书犹有取尔，况在学者，其曷可以不读？向者苦其脱烂，乃今而快睹全书，尤为深幸。臣服习有年，见其以天证人，析理断事，实切于养德养身之要。而凡出治之原，郊祀之典，用人之方，弭灾之术，无所不备。即其正名辨制，委曲详尽，亦始入学者所必当研究也。谨就二三学人，覆加考核，合资雕版，用广其传，冀无负朝廷昌明正学，嘉惠士林之至意。至书中如《考功》《爵国》等篇，尚有不可强通者在，以诒夫好学深思之士，或能明其说焉。乾隆五十年十月，旧史官臣卢文弨谨书目录后。

是年，卢文弨为钱塘著《续汉书律历志补注》撰序。

据《抱经堂文集》卷四《续汉书律历志补注序》记：

律历之源，皆本于《易》。自图书出而天地自然之数以彰，圣人既则之而为《易》，其用至于不可胜穷。于是审音制乐，治历明时，相因俱起，莫非圣人之所创造，以为治天下之道，用若此其重也。迨其末流，《易》且专以为卜筮之用，而律则委之泠人，历则属之天官家，皆以为非儒者之要务。呜呼！彼泠人、天官家能习其数而已，能知其理乎？能通今术而已，能兼晓古法乎？古来大儒若郑康成，若朱子，若许文正，皆宗圣人者也，求圣于内，亦不遗乎外，其于道与艺，殆一以贯之矣。故以为非儒者之要务者，皆怠与弃，而又自文其不能者也。始吾读两汉《律历志》，有意欲通之而苦于不能布算，则就同馆嘉定钱君莘楣而问焉。钱君示我以乘除增减之术，并以所校两志畀余，余得以正家本之误焉。然其推算之术，终苦于思不属而止。今忽忽三十年矣，华发盈颠，益难重理前绪。顷复来主钟山书院，而莘楣之从子溉亭亦为郡博士，于斯一见如故交，裒然出其所著，有补注《续汉书律历志》在焉。则校之余前所得于其从父者，布算益加密，辨证益加详。于前人说之未是者，虽通人若蔡中郎，其论开辟至获麟之岁，与冯光、陈晃所言俱误，亦驳正之。向所苦于难读者，以讹脱之字多耳。今以晋宋志参校，皆得补正，朗若列眉，了如指掌，使后来学者，皆得所从入之径。是书得此，遂无复遗憾。于此见儒者之功，非艺人之业之所可几也。彼唐之一行，其于历学，古今推以为精，然不解《太初》甲寅之元，而谬为之说；又不明杜预所以为《长历》之旨，而轻相訾警。此徒知今者之不可与道古也。必也合今古而会通之，微儒者谁与归？溉亭父子，真其人乎？吾何幸而皆得交其人，读其书也。

江永遗著《河洛精蕴》刊行，卢文弨撰序表彰。
据《抱经堂文集》卷六《江慎修河洛精蕴序》记：

向者吾友戴东原在京师，尝为余道其师江慎修先生之学，而叹其深博无涯涘也。无使辙之便，竟不及其在日一亲炙之。其著书甚多，流传于世者尚少。近归安丁子小雅馆于新安，始携所著《河洛精蕴》内篇三卷、外篇六卷见示。受而卒读，凡夫天地鬼神之奥，万事万物之赜，罔不摘抉而呈露之。于宋儒邵子、朱子之说，益加推阐。更荟萃明代以及近时诸人之议论，而断其是非，如数白黑然。洵可谓大而能该，杂而不越者也。通天地人之谓儒，非先生之谓乎？余于前人，若刘长民、胡庭芳、黄石斋之书，亦尝咀哜焉，愧未能以竟学。吾师桑弢甫先生学于姚江劳麟书先生，劳先生之学，一本程朱，以致知格物为首务。故其说河图、洛书也，理与数俱昭晰无遗，即犉而至羽毛麟角，无不究其形象，较其同异，推论其所以然之故。其以布衣终老于乡里，亦与江先生同。异哉！天不爱道，乃使夫二人者皆有以得圣人之精之蕴，而道庶几乎万古不终晦矣。劳先生之书，吾师既寿之梨枣矣。今江先生之书，旌德黄君云甫复版行之，使有志于圣学者，得循是而有悟焉。是其为赐也大矣！岂独有功于江氏已乎？

邵晋涵著《尔雅正义》二十卷成。

据《尔雅正义》卷首《序》记：

上古结绳为治，后世圣人易之以书契，百工以义，万品以察，由是成命百物，序三辰以固民。至于成周，文章大备，训诂日滋，元圣周公始作《尔雅》，以观政辨言。周室既衰，群言淆乱，折衷至圣，六艺以彰。七十子之徒发明章句，增成其义，传《尔雅》三篇。其为书也，重辞累言，而意旨同受，依声得义，而假借相成。官室器用之度，岁时星辰之行，州野山川之列，草木虫鱼鸟兽之散殊，或因事以为名，或比类以合谊。其事则睹指而可识，其形则随象而可见，通贯六书，发挥六艺，聚类同条，杂而不越。敷绎圣训，则天地万物之情著矣。扬于王廷，则宣教明化之用远矣。汉初，经营始萌芽，《尔雅》尝立博士。厥后五经并立，其业益显。通才达儒，依于《尔雅》，传释典艺，沈潜乎训诂，洞彻其指归，故用日少而畜德多，三十而"五经"立矣。魏晋以降，崇尚虚无，说经者务为凿空凭臆，违离道本，《尔雅》之学殆将废坠。唯郭景纯明于古文，研核小学，择擅群艺，博综旧闻，为《尔雅》作注。援据经传以明故训之隐滞，旁采谣谚以通古今之异言。制度则准诸礼经，薮泽则测其地望，诠度物类，多得之目验。故能详其形声，辩其名实，词约而义博，事核而旨远，盖旧时诸家之注，未能或先之也。为之疏者，旧有孙炎、高琏二家，今皆不传。邢氏疏成于宋初，多掇拾《毛诗正义》，掩为己说，间采《尚书》《礼记正义》，复多阙略。南宋人已不满其书，后取列诸经之疏，聊取备数而已。晋涵少蒙义方，获受雅训，长涉诸经，益知《尔雅》为五经之馆辖。而世所传本，文字异同，不免讹舛，郭注亦多脱落，俗说流行，古义浸晦。爰据唐石经暨宋椠本，及诸书所征引者，审定经文，增校郭注，仿唐人正义，绎其义蕴，彰其隐赜。窃以释经之体，事必择善而从，义非一端可尽。汉人治

《尔雅》,若舍人、刘歆、樊光、李巡、孙炎之注,遗文佚句,散见群籍。梁有沈旋《集注》、陈有顾野王《音义》、唐有裴瑜《注》,征引所及,仅存数语,或与郭训符合,或与郭义乖违。同者宜得其会通,异者可博其旨趣。今以郭氏为主,无妨兼采诸家,分疏于下,用俟辩章。譬川流而汇其支渎,非木落而离其本根也。郭注体崇矜慎,义有幽隐,或云未详。今考齐、鲁、韩《诗》,马融、郑康成之《易注》《书注》,以及诸经旧说,会粹群书,尚存梗概,取证雅训,辞意了然。其迹涉疑似,仍阙而不论,确有据者,补所未备。附尺壤于崇邱,勉千虑之一得,所以存古义也。郭氏多引《诗》文为证,陋儒不察,遂谓《尔雅》专用释《诗》。今据《易》《书》《周官》《仪礼》《春秋三传》《大小戴记》,与夫周、秦诸子,汉人撰著之书,遐稽约取,用与郭注相证明。俾知训词近正,原于制字之初,成于明备之世,久而不坠,远有端绪,六艺之文,曾无隔阂,所以广古训也。声音递转,文字日孳,声近之字,义存乎声。自隶体变更,韵书割裂,古音渐失,因致古义渐湮。今取声近之字,旁推交通,申明其说,因是以阐扬古训,辨识古文,远可依类以推,近可举隅而反,所以存古音也。草木虫鱼鸟兽之名,古今异称,后人辑为专书,语多皮傅。今就灼知副实者,详其形状之殊,辨其沿袭之误。其未得实验者,择从旧说,以近古为征,不敢为亿必之说,犹郭氏志也。惟是受性颛愚,识限方域,粗事编辑,固陋是虞。维时盛治右文,翊经惇学,秘简鸿章,汇昭壁府,幸得以管窥锥指之学,观书石室,闻见所资,时有增益。岁在旃蒙协洽,始具简编,舟车南北,恒用自随,意有省窜,仍多点窜,十载于兹,未敢自信。而中年意思零落,性多遗忘,耳目所接,时或失焉。抱残守独,凛凛乎以不克闻过为惧。勉出所业,就正当世俊哲,洪秀伟彦之伦,叩其两端,匡厥纷缪,企而望之。

案:文中"岁在旃蒙协洽"为乾隆四十年乙未,又有"十载于兹"语,《尔雅正义》之成则当在乾隆五十年乙巳。

乾隆五十一年丙午　1786年

四月十九日，高宗颁谕，以官修《八旗通志》缺漏，令儒臣重加辑订。

据《高宗实录》卷一二五三乾隆五十一年四月壬辰条记：

> 谕：四库馆进呈《八旗通志》一书，朕详加披阅，其忠烈传提要内，详载开国以来，列祖列宗褒奖功勋，风励忠节之典，而于乾隆年间恩恤诸大政，俱阙而不载。……再志内所载，……不为分晰注明，开列凡例，以为章程，……办理太属疏漏。此书着交军机大臣，会同该馆总裁，重加辑订，详悉添注，加按进呈。候朕阅定后，再将文渊等阁陈设之书，一体改正。

七月一日，翁方纲撰《两汉金石年月表序》。

据《两汉金石记》卷首《年月表序》记：

> 柳子厚论文之言曰，近古而尤壮丽，莫若汉之西京，惟书亦然。夫东汉之文，音情藻采，过于西汉，而柳子独以壮丽推西汉，何哉？……夫征文考事，以时为纪。兹所编录，或以地，或以事类，惟以目所亲见为据，不复能依年次矣。故贯系年月，为条叙于书首。乾隆五十一年，岁在丙午，秋七月朔，大兴翁方纲。

七月二十一日，高宗以四库馆进呈《明史纪事本末》钞本有误，令"重行改正"。

据《高宗实录》卷一二五九乾隆五十一年七月壬戌条记：

> 谕：《明史纪事本末》一书，系谷应泰所撰，朕从前在书房时，即曾

见其书。以其举有明一代之事，仿袁枢《通鉴纪事》之体，逐事贯穿始末，俾览者了然，而逐段所论四六文颇佳。兹因四库馆钞出进呈，复详加披阅。其中所载李自成攻陷京师，挟太子二王东向永平，吴三桂顿兵山海关。……谷应泰乃称三桂……悉锐出战，击杀数千人，追奔逐北。似贼人之败于三桂，而非败于本朝。谷应泰系汉人，犹及明末，未免意存回护，故为左袒，而非当日实在情事，不足传信。着军机大臣详查《开国方略》所载入关杀贼实事，将书中此一节重行改正，以昭正论信史。

八月十二日，卢文弨为段玉裁著《说文解字读》撰序。

据段玉裁《说文解字注》卷末附卢文弨《说文解字读序》记：

自隶书行而篆之意浸失。今所赖以见制字之本源者，惟汉许叔重《说文》而已。后世若邯郸淳、江式、吕忱、顾野王辈，咸宗尚其书。唐、宋以来，如李阳冰、郭忠恕、林罕、张有之流，虽未尝不遵用，而或以私意增损其间，则亦未可为笃信而能发明之者。逮于胜国，益猖狂灭裂，许氏之学浸微。我朝文明大启，前辈往往以是书提倡后学，于是二徐《说文》本，学者多知珍重。然其书多古言古义，往往有不易得解者，则又或以其难通而疑之。夫不通众经，则不能治一经，况此书为义理事物之所统汇，而以寡闻鲜见之胸，用其私智小慧，妄为穿凿，可乎？吾友金坛段若膺明府，于周秦两汉之书，无所不读，于诸家小学之书，靡不博览而别择其是非。于是积数十年之精力，专说《说文》。以鼎臣之本，颇有更易，不若楚金之本为不失许氏之旧。顾其中尚有为后人窜改者、漏落者、失其次者，一一考而复之，悉有左证，不同臆说，详稽博辩，则其文不得不繁。然如楚金之书，以繁为病，而若膺之书，则不以繁为病也。何也？一虚辞，一实证也。盖自有《说文》以来，未有善于此书者。匪独为叔重氏之功臣，抑亦以得道德之指归，政治之纲纪，明彰礼乐，而幽通鬼神，可以砭诸家之失，可以解后学之疑，真能推广圣人正名之旨，而其有益于经训者，功尤大也。文弨老矣，犹幸得见是书以释见闻之陋，故为之序，以识吾受益之私云尔。乾隆五十有一年,中秋前三日,杭东里人卢文弨,书于钟山讲舍之须友堂。

九月一日,滁州生员骆愉书策案发。高宗下令"严审究拟"。
据《高宗实录》卷一二六四乾隆五十一年九月辛未条记:

又谕:据全德奏,滁州生员骆愉呈递书策,语涉狂诞,请交督臣严拿,送交刑部听审,不必累及所控矣。至该犯所呈书策,词语狂诞,实出情理之外。……全德身任盐政,岂毫无见闻,竟同聋聩,惟以养尊处优为事,又安用此盐政为耶!全德着传旨严行申饬,并令其自行议罪。所有骆愉一犯,着即拿解刑部,交军机大臣会同严审究拟。

九月,沈初任江苏学政,应段玉裁之请,为《说文解字读》撰序,或在之后未久。
据陈鸿森《段玉裁年谱订补》乾隆五十一年五十二岁条,引述沈氏《兰韵堂文集》卷二《说文解字读序》记:

少时留意小学书,见许叔重《说文》,惟徐氏分韵本,窃以为未尽得古人著作之旨。后得赵宧光《长笺》读之,益病其支离附会。最后得徐锴《系传》读之,觉稍有原委,藉以窥见制字之本末终始,而许氏本来面目犹未失也。然欲考订详博,以正千百年传袭讹漏之弊,则尚有待于来者。吾友段若膺明府,博学好古,既梓其《音韵表》以传世矣,复得见其《说文解字读》一书。订其舛讹,别其同异,辨其是非,证以金石文字与周秦以下诸子百家之记载,条分而缕析之。于徐氏之说,精核而详定之,诚为叔重之功臣已。……今得明府书出,助经文之诂训,作后学之津梁,固非《玉篇》以下为字书者所能窥测其涯涘者矣。

十一月十九日,阮元公车抵京,时年二十三岁。阮氏先后拜谒王念孙、任大椿、邵晋涵问学,多获教益。

据张鉴辑《雷塘庵主弟子记》卷一乾隆五十一年二十三岁条记：

十月二十日，谢侍郎任满北上，遂以公车同行。十一月十九日，抵京师，寓前门内西城根，因得见余姚邵二云、高邮王怀祖、兴化任子田三先生。

又据阮元《揅经室二集》卷七《南江邵氏遗书序》记：

余姚翰林学士邵二云先生，以醇和廉介之性，为沉博邃精之学，经学、史学，并冠一时，久为海内共推，无俟元之缕述矣。岁丙午，元初入京师，时前辈讲学者，有高邮王怀祖、兴化任子田暨先生而三，元咸随事请问，捧手有所授焉。

十二月十七日，高宗颁谕，令以官修《律吕正义》校核明朱载堉《乐律全书》。

据《高宗实录》卷一二七一乾隆五十一年十二月丙辰条记：

谕曰：朕披阅朱载堉《乐律全书》，所论音律算法，称引繁赜，但其中较《律吕正义》一书，疏漏歧误之处，正复不少。……着交管理乐部算法馆之皇六子永瑢，及德保、邹奕孝、喜常，会同精核朱载堉所著此书，分门别类，务将《乐律全书》较《律吕正义》疏漏歧误之处，分列各条，公同详悉订证。如书中凡例体裁，逐加考评，载于提要之后，以垂永久而昭厘定。

周广业著《意林注》成，邵晋涵应请撰序。
据《南江文钞》卷五《周耕崖意林注序》记：

班固叙列诸子，凡百八十九家，四千三百二十四篇，以为合其要归，亦六经之支与流裔。汉世大儒注经，皆慎取诸子之言为六经辅佐。魏晋而降，崇尚空言，为说经之一变，而诸子亦渐微。然唐人及宋初聚类之书，征引诸子尚夥。至南宋后而子书之存者日稀矣。唐马总《意林》钞撮诸子，多近世所未经见者，嗜古者胥宝爱之。顾行世无善本，岁在庚子，余从京师友人所见海宁周君耕崖所校注，引证详赡，亟为借钞。越七年，余复至京师，获交周君，因出示其复位本，则较曩时所见者加精审焉。……近时嗜古者表彰子书，悉心校勘，其意诚善。然或过有偏主，务伸其说，几几乎欲引诸子与六经相诘难，斯非好奇之过欤！夫子书有蔽短，正更不必为之掩讳，舍短取长，掇其精要，乃可羽翼乎六经。然则马氏之为是书，庶几其善读诸子者，而周君之扶微阐隐，又岂特为马氏之功臣而已哉！周君著述甚富，于经史多所发明，兹特其一种云。

案：文中"岁在庚子"为乾隆四十五年，又有"越七年"语，则是篇所作，约在乾隆五十一年丙午。

王元启于是年七月一日逝世。翁方纲为王氏撰墓志，言及一时学术病痛。

据翁方纲《复初斋文集》卷十四《皇清例授文林郎赐同进士出身署福建将乐县知县惺斋王君墓志铭》记：

君讳元启，字宋贤，号惺斋。先世自杭迁嘉兴。……举乾隆甲子浙江乡试，辛未成进士。署福建将乐县知县，三月而罢。……前后历掌讲席于延平道南书院者再，又于仙游之金石，邵武之樵川，顺昌之华阳，盖在福建最久也。河南则卫辉之崇本，山东则济南之泺源、嵩安，曹州之重华。于其乡则镇海之鲲池。三十年间，十主书院之任，所成就之士，以学行文艺著显者，数千百人。君为学以宋五子为宗，说经尤精于《易》。……凡嗜学多闻之士，知考订者，辄多厌薄宋儒以自憙，今日学者之通患也。君博极群书，勤考证，工文词，而笃守程、朱之旨，终身勿贰，诲人勿懈，可谓真儒也矣。既病革，犹补注《周易》下经及校勘《韩集》。《易》至《既济》止，《韩集》则易箦前一日，命子尚绳改定《顺宗实录》《记疑》条中二字。盖其贯天人古今之精力，毕生以之。先生生于康熙五十三年七月十一日，卒于乾隆五十一年七月一日，年七十有三。

孔广森于是年十一月卒于山东曲阜。

据《清史列传》卷六十八《孔广森传》记：

> 孔广森，字㧑轩，山东曲阜人。孔子六十八代孙、袭封衍圣公传铎之孙，户部主事继汾之子。乾隆三十六年进士，改翰林院庶吉士，散馆授检讨。年少入官，翩翩华胄，一时争与之交。然性淡泊，躭著述，不与要人通谒。告养归，不复出。及居大母与父丧，竟以哀卒，时乾隆五十一年，年三十五。广森聪颖特达，尝受经戴震、姚鼐之门。经、史、小学，沉览妙解，所学在《公羊春秋》。尝以《左氏》旧学湮于征南，《穀梁》本义汨于武子。王祖游谓，何休志通《公羊》，往往为《公羊》疚病。其余啖助、赵匡之徒，又横生义例，无当于经。唯赵汸最为近正。何氏体大思精，然不无承讹率臆。于是旁通诸家，兼采《左》《穀》，择善而从，著《春秋公羊通义》十一卷、《序》一卷。凡诸经籍，义有可通于《公羊》者，著录之。……大旨见《自序》中。仪征阮元谓，读其书始知圣志之所在。又著《大戴礼记补注》十四卷、《诗声类》十三卷、《礼学卮言》六卷、《经学卮言》六卷、《少广正负术内外篇》六卷。骈体兼有汉、魏、六朝、初唐之胜，江都汪中读之，叹为绝手。然广森不自足，作堂于其居，名曰仪郑，自庶几于康成。惜奔走家难，劳思夭年，艺林有遗憾焉。

又据《仪郑堂骈俪文》卷末朱文翰《后序》记：

> 乾隆丙午冬，外大父丧归自杭，将卜厥宅。十有一月，舅氏㧑轩先生卒，春秋三十有五。……先生讳广森，字众仲，别字㧑轩，……衍圣公讳传铎之孙也。……年十七，中戊子科举人。辛卯，成进士，官检讨。丁酉，有许太夫人忧，机乍端而长悲，簟一抽而终诀。堂筑仪郑，志惟传经，先生自此远矣。……乾隆五十有二年，岁在强圉协洽，新安甥朱文翰撰。

乾隆五十二年丁未　1787年

仲春，王鸣盛为严蔚辑《春秋内传古注》撰序。

据《春秋内传古注辑存》卷首王鸣盛序记：

> 汉儒说经，各有家法。何谓家法？经者，夫子之所修，而七十子传之。递相授受，以及于汉儒，必定从一家以名其学，故谓之家法也。严生豹人，安贫乐道，笃志嗜古，作《春秋内传古注辑存》，汉人家法藉以不坠。此书出，彼杜氏之苟驳前师，向壁虚造者，尚能以惑人哉？且夫学莫善于有本，而功莫大于存古。九经疏，汉学佚其四，而《穀梁》之用范宁，犹为稍可，其佚而可惜者，《周易》《尚书》《左传》也。《周易》有李鼎祚、王应麟所辑，《尚书》有予所辑，汉学略具梗概。惟《左传》未有辑本。予曩者序生所辑《鲁齐韩三家诗》，曾反覆低回属望之，生果能践此言，再有此辑。彼《诗》有毛、郑岿然在，生所搜罗，厥功差小。若此编继绝表微，功视《诗》尤伟矣。生性谦，未敢定从一家，要其辑之之本意，原欲定从服氏。服注残阙，故不得不兼取贾逵，贾注又残阙，故不得不兼取刘歆、郑兴及兴子众，而诸注又不全，不得不旁取以益之。掇拾鸠聚，遂至数家竹头木屑，船钉秤星，装合辐凑，眉目井井，字里行间，苦心如见。予序其书，不禁雀跃欣喜，以为斯文之厚幸焉。丁未仲春，西庄老史王鸣盛题，时年六十有六。

三月十九日，高宗审查《四库全书》续缮三份，以李清《诸史同异录》"妄逞臆说"，下令销毁，并追究一应官员责任。

据《高宗实录》卷一二七七乾隆五十二年三月丁亥条记：

谕：《四库全书》处进呈续缮三份，李清所撰《诸史同异录》，书内称我朝世祖章皇帝，与明崇祯四事相同。妄诞不经，阅之殊堪骇异。李清系明季职官，当明社沦亡，不能捐躯殉节，在本朝食毛践土，已阅多年，乃敢妄逞臆说，任意比拟。设其人尚在，必当立正刑诛，用彰宪典。今其身既幸逃显戮，其所著书籍悖妄之处，自应搜查销毁，以杜邪说而正人心。……所有办《四库全书》之皇子、大臣，及总纂纪昀、孙士毅、陆锡熊，总校陆费墀、恭泰、吴裕德，从前覆校许烺，俱着交部，分别严加议处。至议叙举人之监生朱文鼎，系专司校对之人，岂竟无目者，乃并未校出，其咎更重。朱文鼎本因校书特赐举人，着即斥革，以示惩儆。所有四阁陈设之本，及续办三份书内，俱着掣出销毁。其《总目提要》，亦着一体查删。

五月十九日，高宗以热河文津阁《四库全书》讹谬甚多，令朝臣将该阁及文渊、文源二阁书一并校阅挖改。

据《高宗实录》卷一二八一乾隆五十二年五月乙酉条记：

谕军机大臣等：热河文津阁所贮《四库全书》，朕偶加翻阅，其中讹谬甚多，已派随从热河之阿哥及军机大臣，并部院随出之阮葵生、阿肃、胡高望、嵩贵、吉梦熊，再行详加校阅改正。因思文渊、文源二阁所贮《四库全书》，其讹舛处所，亦皆不一而足，除年老大学士嵇璜不派外，著派科甲出身之尚书、侍郎、京堂，以及翰詹、科道、部属等官，分司校阅。

五月二十四日，文渊、文源二阁《四库全书》，清廷选派官员二百五十余名，专司校阅。

据《高宗实录》卷一二八一乾隆五十二年五月庚寅条记：

质郡王永瑢等奏，遵旨详校文渊、文源两阁所贮《四库全书》，拟派部院各官二百五十余员，两阁各分派一百二十余员，专司校阅。其应改各签，必须汇齐覆核，以免舛误。应请旨令彭元瑞、纪昀总司其事。

五月，卢文弨应严蔚请，为严氏辑《春秋内传古注》撰序。
据《抱经堂文集》卷三《春秋内传古注辑序》记：

《春秋》三传，《左氏》最后出。刘歆欲立学官，诸儒多不肯置对，盖因陋就简，自古已然。唐时贡举之法，习小经、中经，兼一大经，于是人皆习《礼记》而不习《左氏传》，以《左氏》文繁故也。至于先儒训释，亦代废代兴。汉东京以来，陈元、郑众、贾逵、马融、延笃、彭汪、许淑、颖容之徒，皆传《左氏》，而郑及贾、服为最著。季长则谓贾精而不博，郑博而不精，合之则无以加矣。魏则贾、服盛行，晋时唯传服义，而杜预之注，亦立国学。至隋，杜氏盛行，而服义遂微。盖《左氏》谓之古文《春秋》，其中多古字古言，汉人尚能通之。及乎年祀绵邈，耳目益所不习，于贾、服所释，格乎不相入，而唯喜杜说之平易近人，相与尚之。唐时作《正义》，遂专取杜氏一家，此外多所訾謷，以致精谊美言，弃之不复甚惜，后人无由得见全书，此可为浩叹者也。东吴严子豹人蔚，其治经也，深惩专己守残之陋，而于《左氏》用功尤深，始灼见杜氏之弊，有违礼伤教者，有肆臆妄说者，慨然思汉人之旧。于是凡唐人《正义》，及《史》《汉》《三国》旧注，与夫唐、宋人类书所引，综而缉之。贾、服而外，若王肃之注，孙毓之《异同略》、京相璠之《土地名》，虽已并佚，偶有一二言之见于他说者，亦不忍弃也。盖当古学废堕之后，而幸有不尽澌灭者，与其过而弃之也，毋宁过而取之，以扶绝学，以广异谊，俟后之人择善而从，斯可矣。何庸先以一己之见，律天下后世哉？斯则严子兼收并录之微旨也。今天下好古之士，多于前时，严子此一编出，吾知善学者必能因此以定所宗，而复推类以尽其余。安知夫贾、服之不复生于今日也？是则严子之为功大矣。其或以为断烂而不之贵，是所谓嘉肴弗食者也，又乌足与之论学问之事哉？乾隆五十有二年五月，序于钟山书院之须友堂。

孟夏，任兆麟著《夏小正补注》成，王鸣盛应请撰序。
据《夏小正补注》卷首王鸣盛《序》记：

汉所得《仪礼》仅十七篇,郑康成注之。其逸礼三十九篇,康成不注,遂无传焉。先儒记礼二百四篇,戴德删之为《大戴礼》,戴圣删之为《小戴礼》,而其后《大戴》甚微,盖亦因康成但注《小戴》,不注《大戴》故耳。直至北周,卢辩始注之,而所注惟二十四篇,其中十五篇皆无注。就中《夏小正》尤为古奥难读,不可无注,卢氏阙焉,非艺苑之恨事与?震泽任生文田,笃志好古,孜孜不怠,爰补注是篇,刻以问世,而求序于予。予归田二十五年,念史学之无人也,杜门扫轨,覃思考史为务,辍经不复治。重文田朴学,乃暂废史业,尽一日功观之,观竟,益叹其善。……文田勉乎哉,他日汇为巨编,藏之名山,传之通邑大都,予虽老,又将执笔以待。时乾隆丁未孟夏。

六月初六日,纪昀因未删《尚书古文疏证》所引钱谦益、李清之说,受高宗斥责,奉命赔写。

据《纂修四库全书档案》下册第2021页,乾隆五十二年六月初六日《军机大臣和珅为奉旨阅改〈尚书古文疏证〉事致彭元瑞等函》记:

启者:
本日面奉谕旨:文津阁所贮《尚书古文疏证》,内有引钱谦益、李清之说。从前较订时何以并未删去?着将原书发交彭元瑞、纪昀阅看。此系纪昀原办,不能辞咎,与彭元瑞无涉。著彭元瑞、纪昀会同删改换篇,令纪昀自行赔写,并将文渊、文源两阁所藏,一体改缮。钦此。

特此布达,顺候近祺不一。

六月十一日,纪昀、彭元瑞等奏删改情形。

据《纂修四库全书档案》下册第2022页,乾隆五十二年六月十一日《礼部尚书纪昀等详检删削并赔缮〈尚书古文疏证〉等书函折》记:

本月初八日报到发下阎若璩《尚书古文疏证》一部,臣等公同阅看,书内钱谦益、李清诸条,未经抽削,实属疏漏。臣纪昀另折奏请议处外,臣彭元瑞会同臣纪昀谨就各条文义，分别或删数字，或删全条，务使两人邪说不污卷帙，尽行削去。谨粘贴黄签，恭呈御览，伏候训示。臣纪昀敬谨赔写赶缮一分，一并呈览，就近发交装潢，归入文津阁书函。

臣等再查文渊阁、文源阁《尚书古文疏证》内李清一条未经削去，其钱谦益十五条俱经原校官删改，但仅去其姓名，而仍存其议论，应划一削去。并文溯阁及发南三分，臣纪昀俱行陆续赔写归入。

又查现在文渊阁详校官、侍卫陈崇本签出王仕祯《居易录》内钱谦益二条，李清二条；庶吉士李如筠签出王仕祯《古夫于亭杂录》内李清一条；文渊阁详校官、额外主事李肖筠签出《绎史》内李清序一篇，臣等俱即核削。臣纪昀亦行赔缮，粘签呈览。发下后，臣纪昀一并赔缮。谨奏。

乾隆五十二年六月十二日奉旨：知道了。钦此。

六月十一日，纪昀上奏请求允许自认重校文源阁明神宗后诸书。

据《纂修四库全书档案》下册第2023—2024页，乾隆五十二年六月十一日《礼部尚书纪昀奏沥陈愧悔并恳恩准重校赔缮明神宗后诸书折》记：

伏查《四库全书》，虽卷帙浩博，其最防违碍者，多在明季、国初之书。此诸书中经部违碍较少，惟史部、集部及子部之小说、杂记，易藏违碍。以总目记之，不过全书十分之一、二。当初办之时，或与他书参杂阅看，不能专意研寻；或因誊录急待领写，不能从容磨刊，一经送武英殿缮写之后，即散在众手，各趱功课，臣无从再行核校。据今李清、阎若璩二书推之，恐其中似此者尚或不免。现在虽奉旨派员详校，但诸书杂阅，不能专力于明季、国初，又兼校讹字、脱文、偏旁、行款及标记译语，亦不能专力于违碍。至交臣核定，臣惟查所签之是非，其所未签更不能遍阅，恐终不免尚有遗漏。臣中夜思维，臣虽年过六旬，而精力尚堪校阅，且诸书曾经承办，门径稍熟，于违碍易于查检。不揣冒昧，仰恳皇上天恩，予臣以悔罪自赎之路，准将文源阁明神宗以后之书，自国朝列圣御纂、皇上钦定及官刊、官修诸编外，一概责臣重校。凡有违碍即行修改。仍知会文渊、文津二阁详校官画一办理，臣俱一一赔写抽换，务期完善无疵。臣断不敢稍有回护，致他日再蒙圣鉴指出，自取重诛。

....

乾隆五十二年六月十二日奉旨：知道了。钦此。

六月十二日，高宗令纪昀、陆锡熊分赔文渊等三阁修订工价，并对陆费墀予以处罚。

据《乾隆朝上谕档》，乾隆五十二年六月十二日内阁奉上谕：

著将文渊、文源、文津三阁书籍，所有应行换写篇页，其装订、挖改各工价，均令纪昀、陆锡熊二人一体分赔。至陆费墀，本系武英殿提调，后充总校，所有《四库全书》，伊一人实始终其事，而其洊升侍郎，受恩尤重。较之纪昀、陆锡熊，其咎亦更重。现在续办三份书，应发文渊、文汇、文宗三阁陈设者，现经该盐政等陆续领运，俟各书到齐时，除书稿久经成造安设外，所有面页装订本匣刻字等项，俱著陆费墀自出己赀，仿照文渊等三阁式样罚赔，妥协办理，就近陈设，以示惩儆而服众心，不必令盐商等承办。

夏，钱大昕至宁波，应天一阁主人之请，纂《天一阁碑目》。六月十九日，撰序以记故实。

据《天一阁书目》卷首钱大昕序记：

四明范侍郎天一阁藏书，名重海内久矣。其藏弆碑刻尤富，顾世无知之者。癸卯夏，予游天台，道出鄞，老友李汇川始为予言之。亟叩主人，启香厨而出之，浩如烟海，未遑竟读。今年，予复至鄞，适海盐张芑堂以摹石鼓文寓范氏，而侍郎之六世孙苇舟亦耽嗜法书，三人者晨夕过从，嗜好略相似。因言天一石刻之富，不减欧、赵，而未有目录传诸后世，岂非阙事。乃相约撰次之。拂尘祛蠹，手披目览，几及十日。去其重复者，自三代讫宋元，凡五百八十余通，以时代先后为次，并记撰书人姓名，俾后来有考。明碑亦有字画可喜者，以近不著录，仿欧、赵之例也。余尝读《弇州续稿》中《答范司马小简》，有书籍互相借抄之约，今检《围令赵君碑》背面有侍郎手书"凤州送"三字，风流好事，令人叹羡不置。顾弇山园书画，不五十年尽归他姓，而范氏所藏，阅二百余年手泽无恙，此则后嗣之多贤，尤足深羡者矣。明代好金石者，唯都、杨、郭、赵四家，较其目录，皆不及范氏之富。若于司直辈，道听途说，徒供覆瓿耳。此书出，将与欧、赵、洪、陈并传。苇舟可谓有功于前人，而考证精审，俾先贤搜罗之苦心不终湮没，则予与芑堂不无助焉。乾隆五十二年，岁在丁未，六月十九日，竹汀居士钱大昕书。

七月八日，清廷准御史莫瞻菉奏，拟于文渊、文源两阁《四库全书》校毕，续校江南三阁书。

据《高宗实录》卷一二八四乾隆五十二年七月癸酉条记：

谕：据御史莫瞻菉奏，续办三份书，从前校对生监仅二十余人，又止校过一次，恐多讹谬。请将现在详校官所阅书籍签改册档，令三份书原校对蔡本俊等，查对挖改。……着照该御史所奏，于文渊阁校对完竣，即令原办三份书校对，在武英殿悉心覆校，逐一更正。……至三份书内，业经发往江浙各册，着于校勘事竣后，将签改册档钞寄陆费墀，一体遵照查改，以臻完善。

卢文弨集一生校勘群籍所得，纂为《群书拾补》。八月二十二日，撰《小引》一篇，以记缘起。

据《抱经堂文集》卷七《群书拾补小引》记：

文弨于世间技艺，一无所能。童时喜钞书，少长渐喜校书。在中书日，主北平黄昆圃先生家，退直之暇，兹事不废也。其长君云门时为侍御史，谓余曰："人之读书求己有益耳，若子所为，书并受益矣。"余洒然，知其匪誉而实讽也。友人有讲求性命之学者，复谓余："此所为玩物丧志者也，子何好焉？"斯两言也，一则微而婉，一则简而严。余受之，皆未尝咈也，意亦怦怦有动于中。辍之，遂觉阙然有所失。斯实性之所近，终不可以复反。自壮至老，积累渐多，尝举数册付之剞劂氏矣。年家子梁曜北语余曰："所校之书，势不能皆流通于世。其藏之久，不免朽蠹之患，则一生之精神虚掷既可惜，而谬本流传，后来亦无从取正。虽自有余，奚裨焉。意莫若先举缺文断简，讹缪尤甚者，摘录以传诸人，则以传一书之力，分而传数书，费省而功倍，宜若可为也。"余感其言，就余力所能，友朋所助，次第出之，名曰《群书拾补》。虽然，即一书之讹，而欲悉为标举之，又复累幅难罄，约之又约，余怀终未快也。然余手校之书，将来必有散于人间者，则虽无益于己，宁不少有益于人乎？后有与余同好者，而且能公诸世，庶余之勤为不虚也已。乾隆五十二年，八月丁巳，书于钟山书院，时年七十有一。

季秋，王鸣盛为毕沅新校正《长安志》撰序。
据毕沅校勘本《长安志》卷首王鸣盛《新校正长安志序》记：

秋帆先生抚陕，陕，故长安也。搜得宋敏求《长安志》二十卷，校正刻之，附以图三卷，问序于予。予向求此书未获，今始一读焉。既卒业，作而叹曰：美哉！先生才之大而思之深，超出乎流俗绝远也。……先生既刻此，又于其间纠正踳驳，疏释蒙滞，附于逐条之下焉。夫以军民政务之填委，文檄簿牍之旁午，他人竭蹶应之，日不暇给，先生乃能以余力表扬坠典，斯其才之大，诚有过于人者。若其静察乎考古之足以证今，披图案牒，以兴革利弊，其补助化理最切，则尤先生用意之深也。先生本名儒，为文学侍从臣，出掌封圻，治绩茂异，固宜卓识之度越流俗绝远与。图每卷署河滨渔者，实出元李好文撰。古人地志，必与图俱，司会、司书等职，所谓版图、地图者，此物、此志也。先生汇订以传，亦犹《土训》《诵训》之地道地图、道方志云尔。乾隆五十有二年，岁次丁未季秋之月，嘉定王鸣盛西庄氏再拜谨撰,时年六十有六。

十月一日,高宗颁谕,命定《诗经乐谱》。
据《高宗实录》卷一二九〇乾隆五十二年十月乙未条记:

谕:……三百篇全诗,三代以后,未有全行谱定者。朱载堉所谱,又复杂以俗调,或自行杜撰,不可为训。……着派皇子等,会同乐部大臣,悉心精核,……汇成一书。

十月十五日,高宗颁谕,以《四库全书》错讹太多,处罚一应官员。
据《高宗实录》卷一二九〇乾隆五十二年十月己酉条记:

又谕:……今文渊等阁所贮《四库全书》,偶经批阅,草率错讹比比皆是。因令诸皇子及在廷诸臣,覆加详校,签出错误之处,累牍连篇,不可枚举。是办理此书者,并未实心校阅,竟以稽古右文之举,为若辈邀恩牟利之捷径,大负朕意。此事发端于于敏中,承办于陆费墀,其条款章程,俱系伊二人酌定。今所缮书籍荒谬至此,使于敏中尚在,必当重治其罪。因伊业经身故,是以从宽,止撤出贤良祠,不复追论,保全始终。陆费墀业已革职,亦不深究。所有业经议叙纂校各员,其已经升用,应行议罚廉俸,及未经升用,将议叙注销之处,着该部核议具奏。

十月,钱大昕为梁玉绳《史记志疑》撰序。
据《史记志疑》卷首钱大昕《序》记:

太史公修《史记》以继《春秋》,其述作依乎经,其议论兼乎子,班氏父子因其例而损益之,遂为史家之宗。彼人因踵事之密,而议草创之疏,此固不足以为史公病。或又以谤书短之,不知史公著述,意主尊汉,近黜暴秦,远承三代,于诸表微见其旨。秦虽并天下,无德以延其祚,不过与楚、项等,表不称秦汉之际,而称秦楚之际,不以汉承秦也。史家以不虚美、不隐恶为良,美恶不掩,各从其实,何名为谤?……仁和梁君曜北,生于名门，孺染家学，下帷键户，默而湛思，尤于是书，专精毕力。据经传以驳乖违，参班、荀以究同异，凡文字之传讹，注解之傅会，一一析而辩之。从事几二十年，为书三十六卷。名曰《志疑》，谦也。河间之实事求是，北海之释废箴肓，兼而有之，其在斯乎？至于斟酌群言，不没人善，臣瓒注史，广搜李、应、如、苏，范宁解经，兼取江、徐、泰、邵。分之未足为珍，合之乃成其美，洵足为龙门之功臣，袭《集解》《索隐》《正义》而四之者矣。丁未岁冬十月，嘉定钱大昕序。

孟冬，金曰追遗著《仪礼经注疏正讹》付梓，王鸣盛撰序表彰金氏校雠之功。

据陈鸿森《王鸣盛西庄遗文辑存》卷中《仪礼经注疏正讹序》记：

《汉书·艺文志》于《礼》首列《古经》五十六卷，次列《经》十七篇。《古经》与十七篇文相似，而多三十九篇，盖以一篇为一卷也。十七篇者，高堂生所传，汉人谓之今礼，即今之《仪礼》也。后汉北海郑氏康成，本传今文学，又兼采古文为之注，古文所多三十九篇，绝无师说，康成不注，遂无传焉。惟郑所注十七篇，由魏晋迄唐初，贾公彦据黄庆、李孟悊之疏，为之正义，始得昭然大显于天下。吁！诸经中仅存而残缺多者，盖莫此为甚矣。乃自唐贞观而降，学者率尚词章，于《仪礼》一经，每苦难读。至宋熙宁中，王安石始议罢之，不立学官。而道学诸公，又喜谈德性，于制度文为，一切置之不论，遂使十七篇传写镂刻之本，误文脱字较他经尤甚。虽张氏淳、杨氏复、敖氏继公，类能究心于此，而亦殊多踳驳不纯。沿至明神宗时，监本误脱，益不可问矣。本朝以实学造士，于是经术大昌。昆山顾氏绛著《九经误字考》，校正十七篇经文凡若干条。他若济阳张尔岐之《句读》，山阴马骕之《易读》，校正经及注凡若干条，然未免有漏略者。吴江沈彤之《小疏》，则惟校冠、昏、丧三篇，余皆未暇及。且疏者所以解经及注也，而此数家者皆未详校及此，犹或不无遗憾焉。吾乡金子名曰追，号璞园，研究实学，好古而具深识。其于九经正义，旁及《孝经》《论语》

《孟子》《尔雅》，精心雠校，并有成书，统名曰《十三经注疏正讹》。就中《仪礼正讹》十七卷，尤为完备。以视诸家所得，不啻增而数倍之，其有功于经，岂浅鲜哉！……曩者丁酉秋，璞园曾以此编质予。明年戊戌夏，草草题数行而归之，意未尽也。越四年，璞园卒，祝予之叹，悯乎有余悲焉。张子式慎，字德华，吾乡名士也，夙昔受经于璞园。既补诸生，学使者按试，辄列前茅，文誉日鹊起，乃谋刻其师之遗书，复奉以就正于予。予年衰目眊，嘉德华嗜学，能成其师之美，辍数日功，复为审核一周。会吾门有费生士玑，亦笃志穷经，适馆于予家，因相与商订，又改补十于事。而今而后，此经其可以毫发无遗憾矣哉！刻既竣，予遂详序其缘起如此。乾隆五十有二年，岁次丁未，孟冬之月，进士及第通议大夫、光禄卿，前史官王鸣盛西庄氏，题于金阊门外洞泾草堂，时年六十有六。

十一月，孙星衍为孔广森遗书《顨轩孔氏所著书》撰序。

据《顨轩孔氏所著书》卷首《原序》记：

往余在江淮间，友人汪容甫出顨轩检讨骈体文相示，叹为绝手。后数年，顨轩从都门为余亡妻作诗序见寄，故未相识也。岁乙巳，余客中州节署，值顨轩以公事至。时秋帆中丞爱礼贤士，严道甫侍读、邵二云阁校、洪稚存奉常，皆在幕府，王方川编修亦出令来豫，极友朋文字之乐。顨轩美风仪，与之处终日无鄙言，为"三礼"及《公羊春秋》之学，或自道其所得，超悟绝人，又能作篆隶书。是时以遭家多故，不食肉饮酒，卒卒无欢悰。未几适广陵东归，越岁而凶问至矣。顨轩年少入官，翩翩华胄，一时争与之友，然性恬淡，孰著述，裹足不与要人通谒。初以陈情归养，不忍复出，及居大母与父丧，竟以哀毁卒。悲哉！圣人之后，一丧茔谷，再夭顨轩，微言几绝矣。今代为文有六朝风格者，惟邵叔宀、袁简斋，两君既有集行世，顨轩尤致力于此。尝见寄其甥朱沧湄舍人书畅论宗旨。……今舍人恬淡好学，览所为文，亦酷似其舅。感逝伤怀，乃取向所寄文，先刊以问世，且将续求全稿。余稍知顨轩者，故为述刻文之由，并慰舍人西州之痛云。乾隆五十二年十一月，阳湖孙星衍撰。

冬，王鸣盛为钱大昕《潜研堂金石文跋尾》撰序。
据《潜研堂金石文跋尾》卷首王鸣盛《序》记：

傅青主问阎百诗：金石文字足以证经史之讹而补其阙，此学始于何代何人？百诗考得王肃据《子尾尊》、刘杳据《齐景公尊》、孟康据《玉琯》、张晏据《伏生碑》、晋灼据《黎阳碑》、傅宏仁据《齐胡公铜棺题字》、颜之推据《秦权铭》凡七事，以为此外无先之者。但王肃、刘杳、孟康所据，皆无文字，则精确者惟四事耳。而此外若昭三年《传》，叔向引《逸鼎铭》以证"忧不可乐"；昭七年《传》，孟僖子引《考父鼎铭》以证"明德后有达者"；《礼记》《祭统篇》，引《孔悝鼎铭》以证作铭之义；《考工记》《栗氏》，引《嘉量铭》以证量之制。此见于经者也。《史记·封禅书》，李少君识齐桓公柏寝铜器，案其刻果然。《汉书·郊祀志》，张敞案《美阳鼎》款识，辨为周鼎。此见于史者也。若《家语》载《金人铭》，《大戴礼》载《丹书铭》，《秦本纪》载始皇所立诸碑，魏收《魏书·卫操传》，载操所立《大邗城碑》，而《柏人城西门碑》，阚骃且据以为即舜纳于大麓之迹。凡此，皆百诗之所未及举也。然则金石之学，自周汉以至南北朝，咸重之矣，而专著为一书者，则自欧阳永叔始。自永叔以下，著录者甚多，有专取一体书者，如洪氏适《隶释》、娄氏机《汉隶字原》是也；有取金不取石者，若《宣和博古图》及薛氏尚功《钟鼎款识》、王氏俅《啸堂集古录》是也；有专取一地者，若黄氏叔璥《中州金石考》、毕氏沅《关中金石记》是也。而王氏象之虽称《舆地碑目》，实限于偏安州郡。至叶氏封《嵩阳石刻记》限于一山，黄氏华蕃《恒山石墨考》限于一庙，而潘氏迪《石鼓音训》、桑氏世昌、俞氏松《兰亭考》、周氏在浚《天发神谶考》、郑氏元庆《石柱记释》、陈氏鹏年《瘗鹤铭考》，则并专考一碑，更为狭矣。凡此，皆偏而不全，姑勿具论。予尝论其完备者凡六家：自欧阳外，则赵氏明诚、都氏穆、赵氏崡、顾氏炎武、王氏澍，斯为具体。而以跋入文集者，如曾氏巩、归氏有光，寥寥数通，未足名家。惟朱氏彝尊始足并列为七焉。最后，予妹婿钱少詹竹汀《潜研堂金石跋尾》，乃尽掩七家出其上，遂为古今金石学之冠。吁！此岂予污其所好，为一人之私言哉？实平心研核而灼见其然者尔。且夫金石之学，青主虽并称有益经史，实为考史为要。盖汉碑或间足证经，亦须精识慎择。若魏晋以下碑，何必作经证哉？故知当专取考史也。乃七家中最佳者，能考史十之三四，其次一二而已。下者至但评词章之美恶，点画波磔之工拙，何裨实学乎？竹汀于史，横纵钩贯，援据出入，既博且精。所作《廿二史考异》，固已得未曾有。出其余技，以治金石，而考史之精博，遂能超轶前贤。论者动云，令人不及古人，何哉？予曩与竹汀同居燕邸，两人每得一碑，辄互出以相品鹭。及先后归田，予肆力于史，作《十七史商榷》，于金石未暇别成一书，而竹汀独兼之。予才固不逮竹汀远甚，竹汀固欲得予言弁其端者，岂非以其才虽不逮而意趣则同故邪？丁未冬日，同里西庄王鸣盛撰。

王鸣盛《十七史商榷》于是年刊行。
据《十七史商榷》卷首王氏《自序》记：

　　十七史者，上起《史记》，下讫《五代史》，宋时尝汇而刻之者也。商榷者，商度而扬榷之也。海虞毛晋汲古阁所刻，行世已久，而从未有全校之一周者。予为改讹文，补脱文，去衍文，又举其中典制事迹，诠解蒙滞，审核踳驳，以成是书，故名曰"商榷"也。《旧唐书》《旧五代史》，毛刻所无，而云十七者，统言之，仍故名也。若辽宋等史，则予未暇及焉。大抵史家所记典制，有得有失，读史者不必横生意见，驰骋议论，以明法戒也。但当考其典制之实，俾数千百年建置沿革，了如指掌，而或宜法，或宜戒，待人之自择焉可矣。其事迹则有美有恶，读史者亦不必强立文法，擅加与夺以为褒贬也。但当考其事迹之实，俾年经事纬，部居州次，记载之异同，见闻之离合，一一条析无疑。而若者可褒，若者可贬，听诸天下之公论焉可矣。书生胸臆，每患迂愚，即使考之已详，而议论褒贬，犹恐未当，况其考之未确者哉！盖学问之道，求于虚不如求于实，议论褒贬皆虚文耳。作史者之所记录，读史者之所考核，总期于能得其实焉而已矣，外此又何多求邪？予束发好谈史学，将壮辍史而治经，经既竣，乃重理史业。摩研排缵，二纪余年，始悟读史之法，与读经小异而大同。何以言之？经以明道，而求道者不必空执义理以求之也，但当正文字，辨音读，释训诂，通传注，则义理自见，而道在其中矣。譬若人欲食甘，操钱入市，问物有名甘者乎，无有也，买饴食之，甘在焉。人欲食咸，问物有名咸者乎，无有也，买盐食之，咸在焉。读史者不必以议论求法戒，而但当考其典制之实。不必以褒贬为与夺，而但当考其事迹之实，亦犹是也，故曰同也。若夫异者则有矣，治经断不敢驳经，而史则虽子长、孟坚，苟有所失，无妨箴而贬之，此其异也。抑治经岂特不敢驳经而已，经文艰奥难通，若于古传注，凭己意择取融贯，犹未免于僭越，但当墨守汉人家法，定从一师，而不敢它徙。至于史，则于正文有失，尚加箴砭，何论裴骃、颜师古一辈乎？其当择善而从，无庸偏徇，固不待言矣，故曰异也。要之，二者虽有小异，而其总归于务求切实之意则一也。予识暗才懦，一切行能，举无克堪，惟读书、校书颇自力。尝谓好著书不如多读书，欲读书必先精校书，校之未精而遽读，恐读亦多误矣。读之不勤而轻著，恐著且多妄矣。二纪以来，恒独处一室，覃思史事，既校始读，亦随读随校，购借善本，再三雠勘。又搜罗偏霸杂史、稗官野乘、山经地志、谱牒簿录，以暨诸子百家、小说笔记、诗文别集、释老异教，旁及于钟鼎尊彝之款识，山林冢墓、祠庙枷蓝碑碣断阙之文，尽取以供佐证。参伍错综，比物连类，以互相检照，所谓考其典制事迹之实也。……写成净本，都为一编。计《史记》六卷，《汉书》二十二卷，《后汉书》十卷，《三国志》四卷，《晋书》十卷，《南史》合宋、齐、梁、陈书十二卷，《北史》合魏、齐、周、隋书四卷，新旧《唐书》二十四卷，新旧《五代史》六卷，总九十八卷，别论史家义例崖略为《缀言》二卷终焉。……夫书既成，而平生不喜为人作序，故亦不求序于人，聊复自道其区区务实之微意，弁之卷端。序所不足者，《缀言》具之云。进士及第通议大夫、光禄卿，前史官嘉定王鸣盛撰。

钱大昕有书复王鸣盛，索观《十七史商榷》，规劝"议论须平允，词气须谦和"，不可"诋诃前哲"。

据《潜研堂文集》卷三十五《答王西庄书》记：

> 得手教，以所撰述于昆山顾氏、秀水朱氏、德清胡氏、长洲何氏间有驳正，恐观者以诋诃前哲为咎。愚以为学问乃千秋事，订讹规过，非以訾毁前人，实以嘉惠后学。但议论须平允，词气须谦和，一事之失，无妨全体之善，不可效宋儒所云"一有差失，则余无足观耳"。郑康成以祭公为叶公，不害其为大儒；司马子长以子产为郑公子，不害其为良史。言之不足传者，其得失固不足辩，既自命为立言矣，千虑容有一失，后人或因其言而信之，其贻累于古人者不少。去其一非，成其百是，古人可作，当乐有诤友，不乐有佞臣也。且其言而诚误耶，吾虽不言，后必有言之者，虽欲掩之，恶得而掩之！所虑者，古人本不误，而吾从而误驳之，此则无损于古人，而适以成吾之妄。王介甫、郑渔仲辈皆坐此病，而后来宜引以为戒者也。《十七史商榷》闻已刻成，或有讹字，且未便刷印，乞将样本寄下。

岁暮，钱大昕著《疑年录》四卷成。
据钱大昕自订《竹汀居士年谱》乾隆五十二年六十岁条记：

> 秋，复到娄东，岁暮归里。撰次古今文人生卒年寿可考者，始郑康成，讫戴东原，凡四卷。取左氏"有与疑年使之年"语，名之曰《疑年录》。

又据该条钱庆曾案语记：

> 今海盐吴氏刊本《疑年录》，东原先生后有蒋心余至邵二云六人，则是后所续录也。是编大抵取古今文人之有功经史者录之，故功名节义、才技奇能，虽盛有名，或亦不登。此考史之余事，所以志景行也。吴氏修付梓时，曾编《续录》四卷，依傍门户，去取犹严。近人有取全史之人，不问

贤愚，悉皆著录，名曰《广疑年录》。自矜该备，讥是编为漏略，可谓不知妄作矣。

凌廷堪致书阮元，专论"三礼"，并告阮元勿"蹈宋人武断之习"。据《校礼堂文集》卷二十二《与阮伯元孝廉书》记：

窃以《仪礼》一经，在汉与《易》《书》《诗》《春秋》并列为五。《史记·儒林传》《汉书·艺文志》皆以此书为《礼经》。后人不曰《礼经》而曰《仪礼》者，犹之《易》曰《周易》、《书》曰《尚书》也。若《周官》则另为一书，《汉志》附于礼家者，亦如《逸周书》附于《书》，《战国策》附于《春秋》，非礼之本经也。至于二戴氏之《记》，乃章句之余，杂记说礼之言，互相引证，不但非礼之经，且与传注有间。盖犹《易》之有《京房易传》，《书》之有《伏生大传》，《诗》之有《韩诗外传》，《春秋》之有外传《国语》而已。故郑氏既注《礼经》，又注《戴记》，既注《尚书》，又注《伏传》，此其例也。自范蔚宗有"三礼"之称，而经传不分，后儒弇陋，束之不观，六籍遂阙其二，（原注：《乐经》本亡。）心窃惑焉。今拟区其门类，为《礼经释名》一书。年来粗有规模，到都日当以草创请正也。至于《大戴礼记》一书中，如《夏小正》、《曾子》十篇、《武王践阼》、《五帝德》、《帝系》、《诸侯迁庙》、《诸侯衅庙》、《朝事》、《公冠》等篇，又《三朝记》七篇，何遽不如《小戴》，而世久废之。其书自三十九篇始，共十三卷、三十九篇。（原注：或作四十篇。）其八卷有周卢辩注，所阙者《王言》《哀公问五义》《哀公问于孔子》（原注：此篇见《小戴记》，即《哀公问》。）《礼三本》《礼察》《夏小正》《五帝德》《帝系》《劝学》《千乘》《四代》《虞戴德》《诰志》《朝事》《投壶》（原注：此篇与《小戴》小异。）十五篇耳。足下何不因其有注者疏之，其失者正之，其无注者补注而复疏之，其诸本异同之处，并仿陆氏之例，为《释文》一篇以附于末，庶几此书体例与《小戴》《春秋》三传同。此亦千古之业也。来示云矫疏不破注之说，诚为有见，然以疏不破注为谬，说则不然。疏不破注，此义疏之例也。

刘光伯、黄庆之徒，公然违注，见讥孔、贾。若以为谬而矫之，恐又蹈宋人武断之习矣。

严长明卒于是年八月。

据钱大昕《潜研堂文集》卷三十七《内阁侍读严道甫传》记：

严长明，字冬友，号道甫，江宁人。……乾隆二十七年，天子巡幸江南，长明以献赋召试，特赐举人，授内阁中书。……擢内阁侍读，历充《通鉴辑览》《一统志》《热河志》纂修官。……以父忧去官，寻丁母忧，哀毁过礼。免丧后引疾不出，筑室三楹，颜曰归求草堂，藏书三万卷，金石文字三千卷，日吟咏其中。……毕中丞沅巡抚陕西，招至官斋，为文字交，因得游太华、终南之胜，诗文益奇纵，所得金石刻益富。在秦中十载，撰次《西安府志》八十卷、《汉中府志》四十卷，皆详赡有法。晚岁为庐江书院院长，卒年五十七。生平著述有《归求草堂诗文集》《西清备对》《毛诗地理疏证》《五经算术补正》《三经答问》《三史答问》《淮南天文太阴解》《文选课读》《文选声类》《尊闻录》《献征余录》《知白斋金石类签》《金石文字跋尾》《石经考异》《汉金石例》《五岳贞珉考》《五陵金石志》《平原石迹表》《吴兴石迹表》《素灵发伏》《墨缘小录》《南宋文鉴》《奇觚类聚》《八表停云录》《养生家言》《怀袖集》《吴谐志》凡二十余种。

又据姚鼐《惜抱轩文集》卷十三《严冬友墓志铭》记：

乾隆五十二年八月□日，卒于合肥，年五十七。

乾隆五十三年戊申　1788年

正月二十七日，纪昀奏文津阁《四库全书》校勘完竣。
据《纂修四库全书档案》下册第2114—2115页纪昀奏折记：

> 臣纪昀跪奏，为勘书完竣，并查明阙失颠舛，设法办理，伏乞圣鉴事。窃臣仰蒙皇上格外鸿慈，俾率领罚来热河各员，复校文津阁《四库全书》。各该员感激宽恩，均深知愧奋，勘阅尚属认真。兹于本年正月二十六日，所有应看书五千八百九十二函，先后报竣。内除《西域图志》一册，空白回部字六页，无人能写，《春秋辨义》一册，底本下截破烂，无可查填，须带回另办赍送外，其余俱已修整完好，全数归架。共查出誊写错落、字句偏谬者六十一部。应请旨仍交军机大臣核办。

王念孙致书刘台拱，告以自上年八月起，始撰《广雅疏证》。
据王念孙《王石臞先生遗文》卷四《与刘端临书》记：

> 念孙自改谏曹，幸谢部务之扰。去年夏秋间，欲作《方言疏证补》，已而中止。念孙己亥年曾有《方言》校本，庚子携入都，皆为丁君小雅录去。内有数十条不甚惬意者，往往见于卢绍弓先生新刻《方言》中，……其惬意数条，则绍弓先生所不录，容当录出就正。然计先生及若膺先生所校，必有暗合者矣。自去年八月始作《广雅疏证》一书，是书虽不及《尔雅》《方言》之精，然周秦汉人之训诂皆在焉，若不为校注，恐将来遂失其传。念孙将以十年之功为之，自八月至今，始完半卷，而正讹补缺，已至一百五十余条。是书积误较他书为甚，倘先生平日有考订之处，务祈录示，以便登载。

二月六日，清廷举仲春经筵，高宗解《大学》立异朱子。
据《高宗实录》卷一二九八乾隆五十三年二月己亥条记：

> 以举行仲春经筵，遣官告祭奉先殿、传心殿。上御文华殿，……直讲官惠龄、谢墉进讲《大学》"安而后能虑，虑而后能得"二句。讲毕，上宣御论曰：朱子解此以为，静就心说，安就身说。夫静就心说是矣，安就身说，予以为就意说，非就身说也。

三月十九日，高宗颁谕，指斥"士风浮靡"。
据《高宗实录》卷一三○一乾隆五十三年三月辛巳条记：

> 谕：……士子读书讲学，原应湛深经术，坐言起行，方为敦本崇实之道。至文词本属游艺末节，然亦须根柢经训，有裨身心，方为载道之文。……近日士风浮靡，……推求其故，或因朕几余游艺，不废诗文，临御以来，初、二、三、四集，风行海宇，裒集日多。承学之士，妄意朕雅尚词华，遂不思务本力学，为立身行己根基。此则甚非朕崇实黜华之意也。

三月，邵晋涵为钱大昭《补续汉书艺文志》撰序。
据钱大昭《补续汉书艺文志》卷首邵晋涵《序》记：

> 班孟坚《汉书》，因刘子骏《七略》作《艺文志》，西京书籍，略见其梗概矣。后代史家，递相祖述，《隋书》《旧唐书》《文献通考》作经籍，宋孝王《关东风俗传》作坟籍，其名不同，其书一也。范氏《后汉书》本未及撰志，司马彪《续汉书》有《律历》《礼仪》《祭祀》《天文》《五行》《郡国》《百官》《舆服》八志，而不及艺文，东京诸儒撰述，泯焉无闻，良可深惜！嘉定钱可庐先生精通经史，其说经之书，实事求是，得未曾有。其于两汉、三国，有《辨疑》一书，王光禄称赏不置，以为突过三刘。今复有《补续汉书艺文志》二卷，余受而读之，盖取蔚宗本史所载，及书之见存于今代，引证于古书，著录于别史，暨藏书家所录者，辑为此编，以补

司马氏之阙漏。部分条析，悉依前书。于一代著述，固已搜采无遗，洋洋美备矣。不登上古之书者，依刘知幾之说，断代为史，例不当载古人，且东汉时古书之存亡，亦非几千百年以下所能审知也。乾隆五十三年三月余姚邵晋涵撰。

毕沅巡抚河南，得洪亮吉、章学诚诸幕宾之力，拟修《史籍考》，辑《逸史》。

据章学诚《章氏遗书》卷十三《论修史籍考要略》记：

校雠著录，自古为难。二十一家之书，志典籍者，仅有汉、隋、唐、宋四家，余则阙如。《明史》止录有明一代著述，不录前代留遗，非故为阙略也，盖无专门著录名家，勒为成书，以作凭借也。史志篇幅有限，故止记部目，且亦不免错讹。私家记载，间有考订，仅就耳目所见，不能悉览无遗。朱竹垞氏《经义》一考，为功甚巨，既辨经籍存亡，且采群书叙录，间为案断，以折其衷。后人溯经艺者，所攸赖矣。第类例间有未尽，则创始之难。而所收止于经部，则史籍浩繁，一人之力不能兼尽，势固不能无待于后人也。今拟修《史籍考》，一仿朱氏成法，少加变通，蔚为巨部，以存经纬相宣之意。

又据《章氏遗书》卷二十二《与洪稚存博士书》记：

文正书院……启馆未有期日。……官场报访及宴会征逐，稍已即闲。三月朔日为始，排日编辑《史考》。检阅《明史》及《四库》子部目录，中间颇有感会，增长新解，惜不得足下及虚谷、仲子诸人，相与纵横其议论也。然蕴积久之，会当有所发泄。不知足下及仲子此时检阅何书，史部提要已钞毕否。《四库》集部目录，便中检出，俟此间子部阅毕送上，即可随手取集部，发交来力也。《四库》之外，《玉海》最为紧要，除艺文史部毋庸选择外，其余天文、地理、礼乐、兵刑各门，皆有应采辑处，不特艺文一门已也。此二项讫工，廿三史亦且渐有条理，都门必当有所钞寄。彼时保定将家既来，可以稍作部署。端午节后，署中聚首，正好班分部别，竖起大间架也。……三月初一日。

又据《章氏遗书》卷十三《与邵二云书》记：

逢之寄来《逸史》，甚得所用。至云摭逸之多，有百余纸不止者，难以附入《史考》，但须载其考证。此说亦有理。然弟意以为，搜罗《逸史》，为功亦自不小。其书既成，当与余仲林《经解钩沉》可以对峙，理宜别为一书，另刻以附《史考》之后。《史考》以敌朱氏《经考》，《逸史》以敌余氏《钩沉》，亦一时天生瑜、亮，洵称艺林之盛事也。但朱、余二人，各自为书。故朱氏《经考》，本以著录为事，附登纬候逸文。余氏《钩沉》，本以搜逸为功，而于首卷别为五百余家著录。盖著录与搜逸二事，本属同功异用，故两家推究所极，不俟而合如此。今两书皆出弇山先生一人之手，则又可自为呼吸照应，较彼二家更便利矣。四月廿二日。

五月四日，清廷再度责成江浙诸省督抚尽心查禁图书，"解京销毁"。

据《高宗实录》卷一三〇四乾隆五十三年五月乙丑条记：

又谕：据陈用敷奏，查缴应禁各书，请予展限一折，称抵任后，各属先后缴到《通纪编年》等书三十种，计一百零七本。可见历年呈缴，尚未净尽。再请予限一年，俾得率属广为咨访等语。此等应禁各书，节经降旨，令各督抚广为查缴，并宽予限期，俾得逐细访查，不使稍有遗留。今据陈用敷奏，伊到任后，各属呈缴各书，已有三十余种。安徽尚非大省，应禁之书，历年犹未能收缴净尽。江苏、江西、浙江，省分较大，素称人文之薮，民间书籍繁多，何以近年总未据该抚等续行查缴？岂该三省于应缴之书，业已搜查净尽，抑该督抚于此等事件，视为无关紧要，并不饬属认真查办耶？着传谕书麟、闵鹗元、何裕城、琅玕等，各严饬所属，悉心查察。如应禁各书，该省尚有存留之本，即行解京销毁。

夏，歙县汪龙刊行江永遗著《四声切韵表》。

据江永《四声切韵表》卷首汪龙《跋》记：

> 右《四声切韵表》，吾郡慎斋江先生之所编也。曩读先生《音学辨微》，即知有是书，以区别二百六部之韵。又有《古韵标准》，以考三百篇之古音。博求之不可得。去年冬，宗钝斋喜得是书钞本，出以示余，借归录之。……缮写成帙，郑生德仁请而刊之。夫以求之数年不可得，一旦得之，遂克梓以行世，此则私心所窃幸矣。……乾隆戊申夏月，同郡后学汪龙跋。

凌廷堪致书牛坤，言及一时学风病痛。

据《校礼堂文集》卷二十三《大梁与牛次原书》记：

> 或者搜断碑半通，剌佚书数简，为之考同异，校偏旁，而语以古今成败，若坐雾雾之中。此风会之所趋，而学者之所蔽也。惟足下洎武进孙郎、广陵阮子、吴下江君，并穷经稽古，而上下千载，雅怀高识，异于近之君子。

五月二十三日，章学诚有书致孙星衍，谈《史籍考》编纂事，提出"凡涉著作之林，皆是史学"的主张。

据《章氏遗书》卷九《报孙渊如书》记：

> 得手书，具悉一切。又见近日与稚存书，知都门酬接之余，力于校雠，自进于学，慰甚羡甚！承询《史籍考》事，取多用宏，包经而兼采子集，不特如所问地理之类已也。前有条例与邵二云，求其相助。如足下从事校雠，其于古今载籍，耳目所及，幸有以指示之也。至义例所定有应采者，邵君处已有大凡，可就询之。此间编得十卷八卷，亦当寄京，请足下辈为参定也。愚之所见，以为盈天地间，凡涉著作之林，皆是史学，"六经"特圣人取此六种之史以垂训者耳。子集诸家，其源皆出于史。末流忘所自出，自生分别，故于天地之间，别为一种不可收拾、不可部次之物，不得不分

四种门户矣。此种议论，知骇俗下耳目，故不敢多言。然朱少白所钞鄙著中，亦有道及此等处者，特未畅耳。俟为尚书公成书之后，亦当以涉历所及，自勒一家之言，所为聊此自娱，不敢问世也。然相知数君子，终不敢秘，幸时有以教政之，为幸多矣。……五月二十三日。

六月十五日，清廷查禁《古今小品》。
据《高宗实录》卷一三〇六乾隆五十三年六月丙午条记：

谕军机大臣等：据书麟奏，江宁书局续收违碍书籍，解京分别办理一折，内有《古今小品》一部，系闽省漳州人陈天定所选，其序文及书内所列诸人姓氏，俱有违碍，应行抽毁。此时自不值复行追究，除俟解到呈览，再交该馆分别办理外，陈天定籍隶漳州，恐该省尚有从前刷印之本及版片存留。着传谕李侍尧等，务宜饬属实力查办。其有似此者，亦当不致骚扰，搜缴净尽。

六月二十三日，钱大昕为萧抡著《释车》撰序，推许萧著"考证博洽"，胜过戴震、钱坫之相关著述。
据《潜研堂文集》卷二十四《释车序》记：

娄东萧君子山，精于考古，撰《释车》三篇。上篇言其制，中篇辨其等，下篇别其名，并及车马旌旗之饰。以经文为纲，参取诸儒训诂而折衷之，其有功于礼家甚巨。曩者，予友戴东原撰《考工记图》，附以《释车》一篇，词极简古。予族子献之亦有《车制考》，大约因戴说而推广之。子山于二家未相识，并未见其书，而考证博洽则过之，岂谚所云"闭户造车，出门合辙"者邪？又以知此心此理之同，亦同于是而已矣。予束发受经，于器服制度茫乎若迷，中年读史，至《舆服志》往往昧于句度。顷与子山交，庶几为我指南，而老病不能进于是矣，序之以识吾愧云。

又据陈鸿森《钱大昕年谱别记》乾隆五十三年六十一岁条记：

森按：此书未刻。先生序文见《文集》卷二十四，不记年月，今据北京图书馆藏萧氏稿本原序。王祖畲《太仓州志》卷二十五《艺文》著录："萧抡《释车》三卷，钱大昕序。"即此。又卷二十一《人物志》载："萧抡，字冠英，廪生，与兄揆齐名。经术湛深，才华富赡，好为齐梁丽制。客钱唐陈文述家，联吟昕夕，长篇短韵，名擅一时。著述甚富，其《释车》一书尤精核，能补前人所未及。"

八月十六日，钱大昕为孙岱辑《归震川先生年谱》撰序。
据《潜研堂文集》卷二十六《归震川先生年谱序》记：

年谱一家昉于宋，唐人集有年谱者，皆宋人为之。留元刚之于颜鲁公，洪兴祖、方崧卿之于韩文公，李璜、何友谅之于白文公，耿秉之于李卫公是也。震川归先生之文，近代之韩、欧阳也，韩、欧阳有年谱，而先生阙焉，是非后进之责与？国初汪尧峰编修尝谱之，而后世不传。安亭孙君守中，生于先生讲学之乡，濡染教泽，诵先生之文，因论次先生遗事，谱其年月，甲乙分明，皆可征信。古人以立言为不朽之一，先生没于隆庆辛未，距今二百一十有七载矣。读斯谱而如睹先生之须眉言论，宛然登畏垒之亭，而雍容揖让于其间。彼道家所谓长生炼形者，世且莫能举其姓名，吾恶知其躯壳果安在哉！然则立言如先生者，虽谓之长生可也。

又据陈鸿森《钱大昕年谱别记》乾隆五十三年六十一岁条记：

森按：此序亦见《文集》卷二十六，不记年月。今从嘉庆己未嘉定孙氏刊本原序。钱庆曾《年谱》附记，系此文于五十二年，未确。

八月，武亿著《偃师金石记》四卷成。
据武亿《授堂文钞》卷七《偃师金石记题辞》记：

偃师与洛壤接，由汉魏以迄隋唐，皆为京辅都会之区。其间宫观寺宇，与夫陵墓所在，多侈于他县，而铭志刻记，附以流传至今者，亦颇废败没于榛莽无人之墟。予方童幼时，间过其下，辄知摩拭存之，归即条记某所刻石，略能道其岁月事迹始末。自是三十余年，癖好益甚，闻乡人有新获自土中者，必属其多方秘护，或竟倍价构觅以归。会修县志，阳湖孙君季逑，属稿未就，以书致当事者，必要予续成之。予感孙君之意，为出旧所蓄金石诸文字，别其存佚，较其顶脱，具录成帙。附证于史籍传志，以与县之山川都邑，道里墟聚，凡见于碑刻者，转相推明。盖实于当日废兴沿革，割并之迹，古事之存，悉得其据依，而旁及前志凿空皮傅之失，与今志小为牵附者，亦时有规焉。既成，上之当事者，已编入志内，为《金石录》。于是又择其案跋，厘为四卷，自觅工刊刻。乾隆五十三年著雍涒滩之岁，壮月。

十月十五日，卢文弨校勘《史记索隐》毕。
据《抱经堂文集》卷四《史记索隐校本序》记：

始余初读三家注《史记》本，见《索隐》之说往往互歧。首卷后既载《索隐》述赞矣，又云右述赞之体，深所未安。余初疑后语不出于小司马，后得毛氏单行《索隐》本，始知小司马初意欲改史公体例，自成一书，后以此书传世已久，忽加穿凿，难允物情，遂辍不为，而但为之注。其欲改刱之规模，别见于后本，不与注混。赵宋时始合《集解》《正义》，俱系之《史记》正文下，遂致有割截牵并之失。今幸有单行本为正之。然毛氏所梓，亦有次第颠倒，脱文讹字，难可尽据，则仍当以三家本正之。余向以单行本记于三家本上，犹未知择善而从也，今虽可为是正，而年已老矣。且毛氏本行密字小，不便增改其上，于观览亦不适。因令人略加展拓重钞之，稍序其先后，辨其离合，而于文字之间，尚未能以尽正，不无望于后之人。后之人因余书而复加以考订之功，亦庶乎其易为力矣。乾隆五十三年十月既望序。

同日，清廷撤《四库全书》馆，未尽事宜交由武英殿办理。

据《高宗实录》卷一三一四乾隆五十三年十月癸卯条记：

> 谕：文渊、文源等阁奉藏《四库全书》，上年派六阿哥、八阿哥、刘墉、彭元瑞，督同详校官重加校正。惟留空未补各函，或因缮写未竟，或因算办未完，尚未归函插架，亟应予限严催，毋任延缓。……其《四库》馆应办各书，现在该馆已撤，即交武英殿办理。

十月三十日，孙星衍校勘《晏子春秋》毕。

据《问字堂集》卷三《晏子春秋序》记：

> 《晏子》八篇，见《艺文志》。后人以篇为卷，又合《杂上》《下》二篇为一，则为七卷，见《七略》（原注：《史记正义》："《七略》云，《晏子春秋》七篇，在儒家。"）及隋、唐《志》。宋时析为十四卷（原注：《玉海》"四"作"二"，疑误。），见《崇文总目》。实是刘向校本，非伪书也。……乾隆五十三年，岁在戊申，十月晦日书。

是年，章学诚有书致邵晋涵，既云二人之为学，亦颇涉一时学风。

据《章氏遗书》卷九《与邵二云论学》记：

> 闻足下之刻《尔雅正义》，剧有苦心，婉转屈曲，避人先剿之于口说，而转谓笔于书者反袭之于彼也。足下素慎于言，雅学又博奥而难竟，然犹燕谈所及，多为拾牙慧者假借不归。乃知风气之儇，正复何所不有，是知影止一而罔两居二三也。鄙性浅率，生平所得，无不见于言谈，至笔之于书，亦多新奇可喜。其间游士袭其谈锋，经生资为策括，足下亦既知之，斯其浅焉者也。近则邀游南北，目见耳闻，自命专门著述者，率多阴用其言，阳更其貌。且有明翻其说，暗剿其意，几于李义山之敝缊，身无完肤；杜子美之残膏，人多沾丐。才非先哲而涉境略同，言之可惭，亦可慨也！鄙昔著《言公》篇，久有谢名之意，良以立言垂后，无非欲世道之阐明，今既著有文辞，何必名出于我。后见王怀祖氏，自言所得精义，不暇著书，

欲求善属辞者，承其指授而自著为书，不必人知所著本于王氏，乃知王君与仆有同志也。然而有其志而不能遂其事者，则以承指授而属辞，遂能达其心之曲折，千万人中不能得一二也。且使果具此才，亦可不藉荣于王氏矣。然则专心指授，犹不敢望人达其曲折，况剿袭言辞，安能不谬其初指乎！故学无心得而但袭人言，未有可恃者也，是以不得不别白而存其真也。顾宁人云："良工不示人以璞"，恐其以未成之器误人。我辈书未出，而微言要旨，往往先见言论，遂使人得掩为似是之非。虽曰士风之浇，而轻露其璞以误人，我辈不得不职其咎矣。

庄存与卒于是年七月十五日。
据臧庸《拜经堂文集》卷五《礼部侍郎少宗伯庄公小传》记：

公姓庄氏，名存与，字方耕，江苏武进人。乾隆乙丑榜眼，官礼部左侍郎。……所著有《八卦观象篇》《彖象论》《彖传论》《系辞传论》《序卦传论》《卦气解》《尚书既见》《毛诗说》《春秋正辞》《周官记》《律谱六乐解》《九律解》《声应生变解》《成律合声论》《审一定和解》《天位人声地律论》《合乐解》，定黄钟之声及其径论律书，解琴律，解瑟音，论算法约言等书藏于家。《易》主朱子《本义》（义字原脱，据上下文意改。——引者），《诗》宗《小序》《毛传》，《尚书》则兼治古今文，《春秋》宗《公》《穀》义例，"三礼"采郑注，而参酌诸家。病中，犹时时背诵经书不置。乾隆五十三年卒，年七十岁。

又据王逸明《武进庄存与庄述祖年谱稿》卷首《武进庄氏世系表》记：

庄存与，柱长子，字方耕，号养恬。生于康熙五十八年十一月初三日，卒于乾隆五十三年七月十五日，寿七十。

余廷灿服膺戴震遗说，撰《戴东原先生事略》。文成，送纪昀阅，纪氏复书商榷。

据余廷灿《存吾文稿》卷四《戴东原先生事略》记：

> 宋元以来，论反切之学，俱称释神珙传西域三十六字母于中土。君则谓反切之法起于孙叔然，叔然受学康成之门人，称东州大儒者也。《崇文总目叙》曰："孙炎始作字音。"深宁叟曰："仓颉制字，孙炎作音，沈约撰韵。"此唐宋人论反切字，咸溯源叔然也。……君既死，遗文零落，无所收拾。其后曲阜孔君继涵取其书，校付剞劂，稍稍流布海内。海内既注仰孔君之表章嗜学，而又幸君之死而不死，以为潜心大业，其显晦升沉之际，乃有如是之感召默成也。君感怆慎修死，为作《事略状》。廷灿未识君面，而喜读君书，后君之死十有二年来京师，从士大夫之后，日闻君之学与君之人。恐久就坠逸，因叙次其事略，以待史馆采择焉。谨状。

又据《纪晓岚文集》卷十二《与余存吾太史书》记：

> 昀再拜启存吾太史阁下：承示《戴东原事略》，具见表彰古学之深心。所举著书大旨，亦具得作者本意。惟中有一条，略须商榷。东原与昀交二十余年，主昀家前后几十年，凡所撰录，不以昀为弇陋，颇相质证，无不犁然有当于心者。独《声韵考》一编，东原计昀必异论，竟不谋而付刻。刻成，昀乃见之，遂为平生之遗憾。盖东原研究古义，务求精核，于诸家无所偏主。其坚持成见者，则在不使外国之学胜中国，不使后人之学胜古人。故于等韵之学，以孙炎反切为鼻祖，而排斥神珙反纽为元和以后之说。夫神珙为元和中人，固无疑义。然《隋书·经籍志》，明载梵书以十四字贯一切音，汉明帝时，与佛经同入中国，实在孙炎以前百余年。且《志》为唐人所撰，远有端绪，非宋以后臆揣者比。安得以等韵之学归诸神珙，反谓为孙炎之末派旁支哉？东原博极群书，此条不应不见。昀尝举此条诘东原，东原亦不应不记。而刻是书时，仍讳而不言，务伸己说，遂类西河毛氏之所为，是亦通人之一蔽也。若姑置此书不言，而括其与江慎修论古音

者为一条，则东原平生著作，遂粹然无瑕，似亦爱人以德之一端。昀于东原交不薄，尝自恨当时不能与力争，失朋友规过之义。故今日特布腹心于左右，祈刊改此条，勿彰其短。此尽平生相与之情，刍荛之言是否可采，惟高明详裁之。

乾隆五十四年己酉　1789 年

二月四日，清廷举仲春经筵，高宗解《论语》"子在齐闻《韶》"，讥朱子"未知乐，且未知夫子"。

据《高宗实录》卷一三二二乾隆五十四年二月辛卯条记：

> 上宣御论曰：咸池六英，有其名而无其乐。非无乐也，无其言，故不传其乐耳。若夫舜之《韶》，则自垂千古。何以故？舜之言垂千古，则乐亦垂千古。夫子在齐，偶闻之耳。必曰在齐始有《韶》，夫子闻之之后而《韶》遂绝，是岂知乐者哉？司马迁增之以"学之"二字，朱子亦随而注之，则胥未知乐，且未知夫子矣。……夫子天纵之圣，何学而不能，而必于《韶》也，学之以三月而后能乎？盖三月为一季，第言其久耳。而朱子且申之以九十一日知味之说，反复论辨不已。吁，其去之益远矣！

仲春，臧庸有书致其师卢文弨，讨论《齐论语》。

据《拜经堂文集》卷三《上侍读学士卢召弓言齐论语书》记：

> 《汉志》：《古论语》二十一篇，《齐》二十二篇，《鲁》二十篇。一《论语》也，……虽有二十、二十一、二十二之不同，而究无异也。自朱子《集注》于《季氏篇》采洪氏说，谓此篇或以为《齐论》，于是后人疑《齐》《鲁》迥然不同，若各为一书。而《大全》载吴氏说云，疑为《齐论》，以皆称"孔子曰"，且三友、三乐、九思等条，例与上下篇不同，然亦无他佐证。此论足破洪之臆说矣。《钟山札记》载顾氏宪成、袁氏枚之言，以《宪问篇》子路、子贡问管仲事为出《齐论》，大致本于洪也。……管氏之学，求之三代，未可多得。学者于六艺外，可取信者莫过《论语》，似未可轻议之也。

孟夏，毕沅校勘《吕氏春秋》成。

据《吕氏春秋》毕沅校正本卷首《吕氏春秋新校正序》记：

《汉书艺文志·杂家》：《吕氏春秋》二十六卷，秦相吕不韦辑智略士作。原夫"六经"以后，九流竞兴，虽醇醨有间，原其意旨，要皆有为而作。降如虞卿诸儒，或因穷愁，托于造述，亦皆有不获已之故焉。其著一书专觊世名，又不成于一人，不能名一家者，实始于不韦。……暇日，取元人大字本以下，悉心校勘。同志如抱经前辈等，又各有所订正，遂据依付梓。鸠工于戊申之夏，逾年而告成。若《淮南王书》，则及门庄知县炘，已取《道藏》足本，刊于西安，故不更及云。乾隆五十四年，岁在己酉，孟夏月吉序。

又据《汪中集》卷四代毕沅作《吕氏春秋序》记：

《吕氏春秋》世无善本，余向所藏，皆明时刻。循览既久，辄有所是正。于时嘉善谢侍郎、仁和卢学士并好是书，及同学诸君，各有校本。爰辑为一编，而属学士刻之。

仲夏，周永年刊《贷园丛书初集》。

据《贷园丛书》卷首周永年《序》记：

《贷园丛书初集》共十二种，其板皆取诸青州李南涧家。其不曰《大云山房丛书》者何也？曰尚思续刻以益之，凡藏弆书板者，又将多所借以广之，不必限以一家故也。余交南涧三十年，凡相聚及简尺往来，无不言传钞书籍之事。及其官恩平、潮阳，甫得刻兹十余种，其原本则多得之于余。今君之殁已十一年，去年冬，始由济南至青州，慰其诸孤，因携板以来。忆君有言曰："藏书不借，与藏书之意背矣。刻书不印，其与不刻奚异？"尝叹息以为名言。使果由此多为流布，君之志庶几可以少慰乎！乾隆五十四年，岁次己酉仲夏，历城周永年书昌氏，叙于京宣武坊寓舍。

五月十七日，高宗颁谕，重申查缴禁书，"不使稍有留遗"。

据《高宗实录》卷一三二九乾隆五十四年五月癸酉条记：

> 谕军机大臣曰：陈用敷奏请展限查缴禁书折内，据称现在各属缴到书籍，为数无多，似已搜罗殆尽。惟续查出之《休园省录》等书，饬行未久，恐穷乡僻壤，或未周知，不敢以年限已满，遽停查办。请展限一年，再加逐细访查等语。江浙违碍各书……，未必竟至搜罗净尽。……着传谕书麟、闵鹗元、陈用敷、何裕城、琅玕等，务宜严饬所属，随处留心查访。如有应行查禁各书，即迅速饬缴销毁，不使稍有留遗。

夏，纪昀利用校核《文津阁四库全书》之暇，在承德避暑山庄著《滦阳消夏录》。

据《滦阳消夏录》卷首作者自序记：

> 乾隆己酉夏，以编排秘籍，于役滦阳。时校理久竟，特督视官吏题签庋架而已。昼长无事，追录见闻，忆及即书，都无体例。小说稗官，知无关于著述；街谈巷议，或有益于劝惩。聊付抄胥存之，命曰《滦阳消夏录》云尔。

该书卷一，纪昀有评汉、宋儒学语，据云：

> 夫汉儒以训诂专门，宋儒以义理相尚，似汉学粗而宋学精。然不明训诂，义理何自而知？概用诋排，视犹土苴，未免既成大辂，追斥椎轮；得济迷川，遽焚宝筏，于是攻宋儒者又纷纷而起。故余撰《四库全书·诗部总叙》有曰：宋儒之攻汉儒，非为说经起见也，特求胜于汉儒而已。后人之攻宋儒，亦非为说经起见也，特不平宋儒之诋汉儒而已。韦苏州诗曰："水性自云静，石中亦无声；如何两相激，雷转空山惊。"此之谓矣。平心而论，王弼始变旧说，为宋学之萌芽。宋儒不攻《孝经》，词义明显。宋儒所争，只今文古文字句，亦无关宏旨，均姑置弗议。至《尚书》、"三礼"、

"三传"、《毛诗》、《尔雅》诸注疏，皆根据古义，断非宋儒所能。《论语》《孟子》，宋儒积一生精力，字斟句酌，亦断非汉儒所及。盖汉儒重师传，渊源有自。宋儒尚心悟，研索易深。汉儒或执旧文，过于信传；宋儒或凭臆断，勇于改经，计其得失，亦覆相当。惟汉儒之学，非读书稽古，不能下一语，宋儒之学，则人人皆可以空谈。其间兰艾同生，诚有不尽餍人心者，是嗤点之所自来。

臧庸辑卢植《礼记解诂》成，卢文弨撰序表彰。
据《卢氏礼记解诂》卷首卢文弨《序》记：

余壮岁见朱子之言曰："后汉诸儒说《礼》甚有功。"而于吾家子幹，且独举其名，意窃慕之。考《后汉书》本传，载其作《礼记解诂》，而隋唐《志》皆云《礼记注》，当由后人改易本名。其卷则二十，诸书略同，后人无传者。余思就所见纂辑，而服官少暇，继又奔驰道涂，终于不果。岁月空掷，念之未尝不内热也。武进臧生在东，研求遗经，志甚锐，力甚勤，慨然补余之阙，日度不盈六十，而所辑已裒然成卷。录以遗余，余得之喜甚。凡诸经之义疏，史籍之所载，无不捃拾；即众家相传文字音读之异同，一字一句，罔有遗弃。而所可见者，乃不及十之一，岂不甚可惜哉！当日子幹，与郑康成同事马融，今郑氏《三礼注》《毛诗笺》，得唐孔、贾诸儒为之条疏，而书大显。余若《周易》《尚书》，及《尚书大传》，虽已散失，而后人为之掇拾，其卷轴犹不甚约。乃于子幹，后世至不能举其书之名，莫为之后，虽美不传。犹幸今有在东其人，以英敏之资，乘精锐之力，不为则已，为则必成。余为卢氏后人，乃悠悠忽忽，以迄于今，而得安享其成，幸之甚，愧亦甚焉。夫子幹有功圣经，一生言行，无玷大节，炳炳著史策。乃明人张璁辈，辄妄为轩轾，黜其圣庙从祀，而改祀于乡。吾里杭堇浦前辈有《请仍从祀议》在集中，其事不果行。然公论自在天壤，必有能继请者，岂余小子私以为氏族光哉？因读此书而并附及之。乾隆五十四年长至日，范阳后人文弨拜手谨序。

八月，翁方纲著《两汉金石记》在江西南昌刊行。

据《两汉金石记》卷首《题记》记：

> 乾隆五十四年己酉秋八月，锓于南昌使院，凡廿二卷。北平翁方纲。

秋冬间，程瑶田自嘉定教谕任上致书刘台拱，以阮元的崛起而"豁目悦心"。

据刘文兴《刘端临先生年谱》乾隆五十四年三十九岁条，录程瑶田书记：

> 八月底，儿子从金陵归，得读手书，兼悉近候安吉，藉慰远怀。前有人从京口来者，言先生闭户著书，彼都人士，仰之如泰山北斗。闻之令人钦慕。瑶田至此未久，加以善病，精力较之往年，日就衰颓，不能振作。拙著尚有数册，都不暇整比，拟迟一二年，乃作归计耳。应礼闱北上，先生岁内就道否？此吾儒分内事，南宫领袖，盖日望之。瑶田兴趣大减，又三年中，连伤断雁，其不作随行逐队想者，固非以退飞为高致也。汪容甫不知岁内果归否？少年后起者，有仪征阮梁伯，今年新庶常，心力坚锐可畏。近撰《车制图解》二卷，刻成见寄。其中"轮人"、"辀人"，郑氏误解及后人说之未当者，再三推论，断以己见，阅之令人豁目悦心。顾瑶田去秋自都南下，车中触目暗忖，于二职亦微有所见，今检其书，不能悉合。异日入都，当与梁伯及怀祖共商之。二云先生《尔雅正义》，奇书也，惟《释草》中言黍稷与前人相反，其误显然。春间作一书奉寄，反复辨论，未蒙裁答，或者以妄言忘听置之乎？孟冬，臧庸辑《尔雅汉注》成。

据《拜经堂文集》卷二《录尔雅汉注序》记：

> 余闻之先师郑公曰，《尔雅》者，孔子门人所作，以释六艺之言。扬子云亦云，孔子门徒游、夏之俦所记。作《雅》之人，斯为定论矣。《隋志》录汉中散大夫樊光注三卷，魏秘书监孙炎注七卷，又言梁有汉刘歆、犍为

文学、中黄门李巡《尔雅》各三卷，亡。而《释文·序录》具有，是陆氏犹及见之。《春秋正义》引樊光注，《礼记正义》作某氏，《诗正义》则某氏、樊光两引之。殆因沈旋疑非光注，或题为某氏耳。要皆汉儒之义，精通旧诂，深研雅训，远非东晋郭景纯辈所能及。唐初，孔冲远撰《五经正义》，引诸家证之，陆德明《释文》则用郭本，古义益微。及唐季，而诸家之书尽亡矣。后有孙奭、高琏、邢昺三家，著《尔雅正义》，专主郭说，无足为怪。镛堂少习此经，兼考旧义，见郭氏精美之语多本先儒，支离之谈皆由臆说，更或擅改经文，轻弃注义：……爰采《释文》《正义》及唐以前诸书所引旧注，录为三卷，以存汉学，俾读是经者有考焉。昔梁沈旋尝集众家之注为十卷，见《释文》及隋、唐《志》，惜唐以后亦亡。夫治经必先通诂训，故《尔雅》者，六艺之权舆也。治《尔雅》者必根本汉学，而后参考之郭氏，则此书又《尔雅》之权舆也。学者其知所后先欤？

十月十六日，卢文弨为臧庸辑《尔雅汉注》撰序。
据《抱经堂文集》卷六《尔雅汉注序》记：

不识古训，则不能通六艺之文而求其意。欲识古训，当于年代相近者求之。《尔雅》一书，旧说谓始于周公、孔子，而子夏暨叔孙通辈续成。今臧生在东从扬子云、郑康成之言，断以为孔子门人所作。其为注者，汉有犍为文学、樊光、李巡，魏有孙炎，为反切之学所自始。是皆说《尔雅》者所必宗也。今唯晋郭璞注盛行，而他皆失传。郭于古文古义不能尽通，往往以己意更定，考古之士病焉。幸李、孙诸人说时散见于唐人诸书中，其为郭氏所弃而不取者，说顾往往胜郭。在东笃好古义，遍加搜辑，汇成三卷，庶乎遗言之不尽队也。夫时之近远，犹夫州土之各异，以吴人解越人之言，纵不尽通，犹得其六七，燕秦之士，必不逮焉。故吾亦不谓李、孙诸人之解之尽得也，然其是者必贤于后人所见。在东勤勤掇拾，能引伸其所长，而不曲护其所短，由诂训以通经学，斯不难循涂而至矣。吾因以知宋人若陆佃、郑樵之更不足尚也。与其陆、郑之是从，又无宁郭。乾隆五十四年，阳月既望，杭东里人卢某序。

十一月九日，高宗颁谕，遣派官员校核文溯阁《四库全书》并《四库全书荟要》。

据《高宗实录》卷一三四二乾隆五十四年十一月辛卯条记：

> 谕：文渊、文源、文津三阁《四库全书》，前已派员逐份校阅，将错误处所详晰签改。至文溯阁《全书》一份，现在应往盛京，原勘之陆锡熊等业已差满，俟到齐即行前往校办。其《荟要》二份，尚未重加校正，着派懋勤殿翰林，会同纪昀，悉心勘校，以期并臻完善。

仲冬，臧庸致书顾文炳，力赞顾氏师事卢文弨。

据《拜经堂文集》卷三《与顾子明书》记：

> 卢抱经学士，天下第一读书人也。镛堂语足下从之游久矣，足下至此方信，所谓有志者事竟成也。庄葆琛先生颜其书塾曰辨志，此二字仍学者顶门一针。足下欲从师，当先辨志，志在读书乎？志在科名乎？读书当先通诂训，始能治经，尊信两汉大儒说，如君师之命弗敢违。非信汉儒也，以三代下汉最近古，其说皆有所受。故欲求圣人之言，舍此无所归。

仲冬，臧庸尊其师卢文弨嘱，校勘《毛诗注疏》。

据《拜经堂文集》卷二《毛诗注疏校纂序》记：

> 余师学士卢绍弓，以《七经孟子考文》及《十三经注疏正字》参定《毛诗》，命镛堂校录之。爰不揣固陋从事，偶有所得，亦附其中，以俟裁择，一字之审，或至数日。两月以来，寝食屡废，盖深惧心力有未尽也。稿成，分《国风》一卷，《小雅》一卷，《大雅》《颂》合一卷，因记诸本之异同于简端云。

是年，钱大昕在苏州主持紫阳书院，重订《金石录》，相继为洪亮吉《东晋疆域志》、徐文范《东晋南北朝舆地表》撰序。

据《竹汀居士年谱》乾隆五十四年六十二岁条记：

> 正月，到紫阳书院。是春，校勘应劭《风俗通义》，并刺取他书所引逸文补之。……是冬，重订《金石录》。前后收藏，共得二千通，与赵明诚著录之数恰同。但赵所录，讫于五代，居士所藏，讫元而止。明碑虽有名者，亦不著录，较赵氏似稍过之。

> 钱庆曾案：公自丁丑岁，收采金石文字，以考正经史。凡知交历官、居乡之地，莫不遍托搜罗。至身所经历，山崖水畔，黉宫梵宇，有断碑残刻，必剔藓拂尘，摩挲审读，或手自椎拓，积三十余年，遂成巨富，著《跋尾》八百余篇。每积二百余篇，辄为门弟子转写付梓，故先后共成四集。其《目录》八卷，随时增补。至公殁后，祖姑父瞿公中溶、许公希冲校刊时，又不止二千通云。

又据《潜研堂文集》卷二十四《东晋疆域志序》记：

> 阳湖洪君稚存，撰次《三国疆域志》成，予既叹其奇绝，比者复有《东晋疆域志》之编。汗青甫毕，出以相示，读之益叹其才大而思精，诚史家不可少之书也。……稚存生于千载之后，乃能补苴罅漏，抉摘异同，搜郦、乐之逸文，参沈、魏之后史，阙疑而慎言，博学而明辩，俾读者了然，如聚米之在目前，讵非大快事哉！稚存少而好游，九州之广，足迹几遍。胸罗全史，加以目验，故能博且精若此。而意犹未足也，将踵是而志十六国之疆域，与斯编相辅而行。予虽衰病，亦尝留意方舆之学，愿企踵以观厥成焉。

又据同书同卷《东晋南北朝舆地表序》记：

> 读史而不谙舆地，譬犹瞽之无相也。……同里徐仲圃，默而好深湛之思，足还不出百里，而三条、四列、十道、九域，一一囊括于心胸。乃上

溯太安，下讫大业，年经国纬，表而次之。先辨实土，附以侨治，其间分裂并合，参互错综，志有渗漏，则采纪传以证成之。以予亦尝从事于斯也，每成一篇，辄就商榷，考辩同异，必得其当然后已。旁观匿笑，蚩其用心无用之地，不知吾两人之莫逆于心也。古人谓作史莫难于志，而时代久远，则考证尤难。……此书出，必有珍为枕中之秘者，予固非阿所好而云然也。

案：据徐文苑书，大昕此序撰于是年八月。

十一月，章学诚有书答沈在廷，论入清以来学风变迁，平停考订、辞章、义理之学。

据《章氏遗书》卷九《答沈枫墀论学》记：

国初崇尚实学，特举词科，史馆需人，待以不次，通儒硕彦，磊落相望，可谓一时盛矣。其后史事告成，馆阁无事，自雍正初年至乾隆十许年，学士又以"四书"文义相为矜尚。仆年十五六时，犹闻老生宿儒自尊所业，至目通经服古谓之杂学，诗古文辞谓之杂作。士不工"四书"文，不得为通，又成不可药之蛊矣。今天子右文稽古，三通、四库诸馆以次而开，词臣多由编纂超迁，而寒士挟策依人，亦以精于校雠辄得优馆，甚且资以进身，其真能者，固若力农之逢年矣。而风气所开，进取之士，耻言举业。熊、刘变调，亦讽《说文》《玉篇》；王、宋别裁，皆考容金篆石；风气所趋，何所不至哉！夫考订、辞章、义理，虽曰三门，而大要有二，学与文也，理不虚立，则固行乎二者之中矣。学资博览，须兼阅历，文贵发明，亦期用世，斯可与进于道矣。夫博览而不兼阅历，是发策决科之学也；有所发明而于世无用，是雕龙谈天之文也；然而不求心得而行迹取之，皆伪体矣。比见今之杰者，多偏于学文，则诗赋骈言亦极其工，至古文辞，则议之者鲜矣。夫文非学不立，学非文不行，二者相须，若左右手，而自古难兼，则才固有以自限，而有所重者意亦有所忽也。……然而考索之家，亦不易易，大而《礼》辨郊社，细若《雅》注虫鱼，是亦专门之业，不可忽也。阮氏《车考》，足下以谓仅究一车之用，是又不然。治经而不究于名物度数，则义理腾空而经术因以卤莽，所系非浅鲜也。……立言之士，读书但观大意；专门考索，名数究于细微。二者之于大道，交相为功，殆犹女余布而农余粟也，而所以不能通乎大方者，各分畛域而交相诋也。……昔朱竹君先生善古文辞，其于六书，未尝精研，而心知其意。王君怀祖，固以六书之学专门名家者也。朱先生序刻《说文》，中间辨别六书要旨，皆咨于怀祖而承用其言。仆称先生诸序，此为第一，非不知此言本怀祖也。而世或讥之，此不可语古人为文之大体也。近代学问如戴东原，未易易矣。其所考订与所发挥，文笔清坚，足以达其所见。而记传文字，非其所长，纂修志乘，固亦非其所解，委而不为，固无伤也。而强作解事，动成窒戾，此则不善趋避而昧于交相为功之业者也。要之，文易翻空，学须摭实。今之学者，虽趋风气，竞尚考订，多非心得，然知求实而不蹈于虚，犹愈于掉虚文而不复知实学也。

洪亮吉致书卢文弨，就臧庸辑《郑氏论语注》解"束修"二字，提出异议。

据《卷施阁文甲集》卷八《与卢学士文弨论束修书》记：

前坐次，阁下言及吾乡邹君释束修二字，以为当从束身修辞解，心窃疑之。今观臧君镛堂辑《郑氏论语注》二卷，内间有疏证，于"自行束修以上"句，用《后汉书注》李贤之说，以破古义，愚以为不然。……今考束修二字，见于经传最古者，《仪礼》《榖梁》《檀弓》。《仪礼》："其以乘壶酒、束修、一犬赐人。若献人，则陈酒执修以将命。"修言执，与酒言陈对举。《榖梁》隐元年传曰："束修之肉，不行竟中。"正义："束修之肉者，修，脯也，谓束脯之肉也。"《檀弓》："古之大夫，束修之问不出竟。"……今臧君等据唐人单词，而即欲破"三礼""二传"及先后郑诸家之诂训，又使圣人之言语字支离，可谓锐于立异矣。……前坐次语未悉，故敢复及之，并以质之臧君。

季冬，臧庸就"束修"训解复书洪亮吉。

据《拜经堂文集》卷三《答洪稚存太史书》记：

> 拙辑《论语郑注》，承校勘数则，已如教改正。惟束修说，鄙见不以为然，今谨陈之。……尊书云，贤注《伏湛传》，即云自行束修，谓年十五已上。盖以训修为饰，则下毁玷句为赘，且自行束带修饰，亦不成语，故不同于笃注。按：自行束修，讫无毁玷者，谓自行束带修饰之年以来，无毁玷之行。语相连及而非赘。谓年十五以上句，即用《论语》注。因《延笃传》已标明郑义，故此略其所本，其义则与《延笃传》同。余师卢召弓，说亦如阁下，但反覆郑义，不能无疑。若谓欲破古义，锐于立异，则镛堂岂敢！倘不以为是而更有以教之，幸甚。

十二月二十九日，章学诚致书湖广总督毕沅，恳请入毕氏幕府，继续编纂《史籍考》。

据《章氏遗书》附录《补遗》之《上毕制府书》记：

> 制府大人阁下：学诚始侍铃辕，在丁未之冬。……事未及殷，阁下移节汉江，学诚欲襆被相从，则妻子无缘寄食，欲仍恋一毡，则东道无人为主。盖自学诚离左右之后，一时地主，面目遽更，造谒难通。疣之赘，尚可言也；毛无附，将焉置此？阁下抚豫数年，学诚未尝一来，及其来也，阁下便去。进退离合，夫岂人谋？不得已还往亳州，辗转于当涂、怀宁之间，一钵萧然，沿街乞食，士生天地，无大人先生提挈而主张之，其穷阨也，有如斯矣。今逢阁下六旬初度，……谨撰五言古诗，自厕伶优丝竹之末，伏惟阁下鉴其愚忱，垂之一盼。倘得驰一介之使，费崇朝之享，使学诚得治行具，安家累，仍充宾从之数，获成《史籍》之考，……学诚临书，不胜欣望依溯之至。

又据胡适、姚名达《章实斋先生年谱》乾隆五十四年五十二岁条记：

十二月二十九日，有《上毕制府书》。（原注：见刘本《补遗》）附五言古诗，以祝毕沅六旬初度。

任大椿于是年六月卒于北京。
据钱仪吉辑《碑传集》卷五十六施朝幹撰《任幼植墓表》记：

君讳大椿，幼植其字。……乾隆三十八年，《四库全书》总裁大臣奏充纂修官。《礼经》同异，裒辑为多。……五十四年五月，以郎中授陕西道监察御史，未莅任而病，六月卒，年五十二。君宦京师久，惟键户读书，不肯谒权贵人。尝谓余曰："今考据家辄务取名，鲜自得，亦伪学耳。"所著书有《经典弁服释例》八卷、《深衣释例》三卷、《释缯》一卷、《吴越备史注》二十卷、《小学钩沉》二十卷、《字林考逸》八卷、《诗》六卷。

又据章学诚《章氏遗书》卷十八《任幼植别传》记：

兴化任君幼植，与余同学文辞于大兴朱先生筠。君与余同乾隆三年戊午生，而学于朱氏则先于余。……己丑，君登进士第，以二甲第一人授礼部主事。……乙未，余复至京师，君已征为《四库书》馆纂修。……余访君属疾，延见所卧，则君方辑吕忱《字林》，逸文散见，搜猎横博。……君学淹通，于礼尤长名物。初欲荟萃全经，久之知其浩博难罄，因思即类以求，一类既贯，乃更求他类，务使遍而后已。所著《深衣释例》《释缯》诸篇，皆博综群书，衷以己意。皮傅之学，不过视为《尔雅》广疏，不知君乃《经礼》之别记尔。……君讳大椿，一字子田，官某道监察御史，卒年五十有二。

章学诚撰《书朱陆篇后》，集中批评戴震学行，约在是年。
据《章氏遗书》卷二《朱陆》附《书朱陆篇后》记：

戴君学问，深见古人大体，不愧一代巨儒，而心术未醇，颇为近日学者之患，故余作《朱陆》篇正之。戴君下世，今十余年，同时有横肆骂詈者，固不足为戴君累；而尊奉太过，至有称谓孟子后之一人，则亦不免为戴所愚。身后恩怨俱平，理宜公论出矣，而至今无人能定戴氏品者，则知德者鲜也。凡戴君所学，深通训诂，究于名物制度，而得其所以然，将以明道也。时人方资博雅考订，见其训诂名物，有合时好，以谓戴之绝诣在此。及戴著《论性》《原善》诸篇，于天人理气，实有发前人所未发者，时人则谓空说义理，可以无作，是固不知戴学者矣。戴见时人之识如此，遂离奇其说曰："余于训诂、声韵、天象、地理四者，如肩舆之隶也；余所明道，则乘舆之大人也。当世号为通人，仅堪与余舆隶通寒温耳。"言虽不为无因，毕竟有伤雅道，然犹激于世无真知己者，因不免于已甚耳，尚未害于义也。其自尊所业，以谓学者不究于此，无由闻道。不知训诂名物，亦一端耳。古人学于文辞，求于义理，不由其说，如韩、欧、程、张诸儒，竟不许以闻道，则亦过矣。然此犹自道所见，欲人惟己是从，于说尚未有欺也。……戴君学术，实自朱子道问学而得之，故戒人以凿空言理，其说深探本原，不可易矣。顾以训诂名义，偶有出于朱子所不及者，因而丑贬朱子，至斥以悖谬，诋以妄作，且云："自戴氏出，而朱子侥幸为世所宗，已五百年，其运亦当渐替。"此则谬妄甚矣！戴君笔于书者，其于朱子有所异同，措辞与顾氏甯人、阎氏百诗相似，未敢有所讥刺，固承朱学之家法也。其异于顾、阎诸君，则于朱子间有微辞，亦未敢公然显非之也。而口谈之谬，乃至此极，害义伤教，岂浅鲜哉！或谓言出于口而无踪，其身既殁，书又无大抵牾，何为必欲摘之以伤厚道？不知诵戴遗书而兴起者尚未有人，听戴口说而加厉者滔滔未已。至今徽、歙之间，自命通经服古之流，不薄朱子，则不得为通人。而诽圣排贤，毫无顾忌，流风大可惧也。向在维扬，曾进其说于沈既堂先生，曰："戴君立身行己，何如朱子，至于学问文章，互争不释，姑缓定焉可乎？"此言似粗而实精，似浅而实深也。

又据钱穆《中国近三百年学术史》第九章"章实斋"，附《实斋文字编年要目》乾隆五十四年条记：

是年，自四月十一日至五月初八日，得《通义》内外二十三篇，……统名《姑孰夏课》。……又《附存旧稿》一篇，今疑是《朱陆篇》，原题注："《庚戌钞存·通义下》。"据《朱陆篇》原文，似当东原未卒前作。而《朱陆篇书后》云，戴君下世今十余年，则今年去东原卒十二年，恰合。知《书后》乃今年作，而并以原篇编附十二篇后也。

乾隆五十五年庚戌　1790 年

孟春，臧庸致书段玉裁，讨论《月令》注疏。
据《拜经堂文集》卷三《与段若膺明府书》记：

  镛堂受业卢召弓学士，始闻先生名，讲求声音诂训之学，为海内第一，心窃慕之。去年来龙城书院，未及走见，恨恨。今者令弟鹤台先生过舍，因以书达，幸教之。拙纂《月令杂说》，有驳郑注一条，闻卢学士举以告先生，而不以为然。或未详其说，今再陈之。……新作《虞书正义释》一篇附正，伏愿皆有以教之，幸甚。

正月二十六日，臧庸校勘《尚书注疏》成。
据《拜经堂文集》卷二《尚书注疏校纂序》记：

  此书条例，一依《毛诗校纂》，工起己酉十二月二十五日，成于庚戌正月二十六日，《虞夏书》一卷、《商书》一卷、《周书》一卷。足利古本与宋元同者皆善，余多有妄改者。《伪孔传》于诂训皆定主一义，虽不能如郑学之闳通，犹胜于俗儒不知诂训者。乃传解厥为其，而古本便改经厥字为其，传解艰为难，而古本便改经艰字为难，传解庸为用，而古本便改经庸字为用，传解时为是，而古本便改经时字为是。此后人私作之迹其显然者，则古本之伪也。宋元本皆即《考文》所载，误者甚少。监本系家藏明神庙十五年本，每卷首有李长春、盛讷等奉敕校刊，吴士元、黄锦等奉敕重修名衔，往往舆宋元板相合，亦出汲古阁毛氏之上。今首列《考文》所载古本宋板式备考，而以明监板式附之。

三月中，章学诚抵武昌，入毕沅幕，有书致邵晋涵。书中，婉言商榷《尔雅正义》，力促晋涵重修《宋史》。

据《章氏遗书》卷九《与邵二云论学》记：

> 二月初旬，亳州一书奉寄，屈指又匝月矣。于二月之杪，方得离亳，今三月望，始抵武昌。襄阳馆未成，制府即令武昌择一公馆，在省编摩，于仆计亦较便也。移家一事，已详余邮书中，可便省之。古人朋友之道，久不相见，则考订学业有无长益，见解有无商质，不仅述寒温，溯离合，甚或嗟贫而叹老，相与作楚囚之泣也。足下今年四十有八，仆则五十又过三矣。古人五十无闻，谓不足畏；所谓闻者，不仅远近称述，知其能文善学而已也，盖必实有可据于已，性命休戚其中，如公输之巧，师旷之聪，举其事即可知其为人，如旷以聪闻，输以巧闻，乃可谓之闻也。足下与仆自都门初遇之日，皆自以为稍出流俗，荏苒二十年矣，不幸名过其实，薄有文学之名；称者固未必深知，假有真知者出，未我辈之可闻，果何物哉！夫子曰："朝闻道，夕死可矣。"夫必朝闻而可夕死，甚言不闻道者为枉生也。世儒言道，不知即事物而求所以然，故诵法圣人之言，以谓圣人别有一道在我辈日用事为之外耳。故宋人讥韩昌黎氏，以谓因文见道；不知韩子未至于孔、孟者，义方敬直之功，存心养性之学，不能无间然耳。若以因文见道为韩子之弊，是离学问文章以言道，恐韩子所不屑也。子夏曰："小道必有可观，致远恐泥。"盖指技曲术业而言也。我辈平日既以文学为业，而究所成就，乃与技曲术业无甚悬殊，则文章学问不任受过，学而不思，学中无进境也。足下《尔雅正义》，功赅而力勤，识清而裁密，仆谓是亦足不朽矣。抑性命休戚之故，亦有可喻者乎？《尔雅》字义，犹云近正，近正之义，犹世俗云官常说话，使人易解。足下既疏《尔雅》，则于古今言语能通达矣；以足下之学，岂特解释人言，竟无自得于言者乎？君家念鲁先生有言："文章有关世道，不可不作；文采未极，亦不妨作。"仆非能文者也，服膺先生遗言，不敢无所撰著，足下亦许以为且可矣。足下于文，漫不留意，立言宗旨，未见有所发明，此非足下有疏于学，恐于闻

道之日犹有待也。足下博综,十倍于仆,用力之勤,亦十倍于仆,而闻见之择执,博综之要领,尚未见其一言蔽而万绪赅也。足下于斯,岂得无意乎?《宋史》之愿,大车尘冥,仆亦有志,而内顾枨然,将资于足下而为之耳。足下如能自成一史,仆则当如二谢、司马诸家之《后汉》,王隐、虞预诸家之《晋书》,亦备一家之学。如其未能,则愿与足下共功。其中立言宗旨,不俟而合,亦较欧、宋《新唐》必有差胜者矣。岁月不居,节序川逝,足下京师困于应酬,仆亦江湖疲于奔走。然仆能撰著于车尘马足之间,足下岂不可伏箧于经折传单之际!此言并示余村,策以及时勉学,无使白首无成,负其灵秀之钟,而与世俗之人归趣不相远也,如何如何!不宣。

段玉裁客游武昌,在毕沅幕晤章学诚。四月十六日,有书致邵晋涵,言及邵著《宋史》并代毕氏纂《宋元明通鉴》事。

据黄云眉著《邵二云先生年谱》乾隆五十五年四十八岁条记:

是年三月,章学诚有与先生书……。此书盖学诚始抵武昌时所发。同时段玉裁亦客武昌,有书致先生云:

段玉裁顿首上二云先生左右:客冬得晤,数年契阔,得以稍畅。钦闻妙论,深叩雅谊,大快事也。惠赐《尔雅正义》,元元本本,既赡且确,什百邢氏,何待言矣。裁自客冬归,匆扰多端,未能详读一过,深以为歉。近者索居无俚,乃溯江至秋帆先生所一行,月内当即归,不能久滞也。拙著《尚书考异》将成,详于古文、今文之别,及卫、包之妄,行且梓政。先生邃于史学,闻实斋先生云,有《宋史》之举。但此事非先生莫能为,则日中必昃,尚勿迟缓。实斋神交已久,今始得见,其史学可谓得其本源。抑实斋先生云,甲辰、乙巳间,先生款门舍下无应者,闻甚骇异,去冬何未谈及?甲辰一年,舍间多故,裁必出门开罪也。裁自回坛,种种不得意。近者觅馆地坐之,倘其不得,当入都请业耳。兰泉先生向所仰望,去年承谕,本欲叩见而未暇,今辄具禀,伏冀转达。《说文》禼字下曰:"五行之数,二十分为一辰。"此语未详,求示之。每以独学无友为苦,故有入都请业之志也。秋帆先生云，相属纂《宋元明通鉴》，此事亦天地间不可少之事，何日成之？敬请近安，不戬。（原注：四月十六日，武昌幕中。）

其后，玉裁又有与先生书。……此二书俱自李慈铭《荀学斋日记·己集》中录出。

五月，钱大昕为卢文弨《群书拾补》撰序，赞卢书校勘精审，主张"通儒之学，必自实事求是始"。

据《群书拾补》卷首钱大昕《序》记：（案：大昕此序，又见《潜研堂文集》卷二十五。）

颜之推有言曰："校定书籍亦何容易？自扬雄、刘向方称此职耳。观天下书未遍，不得妄下雌黄。"予每诵其言，未尝不心善之。海内文人学士众矣，能藏书者十不得一，藏书之家能读者十不得一，读书之家能校者十不得一。金根白芨之徒，日从事于丹铅，而翻为本书之累，此固不足道。其有得宋元椠本，奉为枕中秘，谓旧本必是，今本必非，专己守残，不复别白，则亦信古而失之固者也。……宋元之本，果尽可据乎？更进而上之，东方割名，师古不能正；建武省郡，章怀滋其疑；邺下名儒，犹执宝刀；江南旧本，或误田宵。以至《易》脱"悔亡"，《书》空《酒诰》，《玉藻》《乐记》之错简，《南陔》《华黍》之亡辞，在汉代已然。自非通人大儒，焉能箴其阙而补其遗乎？学士卢抱经先生，精研经训，博极群书，自通籍以至归田，铅椠未尝一日去手。俸廪修脯之余，悉以购书。遇有秘钞精校之本，辄宛转借录。家藏图籍数万卷，皆手自校勘，精审无误。凡所校定，必参稽善本，证以它书，即友朋后进之片言，亦择善而从之。洵有合于颜黄门所称者！自宋次道、刘原父、贡父、楼大防诸公，皆莫能及也。客有复于先生者，谓："古人校理图籍，非徒自适，将以嘉惠来学。今弆藏则于世无益，尽刊则力有未暇，盍择其最切要者，件别条系，梓而行之，俾读书之家得据以改正，或亦宣尼举一反三之遗意欤？"先生曰："诺。"因检四部群书，各取数条讹脱尤甚者，次弟刊布。贻书吴门，属大昕序之。自念四十年来，仕隐踪迹，辄步先生后尘，而嗜古颠僻之性，谬为先生所许。读是书，窃愿与同志缅绎，互相砥厉，俾知通儒之学必自实事求是始，毋徒执村书数箧，自矜奥博也。庚戌五月，同馆后学嘉定钱大昕书。

赵怀玉校勘《韩诗外传》成，卢文弨欣然撰序，力促付梓。据《抱经堂文集》卷三《校本韩诗外传序》记：

> 齐、鲁、韩三家《诗》，虽皆失传，而唐人经义及类书所援引，唯韩独多。其《内传》亦仅见一二，若《外传》固未亡也。《汉志》本六篇，《隋志》则析而为十，非有所附益也。其得流传至今者，岂非以文辞赡逸，为人所爱玩故哉！顾传本虽多，而讹脱亦往往相似。吾友武进赵舍人亿孙怀玉，既取数本校之，又取其与诸书相出入者，参互考证，择其是者从之，其义得两通，则仍而不革，虑其损真也。又诸书所引，亦尚有出于此书之外者，复为之博综以系于后。盖自有雕本以来，至今日而讹者正，脱者补，阋者咸称快焉。余亟怂恿付梓，公诸同好，因缀数言于简端。……乾隆五十五年端午日，序于常州之龙城书院。

五月二十三日，高宗颁谕，准许京中士子入翰林院，江南士子前往文宗、文汇、文澜三阁，"检视钞录"《四库全书》。

据《高宗实录》卷一三五五乾隆五十五年五月癸卯条记：

> 谕：《四库全书》荟萃古今载籍，至为美备，不特内府珍藏藉资乙览，亦欲以流传广播，沾溉艺林。前因卷页浩繁，中多舛错，特令总纂等复加详细雠校，俾无鲁鱼亥豕之讹。兹已厘订蒇工，悉臻完善，所有江浙两省文宗、文汇、文澜三阁，应贮全书，现在陆续颁发藏庋。……着该督抚等谆饬所属，俟贮阁全书排架齐集后，谕令该省士子，有愿读中秘书者，许其呈明，到阁钞阅。但不得任其私自携归，以致稍有遗失。至文渊等阁，禁地森严，士人等固不便进内钞阅。但翰林院现有存贮底本，如有情殷诵习者，亦许就近检录，掌院不得勒阻留难。

六月，钱大昕北上京城，参加高宗八十寿辰庆典，王引之前来旅邸请益。

据《竹汀居士年谱》乾隆五十五年六十三岁条记：

是秋，恭遇圣寿八旬大庆，于六月中由水道入都。七月廿九日到京，寓谢金圃先生邸，又移寓邵二云编修邸。八月十三日，上升殿受贺，随班行礼。前三日进呈颂册，留览。廿二日出都门，由清苑至定州，游曲阳岳庙。自真定至隆平县，取道广平、大名，至济宁登舟。十月抵家。

又据王引之《王文简公文集》卷四《詹事府少詹事钱先生神道碑铭》记：

某素慕先生，乾隆五十五年，先生入都祝嘏，曾以所业请，蒙许可。

九月十七日，鉴于文溯阁《四库全书》讹谬甚多，高宗颁谕，惩处有关儒臣。

据《高宗实录》卷一三六三乾隆五十五年九月甲午条记：

又谕：文溯阁《全书》，讹谬甚多，且有脱写全卷者。皆原办各员校办草率所致，自应将《四库全书荟要》二份及各馆应纂、应缮各书，罚令校勘纂缮，以赎前愆。但各书卷帙浩繁，若无总办之人，仍恐未能画一。着派八阿哥、彭元瑞、金简总司其事。俟朕进宫后，于冬三月，将摛藻堂《荟要》，先行校勘完竣。明春驻跸圆明园时，再将味腴书屋《荟要》校勘，以便就旧稽裹，俾臻完善。至全卷脱写，未经校出各员，竟未寓目，非校书错误者可比。……除罚令校书外，着交部从重议处，以示惩儆。

秋，邵晋涵自纪昀处借得《日本五畿内志》，撰跋为记。

据《南江文钞》卷八《跋日本五畿内志》记：

日本人并河永取其亡友关祖衡所撰地志，重为校订，遍历其五畿之山川、邑里、桥梁、古迹,详其兴废,质其名实,阅五年书成,凡六十一卷,名曰《日本舆地通志》,畿内部亦名《五畿内志》。日本有五畿、七道、二岛,此仅志其五畿之疆土尔。……日本多战争,此书略存事迹,而文词塞涩,前后难以推究。沿革岁月迄于庆长七年,实明之万历二十九年也。庚戌秋,从晓岚尚书假观此书,因识数语于卷末。

卢文弨著《钟山札记》四卷刻竣,十月十五日,抱病撰序。

据《钟山札记》卷首《自序》记:

> 吾生无益于人,尚思有所托以见于后世,亦自笑其愚也。虽然,少受父师之训,朝夕启牖,得有微明。长而从四方学士大夫游,获闻其绪论,增长我之智识良不浅。昔人云胜读十年书,岂虚语哉?古之君子闻善以相告也,见善以相示也。鹿得美草尚呼其群,而况于人乎?故随所得辄录之,不暇诠次,分为四卷。不辞窃取之诮,幸免攘善之失。余前后忝钟山讲席最久,故以《钟山札记》标其目。噫!余老矣,儿辈皆弱,不忍辛苦纂集之,复为烟飞灰烬也,饥寒不恤,而剞劂是务。传闻于未闻之者,当不至视为无用之言,不急之辩而弃之。刻既成,适卧疾在床,幸身及见之,漫题数语于首简。倘耳目未即废坏,或将更有述焉。乾隆五十五年十月之望,杭东里人卢文弨识。

卢文弨复书臧庸,就《论语》传本及《钟山札记》载顾宪成、袁枚论管仲事,再抒己见。

据《抱经堂文集》卷二十一《答臧生在东书》记:

> 疑经,自是近世学者之病。生于《论语》,谓《齐》《鲁》不过字句之异,非或有或无,《齐论》不及《鲁论》也。所言诚是。然门弟子各记所言,其才质不能无高下。其出于有子、曾子之徒者,固皆醇矣,或亦有不尽出于二子之徒者乎?《论语》记曾子启手足之言,则书之成,去圣人时已久。儒者所称孔子之言,荀卿即已疑其不实。孟子曰:"尽信书不如无

书"，此亦通人之论也。管仲一匡之功，举世所艳称，当孟子时，犹有称道弗绝者。记者因夫子有许之之言，而遂推崇太过，以致辞气之间，抑扬过甚，诚难免后人之疑。……顾、袁二氏之论，实出于天理人情之正，圣人复起，必将有取焉。

章学诚撰《郑学斋记书后》，指斥一时学风病痛，主张"学当求其是，不可泥于古"。

据《章氏遗书》卷八《郑学斋记书后》记：

戴东原云："郑学微而始以郑氏名学。"其说泃然。时文兴而文辞始有古文之名，同一理也。戴君说经不尽主郑氏说，而其《与任幼植书》，则戒以轻畔康成，人皆疑之，不知其皆是也。大约学者于古，未能深究其所以然，必当墨守师说。及其学之既成，会通于群经与诸儒治经之言，而有以灼见前人之说之不可以据，于是始得古人大体而进窥天地之纯。故学于郑而不敢尽由于郑，乃谨严之至，好古之至，非蔑古也。乃世之学者，喜言墨守。墨守固专家之习业，然以墨守为至诣，则害于道矣。昔人谓"宁道周、孔误，勿言马、郑非"，墨守之弊，必至乎此。墨守而愚，犹可言也；墨守而黠，不可言矣。愚者循名记数，不敢稍失，犹可谅其愚也；黠者不复需学，但袭成说，以谓吾有所受者也。盖折衷诸儒，郑所得者十常七八；黠者既名郑学，即不劳施为，常安坐而得十之七八也。夫安坐而得十之七八，不如自求心得者之什一二矣；而犹自矜其七八，故曰德之贼也。惟墨守者流，非愚则黠，于是有志之士，以谓学当求其是，不可泥于古所云矣。夫是者，天下之公允也。然不求于古而惟心所安，则人各有心，略相似也；是尧、舜而非桀、纣，亦咸所喻也。依傍名义，采取前言，折中过与不及，参以三占从二，人皆可与知能，因而自信于心，以谓学即在是，则"六经"束高阁，而五尺之童皆可抵掌而谈学术矣。任氏锐思好学，非荒经蔑古者也，然未能深有得于古人而遽疑郑学，此戴君之所以深惧也，故又以为戒耳。然墨守之愚及墨守之黠，与夫愚心自是而不为墨守者，各执似是之非以诘戴君,戴君将反无辞以解。故曰:非好学深思,心知其意,难为浅见寡闻者道也。

章学诚于是年有家书七通,多涉为学追求及一时学风。
据《章氏遗书》卷九《家书二》记:

> 古人重家学,盖意之所在,有非语言文字所能尽者。……吾于史学,盖有天授,自信发凡起例,多为后世开山,而人乃拟吾于刘知幾。不知刘言史法,吾言史意;刘议馆局纂修,吾议一家著述;截然两途,不相入也。至论学问文章,与一时通人全不相合。盖时人以补苴襞绩见长,考订名物为务,小学音画为名;吾于数者皆非所长,而甚知爱重,咨于善者而取法之,不强其所不能,必欲自为著述以趋时尚,此吾善自度也。时人不知其意而强为者,以谓舍此无以自立,故无论真伪是非,途径皆出于一。吾之所为,则举世所不为者也。如古文辞,近虽为之者鲜,前人尚有为者。至于史学义例,校雠心法,则皆前人从未言及,亦未有可以标著之名。爱我如刘端临,见翁学士询吾学业究何门径,刘则答以不知,盖端临深知此中甘苦,难为他人言也。故吾最为一时通人所弃置而弗道,而吾于心未尝有憾,且未尝不知诸通人所得,亦自不易,不敢以时趋之中不无伪托,而并其真有得者亦忽之也。但反而自顾,知己落落,不过数人,又不与吾同道。

又据同书卷九《家书三》记:

> 吾于古文辞,全不似尔祖父,然祖父生平极重邵思复文,吾实景仰邵氏而愧未能及者也。盖马、班之史,韩、欧之文,程、朱之理,陆、王之学,萃合以成一子之书。自有宋欧、曾以还,未有若是之立言者也,而其名不出于乡党,祖父独深爱之。吾由是定所趋向。其讨论修饰,得之于朱先生,则后起之功也,而根底则出邵氏,亦庭训也。吾于史学,贵其著述成家,不取方圆求备,有同类纂。……吾时年未弱冠,即觉邓氏《函史》上下篇卷,分配阴阳老少为非,特未能遽笔为说耳。又十五六岁时,尝取

《左传》删节事实；祖父见之，乃谓编年之书仍用编年删节，无所取裁，曷用纪传之体分其所合！吾于是力究纪传之史而辨析体例，遂若天授神诣，竟成绝业。祖父当时亦诧为教吾之时，初意不及此也，而不知有开于先，固如是尔。吾读古人文字，高明有余，沉潜不足，故于训诂考质，多所忽略，而神解精识，乃能窥及前人所未到处。

又据同书卷九《家书五》记：

宋儒之学，自是三代以后讲求诚正治平正路，第其流弊，则于学问、文章、经济、事功之外，别见有所谓"道"耳。以"道"名学，而外轻经济事功，内轻学问文章，则守陋自是，枵腹空谈性天，无怪通儒耻言宋学矣。然风气之盛，则村荒学究，皆可抵掌而升讲席；风气之衰，虽朱、程大贤，犹见议于末学矣。君子学以持世，不宜以风气为重轻。宋学流弊，诚如前人所讥，今日之患，又坐宋学太不讲也。往在京师，与邵先生言及此事，邵深谓然。"廿一史"中，《宋史》最为芜烂，邵欲别作《宋史》。吾谓别作《宋史》成一家言，必有命意所在；邵言即以维持宋学为志。吾谓维持宋学，最忌凿空立说，诚以班、马之业而明程、朱之道，君家念鲁志也，宜善成之！然邵长于学，吾善于裁，如不可以合力为书，则当各成一家，略如东汉之有二谢、司马诸书，亦盛事也，但恐不易易耳。尔辈此时讲求文辞，亦不宜略去宋学，但不可坠入理障，蹈前人之流弊耳。

又据同书卷九《家书六》记：

人之才质，万变不同，已成之才，推其何以至是，因而思所效法，道亦近矣；然有不可据者，不容以不察也。观前辈自述生平得力，其自矜者，多故为高深，如戴东原言"一夕而悟古文之道，明日信笔而书，使出《左》《国》《史》《汉》之上"。此犹戴君近古，使人一望知其荒谬，不足患也。使彼真能古文，而措语稍近情理，岂不为所惑欤！其有意主，劝诱来学，而言之太易者，亦须分别观之。

十二月，赵翼将所著《陔余丛考》刊行。

据《陔余丛考》卷首《小引》记：

> 余自黔西乞归养，问祝之暇，仍理故业，日夕惟于一编，有所得辄剳记别纸，积久遂得四十余卷。以其为循陔时所辑，故名曰《陔余丛考》，藏箧衍久矣。睹记浅获，不足满有识者之一笑，拟更广探经史，增益成书，忽忽十余年，老境浸寻，此事遂废。儿辈从敝簏中检得此稿，谓数年心力未可抛弃，遂请以付梓。博雅君子幸勿嗤其弇陋，其中或有谬误，更望赐之驳正，俾得遵改焉。乾隆五十五年庚戌嘉平月，赵翼识。

冬，王念孙有书致刘台拱，告欲南归，并推誉段玉裁、汪中之学。

据刘文兴《刘端临先生年谱》乾隆五十五年四十岁条，录王念孙书记：

> 接读来剳，备悉近状平善，为慰。念孙素好岑寂，人事扰扰，殊非所堪。近患脾泄，日甚一日，衰病之躯，势难久居京邸，决意于冬底告病，明春二三月命棹南归。但舍间俗冗丛脞，家难纷起，不可一日居，拟于镇江觅一养病之所，以度余年。闲冷禅院，可以栖息者，先生幸为我留意焉。《广雅》积误已久，有明本之误，有宋元本之误，（以《集韵》所引知之。）有隋唐本之误，（以曹宪音知之。）又汉儒笺注谶纬及小学诸书，今多亡失，训诂无征，疏通证明，大非易事。自前岁仲秋至今，甫完两卷，衰病如此，惧不能成也。先生湛深经术，卓识精思，万非时辈所能企及，幸即笔之于书，勿过为矜慎也。蒙示《方言注辨误》二条，精确不可移易。……若膺先生在都时，快谈一切，窃恨相见之晚。其所著《尚书考异》，发前人所未发，有功经学甚巨，与《说文解字读》《六书音均表》，皆不朽之业也。闻容甫先生近状较佳，其著作想益宏富。此人才学识三者，皆能过人，在我辈中且当首诎一指也。南归之后，可与诸君子常相见，差足自慰耳。……小儿颇有志于学，近作《周秦名字解诂》二卷，于古义间有发明。南归后，

当令录出呈览,幸先生之教之也。

是年,汪中应聘校勘文宗阁《四库全书》。

据汪喜孙《容甫先生年谱》乾隆五十五年四十七岁条记:

夏,自武昌归里。是时,高宗纯皇帝诏修《四库书》告成,颁于江苏、浙江,敕建文汇、文宗、文澜三阁以储之。毕督部沅、谢侍郎墉、王侍郎昶交荐先君司校勘之役。盐政戴公全德,礼致先君典文宗阁秘书。先君检理本书,是正文字,竭二年之力,校勘始毕。尝自撰楹帖,属程先生瑶田书之,云:"家有射阳画象,身典金山秘书。"

焦循授徒深港,著《群经宫室图》成。

据焦循《雕菰集》卷十四《复江艮庭处士书》记:

循所为《群经宫室图》一书,乃庚戌年授徒深港时所作。既而病呕血,医者以为中死法。同学及门人辈,以此付刻,原稿于正书中偶杂古体,当时未及改正,至今颇悔之。颜黄门、陆博士所言,皆通论也。昨接台札,指摘是书俚俗之字。承教,感谢之极。其太俗如尊所斥者,当检出改之尔。……循学无师传,窃谓西京拘守之法,至郑氏而贯通,其经注炳如日星,不难于阿附,而难于精核。果有以补其所不足,则经赖以明。不则其书自在,非易者所能蔽。《诗》笺多异毛传,《礼》注屡更先郑,郑氏说经之法,正如是也。

褚寅亮于是年卒于江苏苏州。

据任兆麟《有竹居集》卷十《刑部员外郎鹤侣褚公墓表》记:

公褚氏,讳寅亮,字搢升,一字鹤侣。……居吴,遂为长洲人。……乾隆十六年,上南巡,召试行在,赐举人,授内阁中书。……三十六年,丁父忧……日读《仪礼》,以郑注精深,非后儒可及,遂以宗郑自号焉。服阕,补刑部员外郎。……四十年夏,以病假归。旋应有司聘,主讲常州龙城书院。久之，又以病辞。……其致政归里也，汲汲以著述为事。所撰《仪礼管见》十七卷、《答问》三卷，推阐郑学，纠正敖继公《集说》之谬。《春秋公羊传释例》三十卷，以时、月、日为例，分别部居，悉本何邵公说而引伸之。谓"三传"注解，惟《公羊》为汉学，孔子作《春秋》，本为后王制作，或訾议《公羊》者，实违经旨。……又有《订定朱子年谱》一卷、《周易一得》四卷、《周礼公羊异义》二卷、《穀经》一卷、《十三经笔记》十卷、《诸史笔记》八卷、《诸子笔记》二卷、《诸家文集笔记》七卷、《杂记》四卷、《文集》八卷、《四六赋》四卷、《诗集》十六卷，并藏于家。……公以乾隆五十五年卒，享年七十有六。

褚寅亮殁后，其子刊寅亮遗著《仪礼管见》。钱大昕应请撰序，弘扬郑玄学说，表彰褚氏治礼之恪守郑义。

据《潜研堂文集》卷二十四《仪礼管见序》记：

"三礼"之有郑注，所谓悬诸日月不刊之书也。宋儒说经，好为新说，弃古注如土苴。独《仪礼》为朴学，空谈义理者无从措词，而朱晦庵、黄勉斋、杨信斋诸大儒又崇信之，故郑氏专门之学，未为异义所汨。至元吴兴敖君善出，乃诋为疵多醇少。其所撰《集说》，虽云采先儒之言，其实自注疏而外，皆自逞私意，非有所依据也。然自敖氏之说兴，缀学者厌注疏之繁而乐其易晓，往往舍古训而从之。近儒方侍郎苞、沈徵士彤，亦颇称其善。予虽不敢以为然，而所得肤浅，间有驳正，仅百之一二耳。同年友褚君鹤侣，于经学最深，持论最平，从事《礼经》者几三十年，乃确然知郑义之必可从，而敖说之无所据。尝谓予曰："君善意似不在解经而专与郑立异，特其言含而不露，若无意于排击者，是以入其玄中而不悟。至于说有不通，甚且改窜经文以曲就其义，不几于无忌惮乎！"予益拊掌叹服，以为笃论，然未得读其全稿也。鹤侣没后，仲子鸣唨始出其《仪礼管见》稿本，将付诸梓，而属予序之。披读再四，乃知鹤侣用心之细密。……贯串全经，疏通证明，虽好辩者莫能置其喙。夫经与注相辅而行，破注者，荒经之渐也。敖书今虽未大行，然实事求是之儒少，而喜新趋便之士多，不亟辞而辟之，恐有视郑学为可取而代者，而成周制作之精意，益以茫昧，则是编洵中流之砥柱矣夫。

钱塘于是年卒于江苏南京。

据钱大昕《潜研堂文集》卷三十九《溉亭别传》记：

溉亭姓钱氏，名塘，字学渊，一字禹美，世居嘉定之望仙桥。……乾隆四十五年，举江南乡试，对策为通场第一。明年成进士，……选授江宁府学教授。公务多暇，益刻苦撰述，于声音、文字、律吕、推步之学，尤有神解。体素羸弱，夏月常畏寒拥絮，而考辩精到，议论风生，不假公明三斗酒也。春秋五十有六，终于江宁官廨。

又据《清史稿》卷四百八十一《钱塘传》记：

塘少大昕七岁，相与共学。又与大昕弟大昭及弟坫相切磋，为实事求是之学。于声音、文字、律吕、推步，尤有神解。著《律吕古义》六卷，……又《史记三书释疑》三卷，……又著《泮宫雅乐释律》四卷，《说文声系》二十卷，《淮南天文训补注》三卷。其所作古文曰《述古编》，凡四卷。卒年五十六。

乾隆五十六年辛亥　1791年

二月五日，清廷举仲春经筵，高宗讲《论语》《尚书》，有异朱子。据《高宗实录》卷一三七二乾隆五十六年二月庚戌条记：

　　直讲官庆桂、沈初进讲《论语》"回也闻一以知十，赐也闻一以知二"二句。讲毕，上宣御论曰："朱子注此，以为一与十，数之始终，一与二，数之相对。回与赐之高下，以是而定。夫既云数矣，则自一而数至十，回将何以历而知至十哉？即二为一之对，则所谓始终，正相对之二也。且善恶、高下、是非、宾主之类，其相对者不可屈指数。是赐亦可称尽知，且与回同矣。予以为十者上下八方也，其数既合，其理亦备。是回之知，举一而无不知也。夫子示曾子吾道一以贯之，正谓此也。谓回为即始而见终，则尚有见者存焉。盖一以贯之，无所为知而无不知，正可为闻一知十之证。赐之闻一知二，则实自用其知，推测存焉。此夫子之所以与其弗如回也。若以朱注视之，则其所知，亦不过赐之流而已，其去一贯之道远矣，未必似曾子之能闻诸夫子也。"……直讲官铁保、金士松进讲《书经·大禹谟》"允执厥中"一句。讲毕，上宣御论曰："允执厥中，乃二帝三王所传之心法。心法即治法也，心蕴内而治施外，舍执中无二道也。蔡沈注以为，尧之告舜，但曰允执厥中，盖取《论语》之言。今《尧典》内无是语也。然舜之详言人心、道心之公私，必当精以察，一以守，亦不见《尧典》也。舜之语，非尧所授乎？精察一守，即所谓执中也。其下四海困穷，天禄永终，后汉苞氏注以为，穷极四海，天禄所以长终，盖以为吉言矣。而宋朱子注则以为，四海之人困穷，则君禄亦永绝，似以为凶语。而予则以为，朱子所注得理，且非凶语也。"

仲春，臧庸据卢文弨著《周易注疏辑正》，录其切要为《周易注疏校纂》三卷。

据《拜经堂文集》卷二《周易注疏校纂序》记：

> 余师卢绍弓学士撰《周易注疏辑正》九卷、《略例》一卷，以校正《易疏》之讹。受读下，因录其切要可据者，为《周易注疏校纂》三卷。家藏明神庙十四年本，后附《易释文》及《周易略例》，每卷首署皇明朝列大夫国子监祭酒臣李长春奉敕重刊。款式与毛氏本同，即毛氏所依据者，而讹字较毛为少，往往与两宋本相合，可贵也。今所纂从钱孙保影钞本为多，有直载其异同而不书所据者，皆钱本也。斯事惟勤而耐性者乃能之。工始庚戌季冬，终于辛亥仲春，其间每为他事所阻，不觉三阅月矣。

五月，段玉裁著《古文尚书撰异》三十二卷成，该书自乾隆五十三年始著，历时三年。

据《古文尚书撰异》卷首段氏《自序》记：

> 乾隆四十七年，玉裁自巫山引疾归，养亲课子之暇，为《说文解字读》五百四十卷。又为《古文尚书撰异》三十二卷，始著雍涒滩，迄重光大渊献皋月乃成。序曰：经惟《尚书》最尊，《尚书》之厄尼最甚。秦之火，一也；汉博士之抑古文，二也；马、郑不注古文逸篇，三也；魏晋之有伪古文，四也；唐《正义》不用马、郑，用伪孔，五也；天宝之改字，六也；宋开宝之改释文，七也。七者备，而古文几亡矣。伪古文自有宋朱子创议于前，迄我朝阎氏百诗、惠氏定宇辞而辟之，其说大备。举郑君逸篇之目，正二十五篇之非真，析三十一篇为三十三篇之非是，铸鼎象物，物无遁情，海内学者家喻户晓，经术之极盛，超出于汉博士之抑古文，唐《正义》之不用马、郑，不可以道里计。顾作伪者既服其罪矣，而古文三十一篇，字因天宝、开宝之旧。是以唐之今文《尚书》乱之，其不可一也；好尚新奇之辈，自唐至今，有集古篆缮写之《尚书》，号壁中本，二十五篇皆在焉。

是作伪于伪古文既出之后也，其不可二也；欧阳、夏侯《尚书》佚，见于《尚书大传》、汉石经、《史记》《两汉书》《三国志注》《三都赋注》《尚书纬》《尚书正义》者，或尽举以改窜经文。是以汉之今文《尚书》乱之也，其不可三也；《说文解字》所称《尚书》，多不与经同，由孔安国以今字读易其字，而许君存其旧。如《周礼》经杜子春、二郑读易其字，传写者既从所读，而注中存其故书之旧。《周礼》不得尽改从故书，则《尚书》不得尽改从《说文》也，必改从《说文》，则非汉人之旧。且或取经传诸子所称《尚书》以改《尚书》，是《尚书》身无完肤矣，其不可四也。盖伪孔传本与马、郑本之不同，梗概已见于《释文》《正义》，不当于《释文》《正义》外断其妄窜。至若两汉博士治欧阳、夏侯《尚书》，载在令甲，汉人诏册章奏皆用博士所习者，至后汉，卫、贾、马、郑叠兴，古文之学始盛。约而论之，汉诸帝、伏生、欧阳氏、夏侯氏、司马迁、董仲舒、王褒、刘向、谷永、孔光、王舜、李寻、扬雄、班固、梁统、杨赐、蔡邕、赵岐、何休、王充、刘珍，皆治欧阳、夏侯《尚书》者，孔安国、刘歆、杜林、卫宏、贾逵、徐巡、马融、郑康成、许慎、应劭、许幹、韦昭、王粲、虞翻，皆治古文《尚书》者，皆可参伍钩考而得之。马、班之书全用欧阳、夏侯字句，马氏偶有古文说而已。贾逵分别古今，刘陶是正文字，其书皆不存。今广搜补阙，因篇为卷，略于义说，文字是详。正晋唐之妄改，存周汉之驳文，取贾逵传语，名曰《古文尚书撰异》，知难语于识大，亦庶几乎不贤。

钱大昕致书段玉裁，就段著《古文尚书撰异》论《史记》《汉书》引《尚书》，提出商榷。

据《潜研堂文集》卷三十三《与段若膺论〈尚书〉书》记：

承示考定《尚书》，于古文、今文同异之处，博学而明辩之，可谓闻所未闻矣。唯谓《史》《汉》所引《尚书》，皆系今文，必非古文，则蒙犹有未谕。《汉书·儒林传》谓，司马迁从安国问故，迁书载《尧典》《禹贡》《洪范》《微子》《金縢》，多古文说，是史公书有古文说也。《地理志》吴山，古文以为沂山，大壹山，古文以为终南，是《汉书》有古文说也。汉时立学置博士，特为入官之途。其不立博士者，师生自相传授，初无禁令，臣民上书，亦得征引。许叔重《说文解字》，所称《书》孔氏、《诗》毛氏、《春秋》左氏、《礼》《周官》，皆不立学者，而其子冲上书进御，不以为嫌。马、班二君，又何所顾忌，而必专己守残，不一征引古文乎？《春秋》左氏，与《尚书》古文，皆非功令所用，而班氏《律历》《五行》诸志，引左氏经传者，不一而足。以《春秋》之例推之，则《汉书》决非专主今文矣。……仆于经义肤浅，不敢自成一家言，聊罄狂简，以尽同异，幸足下之教我也。

七月十八日，高宗阅检文津阁《四库全书》，以《扬子法言》卷首有空白二行，且失载"御制文"，严词斥责纪昀，令其校补。

据《高宗实录》卷一三八三乾隆五十六年七月辛卯条记：

谕：前因《四库全书》内错误甚多，特令总纂等详加校阅，并恐热河文津阁所庋《全书》，亦多鲁鱼亥豕之讹，复令纪昀带同详校各官，细心阅看。该员等自应认真校勘，将书中脱落讹舛之处，逐加改正，俾臻完善。今朕偶阅文津阁《四库全书》内，《扬子法言》一书，其卷一首篇，有空白二行。……详校官既漫不经心，而纪昀系总司校阅之事，亦全未寓目，可见重加雠校，竟属虚应故事。……况朕曾有御制《书扬雄法言》一篇，虽系近年之作，亦应缮录，弁于是书之首。纪昀亦未留心补入，更属疏忽。纪昀及详校官庄通敏，俱着交部分别议处。除将文津阁《四库全书》内《扬子法言》一书，就近交军机大臣将空行填补，并缮录御制文于篇首外，著纪昀亲赴文渊、文源二阁，将《扬子法言》一书检出，缮录御制文冠于简端。并带同详校各官，抽查此书卷首，是否亦有空白之处。及此外各书，有似此脱误者，一体抽阅填改。如再不悉心详检，经朕看出，必将纪昀等加倍治罪，不能再邀宽贷也。

七月二十一日，纪昀著《如是我闻》四卷成。

据《如是我闻》卷首《自序》记：

> 曩撰《滦阳消夏录》，属草未定，遽为书肆所窃刊，非所愿也。然博雅君子，或不以为纰缪，且有以新事续告者。因补缀旧闻，又成四卷。欧阳公曰："物尝聚于所好。"岂不信哉！缘是知一有偏嗜，必有浸淫而不自已者，天下事往往如斯，亦可以深长思也。辛亥七月二十一日题。

八月，段玉裁为王念孙结撰中之《广雅疏证》撰序，赞王氏"以古音得经义，盖天下一人而已矣"。

据段玉裁《经韵楼集》卷八《王怀祖广雅注序》记：

> 小学有形、有音、有义，三者互相求，举一可得其二。有古形，有今形，有古音，有今音，有古义，有今义，六者互相求，举一可得其五。古今者，不定之名也。三代为古则汉为今，汉魏晋为古则唐宋以下为今。圣人之制字，有义而后有音，有音而后有形。学者之考字，因形以得其音，因音以得其义。治经莫重于得义，得义莫切于得音。《周官》六书，指事、象形、形声、会意四者，形也，转注、假借二者，驭形者也，音与义也。三代小学之书不传，今之存者，形书，《说文》为之首，《玉篇》以下次之；音书，《广韵》为之首，《集韵》以下次之；义书，《尔雅》为之首，《方言》《释名》《广雅》以下次之。《尔雅》《方言》《释名》《广雅》者，转注、假借之条目也。义属于形，是为转注，义属于声，是为假借。稚让为魏博士，作《广雅》，盖魏以前经传谣俗之形、音、义，汇萃于是。不熟于古形、古音、古义，则其说之存者无由甄综，其说之已亡者无由比例推测。形失则谓《说文》之外字皆可废；音失则惑于字母七音，犹治丝棼之；义失则梏于《说文》所说之本义，而废其假借，又或言假借而昧其古音。是皆无与于小学者也。怀祖氏能以三者互求，以六者互求，尤能以古音得经义，盖天下一人而已矣。假《广雅》以证其所得，其注之精粹，再有子云，必能

知之。敢以是质于怀祖氏,并质诸天下后世言小学者。乾隆辛亥八月,金坛段玉裁序。

九月十六日,卢文弨校勘《经典释文》蒇事,重雕刊行,时在常州龙城书院主持教席。

据《抱经堂文集》卷二《重雕经典释文缘起》记:

此书雕版行于海内者,止昆山徐氏《通志堂经解》中有之。宋雕本不可见,其影钞者尚间储于藏书家。余借以校对,则宋本之讹脱,反更甚焉。当徐氏梓入《经解》时,其扑尘扫叶,诚不为无功,然有宋本是而或不得其意,因而误改者,亦所不免。且今之所贵于宋本者,谓经屡写则必不逮前时也。然书之失真,亦每由于宋人。宋人每好逞臆见而改旧文,如陆氏虽吴产,而其所汇辑前人之音,则不尽吴产也。乃毛居正著《六经正误》一书,讥陆氏偏于土音,因辄取他字以易之。后人信其说,遽以改本书矣。又凡切音,有音和,亦有类隔。陆氏在当时,或用类隔,未尝不可以得声。而后人疑其不谐,亦复私为改易,《注疏》本多有之。幸本书尚无恙,然其浸淫以疑惑后人者不少矣。古来所传经典,类非一本,陆氏所见,与贾、孔诸人所见本不尽同。今取陆氏书附于《注疏》本中,非强彼以就此,即强此以就彼,欲省两读,翻致两伤。又本书中如《孝经》《论语》《尔雅》,多以校者之词羼入之,今虽不遽删削,唯略为之间隔,使有辨焉。唐人经典,多不全用《说文》。陆氏意在随时,不取骇俗。此书中间亦引许氏以正流俗之非,而不能画一信从,且有以俗字作正文,而以正体为附注者。至其点画之间,亦每失正。观唐人石经及五经文字所载,皆是习相沿用,今亦仍而不革,庶乎不损本真。然于六朝人所用甚鄙俗字,陆氏固未尝阑入也。余念此书辟经训之菑畬,导后人以涂径,洗专己守残之陋,汇博学详说之资,先儒之精蕴赖以留,俗本之讹文赖以正,实天地间不可无之书也。而年来流传渐少,学者不能尽见,因为之手校重雕。第以迟暮之年,精力虑有不周,刻成犹再三校,目几为之昏,弗恤也。其文旧皆连属,今审其可离者离之，以便观者。书中是非，及今所因革，以尝所闻于师友者，别为考证，附于当卷之后，不以殽乱本书。时乾隆五十有六年，岁在重光大渊献，九月既望，书于常州龙城书院之取斯堂。

十一月二十四日，清廷将蒋衡手书"十三经"勒石太学。
据《高宗实录》卷一三九一乾隆五十六年十一月壬辰条记：

> 命刻石经列辟雍。谕：自汉、唐、宋以来，皆有石经之刻，所以考定圣贤经传，使文字异同归于一是，嘉惠艺林，昭垂奕禩，甚盛典也。但历年久远，碑多残缺，即间有片石流传，如开成、绍兴年间所刊，今尚存贮西安、杭州等府学者，亦均非全经完本。我朝文治光昌，崇儒重道，朕临御五十余年，稽古表章，孜孜不倦。前曾特命所司，创建辟雍，以光文教，并重排石鼓文，寿诸贞珉，而"十三经"虽有武英殿刊本，未经勒石。因思从前蒋衡所进手书"十三经"，曾命内廷翰林详核舛讹，藏奉懋勤殿有年，允宜刊之石版，列于太学，用垂永久。着派和珅、王杰为总裁，董诰、刘墉、金简、彭元瑞为副总裁，并派金士松、沈初、阮元、瑚图礼、那彦成随同校勘。但卷帙繁多，恐尚不敷办理，着总裁等再行遴派三人，以足八员之数。为校勘诸臣等，其悉心研办，务臻完善，以副朕尊经右文至意。寻奏：遵旨遴派翰林院侍读学士刘凤诰、祭酒魏廷珍、侍讲邵晋涵，留心经学，堪以并充校勘。报闻。

十二月十八日，阮元致书刘台拱，征询校勘《仪礼》事宜。
据陈鸿森《阮元揅经室遗文辑存》卷下《与刘端临书一》记：

> 忆在京师，暂晤道颜，足慰渴慕。嗣因文旌遽返江南，未得备聆雅教，至今歉然。吾乡言学者尚多，求其精确而公明者，惟先生与怀祖先生，足为师法也。元肤才末学，过蒙圣恩超用，私心辄为惶恐。近又奉敕校勘石经，以元之孤陋庸愚，曷克胜任？今已分得《仪礼》一经，此经《唐石经》经文谬误，似尚不少。如《士相见礼》言"忠信慈祥"，以《大戴》卢注

校之，多"忠信"二字。《丧服传》"冠绳缨，条属右缝"，以《释文》校之，多"右缝"二字。此外似尚不少。元识钝学浅，不能有所校正，且系官事，具有程限，亦未能缓缓研求。素谂先生于《礼经》之学，尤为深邃，其于经文讹误，订正必多，字画偏旁，不少更正，务祈赐一详札备言之。将来此札可存大集中，使后世知某经某字，由用某人说而订之也。再，元校勘此经，亦有底稿，如用某人说，皆自注于下，不敢掠美，斯亦博访通人之义也。今特遣小价渡江，候取赐书，想必备示无隐，无辜元数千里就问有道之意也。至段若膺先生、金辅之先生，元亦各具书问之。如若膺先生现在镇江，即同此致问，即示覆音。此次石经之事，圣意极为郑重，其碑制、工程、刻法，一切元等酌定，尚可施行。但此系官事，终不比吾等自为校书者可比，未免人各有见。今邵侍讲晋涵分校"三传"，魏司成廷珍分校《周礼》《论语》《孝经》，其余经皆金少宰士松、沈少宰初、瑚司成图礼、那侍讲彦成分校，其体未知若何。元惟尽其在己，悉心校理本经而已。元在后学之列，因与令弟同谱，故称谓妄附，尚希宥之，以见相亲之至意。十二月十八日。（原注：刘文兴氏《刘端临先生年谱》乾隆五十六年条下，引刘氏《清芬外集》，今据之移录。）

钱大昕著《元氏族表》四卷、《补元艺文志》四卷，于是年缮成清本。

据《竹汀居士年谱》乾隆五十六年六十四岁条，钱庆曾案语记：

公少读诸史，见《元史》陋略谬鳌，欲重纂一书。又以元人氏族最难考索，创为一表。而后人所撰三史艺文，亦多未尽，更搜辑补缀之。其余纪传志表，多已脱稿，惜未编定。是年精力少差，先以《氏族》《艺文》二稿，缮成清本。又有《元诗纪事》若干卷，以稿属从祖同人及陶凫香两先生编次成书。

是年，章学诚在武昌为毕沅修《史籍考》。章氏致信京中族属，指斥一时学风病痛。

据胡适、姚名达《章实斋先生年谱》乾隆五十六年五十四岁条记：

> 是年，仍在武昌为毕沅编《史籍考》。

又据《章氏遗书》卷二十九《又与正甫论文》记：

> 学问文章，古人本一事，后乃分为二途。近人则不解文章，但言学问，而所谓学问者，乃是功力，非学问也。功力之舆学问，实相似而不同。记诵名数，搜剔遗逸，排纂门类，考订异同，途辙多端，实皆学者求知所用之功力尔。即于数者之中，能得其所以然，因而上阐古人精微，下启后人津逮，其中隐微可独喻，而难为他人言者，乃学问也。今人误执古人功力以为学问，毋怪学问之纷纷矣。……近日言学问者，戴东原氏实为之最。以其实有见于古人大体，非徒矜考订而求博雅也。然戴氏之言又有过者。戴氏言曰："诵《尧典》，至'乃命羲和'，不知恒星七政，则不卒业；诵《周南》《召南》，不知古音则失读；诵古《礼经》先士冠礼，不知古者宫室、衣服等制，则迷其方。"戴氏深通训诂，长于制数，又得古人之所以然，故因考索而成学问，其言是也。然以此概人，谓必如其所举，始许诵经，则是数端皆出专门绝业，古今寥寥不数人耳，犹复此纠彼讼，未能一定。将遂古今无诵五经之人，岂不诬乎！……孟子言井田、封建，但云大略；孟献子之友五人，忘者过半；诸侯之礼，则云未学；爵禄之详，则云不可得闻。使孟子生后世，戴氏必谓未能诵五经矣。马、班之史，韩、柳之文，其与于道，犹马、郑之训诂，贾、孔之疏义也。戴氏则谓，彼皆艺而非道。此犹资舟楫以入都，而谓陆程非京路也。曾子之于圣门，盖笃实致功者也，然其言礼，则重在容貌、颜色、辞气，而笾豆器数，非君子之所贵。由是言之，文章之用，较之区区掇拾之功，岂可同日语哉！虽然，矫枉者戒其过甚，文章嗜古，本易入人，今以伪学风偏，置而不议，故不得不讲求耳。

钱大昭《后汉书补表》成，卢文弨应请撰序，表彰大昭考史之功。据《抱经堂文集》卷四《钱晦之大昭后汉书补表序》记：

　　宋儒有言，读史易令人心粗。夫史非能令人粗，人自粗耳。则虽以之读经，亦何能免于粗也？宋儒又每以博闻多识比之玩物丧志，故其于史也，略识兴亡之大纲，用人行政之得失而已，自谓括其要矣。其他典章制度，因革损益之粲然具列者，率无暇留意；即有所撰述，亦不能通贯晓析，事事合符。其病皆由于谫谫拘拘，不能广搜博考，以求其左证，而且专已自用，不师古人。其或时异势殊，有必不可以沿袭者，而又不能得变通之宜。此而谓之为粗，其又奚辞？向鲍子以文欲重雕宋熊方所补《后汉书年表》，余为之佐校订，而其书之舛漏，殆不可枚举。首载《同姓王侯表》，冠以因子追封之齐武王缜、鲁哀王仲，于史例即不合。念校书与自著书不同，如欲尽加更正，既没熊氏之勤勤掇拾者，大没其创造之劳，且改之亦必不能尽善。何也？其规模之已定者不能易也，势不得不出于委曲迁就，欲遂以为完书也，其可得乎？故当时但即因其书而略正之，惟缀一二校语于下，不相杂厕，使人知为熊氏之书而已。私欲别为一书，自愧力有未能也。嘉定钱君晦之，其学浩博无涯涘，其思绪细密，精识洞达，治经而经通，于周、秦、汉、魏之书，无不爬罗剔抉。曩于都门，欲请其所校书缮录之，会君南归，已僦潞河之舟，不果，未尝不时往来于怀，而思一睹之为快也。顷获其所撰《后汉书补表》读之，非若熊氏之仅取材于范书、陈志也，凡山经、地志、金石、子集之有会于是书者，罔不网罗缀缉，而其体例，一依班氏之旧。诸侯王、王子侯，分为二表，功臣侯与外戚恩泽侯亦分为二表，视熊氏之但以同异姓为别者，较然明矣。其不能不与班氏微异者，班书《百官公卿表》前叙百官沿革，若后汉则有司马彪之续志，百官已详，无庸复出，故但云《公卿表》，此又变通之得其宜者也。凡熊氏所漏脱者，悉考而补之，于是此书乃始完善而无少遗憾矣。夫史莫重于表志，而自汉东京以至于隋，志尚闲见之，表则全阙。表也者，标也，标明其义类，使纲举而目张、马、班之为是也，亦兼以补纪传之所未及。今则年代悬隔，古籍散亡，如《东观记》、谢承、华峤之书，皆不可复见，唯即旧文之留传者而荟萃之。然亦未尝不增益于范书之外，俾夫善读史者，更得参互考证，以资其闻见。于凡政治之污隆，职官之贤否，一开卷而了如指掌，以之为津筏也可，以之为龟镜也可。余之所谢不能者，而钱君优为之。见今版行诸史，既以《续汉书志》系范书之后，亦当以此《补表》并系之，于以配马班，而始无不完不美之憾。此岂读书略观大意者之所能乎哉？钱君之于史事，其精确也如是，况于治经乎？特是予今虽欲尽发其所藏，而已自伤髦及，非复前日之尚可读矣。摩挲此编，有余慕焉。

十二月，翁方纲著《通志堂经解目录》于山东济南。

据《通志堂经解目录》卷末《跋》记：

丁杰曰："大约东海此书之例，为一时好名之计，非实好古也。陆清献云差强人意，亦为虚誉。"此目义门先生手勘者，沈椒园先生尝锓板。昔与小雅进士共相商榷，谓东海门客固多舛谬，而义门所勘，特随手校阅，亦有所未尽，宜取原书细核，而未暇也。至庚戌十月，予卧疴五旬不出户，始取原书审核为之。回忆与小雅对论，时又十年矣。辛亥冬十二月，自沇州按试还济南，拟与学官弟子切究经训诸书，因锓板以当举隅，不足以视博洽之士也。北平翁方纲记。

周永年于是年七月，病卒于山东济南。

据桂馥《晚学集》卷七《周先生传》记：

周先生永年，字书昌，济南历城人，结茅林汲泉侧，因称林汲山人。先生于衣服、饮食、声色、玩好，一不问，但喜买书。有贾客出入大姓故家，得书辄归先生，凡积五万卷。先生见收藏家易散，有感于曹石仓及释道藏，作《儒藏说》。约余买田，筑借书园，祠汉经师伏生等，聚书其中，招致来学。苦力屈不就，顾余所得书，悉属之矣。县令胡德琳延先生与青州李文藻，同修《历城县志》，即出其书，肆力搜讨。既成，学士朱筠目以详慎。后成进士，欲入山治《仪礼》，被征纂修《四库书》，授翰林院编修，文渊阁校理。当是时，海内学人集辇下，皆欲纳交，投刺踵门。然深相知者，新安程晋芳、归安丁杰、余姚邵晋涵数人而已。借馆上书，属予为《四部考》，佣书工十人，日钞数十纸，盛夏烧灯校治。会禁借官书，遂罢。先生于经史百家之言，览括略尽，观其大义，不雠章句。自谓文拙，不存稿，故殁后无传焉。

又据章学诚《章氏遗书》卷十八《周书昌别传》记：

余去京师四年，春明故人，日益以远。今年，邵晋涵与桐氏书来，言书昌病归狼狈，殊可念。俄又书来，言书昌死矣，乾隆五十六年辛亥秋七月也。哀哉！余自己丑、庚寅间，京师闻书昌名，未得见。辛卯始识与桐，欲访书昌。时二君甫成进士，俱罢归铨部，意不自得，先后出都门。余亦游涉江湖，不遑安处。乙未入都，二君者方以宿望被荐，与休宁戴震等特征修《四库书》，授官翰林，一时学者称荣遇。而戴以训诂治经，绍明绝学，世士疑信者半。二君者皆以博洽贯通，为时推许。于是四方才略之士，挟策来京师者，莫不斐然有天禄石渠、句坟抉索之思。而投卷于公卿间者，多易其诗赋、举子艺业，而为名物考订，与夫声音文字之标，盖骎骎乎移风俗矣。余因与桐往见书昌于藉书之园，藉书园者，书昌之志也。……书昌乾隆三十六年进士，特授翰林庶吉士，散馆授编修，充文渊阁校理。乾隆四十四年，贵州乡试典试官。卒年六十有二。

乾隆五十七年壬子　1792年

二月，王鸣盛为陈鳣《说文解字正义》撰序，表彰汉儒文字训诂之学。

据陈鸿森《王鸣盛西庄遗文辑存》卷中《说文解字正义序》记：

> 素闻仲鱼陈君精于小学、经学，相去二三百里，未及一晤。予又以双瞽成废人，意谓此生无相见日，但闻声相思而已。辛亥予目重明，壬子二月，仲鱼过吴门，始获把臂。读其所辑《六艺论》《孝经郑注》及此编，信属笃古之士，与予同志，不禁狂喜。凡训诂，当以毛苌、孟喜、京房、郑康成、服虔、何休为宗，文字当以许氏为宗。然必先究文字，后通训诂，故《说文》为天下第一种书。读遍天下书，不读《说文》，犹不读也。但能通《说文》，余书皆未读，不可谓非通儒也。况如仲鱼之兼明文字训诂而得其会归者乎。鄙见以为，吾辈当为义疏，步孔颖达、贾公彦之后尘，不当作传注，僭毛、郑、孟、京之坐位。是书名曰正义，所以发明解说，既博且精，似更胜于张守节之《史记正义》矣。（原注：录自谢启昆《小学考》卷十。）

赵翼著《皇朝武功纪盛》成。

据《皇朝武功纪盛》卷首《自序》记：

> 钦惟我国家武功之盛，度越千古，然勒勋纪绩，藏在册府，天下无由尽知。如萨尔浒山之战，太祖高皇帝以数千人破明兵二十万于五日之间，此事为亘古未有，至今百八十余年，学士大夫已罕有能颂述者。我皇上御笔书事，刻入御制文集中，宣示天下，而后共知神功圣烈之巍巍，即汉光

武帝之战昆阳、金太祖之战护步塔冈，举不足道也。迨定鼎中原后，圣祖仁皇帝平三逆所以安内，平朔漠所以攘外，忆万年久安长治之业，实定于此，亦以历年久远，莫能得其详。至我皇上平准夷、回部，拓地几二万里，扫北漠，而中原之尤非汉戊已校尉、唐四镇北庭所可同日语。两金川地虽小，而山险路阻，攻讨倍苦，功绩亦倍奇。及台湾之役，度兵于重溟之外，不逾时而奏凯，此固皆近事在人耳目间，然仅从邸报中略识始事终事之大概，而于戡乱讨逆之圣心，决机制胜之睿略，均未能缕悉也。幸皇上颁发"四库全书"于江浙之文汇、文宗、文澜三阁，内有前数件《方略》（按"略"原作"恪"），共四百六十四卷，备载用兵始末，俾留心掌故之士，皆得叩阁而伏读之。仰见皇主表扬先烈，训励诘戎，垂事无极至意。第卷帙繁多，诣阁来者一时难于遍阅，臣幸与文汇装订之役，敬谨寻绎于圣祖之平三逆、平朔漠，既得推究原委。而我皇上平准夷、回部时，臣正直军机，缮写谕旨，抄录奏折，一切皆得与知。其后从征缅甸，又身在行间，已而将军臣温福、阿桂自滇赴蜀，讨两金川，道经臣贵西官仓论兵事，夜分乃别。黔蜀接壤，军中声息旦夕得闻。台湾之役，臣又为督臣李侍尧延入幕府，首尾一年余，始终其事，故于此数次用兵见闻较切。征缅时，曾即军中粗有记述，余未及随时载笔也。归田后，拟一一追叙，而阅时已久，年月件系，记忆不无稍讹。今得《方略》以证前事，益觉历历如绘。用不揣冒昧，节繁撮要，各为一篇，总名曰《皇朝武功纪盛》，使观者易于披览，即不能诣阁读四库书者，亦皆晓然于我朝功烈之隆焉。夫铺张鸿庥，扬厉伟绩，臣子职也。臣旧史官也，推皇上宣示天下之意而演述之，庶不蹈僭妄之罪，所愧文笔弇陋，无以发扬万一，实不胜愧汗云。乾隆五十七年壬子二月，原任贵州贵西道、前翰林院编修、内阁中书、军机处行走臣赵翼谨识。

是年春，陆锡熊奉命出关校核文溯阁《四库全书》。二月二十五日，卒于沈阳。

据《清史列传》卷二十五《陆锡熊传》记：

　　陆锡熊，江苏上海人。乾隆二十六年进士。……四十六年四月，谕曰："《四库全书总目提要》现已告竣呈览，颇为详核。所有总纂官纪昀、陆锡熊，着交部从优议叙。"……五十年，《四库全书》告成，议叙加一级、纪录二次。五十一年六月，服阕，补光禄寺卿。九月，提督福建学政。……五十五年正月，任满回京，奏请前往盛京详校文溯阁书籍。……五十六年二月，命稽察左翼宗学。十二月，奏："《全书》卷帙繁富，屡校即屡有改正。文渊、文源两阁，经纪昀等覆校，中间缺落舛讹尚多。所有文溯阁《全书》，亦应一体覆加详核，俾得益增完善。一交新春，臣即起程赴盛京核办。"报闻。五十七年，抵奉天省城，旋卒。

又据王昶《春融堂集》卷五十五《都察院左副都御使陆君墓志铭》记：

　　洪惟我国家重熙累洽，兰台石室所储，光烛云汉。而皇上稽古典学，复开《四库全书》之馆，以惠艺林。先取翰林院所弆《永乐大典》，录其未经见者，又求遗书于天下。书至，令仿刘向、曾巩之例，作提要载于卷首，而特命陆君锡熊偕纪君昀任之。两君者考字画之讹误，卷帙之脱落，与他本之互异，篇第之倒置，蕲其是否，不谬于圣人。又博综前代著录诸家议论之不同，以折衷于一是。总撰人之生平，撮全书之大概。凡十年书成，论者谓陆君之功为最多。君讳锡熊，字健男，一字耳山。乾隆二十四年己卯举于乡，二十六年辛巳成进士。二十七年春，恭遇南巡，献赋行在，召试入一等，赐内阁中书舍人，旋充方略馆纂修官。时方奉敕修《通鉴纲目辑览》，君编撰以进，当上意，遂进直军机处。……三十八年八月，以所撰提要称旨，改授翰林院侍读。……君以文章学业受特达之知，故自《四库全书》《通鉴纲目辑览》之外，凡《契丹国志》《胜朝殉节诸臣录》《唐桂二王本末》《河源纪略》《历代职官表考》，奉敕编辑，见付武英殿刊刻者，又二百余卷。每书成，或降旨褒美，或交部议叙，或赐文绮笔砚之属。奏进表文，多出君手，上阅而益善之。……奉使衡文，更岁不绝。充山西、浙江乡试副考官者各一，充广东乡试正考官者一，充会试同考官者二，提督福建学政者一，去取精审，所得多知名士，士论翕然归之。君冲和纯粹，其色温然，其言呐然不出诸口，而颖悟明敏，读书一过无不洞悉贯串。少时以辞赋入中书，中年在词馆，宾朋酬赠，使节登临，四方仰重其名，率以绢素来请。所作繁富，阗溢箧笥，顾不甚珍，辄为人取去。自以上蒙恩遇逾于常格，不屑以词臣自画。晚年益覃心经济之学，常取杜氏《通典》、马氏《通考》，合以本朝《会典》，如食货、农田、盐漕、兵刑诸大政，溯其因革，审其利弊，口讲手画，侃侃然以见诸施行，而惜其年之不永。是以讣至京师，贤士大夫如纪君辈，莫不为之曾欷累息者。君生于雍正十二年甲寅十二月初二日，卒于乾隆五十七年二月二十五日，年五十有九。世为江苏上海人。……君官职略与文裕等，若其掌著作而被恩遇，有文裕所未逮者。且《四库全书》定于御览，尊于册府，分布于海寓，腾今迈古，千载未有，皆君审定而考正之。世之读《提要》者，见其学术之该博，议论之纯粹，显显然如在目前。所著《宝奎堂文集》《篁墩诗集》，虽不尽传，可无憾焉已。余与君居同郡，先后同官内阁，同直军机处，文酒之会，靡不同者。《辑览》之修，余先任其事，寻以从猎木兰，而君继之。余常至上海，过君竹素堂，方池老屋，不蔽风雨；清修旧德，久而弥著。然则知君之深无逾于余者。庆循等扶柩归里，将卜葬于某原，奉状请铭，其何忍辞？

三月，惠栋遗著《古文尚书考》刊行，钱大昕应请撰序一篇。
据《潜研堂文集》卷二十四《古文尚书考序》记：

《古文尚书》出于东晋，江左诸儒靡然从之，而河北犹守郑氏古义。唐初修《正义》，始专用梅氏一家之学。自宋讫明，攻其伪者多矣，而终无以窒信古文者之口。……此千四百余年未决之疑，而惠松崖先生独一一证成之，其有功于壁经甚大。先是，太原阎徵士百诗著书数十万言，其义多与先生暗合，而于《太誓》犹沿唐人《正义》之误，未若先生之精而约也。今士大夫多尊崇汉学，实出先生绪论。其所撰述，都次第刊行，独是编伏而未出。顷宋生子尚得之江处士艮庭，许亟梓而传之，而属序于予。予弱冠时，谒先生于泮环巷宅，与论《易》义，更仆不倦，盖谬以予为可与道古者。忽忽卅余载，楹书犹在，而典型日远，缀名简末，感慨系之。乾隆壬子三月既望序。

四月十五日，高宗颁谕，令纪昀过细覆勘文津阁《四库全书》，"毋得再有舛误"。

据《高宗实录》卷一四〇〇乾隆五十七年四月癸丑条记：

> 又谕曰：纪昀奏，现在热河覆勘文津阁书籍，经部业将完竣，签出空白舛误一千余条，分别修补。其空函书内，并无天文算法，罚来覆勘之钦天监官贾德辅无书可勘等语。文津阁书籍，上次纪昀带同详校各员，前赴热河，业已校勘完竣，分别改正。何以扬雄《法言》一书，空白未填？上年既经朕看出，此次复又有签出空白舛误一千余条之多，可见校勘一事，全属有名无实。至空函书内，并无天文算法，则钦天监官员贾德辅，即何必令其前往，徒劳跋涉？纪昀着传旨申饬，并令将覆校各书，务臻完善，毋得再有舛误，致干咎戾。若朕驻跸热河时，再经指出错误，必当重治其罪也。

初夏，王鸣盛为徐文范《东晋南北朝舆地表》撰序，推许徐氏历史地理学之专精。

据徐文范《东晋南北朝舆地表》卷首王鸣盛《序》记：

> 予撰《十七史商榷》百卷，一切典故无所不考，而其所尤尽心者，地理也。盖人欲考古，必先明地理。地理既明，于古形势情事皆如目睹，然后国运之强弱，政治之得失，民生之利害，人才之贤否，皆可口讲指画，不出户庭，而知四海九洲之远，立乎今日，而知数千百年之久皆在是矣。

此其所以为通儒也。不先明此，而欲寻行数墨以求之，此矮人看场，所见能几何哉？地理之难知，莫甚于割据之乱世。汉末天下三分，陈寿不作表、志，兹事已难研究。晋一统裁二十三年，当惠帝太安二年，而僭伪并起。自是以后，群雄云扰，阅一百三十七年。直至刘宋文帝元嘉十六年，而北方诸国始尽并于元魏，自是为南北朝矣。魏衰，高氏、宇文氏相继与南朝鼎峙，天下再三分，直至隋文帝开皇九年，始合为一。自太安二年至此，凡二百八十七年，区宇分裂，未有甚于此时者也。故地理为最难明。同里徐君文范，字仲圃，作《东晋南北朝舆地表》，以年为经，以国为纬，旁行书之，而又以晋初所分之二十州为其纬中之纬，下至隋炀帝罢州置郡而止，追补千数百年前之志，抑何博且精也。书起太安，而称东晋者，祸本虽始西晋，但祇汉成二国，余皆在渡江以后，可以东晋统言之也。且史家之为地志也，其例有二，有以全盛为主者，有以最后为主者。班固《汉志》据平帝元始，司马彪《续汉志》据顺帝永和，沈约《宋志》据孝武帝大明，魏收《魏志》据孝静帝武定，《新唐书》据昭帝天祐，此皆以最后为主者也。惟《晋志》据武帝太康，《旧唐志》据元帝天宝，此二家则皆据其最盛时。二者既各偏据其一，则于沿革分合必有所遗，孰若仲圃之包络始末，绳贯丝联，使纠纷错互，他人所望而目眩者，豁然如指上螺文。可一一数邪？此专门之业，非涉猎者所能及矣。大抵地理志也，表也，图也，三者阙一不可，若憎其繁絮，欲求省净，则世间闲笔浪墨不知凡几，乃于实学所在，惜其劳费乎？仲圃此书，为昔人之所未及为，而后人考史者之所必不可少，洵有功于史学，而足以传矣。予《商榷》于南北朝战争之所，立国之界，亦费苦心，沾沾自喜，而东晋诸僭伪，则畏其繁乱而未暇详。予涉猎之功，非专门之业，所以稍有发挥，未能胪列，独心折仲圃，以为不可及焉。乾隆五十七年壬子初夏，西沚居士王鸣盛撰。维时瞖目重开，行年七十有一。

六月，山东学政翁方纲在济南刊印《经义考补正》。

据《复初斋文集》卷一《经义考补正序》记：

> 丙申春，与丁小雅晨夕过从，相质诸经说，见所校朱氏《经义考》，积数十条，录存于箧。后十二年秋，在南昌重校是书，欲汇成一帙而未暇也。又后三年，方纲按试曹、沂、登、莱诸郡，而门人王实斋来相助，重加校勘，因录所补正几千八十八条，为一十二卷。窃念先生是书，综核该贯，为经训渊薮。其于杨止庵《周易古今文》，正其讹舛，曰："非敢形前贤之短，虑误后学也。"然则今兹区区附缀之意，固亦先生所乐予乎？小雅名杰，浙江归安进士。实斋名聘珍，江西南城贡生。

案：此文又载《经义考补正》卷首，文末自署"乾隆五十有七年，岁次壬子，夏六月，文渊阁直阁事、内阁学士兼礼部侍郎、加一级，大兴翁方纲，识于济南使院"。

六月十三日，阮元奉诏校勘《仪礼》石经成。

据阮元《揅经室集》卷二《仪礼石经校勘记序》记：

> 乾隆五十六年冬十一月，起居注日讲官、文渊阁直阁事、南书房翰林、国史馆纂修、詹事府詹事臣阮元，奉诏充石经校勘官。臣元校得《仪礼》十七篇。臣谨案：《仪礼》汉石经，仅有残字，难校全经。自郑康成作注，参用今、古文，后至隋末陆德明始作《释文》，校其同异。今《释文》本，又多为唐、宋人所乱。唐《开成石经》，所校未尽精审，且多朱梁补刻及明人补字之讹。宋张淳校刻浙本，去取复据臆见。臣今总汉石经残字、陆德明《释文》、唐石经、杜佑《通典》、朱熹《经传通解》、李如圭《集释》、张淳《识误》、杨复《图》、敖继公《集说》、明监本、钦定《义疏》、武英殿《注疏》诸本，以及内廷天禄琳琅所收诸宋元本、曲阜孔氏宋本，综而核之，经文字体择善而从，录成四卷，用付经馆，以待总裁加勘。时五十七年六月十三日，臣元敬识。

纪昀著《槐西杂志》成。

据《槐西杂志》卷首《自序》记：

> 余再掌乌台，每有法司会谳事，故寓直西苑之日多。借得袁氏婿数楹，榜曰："槐西老屋。"公余退食，辄憩息其间。距城数十里，自僚属白事外，宾客殊稀。昼长多暇，晏坐而已。旧有《滦阳消夏录》《如是我闻》二书，为书肆所刊刻。缘是友朋聚集，多以异闻相告。因置一册于是地，遇轮直则忆而杂书之，非轮直之日则已，其不能尽忆则亦已。岁月骎寻，不觉又得四卷，孙树馨录为一帙，题曰《槐西杂志》，其体例则犹之前二书耳。自今以往，或竟懒而辍笔欤，则以为《挥麈》之三录可也；或老不能闲，又有所缀欤，则以为《夷坚》之丙志亦可也。壬子六月，观弈道人识。

六月二十六日，高宗颁谕，指斥山东学政翁方纲姑息坊贾删节经书陋习。

据《高宗实录》卷一四〇七乾隆五十七年六月癸巳条记：

> 又谕曰：翁方纲奏科试情形一折，内称考试士子经解默经时，却于坊间所删经题内出题，其有未读全经者，概不录取等语。"五经"为圣贤垂教之书，士子有志进取，竟有未经全读者，可见士习之荒疏卑靡。翁方纲身任学政，自应认真董率，俾承学之士全读经义，身体而力行之，方不负训迪之责。如《诗》《书》内不祥讳用语句，不使出题，乃后世过于回避之陋习，朕所不取。兹公然竟有删去者，岂不可鄙！是亦学术式微之一大证也。经籍俱经孔子删定，岂容后人更复妄有删节！今该学政明知坊间删经之不可，而不能去，不过调停其间，且相沿陋习形之奏章，若为定例者然。殊属非是，着传旨申饬。……此事于士风大有关系，不可不明为查禁。着通谕各督抚及学政等，务须实心查察，严行禁止，俾士各通经，文风振作。

段玉裁得臧庸等襄助，增订微波榭本《戴东原先生文集》，编为十二卷刊刻。

据《戴东原先生文集》卷首段玉裁《序》记：

先生卒于乾隆丁酉，年五十有五。自先生以古学唱，三十年来，薄海承学之士，至于束发受书之童子，无不知有东原先生，盖其兴起者盛矣。称先生者，皆谓考核超于前古。始玉裁闻先生之绪论矣，其言曰："有义理之学，有文章之学，有考核之学。义理者，文章、考核之源也。熟乎义理，而后能考核、能文章。"玉裁窃以谓，义理、文章未有不由考核而得者。自古圣人制作之大，皆精审乎天地民物之理，得其情实，综其始终，举其纲以俟其目，兴以利而防其弊，故能奠安万世，虽有奸暴不敢自外。《中庸》曰："君子之道，本诸身，征诸庶民，考诸三王而不缪，建诸天地而不悖，质诸鬼神而无疑，百世以俟圣人而不惑。"此非考核之极致乎？圣人心通义理，而必劳劳如是者，不如是不足以尽天地民物之理也。后之儒者，画分义理、考核、文章为三，区别不相通，其所为细已甚焉。夫圣人之道在"六经"，不于"六经"求之，则无以得圣人所求之义理，以行于家国天下。而文词之不工，又其末也。先生之治经，凡故训、音声、算数、天文、地理、制度、名物、人事之善恶是非，以及阴阳、气化、道德、性命，莫不究乎其实。盖由考核以通乎性与天道，既通乎性与天道矣，而考核益精，文章益盛，用则施政利民，舍则垂世立教而无弊。浅者乃求先生于一名一物、一字一句之间，惑矣。先生之言曰："六书、九数等事，如轿夫然，所以舁轿中人也。以六书、九数等事尽我，是犹误认轿夫为轿中人也。"又尝与玉裁书曰："仆生平著述之大，以《孟子字义疏证》为第一，所以正人心也。"噫！是可以知先生矣。先生所为书，或成，或未成，孔氏体生梓于曲阜十余种，学者苦其不易得。《文集》十卷，先生之学，梗概具见。武进臧氏在东、顾氏子述，因增其未备，编为十二卷，精校重刊，略以意类分次其先后，不分体如他文集者，意欲求其学者之易为力也。壬子六月，弟子金坛段玉裁谨序。

七月十九日，清廷以三月为限，查禁销毁坊刻删本经书。

据《高宗实录》卷一四〇九乾隆五十七年七月丙辰条记：

军机大臣等议覆：山东学政翁方纲奏称，考试士子经解及默经时，于坊间所删经题内出题，其有未读全经者，概不录取。查此等删本经书，前经饬令销毁，日久玩生，应行令各督抚学政，转饬所属，将坊间所存删本板片，限三月内押令缴销。逾限不交，查出治罪。未能查禁之地方官及各督抚学政，分别议处。从之。

九月，卢文弨应赵翼请，为赵著《皇朝武功纪盛》撰序。
据《抱经堂文集》卷四《皇朝武功纪盛序》记：

阳湖赵观察云崧，夙具史才，起家中书舍人，入直军机房，旋以高第登馆阁。缅甸之役，奉命赴滇参军中幕画，既又扬历封疆。解官后，大臣之剿台湾者，犹强挽之与俱。其素来既博征典故，随事纪载，而近事尤亲得之见闻。顷来掌教扬州，《四库全书》之颁也，其郡当谨藏于行宫内之文汇阁，一切整齐次比，实与其事。故自圣祖之平定三逆，以及今上台湾之役，凡夫岁年月日以及山川道里，与夫在事诸臣之功过，得所征信，一一皆有据依。于是以四卷之书括之，其事则详，其文则约，其颠末曲折，无不朗若列眉。……夫善叙事者，莫过于马、班，要在举其纲领，而于纠纷蟠错之处，自无不条理秩如。今是编也，驭繁以简，举重若轻，深得《史》《汉》之义法。而尤有不可及者，其于兵势地形之利害，言之悉中窾要。是不独史才，且将才也。

案：此序又见《皇朝武功纪盛》卷首，文末署"乾隆五十七年九月，日讲起居注官、翰林院侍读学士、余姚卢文弨谨序"。

顺天乡试蒇事，王昶以是科副考官，遴选佳文，辑录成编。
据王昶《春融堂集》卷三十六《壬子顺天乡试录后序》记：

乾隆五十七年八月，顺天壬子科乡试届期，礼臣以考官题请，上命吏部尚书臣刘镛充正考官，臣暨国子监祭酒瑚图礼副之。既竣事，录其文之尤佳者，恭呈御览，而臣例得扬言简末。窃谓文以载道，而道备于经。古之学者读《春秋》，如未尝有《诗》，读《诗》，如未尝有《易》。盖三年通一艺，十五年而五经通，然后知类通达，强立而不反，谓之大成。后世士子或殚心词赋鞶帨之术，于经义忽焉不详；或杂然习之，不求其端，不讯其末。其发于文章也，于斯道奚裨焉？我国家崇儒尊道，皇上右文稽古，逾越千祀。自五经以逮《周礼》《仪礼》，莫不折衷群言，甄综至当，使承学之士得所依归。又虑其昧没而杂，欲速而不达，于是乎仿古之意，分年以课之。始于乾隆五十三年，以《诗经》文试士，迨今五年，迄于《春秋》，而士子无不通贯五经者。由是禀经酌雅，发于时文，不懈而及于古，其纯粹以精可知也。且顺天之试与他省异，他省之文仅一方之风会尔，顺天则各直省能文之士莫不弹冠蹑屩，于于而来，怀铅握椠，以待主司之决择，故顺天之试作盛于他省。而又值士子五经习熟之时，微言大义均已左宜右有，旁见侧出，以为时文之用，故本科之试作尤盛于前科。是盖千百年太和之气，冲融翔洽，会而成文明之极治。而臣得藉手以观其成，其荣幸迈于寻常万万矣。伏见我皇上亲御丹毫，命题以程多士，而特示《大学》之道，用觇实得，圣经贤传，包畜靡遗，所期望于诸生者良厚矣。以小子之有造，屈于成人之有德，将内之审格致诚正之功，外之综修齐治平之要，经与心融，身与道一。其文为卓然可传之文，而人亦为卓然有用之人。于以仰报圣天子稽古右文之化，不益懋哉！斯亦臣所珥笔而乐书其后者也。谨序。

十月二十四日，钱大昕在黄丕烈寓阅顾炎武《天下郡国利病书》钞本，肃然作跋，以志景仰。

据黄丕烈《荛圃藏书题识》卷三录钱大昕《天下郡国利病书跋》记：

亭林先生博学通儒，所撰述行世者，皆有关于世道风俗，非仅以该洽见长。惟《天下郡国利病书》未有刊本，外间传写有意分析，失其元第，然尤珍为枕中之秘。项荛圃孝廉购得传是楼旧藏本三十四册，识是先生手迹，蝇头小楷，密比行间，想见昔贤用心专勤，不肯假手钞胥，故能卓然成一家言也。荛圃其善藏之。壬子十月廿四日，竹汀居士钱大昕题。

仲冬，臧庸致书王鸣盛，抒发笃信汉儒以治经学的主张。

据《拜经堂文集》卷三《上王凤喈光禄书》记：

镛堂闻海内有博学通经大儒三人，一余姚卢学士，一嘉定钱少詹，其一为阁下，企仰数年，未得趋谒。戊申，学士来常，主龙城书院讲席，遂得执经受业，且因此得识少詹。独于阁下未获见，而愿见之心倍切。何也？盖自束发受书以来，亦沉溺于俗学而无以自振。读《尚书后案》，初骇其博辨，心怦怦然有动，后反复推考，始识其精确，心焉爱之。知研究经学，必以汉儒为宗，汉儒之中，尤必折中于郑氏。试操此以参考诸家之言，遇郑氏与诸家异者，毕竟郑氏胜之。八年以来，微有所知，以殊异于俗学者，皆阁下教也，其敢忘所自哉？阁下尚有目疾，而近日重明，此天开文运，俾完名山之业，以绍郑氏之统绪也。学者闻之，曷胜欣幸！尊作《后案》极精，惟《虞书正义》所述夏侯等书，与郑氏异者四事，皆倒置之。此千虑之一失。镛堂尝撰《虞书正义释》一篇，以补阁下所未逮，事事皆有确证。金坛段若膺明府见而叹赏，谓与彼见印合。惜顷为友人所取去，异日当呈正也。

江声著《尚书集注音疏》成，臧庸致书江氏，赞其"墨守汉儒家法"。

据《拜经堂文集》卷三《与江叔沄处士书》记：

尊著《尚书集注音疏》已成。夫，学不坚深，无以成家，贪多务博，浮泛不专，此学人之通病。如先生笃信好古，墨守汉儒家法者，盖仅见也。镛堂亦好汉人传注，搜辑遗亡，计得十种。昔与友人书云："为学之道有二端，一曰勤，二曰细心。"此一得之愚，未审有当否。

十一月，谢启昆著《西魏书》成，钱大昕欣然撰序表彰。

据《潜研堂文集》卷二十四《西魏书序》：

> 昔元魏之季，孝武不忍贺六浑之逼，播迁关西，终不免黑獭之弑。自是东西对峙，各为强臣所制，地丑德齐，无以相尚。然天平改元之始，孝武固无恙也，则东魏不如西之正；天保受禅而后，关西犹拥虚号者七八年，则西魏较愈于东之促。此温文正公、徽文公之书法所以抑东而扬西也。乃魏彦深之史无传，而伯起书独行，遂加孝武以出帝之称，而直斥西主之名。偏陂不公，莫此为甚。李延寿《本纪》，颇采彦深，先西后东，差强人意，而《列传》犹承《周史》旧文，读史者不无遗憾焉。且志地形者，宜据太和全盛之规，而伯起转取武平偏安之局，于秦、雍诸州，虽云据永熙绾籍，而漏落良多。至西迁廿余年间，州郡增置纷繁，名目屡易，尤不可以无专书也。观察谢蕴山先生，曩在史局，编摹之暇，与阁学翁公议补是书。洎宛陵奉讳家居，乃斟酌义例，排次成编，为《本纪》一，《表》三，《考》二，《列传》十三，《载记》一。既蒇事，介翁公属序于予。读其凡例，谨严有法，洵足夺伯起之席，而张涑水、考亭之帜矣。昔平绘撰《中兴书》，其体例当类此，而《隋志》不著于录，则唐初已无传。观察之书，不独为前哲补亡，而《将相》《大臣》《征伐》诸表，精核贯串，又补前史所未备。传诸异日，视萧常、郝经之《续后汉书》，殆有过之无不及也。

又据陈鸿森《钱大昕年谱别记》乾隆五十七年六十五岁条记：

> 谢蕴山撰《西魏书》成，介翁覃谿请序于先生。十一月为序之……此序又见《文集》卷二十四，不记年月，今从本书。集本"《考》二，《列传》十三"，谢书作"《考》四，《列传》十二"，当据本书改。

十二月一日，张惠言究心《墨子》，撰《书墨子经后》。

据《茗柯文》初编《书墨子经后》记：

> 右《墨子》《经》上下及《说》，凡四篇。《晋书·鲁胜传》云，胜注

《墨辩》,"引《说》就《经》,各附其章",即此也。《墨子书》多奥言错字,而此四篇为甚。胜注既不传,世莫得其读。今正其句逗,通其旨要,合为二篇,略可指说,疑者阙之。古者杨、墨塞路,孟子辞而辟之。自孟子之后,至今千七百余年,而杨氏遂亡。墨氏书虽存,读者盖鲜。大哉圣贤之功,若此盛矣。……孟子不攻其流而攻其本,不诛其说而诛其心,被之以无父之罪,而其说始无以自立。

案:此文又见孙诒让《墨子间诂》之附录,题为《张惠言书墨子经说解后》,文末署云:"乾隆五十七年十二月一日,张惠言书。"

十二月十八日,清廷就科举考试命题做出决定,自下科乡试始,《春秋》命题不再用胡安国传。

据《高宗实录》卷一四一九乾隆五十七年十二月壬午条记:

礼部尚书纪昀等奏:"向来考试《春秋》,用胡安国传。胡传中有经无传者多,出题处甚少,且安国当宋南渡时,不附和议,借经立说,原与本义无当。圣祖仁皇帝钦定《春秋传说汇纂》,驳胡传者甚多,皇上御制文,亦多驳其说,科场试题,不应仍复遵用。请嗣后《春秋》题,俱以《左传》本事为文,参用《公羊》《穀梁》,即自下科乡试为始,一体遵行。"得旨:此奏是。

毕沅发愿纂修编年体宋元史,以续《资治通鉴》,历时几二十年,于是年书稿粗成。章学诚代毕氏致书钱大昕,祈为审订。

据《章氏遗书》卷九《为毕制军与钱辛楣宫詹论续鉴书》记:

宋元编年之役,垂二十年,始得粗就隐括,拾遗补阙,商榷繁简,不无搔首苦心。古人著书,贵有家法。闻见猥陋,不足成家,而好骋繁富,不知所裁,亦失古人著书宗旨。……按司马氏书,于南北朝之争相雄长,五代、十国之角特(按:依章氏为文习惯,特字当为犄)鼎峙,其详略分合,本于《左氏春秋》之详齐晋。而陈、王、薛三家纷纷续宋元事,乃于辽金正史束而不观，仅据宋人纪事之书，略及辽金继世年月，其为荒陋，不待言矣。徐昆山书最为晚出，一时相与同功如万甬东、阎太原、胡德清诸君，又皆深于史事，宜若可以为定本矣。顾《永乐大典》藏于中秘，有宋东都则丹棱李氏《长编》足本未出，南渡则井研李氏《系年要录》未出，元代则文集说部散于《大典》中者亦多逸而未见，于书虽称缺略，亦其时势使然，未可全咎徐氏。然辽金正史止阅本纪，间及一二名人列传，而诸传志表，全未寓目；宋嘉定后，元至顺前，荒略至于太甚，则不尽关遗编逸事之未出矣。……夫著书义例，虽曰家法相承，要作者运裁，亦有一时风气。即如宋元编年诸家，陈、王、薛氏虽曰未善，然亦各有所主。陈氏草创于始，亦不可为无功；薛氏值讲学盛行之时，故其书不以孤陋为嫌，而惟详于学派。徐氏当实学竞出之际，故其书不以义例为要，而惟主于多闻。鄙则以为风尚所在，有利即有其弊，著书宗旨，自当因弊以救其偏，但不可矫枉而至于过尔。今兹幸值右文盛治，四库搜罗，典章大备，遗文秘册，有数百年博学通儒所未得见而今可借钞于馆阁者。……今宋事据丹棱、井研二李氏书而推广之，其《辽》《金》二史所载大事，无一遗落，又据旁籍以补其逸，亦十居三四矣；元事多引文集，而说部则慎择其可征信者。仍用司马氏例，折衷诸说异同，明其去取之故以为《考异》；惟不别为书，注于本文之下以便省览，即用世传胡天台注本《考异》散附本文之义例也。计字二百三十五万五千有奇，为书凡二百卷，较之涑水原书，已及三分之二。或疑涑水以二百九十四卷记载一千三百六十二年之事，而宋元二代纪年四百六十有八，为书已占三分之二，似乎繁简悬殊。然史家详近略远，自古以然。……鄙见区区自谓此书差有功于前哲，然眉睫之喻，实著书之通患，高明何以教之？邵与桐较订颇勤，然商定书名，则请姑标"宋元事鉴"，……盖取不敢遽续《通鉴》，犹世传李氏谦称为《长编》尔。章实斋因推孟子其事其文之义，且欲广吕伯恭氏撰辑，别为《宋元文鉴》，将与《事鉴》并立，以为后此一成之例。鄙以为……后世编年之史，本与纪传同垂，纪传至《汉书》而规模始定，犹编年至《通鉴》而法式始□，同一理也。班书而后，范、沈、萧、李所为纪传，其文虽去班书远甚，未尝谦避而不敢名"书"，人不以为僭也。则马鉴而后，续者似可不以《通鉴》为讳。且书之优劣，不在名目异同，盖诗文之名一定，而工拙本自万殊，诗即甚劣，未尝不名为诗，文即不工，未尝不名为文。名为《通鉴》，而书之可嗣涑水与否，则存乎后人之衡度矣。尊意以为何如？惟涑水之书，中有评论，……鄙则以为据事直书，善恶自见，史文评论，苟无卓见特识，发前人所未发，开后学所未闻，而漫为颂尧非桀，老生常谈，或有意骋奇，转入迂僻，前人谓如释氏说法，语尽而继之以偈，文士撰碑，事具而韵之以铭，斯为赘也。今则姑从缺如，未为失司马氏意否？其年经国纬，撮其精要以为目录，亦岁内可以讫功，大约明岁秋冬，拟授刻矣。而章实斋乃云："纪传之史，分而不合，当用互注之法以联其散。编年之史，浑灏无门，当用区别之法以清其类。"就求其说，则欲于一帝纪中，略仿会要门目，取后妃、皇子、将相、大臣、方镇、使相、谏官、执事、牧守、令长之属，各为品类，标其所见年月，定著别录一篇，冠于各帝纪首，使人于编年之中隐得纪传班部，以为较涑水《目录》《举要》诸编尤得要领，且欲广其例而上治涑水原书以为编年者法，其说甚新。然续书而遽改原书规模，嫌于无所师授。实斋则言其意本于杜氏治《左》，别有《世卿》《公子》诸谱例耳。鄙意离合参半，未能决择。凡此一皆就质高明，如何如何？全书并录副本呈上，幸为检点舛误，所谓校书如扫落叶，讨论不厌多往复也。昔司马氏书所以裁成绝业，非第十九年之用心，亦以一时相与商榷如二刘、范氏，并一时硕学。今观所存辨难之辞，如攻坚扣巨，皆足开拓后人识力，不特为一书发明也。鄙则何敢希踪古人，而高明之有以教正，所益或过于古人矣。闻大著《元史》，比已卒业，何时可以付刻，嘉惠后学，争先快睹，引领望之。笔削义例，有可先示其要领者耶？无任翘企！

案：章学诚代毕沅致钱大昕札，胡适、姚名达二位先生著《章实斋先生年谱》系于乾隆五十七年。陈鸿森先生著《钱大昕年谱别记》则系于乾隆五十九年。据《别记》五十九年六十七岁条记："章氏此信不记撰年，胡适之先生《章实斋年谱》系于五十七年壬子,并无明据。余考此信既言全书'计字二百三十五万五千有奇,为书凡二百卷','邵与桐校订颇勤',是全书大体已经写定。又言'大约明岁秋冬拟授刻矣'。今据《瞿木夫自订年谱》乾隆六十年条载,先生为毕氏阅定考正,即于吴门开雕(原注:详本文明年条下),则章氏此书宜系于本年,庶几近之。"

是年,章学诚致书邵晋涵,专就《宋史》纂修事进行讨论。

据《章氏遗书》卷八《与邵二云论修宋史书》记:

> 足下今生五十年矣,中间得过日多,约略前后,自记生平所欲为者,度其精神血气,尚可为者有几。盖前此少壮,或身有可为,未可遽思空言以垂后世。后此精力衰颓,又恐人事有不可知。是以约计吾徒著述之事,多在五十、六十之年,且阅涉至是,不为不多,中间亦宜有所卓也。足下《宋史》之愿,大车尘冥,恐为之未必遽成,就使成书,亦必足下自出一家之指,仆亦无从过而问矣。近撰《书教》之篇,所见较前似有进境。与《方志三书》之议,同出新著,前已附致其文于足下矣。其以圆神、方智定史学之两大宗门,而撰述之书,不可律于记注一成之法。又迁书所创纪传之法本自圆神,后世袭用纪传成法,不知变通,而史才、史识、史学转为史例拘牵,愈习愈舛,以致圆不可神,方不可智。如《宋》《元》二史之溃败决裂,不可救挽,实为史学之河、淮洪泽,逆河入海之会,于此而不为回狂障颓之功,则滔滔者何所底止!夫《通鉴》为史节之最粗,而纪事本末又为通鉴之纲纪奴仆。仆尝以为此不足为史学,而只可为史纂、史钞者也。然神奇可化臭腐,臭腐亦复化为神奇。纪事本末本无深意,而因事命题,不为成法,则引而伸之,扩而充之,遂觉体圆用神。《尚书》神圣制作,数千年来可仰望而不可接者,至此可以仰追。岂非穷变通久,自有其会。纪传流弊至于极尽,而天诱仆衷,为从此百千年后史学开蚕丛乎?今仍纪传之体,而参本末之法,增图谱之例,而删书志之名,发凡起例,别具《圆通》之篇,推论其精,造次难尽,虚俟脱稿,便当续上奉郢质也。

但古人云:"载之空言,不如见之实事。"仆思自以义例撰述一书,以明所著之非虚语,因择诸史之所宜致功者,莫如赵宋一代之书,而体例既与马班殊科,则于足下之所欲为者,不嫌同工异曲。惟是经纶一代,思虑难周,惟于南北三百余年挈要提纲。足下于所夙究心者,指示一二,略如袁枢纪事之有题目,虽不必尽似之,亦贵得其概,而有以变通之也。昔东汉诸家,今存惟范,典午群史,唐修仅传。盖班马家学失传之初,一史而屏起争趋,一代而攻者数家,各尽所长,以自表现,传不传则听其际与数。此虽不如世业专家,尤胜后人之拘守绳尺,不复成家学也。前人攻宋史者,如柯氏之《新编》,邵氏之《宏简录》,陈氏之《通鉴续编》,其效略可睹矣。仆于此役未必遽为柯邵之流,恐如郑氏之《通志》,例有余而质不足以副耳。然足下进而教之,或竟免于大戾,未可知也。足下亦宜自力,次公传家学否,念念,不宣。

王昶有书答许宗彦,就治《说文解字》阐述己见。
据《春融堂集》卷三十二《答许积卿书》记:

得来书,知体中嘉胜,深慰远怀。前后两札,似研究《说文》之学。近为此学者,海内约有二十余人。虽皆嗜古好奇之士,然有猎取数十百字,漫夸博奥而详说,绝鲜折衷,指归究未画一者不少。窃谓识字所以读经,《说文》之字非必即同孔子之经也。鲁恭王坏孔壁得蝌蚪书,晋不准发魏安釐王冢得周书亦蝌蚪文字,似孔子修六经所书文字皆用蝌蚪。今考史籀石鼓,吉日、癸巳,及薛氏《钟鼎款识》《宣和博古图》所载,如齐侯之钟,季娟南宫之鼎,并小篆迥别。乃欲执许氏之文,以定五经之文,其果有当欤?夫六书失传久矣,今惟许氏《说文》最古,固学人所宜服膺者。然必谓《说文》之文本即孔子之书,用以释经,且以绳诸家之谬,已恐未然。况许氏之文,又为徐氏所乱乎?婆罗门书两汉时未入中国,故郑君笺注第曰"读若某"而已。徐氏以汉唐后之切音,缀于汉人文字之下,亦宁有当欤?古人韵缓不烦改字,故往往四声通用。今徐氏本切韵以定音,故如闰字从门,门平声,乃注如顺切。璿字声睿,睿去声,乃注似沿切。所从之字之音如此,所切之声如彼,画四声为鸿沟,毋乃益失古人之旨欤?愚常欲作《说文》之学,取群经所有之字、《说文》所无者共若干,周秦钟鼎古文所有、《说文》所无者又若干,然后总钟鼎、《说文》,辨其偏旁,审其点画,以厘其异同。又取《说文》中象形者若干字,谐声者若干字,形而兼声者又若干字,其指事、转注、假借亦如之,俾字体较然,字数划然。惟公事殷繁,年将七十,精神潦倒,无以胜此。愿吾贤少年暇日考定一书,推见汉以前文字之旧,杜哗沓而息喧哓,庶为功于经者大矣。

是年,汪中写定《述学》内篇三卷、外篇一卷,刊行于世。
据汪喜孙《容甫先生年谱》乾隆五十七年四十九岁条记:

先君写定《述学》内篇三卷、外篇一卷,刊行于世。当时通儒辈出,经史、词章、金石之学,卓然以著述见者,皆颛门之业。先君淹贯古今,著为文词,海内知名之士,无不敛手推服。

钱泳初入京城,谒见邵晋涵,于邵氏学术至为推崇。
据钱泳《履园丛话》卷六《二云学士》记:

邵二云先生名晋涵,余姚人。乾隆辛卯科会元。五十七年,余初入京师,谒见先生于横街寓第。时官翰林侍讲,为人朴野,德行恂恂,今之召伯春也。而经学之修明,文章之通达,实鲜其匹。是时萧山王南陔中丞尚为秀才,常在先生坐中遇之,剧谈古今,每至竟日。所著《尔雅正义》,可补邢昺之陋略。又有《公羊传》《孟子义疏》诸书,未传于世。

纪昀为其从侄汝伦《逊斋易述》撰序,主张"持汉学、宋学之平"。
据《纪晓岚文集》卷八《逊斋易述序》记:

《易》之精奥,理数而已。《象》,其阐明理数者也。自汉及宋,言数者歧而三,一为孟喜,正传也。歧而为京、焦,流为谶纬,又歧而为陈、邵,支离曼衍，不可究诘，于《易》为附庸矣。言理者亦歧而三，乘承比应，费直《易》也。歧而为王弼、为王宗传、为杨简，浸淫乎佛老矣。又歧而为李光、杨万里，比附史事，借发论端，虽不比陈、邵之徒虚縻心力，画算经而图弈谱，然亦《易》之外传耳。中间持其平者，数则汉之康成，理则宋之伊川乎。康成之学不绝如线，唐史徵、李鼎祚、宋王伯厚及近时惠定宇，粗传一二而已。伊川之学传之者多，然醇驳互见，决择为难。余勘定四库书，颇恨其空言聚讼也。

从侄虞惇自戊子乡举后，一任满城学官，即归里以经义课子弟。偶采诸家之惬理者，标题于《周易》之简端，犹韩吏部之《论语笔解》也。壬子四月，从余至滦平，重勘文津阁秘书，因以呈余，余喜其精思研理，去取平心，无宋南渡以后讲学家门户之习，因为题其卷首。昔从兄懋园舍人尝注《毛诗广义》，以毛亨传为主，（原注：《诗传》乃大毛公作，康成《诗谱》甚明，儒生类称毛苌，未之考耳。）而参以诸说，能持汉学、宋学之平，今著录《四库总目》中。虞惇此编，可谓世其家学矣。

余年近七十，一生鹿鹿典籍间，而徒以杂博窃名誉，曾未能覃研经训，勒一编以传于世，其愧懋园父子何如耶！

是年，孔广森遗著《诗声类》刊行。
据《诗声类》卷首广森生前所撰《序》记：

书有六，谐声居其一焉。偏傍谓之形，所以读之谓之声。声者从其偏傍而类之者也。小学文字之书，以形为经者，莫善于《说文》，以声为经者，莫备于《唐韵》。夫去古日远，篆降而隶，隶降而楷，虽形犹失其本，况声之无所准者乎？今据《唐韵》，以上求汉魏人诗歌铭颂，已合者半，否者半。据汉魏人之文，以上求三百篇，又合者半，否者半。虽然，所合与否，固皆有踪迹理络，可寻而复也。《唐韵》二百六部，盖本于隋陆法言等数人之所定。其意大率斟酌消息，使通乎今，不硋乎古。……窃尝基于《唐韵》，阶于汉魏，跻稽于二《雅》、三《颂》、十五国之《风》而绎之，而审之，而条分之，而类聚之，久而得之。有本韵，有通韵，有转韵。通韵聚为十二，取其收声之大同。本韵分为十八，乃又剖析于敛侈、清浊、豪厘纤眇之际，曰元之属、耕之属、真之属、阳之属、东之属、冬之属、侵之属、蒸之属、谈之属，是为阳声者九。此九部者，各以阴阳相配，而可以对转。其用韵疏者，或耕与真通、支与脂通、蒸侵与冬通、之宵与幽通。然所谓通者，非可全部混淆，间有数字借协而已。……自沈氏释《诗》、颜氏注《汉书》，多有合韵引某，至吴才老大畅叶音之说，而作《韵补》。要其谬有三：一者若庆之读羌，皮之读婆。此今音讹，古音正，而不得谓之叶。二者古人未有平声、仄声之名，一东三钟之目，苟声相近，皆可同用，而不必谓之叶。三者凡字必有一定之部类，岂容望文改读，漫无纪理，以至《行露》家字，二章音谷，三章音公；"于嗟乎驺虞"，首章五加反，次章五红反，抑重可嗤已。广森学古音，幸生于陈季立、顾宁人二君子之后，既已辨去叶音之惑，而识所指归，近世又有段氏《六书音均表》出，藉得折衷诸家，从其美善。若之、止、志收尤、有、宥之半，模、姥、暮收麻、马、祃之半，歌、哿、个收支、纸、寘之半，耕、耿、诤收庚、梗、映之半。昔入于陌，锡入于麦，而别以其半归于沃药，皆顾氏得之矣。真元之列为二，支、脂、之之列为三，幽则于宵，侯别于幽，而复别于鱼，皆段氏得之矣。至乃通校东韵之偏傍，使冬割其半，钟、江通其半，故《大明》《云汉》诸篇，虽出入于蒸、侵，而不嫌其泛滥。分阴分阳，九部之大纲，转阳转阴，五方之殊音，则独抱遗经，研求豁悟。于思我小怨，祇自底兮，肆戎疾不殄等，向之不可得韵者，皆一以贯之，无所牵强，无所疑滞。诚虑罕发于前闻，沿疑于后进，知此者稀。倘昭所尤，辄复旁引博验，疏通证明，即《唐韵》以为柢，指《毛诗》以为正，所因所革，总而录之。窃取李登《声类》之名，以名是编。盖文字虽多，类其偏傍，不过数百。而偏傍之见于《诗》者，固已什举八九。苟不知推偏傍以谐众声，虽遍列六经、诸子之韵语，而字终不能尽也。故左方载《诗》所见字而止，有信愚说者，触类而长之，观其会通焉可矣。

乾隆五十八年癸丑　1793年

二月二日，官修《石渠宝笈续编》将成，高宗颁谕，令缮写五份，弆藏宫禁，并著诸子及重臣校阅。

据《高宗实录》卷一四二二乾隆五十八年二月乙丑条记：

> 谕：《石渠宝笈续编》将次纂成，着缮写正本五份，分贮乾清宫、宁寿宫、圆明园、避暑山庄、盛京五处。于翰林、中书各官内，挑派字迹端楷者二十员，赶紧缮办，统于年内完竣。其缮出之本，着派八阿哥、十一阿哥、十五阿哥、刘墉、纪昀各分一份，详细校阅，交武英殿装潢，由懋勤殿呈览。

二月六日，清廷举仲春经筵，君臣讲论《中庸》"至诚无息，不息则久"，高宗以朱子注未尽贴切。

据《高宗实录》卷一四二二乾隆五十八年二月己巳条记：

> 纪昀进讲《中庸》"至诚无息，不息则久"二句。讲毕，上宣御论曰：此应与《易·乾象》"天行健，君子以自强不息"并观之。盖不息即无息，而行健亦无息之行也，夫何有为于其间哉？然惟天地能之。至诚之圣，即天地之不息而行健也。其久征以至博厚高明之用，虽由至诚以显天地，仍即天地以印至诚，所谓一而二、二而一者也。朱子以无虚假间断注之，予以为视至诚为小矣。试观天地四时之运，有虚假乎？有间断乎？至诚之无息，亦如是而已矣。然而至诚岂易言哉？必其致曲之功形而著，所谓无虚假也，变而化，所谓无间断也。则朱子之言，未尝无见，但以此注无息之至诚，则尚未造至诚之域耳。

三月十三日，高宗颁谕，重申查禁删本经书，以"整饬士风，崇尚实学"。

据《高宗实录》卷一四二四乾隆五十八年三月丙午条记：

> 谕军机大臣等：本日郭世勋奏到，查禁坊间删节经书板片一折，"五经"为圣贤垂教之书，岂容妄有删节！前经明降谕旨，立法查禁，通行各省一体办理。今据各该省督抚陆续奏到，俱已饬禁查销，并将板片收毁。京师为人文荟萃之区，坊肆通行，此项书籍，自所必有，何以未据五城及顺天府尹奏报查禁？着传谕都察院堂官、顺天府尹等，即将京城书坊现在有无此项删节经书，详细查明，晓谕销毁。并饬令地方官实力催缴，俾士子等咸知习诵全经，以附朕崇尚实学至意。

> 又谕：本日据郭世勋奏，查禁删本经书一折，将查出各书名目及板片数目，一并开单进呈。所办颇为周到。因令军机大臣，检查各省奏到各折。……乃各省查禁之书，转不及山西所办。自系该督抚等视为具文，地方官奉行不力，不过以一奏塞责，岂朕整饬士风，崇尚实学之意！着将山西省蒋兆奎查出最多书单，及本日郭世勋所奏清单，一并发交各该督抚，通行仿照办理具奏。所有查出删本经书及板片，并着解京销毁。

季春，臧庸撰《先师汉大司农北海郑公神坐记》，以志于郑玄学说的笃信谨守。

据《拜经堂文集》卷四《先师汉大司农北海郑公神坐记》记：

> 公生东汉末，集先秦、两汉诸儒大成，遍通"六经"传记之文，一一为之笺注。其功在周公、孔子，非伏生、毛公辈一经可拟也。所著书或不尽存，而《毛诗笺》《三礼注》如故。其逸者时散见于他说，学者缀缉之，尤足补六艺之阙。矧所称有道有德，尤足为百世师哉！然则以公为先师允矣。镛堂年十九，见光禄卿王凤喈《尚书后案》，好之。退读高祖玉林公《经义杂记》等书，始恍然有悟，知推考六籍，必以公为宗。遂尽弃俗学，

而专习公学，九年于今矣。习之已久，信之益笃，窃以拟之尼父之门，游、夏之徒，功远过焉。孟子云："以德服人者，中心悦而诚服也，如七十子之服孔子也。"镛堂于公之谓矣。宋王伯厚辑公《周易注》，镛堂述公《论语注》，区区愿学之忱，专在于是。故奉为先师，供其神坐于家塾，以为师范。自今以往，公之神灵时在左右，启牖小子。俾小子心源日浚，学术日茂，而小子者亦庶几梦寐通之，无异一堂之上，亲授受焉。他日于"六经"之道，或粗有证明乎，是不能无望于公在天之灵也。……乾隆癸丑三月，记于拜经堂书塾。

三月下旬，王鸣盛为臧庸高祖琳遗著《经义杂记》一撰序。
据《经义杂记》卷末附录王鸣盛《序》记：

毗陵臧子在东，力学嗜古。予既读其所辑郑康成《论语注》、卢子幹《礼记注》，而爱重之矣。今复出视令高祖玉林先生《经义杂记》，属为序引。予读其书，随笔札记，非古不道，有阎百诗徵士《序》，痛斥俗学，推崇古学，窃不禁跃然为吾道庆也。先生生长国初，其年殆与百诗亚。彼时运会初开，宗风未畅，然而落落数君子，错峙海内，百诗外，如顾亭林、万季野、梅定九、胡肚明诸公，事必稽核，言必典据，古学之盛，基于是焉。而先生亦其一也，其考证之精博，几几欲与顾、阎诸公抗行，特默而好深湛之思，不屑以标榜为事，故下士罕知之。要之，先生之为可传自若也。吁！由先生以来，又将百年矣。天下风气进而益上，雅材硕彦，奋起角立者数十百辈，迄于今而三代以上声音、文字、制度、典章、名物、象数、训诂、师法，皆能顿十指而言其曲折，彬彬盛哉！溯厥首庸，实维先生与顾、阎诸公为之导夫先路耳。风流之所沾丐，复有耳孙鹊起，以古学名其家。在东盍勖诸，所以扩大先生之遗绪者，将于是乎在。……乾隆癸丑季春月下旬立夏后五日，赐进士及第、诰授通议大夫、光禄寺卿、前内阁学士、礼部侍郎嘉定王鸣盛撰。

四月二十一日，高宗命题，策试各省贡士于保和殿，倡导究心宋明学术源流。

据《高宗实录》卷一四二七乾隆五十八年四月癸未条记：

> 策试天下贡士吴贻咏等八十二人于保和殿前，制曰：……十六字心传尚矣，蔡氏沉《书序》言之綦详，其说可悉陈欤？执中一言，禹、汤、武相传不易，所以致其精一者，其要何居？唐太宗作《帝范》，所言果尽醇欤？宋范祖禹《帝学》一编，具有条理，能见其大者何在？真德秀《大学衍义》，仅及修身齐家而止，其治平之迹，果可举而措之欤？邱浚《大学衍义补》，政典极为详备，抑尚有提挈大纲者在欤？洛学末流，歧为二派，永嘉之学，好谈经济，朱子谓其近事功，其故安在？其源流得失，能一一言之欤？金溪之学，流为姚江，紫阳之徒，流为河津，世多以河津为正脉。然论者或谓，王守仁所树立，断非薛瑄所能，可详言之欤？王畿以后，讲心学者，又空虚而无实用，其故又安在欤？

四月二十三日，高宗颁谕，重申查禁删本经书，以"整饬士风，崇尚实学"。

据《高宗实录》卷一四二七乾隆五十八年四月乙酉条记：

> 又谕：前因各省查禁删本经书，惟山西、广东两省所办较为认真，其余各省收缴无多，不过以一奏塞责，曾经降旨饬谕。本年据朱珪奏，安徽省先后查缴删本经书共六十七种，计八百二十四部，板片二十八块，查禁尚为实力。各省督抚，自应如此一体查办。……着该督抚等，将各属每年收缴若干之处，于五年汇奏一次，以副朕整饬士风，崇尚实学至意。

孟夏，臧庸致书段玉裁，就段氏所校《尔雅》疏失提出商榷。

据《拜经堂文集》卷二《与段若膺明府论校尔雅书》记：

> 尊校《尔雅》，……是者镛堂既尽取之矣。其有似是而非者，不可以不

辨也，希再定之。

五月，邵晋涵校阅自《永乐大典》中所录《东南纪闻》毕，有跋为记。

据黄云眉《邵二云先生年谱》乾隆五十八年五十一岁条，引述邵先生跋记：

> 此书从《永乐大典》中录出，不著撰人姓氏，盖宋遗民所纂述也。中间有与《桯史》相同者，其为钞撮而成欤？抑各纪所闻欤？其纪史弥远嵩之凶险，有出于诸家纪载之外者，当时东南遗老，痛心于弥远叔侄者深矣。辛丑夏，馆吏录副本求售，因留之。癸丑五月，病初起，校阅一过，讹字不可尽乙，俟求别本正之。（原注：见《江苏省立国学图书馆第三年刊·馆藏善本书题跋辑录》。）

去冬，凌廷堪致书焦循，讨论焦著《群经宫室图》的失误。
据《校礼堂文集》卷二十三《与焦里堂论路寝书》记：

> 里堂先生足下：承示《群经宫室图》，受而读之。至《宫图》第八篇，新考定路寝之制，鄙意窃有未喻者。寝庙之制，见于《礼经》，郑氏注详矣。（原注：寝庙制皆如一。郑又谓天子路寝，制如明堂。此说非是，观《顾命》可见。）后儒虽偶有异同，不足据也。今足下乃改之，以为东堂东乡，东夹在其后；西堂西乡，西夹在其后。东序则曲而指于东，西序则曲而指于西。西方之后，又增此一北堂，与东房之北堂北阶相并。曲引经注以证之，辨则辨矣，恐未能合经注之本意也。……足下不融会《礼经》之全而观之，仅节取其一二语，宜乎多窒碍也。

焦循接凌廷堪信，将《群经宫室图》及凌信一并寄往北京，请詹事府詹事阮元撰序。阮元应约撰文，提出治经不可"株守传注，曲为附会"，当"求其是"。

据阮元《揅经室一集》卷十一《焦里堂群经宫室图序》记：

> 焦君里堂作《群经宫室图》二卷，凡九类，曰城，曰宫，曰门，曰屋，曰社稷，曰宗庙，曰明堂，曰坛，曰学。为图五十篇，皆于众说非颐、群言岨峿之际，寻绎经文而折衷之。图所不能详者，复因图为说以附于后。其所见似创而适得夫经之意也，其所解似新而适符乎古之制也。呜呼！用力可谓勤矣。顾其书往往异于先儒之旧，学侣或致疑焉。余以为儒者之于经，但求其是而已。是之所在，从注可，违注亦可，不必定如孔、贾义疏之例也。歙程易田孝廉，近之善说经者也，其说《考工》戈、戟、钟、磬等篇，率皆与郑注相违，而证之于古器之仅存者，无有不合。通儒硕学咸以为不刊之论，未闻以违注见讥。盖株守传注，曲为附会，其弊与不从传注，凭臆空谈者等。夫不从传注、凭臆空谈之弊，近人类能言之，而株守传注、曲为附会之弊，非心知其意者，未必能言之也。元向有《考工记车制图解》，其说亦颇异于郑君，今得里堂此书，而鄙见为不孤矣。图中新定路寝之制，吾友凌次仲移书争之，元谓里堂所抒者心得也，次仲所持者旧说也。昔许氏为《五经异义》而郑君驳之，何氏为《公羊墨守》而郑君发之，究之各成其是，于叔重、邵公无损也。

案：《揅经室集》此序未署年月，而焦循《群经宫室图》卷首所载，则为"乾隆五十八年五月"。

六月，钱大昕、段玉裁分别为臧琳遗著《经义杂记》撰序。

据钱大昕《潜研堂文集》卷二十四《臧玉林经义杂识序》记：

> 自宋元以经义取士，守一先生之说，敷衍傅会，并为一谈，而空疏不学者，皆得自名经师。间有读汉唐注疏者，不以为俗，即以为异，其弊至明季而极矣。国朝通儒，若顾亭林、陈见桃、阎百诗、惠天牧诸先生，始笃志古学，研覃经训，由文字、声音、训诂，而得义理之真。同时毗陵有臧玉林先生，亦其流亚也。先生博极群书，尤精《尔雅》《说文》之学，谓

不识字何以读书，不通诂训何以明经，孳孳讲论，必求其是而后已。潦倒诸生卅年，未尝一日不读经，偶有所得，随笔记之。先生既不自表襮，侪辈或非笑之，独百诗先生极口叹赏，以为学识出唐儒陆、孔之上，然闻者犹疑信参半。先生殁九十余年，海内尊崇古学者日益众，而文孙在东，擩染祖训，好学深思，益有以昌先生之学。顷来吴门，出是书属予校定。尝谓"六经"者，圣人之言，因其言以求其义，则必自诂训始；谓诂训之外别有义理，如桑门以不立文字为最上乘者，非吾儒之学也。诂训必依汉儒，以其去古未远，家法相承，七十子之大义犹有存者，异于后人之不知而作也。三代以前，文字、声音与训诂相通，汉儒犹能识之。以古为师，师其是而已矣，夫岂陋今荣古，异趣以相高哉！先生之书，实事求是，别白精审，而未尝驰骋其辞，轻诋先哲，斯真儒者之学，务实而不矜名者。予是以重其书，而益重其人也。

案：据《经义杂记》，大昕此序，撰于是年六月十日。

又据段玉裁《经韵楼集》卷八《经义杂记序》记：

校书何放乎？放于孔子、子夏。自孔、卜而后，汉成帝时，刘向及任宏、尹咸、李柱国，各显所能奏上。向卒，歆终其业。于时有雠有校，有竹有素，盖綦详焉。而千古之大业，未有盛于郑康成氏者也。《七略》必衷六艺，删定必归素王，康成氏其亦汉之素王乎？盖一书流传既久，彼此乖异，势所必有也。墨守一家，以此攻彼，夫人而自以为能也。而郑君之学，不主于墨守，而主于兼综，不主于兼综，而主于独断。其于经字之当定者，必相其文义之离合，审其音韵之远近，以定众说之是非，而以己说为补正。凡拟其音者，例曰读如、读若，谓音同而义略可知也。凡易其字者，例曰读为、读曰，谓易之以音相近之字，而义乃了然也。凡审知为声相近若形相似二者之误，则曰当为，谓非六书假借，而转写纰缪者也。汉人作注，皆不离此三者，惟郑君独探其本原。其序《周礼》有曰，二郑、卫、贾、马之文章，其所变易，灼然如晦之见明，其所弥缝，奄然如合符复析。

然犹有差错,同事相违,则就其原文,字之声类,考训诂,捃秘逸。夫就其原文,所谓相其文义之离合也;就其字之声类,所谓审其音韵之远近也。不知虞夏商周之古音,何以得其假借训诂?不知古贤圣之用心,又何以得其文义而定所从,整百家之不齐与?自是至魏晋间,师法尚在。南北朝说音义家虽多,而罕识要领。至唐颜籀为太宗作《定本》,陆氏作《经典释文》,孔氏、贾氏作《义疏》,皆自以为六艺所折衷。究之《定本》不可遽信,《释文》《正义》其去取甲乙,时或倒置。经字之日讹,而经义何能毕合也?

国朝右文,超轶前古,学士校雠之业,至今日而极盛。前此顾宁人、阎百诗、江慎修、惠定宇诸先生,实始基之。而隐君子武进臧玉林先生,潜德幽光,世未知其人也。今得其《经义杂记》三十卷读之,发疑正读,必中肯綮,旁罗参证,抉摘幽微,精心孤诣,所到冰释,宜百诗氏之赞叹欲绝也。然百诗氏《古文尚书疏证》《四书释地》等书,学者尊信久矣,先生之书,今乃行于世,岂显晦固有时与?抑传之久者,其出之固必后与?玉裁尝谓,校书必毋凿、毋泥、毋任己、毋任人,而顺其理。今世颖异好学之士不少,倘善读先生之书,庶可心契康成氏之奥旨,而孔子微言,七十子大义,可由以不绝不乖也夫。乾隆五十八年六月,金坛段玉裁拜手谨序。

夏,凌廷堪复书胡敬仲,论古今学术演变,并及一时学风病痛。
据《校礼堂文集》卷二十三《与胡敬仲书》记:

所云近之学者,多知崇尚汉学,庶几古训复申,空言渐绌。是固然已。第目前侈谈康成、高言叔重者,皆风气使然,容有缘之以饰陋,借之以窃名,岂如足下真知而笃好之乎?且宋以前学术屡变,非汉学一语遂可尽其源流。即如今所存之《十三经注疏》,亦不皆汉学也。盖尝论之,学术之在天下也,阅数百年而必变。其将变也,必有一二人开其端,而千百人哗然攻之。其既变也,又必有一二人集其成,而千百人靡然从之。夫哗然而攻之，天下见学术之异，其弊未形也。靡然而从之，天下不见学术之异，其弊始生矣。当其时，亦必有一二人矫其弊，毅然而持之。及其变之既久，有国家者，绳之以法制，诱之以利禄，童稚习其说，耄耋不知非，而天下相与安之。天下安之既久，则又有人焉，思起而变之。此千古学术之大较也。……元明以来，儒者墨守程、朱，亦如隋唐以前，儒者墨守郑、服也。元行冲谓，"宁道孔圣误，讳言郑、服非"者，则又宁道孔圣误，讳言程、朱非矣。疑之者，自陈氏《经典稽疑》、郝氏《九经通解》开其端。然其书或守诵习之说而未安于心，或舍传注之文而别伸私见，学者咸以诡异视之。固陵毛氏出，则大反濂、洛、关、闽之局，掊击诋诃，不遗余力，而矫枉过正，武断尚多，未能尽合古训。元和惠氏、休宁戴氏继之，谐声诂字，必求旧音，援传释经，必寻古义，盖彬彬乎有两汉之风焉。浮慕之者，袭其名而忘其实，得其似而遗其真。读《易》未终，即谓王、韩可废；诵《诗》未竟，即以毛、郑为宗；《左氏》之句读未分，已言服虔胜杜预；《尚书》之篇次未悉，已云梅赜伪古文。甚至挟许慎一编，置《九经》而不习；忆《说文》数字，改六籍而不疑。不明千古学术之源流，而但以讥弹宋儒为能事，所谓天下不见学术之异，其弊将有不可胜言者。嗟乎！当其将变也，千百人哗然而攻之者，庸人也；及其既变也，千百人靡然而从之者，亦庸人也。矫其弊，毅然而持之者，谁乎？

七月，段玉裁应任兆麟之请，为任氏诗文杂著撰序。
据任兆麟《有竹居集》卷首段玉裁《原序》记：

余自蜀中归，访友吴门。若汪明之元亮、江雨来藩，皆博雅士也。而文田任君，自经传、子史、音韵、古籀、篆文、诗古近体、古文、制义，皆颖悟解脱，心契其妙，见重于王西庄、钱竹汀诸公，余心异之久矣。壬子冬，余侨居苏之下津桥。其门下士袁所为诗文杂著若干卷，请余论定。雒诵之余，益叹西庄诸公所推重不爽也。始余与文田族诸昆领从基振、子田大椿两君游，子田深于《周礼》，辑着弁服、深衣等书，所作诗古直追汉晋，领从于《尔雅》，裒然成书。今又得文田，可称三任。领从、子田已归道山，而文田年甚富，所造方未有艾，著述不倦，继此当益多。余不死，当更为君一一序之也。乾隆癸丑秋七月，金坛同学弟段玉裁，书于阊门外之枝园。

七月二十五日，纪昀著《姑妄听之》成。

据《姑妄听之》卷首自题记：

  余性耽孤寂，而不能自闲。卷轴笔砚，自束发至今，无数十日相离也。三十以前，讲考证之学，所坐之处，典籍环绕如獭祭。三十以后，以文章与天下相驰骤，抽黄对白，恒彻夜构思。五十以后，领修秘笈，复折而讲考证。今老矣，无复当年之意兴，惟时拈纸墨，追录旧闻，姑以消遣岁月而已。故已成《滦阳消夏录》等三书，复有此集。缅昔作者，如王仲任、应仲远，引经据古，博辨宏通；陶渊明、刘敬叔、刘义庆，简淡数言，自然妙远。诚不敢妄拟前修，然大旨期不乖于风教。若怀挟恩怨，颠倒是非，如魏泰、陈善之所为，则自信无是矣。适盛子松云欲为剞劂，因率书数行弁于首。以多得诸传闻也，遂采庄子之语名曰《姑妄听之》。乾隆癸丑七月二十五日，观弈道人自题。

七月二十七日，高宗就山西学政戈源奏岁试情形一折颁谕，重申查禁坊间"删节陋本"。

据《高宗实录》卷一四三三乾隆五十八年七月戊午条记：

  谕曰：戈源奏岁试情形一折，内称考过各府文风，平阳、潞安两府为下，缘坊间刻有不知姓名文字，称为《引蒙易知》《学文正法》《童子升阶》《一说晓》《三十艺》《二十艺》等名目，通套鄙陋，随题可钞。山僻小县，师传弟受，以致性灵汩没。现在严行饬禁，不准书贾售卖，并不许生童存留等语。前因各省士子，有肄习坊间删本经书一事，屡经降旨，令督抚等认真查禁，陆续收缴，三年汇奏一次，并将查出删本解京销毁，以端士习而崇实学。各省坊贾，自不敢复蹈故辙，再为刊布流传。今戈源查出《引蒙易知》等鄙陋书本，自可归入查禁书内，一体办理，俾不致转相传播，又何必为此纷扰琐屑耶？况各省山僻小县，庸陋士子，不能通晓文义，以此等浅近文字，转相传习，于衡文取士之道，亦无关碍。若似此繁琐饬禁，转使士子无所适从，而胥役等以查禁为名，不免藉端滋扰。是欲去一弊而转滋十弊，于士习文风，有何裨益？此事惟在各省督抚、学政，随时留心，督率查察，毋使删节陋本刊刻流传，俾士各通经，文风振作。仍不得过为繁琐，以致扰及坊肆闾阎，方为妥善。将此通谕知之。

八月，吴廷选出任安徽学政，翁方纲为文送行，主张"扶树宋儒程朱传说，以衷汉唐诸家精义"。

据《复初斋文集》卷十二《送吴石亭视学安徽序》记：

迩者大江南北之士，颇皆知俗儒兔园册子之陋，知从事于注疏矣，知研习于《说文》矣，而徽国文公之正学，迩之在日用行习之地，虑或有转事高谈汉学，而卑视宋儒者，其渐不可不防也。往时学者专肄举子业，于训诂考证置之弗讲，其弊固已久矣。今则稍有识力者，辄喜网罗旧闻，博陈名物、象数之同异，以充实为务，以稽古为长，是风会之变而日上也。而此时最要之药，则在于扶树宋儒程朱传说，以衷汉唐诸家精义。是所关于士习人心者甚巨，吾昨在山东，每按一郡，辄首举此义，以提倡多士，冀吾学侣之同之也。而吾石亭校雠天禄，出膺是任，于经术渊源，熟筹于胸，非一日矣，其必于吾言有符合焉。故于此行也，不以诗而以序。

八月，武亿刊所著《经读考异》成。
据武亿《授堂文钞》卷八《经读考异后序》记：

《经读考异》八卷、《序述》二卷，合十卷，又补二卷，缀辑少具伦次，蓄已数岁，不敢一示于人。自丁未馆西霞先生西斋，日课两生，与之授读。因检昔所究心，故读至某字属句，世已口习，不复可破，及塾师坚执一读，不能兼通他读，或一字而上属下属，于文皆可两从，辄有义证，求其致确，时为两生言之。后于他方二三从游者，亦有所授焉。由是流闻于外，同人多欲构写。予苦无以悉应其求，乃竭赀觅工校刻，凡间岁而成。盖夫今之君子，宏达周览，明章雅训，实于文字形声诂训，悉阐其所以。至于离析经读，亦其为小学之所先事，然尚未闻有成书。因遂自忘其愚，妄有记述。用此以叹俗流，未能离经辨义，而牵缀乖隔，纷扰不复成文，然后以曲解传之，以凿说锢之，于是辗转侵易，古训沉没，为可惜也。昔鲍季详甚明礼，听其离文析句，自然大略可解。今予之区区为此，盖欲学者知所从事，而识厥趋焉，夫亦犹是矣。乾隆五十八年，岁癸丑秋八月，馆东昌启文书院日也。

八月末，江声为臧琳遗著《经义杂记》撰序。

据《经义杂记》卷末附录江声《序》记：

国朝文治肇隆，人才辈出，毗陵臧玉林先生，殆应运而生者。著《经义杂记》三十卷，读之心目开朗，昭若发蒙，说焉备焉，欲赞一辞而未能也。段君若膺叙其书曰："发疑正读，必中肯綮，旁罗参证，抉摘幽微，精心孤诣，所到冰释。"之数语者，道是书之美备矣，声复奚言哉！惟是先生之于六艺，博综众说，而以郑公为宗；于六书，则正画审音，必以许祭酒《说文解字》为则，斯与声深相契合者。窃谓先生之学识，迈轶乎唐初群儒之上，而名顾不著于当代。声年七十有三，得见先生之书，而始知先生，距先生之殁将百年矣。潜德幽光晦之久者，传之亦久，是书将嘉惠来学于无穷也。窃为先生幸，尤为后学幸之，是为序。乾隆五十有八年，岁在昭阳赤奋若塞壮月庚寅晦，东吴后学江声拜撰。（原注：江孝廉序，手书篆文，珍藏于家，行笈中失检未带，故以另录副本付梓。镛堂记。）

案：乾隆五十八年八月晦日非庚寅，应为甲申。

九月六日，臧庸辑郑玄《三礼目录》初成。

据拜经堂刊本《三礼目录》卷末《跋一》记：

　　据陆德明、孔颖达、贾公彦三家，参之以单注、兼义宋明旧板，及李如圭《仪礼集释》、朱子《仪礼经传通解》、黄氏榦《通解续》，录定此卷，质就国子监生吴县袁又恺。凡一字之去取，莫不有本云。时乾隆癸丑重阳前三日，武进臧镛堂，识于金阊袁氏拜经阁。（原注：嘉庆丁巳，覆订于西湖书院四贤阁。）

十月，段玉裁著《周礼汉读考》成。
据《经韵楼集》卷二《周礼汉读考序》记：

　　汉人作注，于字发疑正读，其例有三，一曰读如、读若，二曰读为、读曰，三曰当为。读如、读若者，拟其音也，古无反语，故为比方之词。读为、读曰者，易其字也，易之以音相近之字，故为变化之词。比方主乎同，音同而义可推也。变化主乎异，字异而义了然也。比方主乎音，变化主乎义，比方不易字，故下文仍举经之本字，变化字已易，故下文辄举所易之字。注经必兼取兹二者，故有读如，有读为。字书不言变化，故有读如，无读为。有言读如某、读为某，而某仍本字者，如以别其音，为以别其义。当为者，定为字之误、声之误，而改其字也，为救正之词。形近而讹谓之字之误，声近而讹谓之声之误，字误、声误而正之，皆谓之当为。凡言读为者不以为误，凡言当为者直斥其误。三者分而汉注可读，而经可读。三者皆以音为用，六书之形声、假借、转注，于是焉在。汉之音，非今之四声二百六韵也，则非通乎虞、夏、商、周、汉之音，不能穷其条理。

　　玉裁昔年读《诗》及群经，确知古音分十有七部，又得其联合次第自然之故，成《六书音均表》质诸天下。今考汉儒注《诗》《礼》及他经，及《国语》《史记》《汉书》《淮南鸿烈》《吕览》诸书，凡言读如、读为、当为者，其音大致与十七部之云相合。因又自喜，述《汉读考》诒同志，先成《周礼》六卷。……夫不习声类，欲言六书，治经难矣。乾隆癸丑十月，自金坛避横逆，侨居苏州之期岁也。

十月九日，臧庸校勘影宋本《经典释文》，历时一月蒇事。
据《拜经堂文集》卷二《校影宋经典释文书后》记：

  癸丑十月九日，临校毕。巫山知县段若膺曰："写本详勘名衔在《毛诗》后，最是。盖此编系南宋本，故《尚书》《孝经》等，音义窜改甚多，全非陆氏之旧。而《毛诗》或本之北宋，有干德、开宝间勘官名衔，因仍之。如徐、卢二家刊本，移于卷终，似全书皆本之北宋矣。"余是其论断之精，遂识以为校勘之跋。内《周官》《仪礼》最善，余亦多佳者，不暇详论云。段君校订处，别以墨笔，匝月而卒业。武进臧镛堂，时寓金闾袁氏拜经阁。

  此书旧藏吴县朱文游家，学士卢召弓师曾借校，今刊行抱经堂本是也。近归同邑周漪塘。金坛段若膺明府，往假是编，委余细校，因复自临一部。冯、叶二跋，旧钞有之，更有陆稼书、卢学士题，未录。卢学士所校，不无遗漏处，兹复详为补勘，盖斯事固非一人一时之所能尽也。凡涉镛堂考订语，用墨笔识之。同日又记。（原注：许瀚案：此跋载《释文》后，至"未录"而止，"卢学士所校"以下，盖编入文集时之所增也。）

十一月，应孙志祖之请，陈鱣为孙著《家语疏证》撰序。
据《简庄文钞》卷二《家语疏证叙》记：

  今世所传《家语》十卷，凡四十四篇，王肃注。昔人多疑之，而未有专书。同郡孙诒穀侍御作《疏证》六卷，断为王肃伪撰。余读而叹曰，详哉言乎！是犹捕盗者之获得真赃矣。按《汉书·艺文志》："《家语》二十七卷。"师古曰："非今所有《家语》。"《唐书·艺文志》："《王肃注家语》十卷。"其即师古所言"今所有"与？《汉书》之志，皆刘向校定。古人以篇为卷，今本四十四篇，较《汉志》增多二十一篇。吾友钱君广伯，颇疑《汉志》所称二十七篇，即在今四十四篇中，且以《尚书》之二十八篇为证。余则以为不然。《尚书孔传》及《家语》，皆王肃一人所作，《尚书》二十八篇，汉世大儒多习之，肃固不敢窜改，惟伪为增多之篇，并伪为《孔传》，以逞其私。至于《家语》，肃以前儒者绝不引及，肃诡以孔子二十二世孙猛家有其书，取以为解。观其伪安国《后叙》云，"以意增损其言"，则已自供罪状。而肃之自叙，首即以郑氏学为义理不安，违错者多，是以夺而易之。夫叙孔子之书，而先言夺郑氏之学，则是有心傅会，攻驳前儒，可知矣。……马昭去肃未远，乃于《家语》，一则曰"王肃增加"，再则曰"王肃私定"。斯言可谓笃论。……乾隆五十有八年冬十有一月，书于杭州鼓楼湾之金声馆。

十一月二十二日，王昶年届七十，钱大昕撰文祝寿，褒扬其学行。据《潜研堂文集》卷二十三《述庵先生七十寿序》记：

少司寇述庵王公，以文章经济，扬历中外，垂三十年。天子嘉其清勤，由方伯擢贰秋官。数奉使出谳疑狱，奏当咸称上旨。而公尤以博雅重海内，宏长风流，模楷后学，论者以拟新城文简公，有两司寇之目。岁癸丑，请假省墓。以五月返里门，焚黄告祠下。闻者莫不叹羡昼锦之荣，而忠孝之两全也。粤十有一月，公七十初度之辰，士大夫咸思称觞为寿。公先期固却之，而诗文投赠，谊不可辞。大昕从公游最久，始同学，继同进士，又同官于朝，嗜好亦略相同，其可无一言乎？……公自为诸生，即负重名。诗词之工，纸贵吴下。经术专宗汉儒，名其斋曰郑学，以示圭臬所在。及登高科，召试入西掖。朝廷有大著作，辄预编校。馆阁经进文字，多出公手。……性耽风雅，奖成寒畯，一言之工，咨嗟不去口。论次朋旧诗文，择其尤雅者，都为一集，曰《湖海文传》，以备掌故，表潜德，盖艺林之藉以传者广矣。

十一月二十五日，钱大昕主讲苏州紫阳书院，钮树玉来访，宾主论段玉裁《古文尚书撰异》得失。

据钱庆曾《竹汀居士年谱续编》乾隆五十八年六十六岁条记：

> 主讲紫阳书院。公在紫阳最久，自己酉至甲子，凡十有六年。一时贤士受业于门下者，不下二千人，悉皆精研古学，实事求是。如李茂才锐之算术，夏广文文焘之舆地，钮布衣树玉之《说文》，费孝廉士玑之经术，张徵君燕昌之金石，陈工部稽亭先生之史学，几千年之绝学，萃于诸公，而一折衷于讲席。余如顾学士纯、茂才广圻，李孝廉福，陈观察钟麟，陶观察梁，徐阁学颋，潘尚书世恩、户部世璜，蔡明经云，董观察国华辈，不专名一家，皆当时之杰出者也。

又据陈鸿森《钱大昕年谱别记》乾隆五十八年六十六岁条，十一月二十五日条记：

> 钮树玉来访。先生与论段氏《古文尚书撰异》得失，谓："古文虽不列学官，然当时习者无禁。《汉书·地理志》多采《周官·职方》，《五行志》多采《左传》。"（原注：《匪石日记钞》，页二。）

仲冬，臧庸录校《华严经音义》毕。

据《拜经堂文集》卷二《录华严经音义序》记：

> 《大方广佛华严经音义》四卷，唐京兆静法寺沙门慧苑撰。近同里孙渊如编修辑《苍颉篇》，兴化任幼植主事辑《字林》，征引《一切经》《华严经音义》，而二书始见知于世。《唐志》载玄应《众经音义》二十五卷，而慧苑书未著录。余见而嗜之，手自纂录，凡属梵言，悉从省节，有涉儒义，并列简编，仍存其卷第篇目，俾后人可考也。或谓慧苑学识不及玄应之精，其书亦远逊。时余方写定《韩诗》，试以此书所引《韩诗传》论之，以明其可贵焉。……余引汉魏古籍尚夥，亦可以见此书之足贵矣。此定当与《一切经音义》并传，又何可为之较短絜长哉？惜此本出钞胥手，未及学士勘对，故脱误甚众。余正其可知者，而阙其不可知者，未审何日得藏本细校，

并付梓以公海内也。

段玉裁自周锡瓒处借得叶林宗钞本《经典释文》，嘱臧庸详校毕，于十二月三日撰跋以记其事。

据陈鸿森《段玉裁年谱订补》乾隆五十八年五十九岁，十二月初三条引段氏跋文记：

> 《经典释文》，明季叶林宗属谢行甫影写此一部。至康熙时，昆山徐氏梓入通志堂。乾隆初，此本归苏城朱君文游，近岁又归周君漪塘。方在朱君所时，卢抱经学士曾借重雕，今现行抱经堂本是也。写本一依宋刻，不无误字。徐氏校雠付梓，不为无功，而每改正从俗，是非倒置。卢刻更正之，作《考证》附后，可谓善矣，而去取犹有未当者，或校时忽易失检。……天下仅有此本，苟此本湮没之后，治经者于何取证？因从周君漪塘假来，属吾友臧在东为详校一本，一无渗漏。异时刻经注者，每部附刻此《音义》于后，是为幸也。周君名锡瓒，淹雅好学而多藏书，又不吝荆州之借。余侨居于下津桥，以君居为春明坊也。乾隆癸丑十二月初三日，茂堂段玉裁书。

腊月，王鸣盛为孙岱辑《归震川先生年谱》撰序。

据陈鸿森《王鸣盛西庄遗文辑存》卷中《归震川先生年谱序》记：

> 孙君讳岱，字守中，居安亭江上，距归震川先生所居，仅数十武，读先生之书而景慕之，作为《年谱》。同里钱君大昕、汪君照已叙之矣。……孙君复邮寄予，属继以言，予将何以益二君哉？昔者予世籍昆山，六世祖母及高祖母皆归氏，六世祖母则先生之曾孙女，高祖母则先生之玄孙女也。集中于先八世祖司业公及族叔祖大理卿公，皆一见其名焉。顾以予之谫劣，于谱无能为役，而孙君乃能成之，序之不更滋愧与？抑予尝作汉经师《郑康成年谱》，采摭甚富，年经事纬，行且刻入《蛾术编》问世。夫郑、虞、毛、服、何、范、孙、许，此八家者，自汉至晋初人也，今其书现在者五

人，其三人则须补缉，此之谓家法。由震川先生溯而上之，后之学者欲知源流之所处，芳臭气泽之所及，孙君倘有意乎？癸丑腊月，西庄居士王鸣盛题。

季冬，臧庸撰文赠钮树玉，颇及一时三吴学坛状况。
据《拜经堂文集》卷四《别钮匪石序》记：

君壬子春过常，造顾子述。子述来告曰："有钱少詹高弟子吴县钮匪石至，足下愿见其人乎？"余欣然就尚志斋相晤，然未识君为何如人也。逾时来余室，与纵论今之名儒。余首以金坛段明府为问。今年三月望日，君又过常造余。未几，余至吴门访段明府，未值。因王光禄、王西林而寓于袁氏主人又恺，敦伦好古士也，以十三经校勘见委。余初于《易》《书》《诗》《尔雅》，粗有所订，余经夺他事未暇。至是，又校"三礼""三传"《经典释文》《群经音辨》等。明府归，或录其副。虽因人成事，猝尔未有定本，余怀亦稍慰矣。利薄功溥之事，固儒者所乐为也。君之寓，与袁氏止一水之间，因得晨夕过从，始悉君之学行而订交焉。君研求声音诂训，寄身商贾间，朴厚明质，务实不务名，是余所雅敬者。闻今海内有通儒二人，一嘉定钱少詹，一金坛段明府，近皆为吴人所得。君故从游少詹，获交明府者也。以二人为师，顾千里为友，更加三字之功（原注：一曰勤，二曰细心），君之学必卓然有成。兹于游楚北，君咏诗十二韵以赠，余勿能诗，因序与君两载之交情为别。

十二月十日，高宗颁谕，嘉奖安徽巡抚朱珪所辑"御制说经古文"。
据《高宗实录》卷一四四二乾隆五十八年十二月己巳条记：

谕：昨安徽巡抚朱珪，进御制说经古文。阅其后跋，以朕说经之文，"刊千古相承之误，宣群经未传之蕴，断千秋未定之案，开诸儒未解之惑"，颂皆过当。但历举朕敬天法祖、勤政爱民各大端，见诸设施者，与平日阐发经义，实有符合，语皆纪实，并非泛为谀词。夫"六经"为治世之书，内圣外王之道，无不赅备。若止寻章摘句，仅能得其糟粕，无由探索精微，即使窥见义蕴，垂诸著述，不能躬体力行，亦属空言无补。……我世世子孙果能善继善述，钦承法守，学于古训，见诸躬行，以朕之心为心，以朕之政为政，则是我国家亿万年无疆之庥。

是年，纪昀为李东圃《周易义象合纂》撰序，主张考古证今，持汉、宋学之平。

据《纪晓岚文集》卷八《周易义象合纂序》记：

> 古今说五经者，惟《易》最伙，亦惟《易》最多歧。……其足以发挥精义，垂训后人者，汉人之主象，宋人之主理、主事，三派焉而已。顾论甘者忌辛，是丹者非素，龂龂相争，各立门户，垂五六百年于兹。余尝与戴东原、周书昌言，譬一水也，农家以为宜灌溉，舟子以为宜眺赏，品泉者以为宜茶荈，洴澼𬭚者以为利浣濯。各得所求，各适其用，而水则一也。譬一都会也，可自南门入，可自北门入，可自东门入，可自西门入。各从其所近之途，各以为便，而都会则一也。《易》之理何独不然？……德州李君东圃，于学无所不窥，而尤邃于《易》，积平生之力，成《周易义象合纂》一书，需次京师时，出以示余。余未展卷，指其题签语之曰："书名四字见大凡矣，君此书必持其平也。"君去后，灯下读之，果于汉学、宋学两无所偏好，亦两无所偏恶，息心微气，考古证今，惟求合乎象之自然、理之当然而后已，而进退存亡之节，亦即经纬其中。所谓主象、主理、主事者，是实兼之，谓非说《易》之正宗可乎？余向纂《四库全书》，作《经》部《诗》类《小序》曰："攻汉学者，意不尽在于经义，务胜汉儒而已。伸汉学者，意亦不尽在于经义，愤宋儒之诋汉儒而已。出尔反尔，势于何极。"安得如君者数十辈，与校定四库之籍也？

梁履绳于是年十一月卒，卢文弨潸然撰文以记其学行。

据《抱经堂文集》卷三十《梁孝廉处素小传》记：

梁君处素名履绳,余益友也。善读书,既撷其精,并正其误,与其兄曜北相磏错,一时有元方、季方之目。余老而衰,漫思考订群书,有所遗亡及错误,处素率为余审定之。两君皆厚余,其气象则曜北侃侃然,处素暗暗然,和易近人,人尤乐亲之。曜北既弃举子业,专精《史记》学。处素以乾隆戊申科举浙江乡试,……其于众经中,尤精《左氏传》。……且通《说文》,……乃年仅四十有六而竟夭死,乃乾隆之五十八年十一月三日也。

乾隆五十九年甲寅　1794年

二月四日，清廷举仲春经筵，君臣论《易经》"显诸仁，藏诸用"二句，高宗指朱子说为"有所未概"。

据《高宗实录》卷一四四六乾隆五十九年二月壬戌条记：

> 上宣御论曰：显仁藏用，鼓万物而不与，向曾屡言之。兹特以显仁藏用，朱注有所未概者，申而论之，其自内自外之言，吾以为未臻。盖德之发于外，外即内也；业必有所本，本即内也。其显与藏，内外如一，方能合天地万物为一体，岂有所谓藏于此而显于彼乎？不臻此，不足以知"阴阳不测之谓神"。

春，孔广廉在山东刻其兄广森遗著《大戴礼记补注》。
据《大戴礼记补注》卷首孔广廉《大戴礼记注序录》记：

> 昔甘逸宅鼎，天秩既叙，淹中发简，古经亦出。《后仓》《曲台》，文成数万，则有信都太傅戴德延君，与其兄子戴圣次君，皆著录牒，亲受章句，二戴《礼记》，由是兴焉。赤兕之世，大小并业，黄序以降，显晦斯判。《大戴》全篇八十有五，今所存见，劣及四十，文句讹互，卷帙散亡，因未列于校官，亦罕闻于传述。唯北周仆射范阳公卢辩景宣，始为之注，起汉氏之坠学，绍涿郡之家绪矣。但经记绵褫，词旨简略，大义虽举，微言仍隐。广森不揣浅闻，辄为补注，更厘亥虎，参证卯谷，敢希后郑，足申裨于毛义，庶比小刘，兼规正于杜失。其第一、第二、第七、第九、第十二凡五卷，旧注既逸，稍以己意备其诂训云尔。

又据同书卷首阮元《大戴礼记补注序》记：

今学者皆举十三经之目，十三经之外宜亟治者，惟《大戴礼记》矣。《夏小正》为夏时书，《禹贡》惟言地理，兹则言天象与《尧典》合。《公冠》《诸侯迁庙》《衅庙》《朝事》等篇，足补《仪礼》十七篇之遗。《盛德》《明堂》之制，为《考工记》所未备。《孔子三朝记》《论语》之外，兹为极重。《曾子》十篇，儒言纯粹，在《孟子》之上，《投壶》仪节较《小戴》为详，《哀公问》字句较《小戴》为确，然则此经宜亟治审矣。顾自汉至今，惟北周卢仆射为之注，且未能精备。自是以来，章句涊淆，古字多舛，良可慨叹。近时戴东原编修、卢绍弓学士相继校订，蹊径略辟。曲阜孔检讨巽轩，乃博稽群书，参会众说，为注十三卷，使二千余年古经传复明白于世，用力勤而为功巨矣。元从检讨之嗣昭虔得观是书，检讨之弟广廉，乃以乾隆五十九年春付刻，因之序。元年来亦治是经，有注有释，鄙陋之见，与检讨间有异同，今检讨书先行，元定稿后再以质之治经者。

四月六日，高宗颁谕，重申刊订《通志堂经解》，颁发各省，旨在"阐扬经义，甄别党私"。

据《高宗实录》卷一四五〇乾隆五十九年四月壬戌条记：

谕军机大臣曰：管幹珍奏谢颁赐《通志堂经解》一折，内称是书系徐乾学裒辑，令成德刊刻邀誉，现补刊颁发，于阐扬经义之中，即寓甄别党私之义等语。《通志堂经解》一书，汇集诸儒经训，洵足嘉惠士林。然当时裒辑此书，必非出于成德之手。自系徐乾学逢迎交结，代为纂辑，令成德出名邀誉。是以刊订时，朕即于简端剖示此意，颁赐各省藏弆。各督抚等具折谢恩，多用骈体，铺叙泛语，而于朕阐扬经义，甄别党私之意，并未叙及。即朱珪素称能文，谢恩折内，亦并无此意。今管幹珍独能见及于此，言简意赅，所见尚是。着将此谕令各省督抚知之。

四月二十九日，高宗颁谕，嘉奖朱珪所辑"御制论史古文"。

据《高宗实录》卷一四五一乾隆五十九年四月乙酉条记：

谕军机大臣曰：朱珪进御制论史古文，阅其后跋，以朕论史之文，紬绎推阐，有"因史成经，绍六为七"之语。但朕自临御以来，宵旰勤求，几余典学，凡史册内有关政治者，偶经论断，为之折衷，而见诸设施者，方且引以为愧。朱珪跋语，固非铺张扬厉，泛为谀辞，究属称颂过当。第观其文义，尚为典核，着赏给纱扇笔墨等件，以示奖励。

五月八日，朱珪为杨椿遗集《孟邻堂文钞》撰序。
据《孟邻堂文钞》卷首朱珪《序》记：

农先生四世清华，一家先后入翰林者凡七人。先生独以经史之学，迪前昌后，海内推文献者，必曰先生。珪生也晚，选馆时，先生已登大年，不获亲炙其光辉。幸从长君二思先生称后进，同官讲读，得其绪论，心向往之，而未窥其全集也。今年春，先生之孙观察君，自凤阳守擢荆宜监司，濒行，出所藏《孟邻堂文钞》示予，请为序，曰将以授梓。珪乃得尽读先生之文，见其与馆阁诸公辩论史志，侃侃不阿。与齐次风先生论《周礼》，贯串精核，及经考史论数十篇，皆卓然蜂涌而出。非本原深厚，乌能亹亹汨汨，沛乎若决江河而东注也。《惠帝论》言宦寺之祸，《易储论》辨忠肃之不谏，尤具知人论世之识，可为作史者法。其他旌淑阐幽之作，皆征实可传。然则先生之学，其不愧古之立言者欤？岂徒以鞶帨虫篆之词，为世禅雕龙者夸其琨耀哉！乾隆五十九年五月初八日，芒种节，馆后进大兴朱珪谨序。

仲夏，臧庸自楚中毕沅幕署致书王昶，言其对汉学之服膺。
据《拜经堂文集》卷三《上王德甫少司寇书》记：

去秋抠谒，蒙奖借过实，饮食教诲，载德弥深。腊月，承手书荐达。今春到楚，制府款居署斋，欲玉成其学，有真读书人之目，意甚厚也。阁下予告归里，实出异数，汲古若渴之怀，至是大慰，平生撰述，礼堂刊定，此其时矣。士类闻之，莫不欣喜。……近读《戴东原集·郑学斋记》，知海内尊崇古学，尤推尊郑氏者，有阁下为之倡。镛堂夙夕服膺最深，旧作《郑公神坐记》一首，别录呈正。自愧笔弱，不及东原，倘因同好而削政之，幸甚。

臧庸汇录平日读书所得，集为《拜经日记》。

据《拜经日记》卷首自序记：

> 镛堂自知固蔽，不敢妄作。惧家学日渐废坠，辛亥校订高祖玉林先生《经义杂记》成，不量其力，思克绍先德。遇一隙之明，簪笔书之，久而汇录，题曰《拜经日记》，以就正有道。拜经为余随所居室，辄以名焉者。时乾隆甲寅仲夏，镛堂识于武昌督署。

六月，段玉裁自周锡瓒处借得明汲古阁影宋钞本《集韵》，十四日专为作跋，以明此本之价值。

据陈鸿森《段玉裁年谱订补》乾隆五十九年六十岁，移录陈奂钞段玉裁《汲古阁影宋钞本集韵跋》记：

> 凡汲古阁所钞书散在人间者，无不精善，此本尤精乎精者也。书成于宋仁宗宝元二年，……其版心每叶皆云"某人重刊""某人重开""某人重刁"，则亦非最初板矣。丁度等此书，兼综条贯，凡经史子集、小学方言，采撷殆遍。虽或稍有纰缪，然以是资博览而通古音，其用最大。自明时已无刊本，亭林以不得见为憾。康熙丙戌，楝亭曹氏乃刻之。今年居苏州朝山墩，从周君漪塘许借此本，校曹氏舛错。……"汲古阁""子晋""斧季"，印章重重，当时宝爱亦云至矣。百数十年而周君珍藏，可谓传之其人。周君学文淹雅，又复能作荆州之借，流布善本于天地间，以视世之为镂宋槧不肯借读者，其度量相去何如也！乾隆五十有九年，岁次甲寅，六月十四日，金坛段玉裁跋。

七月十日，高宗检出官修《通鉴辑览》文字讹误，下令将诸种刻本、钞本——改正。

据《高宗实录》卷一四五六乾隆五十九年七月乙未条记：

谕曰：朕披阅《通鉴辑览》，内唐开元五年九月，令史官随宰相入侍，群臣对仗奏事条下，引贞观旧制，诸司皆正邪奏事。又注称"唐大明宫含元殿为正邪，亦谓之南邪"等语。心疑笔误，因查诸旧史，乃知俱将牙字误作邪字。更检阅字书，牙与衙字，本属通用，至邪字从无与牙字相通之义，甚为舛错。……武英殿刊本，及《四库全书》缮本，俱着查明改正外，所有颁行各直省刻本，并盛京、江、浙省文溯、文宗、文汇、文澜四阁存贮缮本，亦着各该督抚府尹等，一律改正。

八月一日，洪亮吉著《贵州水道考》三卷成。

据《卷施阁文甲集》卷四《贵州水道考序》记：

贵州十三府，为楚、蜀、粤上游，其间巨川数十，皆见于班固《汉书》、司马彪《续汉志》、郭璞《山经》、郦道元《水经》等注。而唐宋以后，则无闻焉。盖地没于苗蛮，名乖于土俗，一水则随地易名，有至十数名不止者，何怪乎撰方志、询土俗者之转转承讹，无一可依据乎！其间即有思矫其弊，如郭子章之《黔记》、田雯之《黔书》，而横据胸臆，不寻源流，则其失亦与方志之俚鄙者等。夫贵州诸巨川，其旁皆高山峻岭，非若东南之水，可随时易其故道者也。余以壬子冬，奉命视学此方，轺车所至，类皆沿源溯流，证以昔闻，加之目验，既不信今，亦不泥古，两年于兹，撰成《贵州水道考》三卷。凡经流七，皆水之直达江海者。大水八，皆水之络数十小水至贵州境以外合经流者。中水百八十一，皆水之能络小水在贵州境以内合经流及大水者。小水一百五十二，皆合中水以入大水者。而水之无名及不知所归者，尚不与焉。书成，晰为三卷，以由湖南入江者为卷首，由四川入江者次之，由广西至广东入海者又次之。各冠以表，条分缕晰，庶后为方志者有所考镜云。乾隆五十九年，岁次甲寅，八月一日序。

八月，阮元为桂馥《晚学集》撰序，元时任山东学政。

据《晚学集》卷首阮元《序》记：

> 尝谓为才人易，为学人难，为心性之学人易，为考据之学人难，为浩博之考据易，为精核之考据难。元自出交当世学人，类皆始撷华秀，既穷枝叶，终寻根柢者也。曲阜桂进士未谷，学人也，乾隆庚戌年，见之于京师，癸丑年，遂常见之于历下。叩其所学，则固芟华秀，采枝叶，以至根柢者也。顾自谓所学者晚，未能治全经，成一家之说。然求之于经史、声音、文字诸大端，皆博观而精核之，时出其所见于古人后，有可传者。于是日出其草稿旧纸，以应元之求，久之积成卷帙，因自名之曰《晚学集》。乌呼！士人所学，苟一日得见根柢，何晚之有。况未谷为此学垂二十年，尤尽心于许叔重之书，较之手披万卷，不能识一字之声义，与夫悟良知而矜才调者，其孰早孰晚，当必有辨矣。乾隆五十九年八月，仪征阮元。

十月十六日，就石经馆臣奏请颁行《考文提要》，以统一科举考试题目，高宗下令再议，重申治经"惟期阐发经旨"，"不在章句之末"。

据《高宗实录》卷一四六三乾隆五十九年十月庚午条记：

> 谕：昨九月间，石经馆司事大臣等奏，……近因刊刻石经，出内府所弆天禄琳琅宋版各经，古今流传旧本，莫不荟萃。蒙命臣等详悉校对，与武英殿官刻诸书，参稽印证，逐条摘出，厘订成编。书不过六册，而俗本相沿讹谬，靡不开卷了然。拟名《考文提要》，请颁行天下，俾士子人人得窥中秘精华，不复袭别风淮雨之陋。……兹该馆书成呈览，抽阅数条，不过字句、书体间有异同，于圣贤义初无出入。……似此繁列科条，转非朕嘉惠士林、稽古右文之意。圣贤垂教之义，原不在章句之末，即流传古本，儒先各守经师家法，未必无习误承讹。士子等操觚构艺，惟期阐发经旨，亦不必以一二字之增损，偏旁之同异，为去取也。另着该总裁等详绎此旨，折衷妥议具奏。

同日，就蒋衡手书"十三经"勒石辟雍，高宗专为撰文纪念。
据《高宗实录》卷一四六三乾隆五十九年十月庚午条记：

《御制石刻蒋衡书十三经于辟雍序》曰：……此经为蒋衡手书，献于乾隆庚申者，其间不无舛讹，爰命内翰详核，以束之懋勤殿之高阁，至于今五十有余年，亦既忘之矣。昨岁命续集《石渠宝笈》之书，司事者以此经请，乃憬然而悟曰，有是哉？是岂可与寻常墨迹相提并论，以为几暇遣玩之具哉？是宜刊之石版，列于辟雍，以为千秋万世崇文重道之规。

十二月一日，陈鳣著《论语古训》成。
据《简庄文钞》卷二《论语古训叙》记：

《论语古训》，存汉经师之遗义也。《论语》有《古论》，有《齐论》，有《鲁论》。《古论》为孔安国注，而世不传。张禹受《鲁论》，兼讲《齐说》，号"张侯论"，包氏、周氏《章句》出焉。马融亦为之训说，郑康成又就《鲁论》篇章，参考《齐》《古》为之注。何晏等集孔、包、周、马、郑，益以陈群、王肃、周生烈，并下己意为《集解》。梁、陈之时，郑氏、何氏立于国学，而郑氏甚微。周、齐郑学独立，至隋何、郑并行，郑氏特盛，故唐人诸书多引之，迨宋时遂亡。近有集《郑注古文论语》二卷，托名王应麟，郑注非古文，且其所收亦未尽也。今以《集解》为本，考诸载籍所引遗说，旁收附益，为《古训》十卷。言古者以别于今也，不曰《集解补》者，守缺抱残，不得言补也。……郑康成，汉世大儒，故《集解》之外，搜辑郑说独多，且以愚意疏通证明之，所以补疏家之未备也。马融，郑之师也；王肃，难郑者也。存马、王之说，亦可以发明郑注也。少习此经，长无成就，谨以肄业所及，博采通人之辞，勉具简编，就正有道。……乾隆五十有九年，冬十有二月甲寅朔，书于震泽旅次。

是年，章学诚有书致黄璋，论方志纂修，兼及晚近学风变迁。
据《章氏遗书》卷九《报黄大俞先生》记：

方志一家，宋、元仅有存者，率皆误为地理专书。明代文人见解，又多误作应酬文墨。近代渐务实学，凡修方志，往往侈为纂类家言。纂类之书，正著述之所取资，岂可有所疵议！而鄙心有不能惬者，则方志纂类诸家，多是不知著述之意，其所排次襞绩，仍是地理专门见解。……故方志而为纂类，初非所忌，正忌纂类而以地理专门自画，不知方志之为史裁，又不知纂类所以备著述之资，而自以为极天下之能事。是以虽纂类而仍无可藉，宜长者之致疑于近时风尚也。……然词章易购，古学为难。昔《明史》未成，天下才俊争思史馆进身，故多为古文辞。自史馆告竣，学者惟知举子业矣。及三通、四库，前后讨论二三十年，而乡会试程，增添诗律，于是撷春华者蔚为词章，慕秋实者竞为琐屑考订。其成家者固甚可观，惟古文辞则甚鲜睹，以其无所用也。……然则辞章记诵，非古人所专重，而才识之士，必以史学为归。为古文辞而不深于史，即无由溯源六艺而得其宗，此非文士之所知也。

纪昀为黎世序《易注》撰序，重申治《易》不可存门户之见，当持汉、宋学之平。

据《纪晓岚文集》卷八《黎君易注序》记：

汉《易》言象数，宋《易》言理，旧有斯言，其殆循声而附和与？夫天地缊蕴，是涵元气，气有屈伸往来，于是乎生数，数有奇偶错综，于是乎成象，此象数所由起也。然屈伸往来，奇偶错综，皆理之所寓，而所以屈伸往来，所以奇偶错综者，亦皆理之不得不行。故理其自然，数其必然，象其当然，一以贯之者也。汉《易》言数象，不能离存亡进退，非理而何？宋《易》言理，不能离乘承比应，非象数而何？而顾曰：言理则弃象数，言象数即弃理，岂通论哉！余校定秘书二十余年，所见经解，惟《易》最多，亦惟《易》最滥。大抵汉《易》一派，其善者必由理以知象数，或舍象数者，必流为异学。其弊一由争门户，一由骛新奇，一由一知半解，沾沾自喜，而不知《易》道之广大，纷纭轇轕，遂曼衍而日增。殊不知《易》之作也，本推天道以明人事，故六十四卦之大象，皆有"君子以"字，而三百八十四爻，亦皆吉凶悔吝为言。是为百姓日用作，非为一二上智密传微妙也；是为明是非决疑惑作，非为谶纬机祥预使前知也。故其书至繁至赜，至精至深，而一一皆切于事。既切于事，即一一皆可推以理。理之自然者明，则数之必然，象之当然，割然解矣。又何必曰此彼法，此我法，此古义，此新义哉！

汪中于是年十一月二十日病卒杭州。
据孙星衍《五松园文稿》（不分卷）之《汪中传》记：

　　汪中，字容甫，江南江都人。……乾隆丁酉岁，谢侍郎墉来督学，选拔贡生，中不应朝考，亦不就试，益以经义自娱。当是时，《四库》馆开，海内异人异书并出。经学、小学、算学、词章、金石之学，卓然以撰述自见者，有钱少詹大昕、王光禄鸣盛、卢学士文弨、孙侍御志祖、王兵部念孙、段大令玉裁、戴编修震、王副宪昶、蒋编修士铨、袁大令枚、姚比部鼐。中于诸君为后进，皆辩难无所让。……解经有神识，病古人之疑《周官》《左传》也，为《周官征文》及《左氏春秋释疑》，皆依据经证，箴砭俗学。……凡所为文，皆有益经术，维持世道，余见所著《述学》云。……汪中非狂士也，……世人以不狂为狂，岂不惑哉！

又据凌廷堪《校礼堂文集》卷三十五《汪容甫墓志铭》记：

　　君读书极博，"六经"子史以及医药种树之书，靡不观览。著书率未成，少日作诗古文，复自弃去。今所存者有《述学》四卷，皆杂文也。……汉唐以后所服膺者，昆山顾宁人氏、德清胡朏明氏、宣城梅定九氏、太原阎百诗氏、元和惠定宇氏、休宁戴东原氏。尝云："古学之兴也，顾氏始开其端；《河》《洛》矫诬，至胡氏而绌；中西推步，至梅氏而精；力攻古文《尚书》者，阎氏也；专言汉儒《易》者，惠氏也。反此，皆千余年不传之绝学，及戴氏出而集其成焉。"拟为《国朝六儒颂》而未果。君于时流，恒多否而少可。钱晓徵、程易畴两先生外，惟王怀祖给事、孔众仲检讨、刘端临训导、江子屏太学数人，时或称道，余大半视之蔑如也。

又据《刘端临先生遗书》卷十三《汪君传》记：

君搜辑三代、两汉学制，以及文字、训诂、度数、名物，有系于学者，分别部居，为《述学》一书，属稿未成。更以平日读书所得，及所论撰之文，分《述学》内外篇。又仿《大事记》之例，撰《广陵通典》十卷，次及杨行密本事而止。君藏书多善本，朱墨烂然，横列座右，杂以金石彝器之属，凡数十年未尝去手。……君以乾隆五十九年十一月二十日，卒于杭州葛岭园。

乾隆六十年乙卯　1795年

正月，凌廷堪《校礼堂初稿》成，卢文弨以前辈硕学欣然撰序。据凌廷堪《校礼堂文集》卷首载卢文弨《校礼堂初稿序》记：

> 君既成进士，待教授阙，吾浙谢枭使蕴山先生延至幕中。余新纂《仪礼注疏详校》，欲以发雕，先呈谢公，而君见之，亦以其向所研习之本示余。余求之千百人中，而卒未有相应和者，今乃于凌君遇之，为之大喜过望，一见遂相契也。君于《礼经》用功最深。其所作诗若文，为《校礼堂初稿》，余受而读之。有《七戒篇》，其体略放枚乘，以乡饮酒之戒宾为词，先举书画、词章、性理、经济、史学为问，而概谢以未能或未暇。至言及"五经"，意始动焉。于后言及《礼经》，始欣然就之。盖君于此书，夙已笃好深嗜。尝撰《礼经释例》一书，凡八类，曰通例，曰饮食之例，曰宾客之例，曰射例，曰变例，曰祭例，曰器服之例，曰杂例，共十三卷。悉以《礼经》为主，间有旁通他经者，则又各为之考，附于所释之后。君此书出，而天下始无有畏其难读者矣。……君之乡戴东原庶常，吾之益友也。自戴没，而有程君易田，吾亦得而友之。今君复又继起，顾戴不能为诗与华藻之文，而君兼工之。诗不落宋元以后，文则在魏晋之间，可以挽近时滑易之弊。吾方将餍饫咀味之，而君适已得宁国儒学之阙，不能留矣，是何其见之晚而别之速耶？程君不来而君又去，惆怅不能自释。因为弁其所著之端，以聊写余倾倒之私云尔。时乾隆六十年孟陬月既望，杭东里人卢文弨序，时年七十有九。

二月二日，清廷举仲春经筵，高宗讲《中庸》，修正朱子注说。据《高宗实录》卷一四七〇乾隆六十年二月甲寅条记：

直讲官德明、金士松进讲《中庸》"小德川流,大德敦化"二句。讲毕,上宣御论曰:此应与《易象》所云"天行健,君子以自强不息"并观之。盖天地之德,无所为大小也。以人观之,以错行代明者为小,以并育并行者为大。孰知天之行健以敦化者在不息,而错行代明即在其中,且错代仍一行健之所敦,又岂能外行健而别有所谓化者哉?朱子注《中庸》,言圣人与天地合德,以明天道。予以为圣人法天行健,原无大小之分,而君子法之,自强不息。不息者诚也。未能如圣人与天地合德者,皆可以自勉。岂可自画,谓不能同错行代明,更谓先识其小,后习其大。斯则与天地在人心之中,以及天、地、人一体之道,去之远矣。

二月五日,高宗释奠文庙,阅太学新刊石经,重申"重道崇儒"。据《高宗实录》卷一四七〇乾隆六十年二月丁巳条记:

祭先师孔子,上亲诣行礼。谕:朕临御今六十年,于二月上丁,亲诣文庙,释奠礼成,并阅辟雍新刊石经,瞻仰宫墙,弥深景慕。自惟冲龄肄学,服膺圣教,迄今八帙开五,犹日孜孜,诲学无倦。举凡行政念典,悉皆虔奉心传。……所有各直省岁试入学名数,着交该部查照向例,分别广额。其太学肄业诸生,并加恩免其坐监一月。用示重道崇儒,寿世作人至意。

二月十三日,钱大昕致书孙星衍,就孙氏新刊《问字堂集》论太阴事提出商榷。据孙星衍《问字堂集》卷末《阅问字堂集赠言》录钱大昕书记:

去岁两奉手教,慰问殷勤,如亲謦欬。足下在西曹,公务繁剧,而撰述如是其勤,此等性情,当于古人中求之矣。承示新刊文集,皆实事求是,足以传信后学。其中《太阴考》一篇,与鄙见稍有未合。"太阴"即"岁阴",古人用以纪岁,即名之曰太岁,似无不可,而与岁星相应之太岁则迥乎有别。郑氏谓岁星右行于天,太岁左行于地,十二岁而小周。谓如岁星在丑则太岁在子,在子则太岁在丑,在亥则太岁在寅,在戌则太岁在卯,推之十二辰皆然也。而《天官书》以摄提格岁岁阴左行在寅，岁星右转居丑，夫岁星居丑，太岁必在子矣。而称"摄提格"，岂非以岁阴纪年之证乎？足下不信太岁与太阴为二，盖主《广雅》之说。然《汉志》载太初改元诏云"后得阏逢摄提格之岁"，又云"太岁在子"，则当时实以太阴纪年，而又别有太岁也。然自太初以后，以太阴纪年者仅见于《天官书甲子篇》，而刘歆《三统术》亦无推太阴术，即翼奉封事亦似以太阴当太岁，则自太初改宪而阏逢十名、摄提格十二名移于太岁，相承已久，然不可谓古无分别也。足下谓《淮南》纪岁星出月在《史》《汉》前两月，以为《淮南》之误。仆谓《淮南》本以太阴纪岁，与《史记》同。太阴在寅则太岁在子，岁星舍斗、牵牛，与太初似异而实非异也。其云太阴在四仲则岁星行三宿，在四钩则岁星行二宿，亦主太阴言之。而晋灼误以为太岁，则与太初不符。若知岁阴、太岁之有辨，则相说以解矣。《淮南》云咸池为太岁，与小岁对，今本作"太岁"，恐是转写之讹。汉碑岁在戊午名曰咸池者，咸池右行四正，子午卯酉皆咸池所在也。《天官书》以咸池、五潢、五车为一星，咸池居中，五车为匡卫，故转运亦如斗建。后人分为数名，而《淮南》《史记》之文难通矣。弟目力益衰，而炳烛之志尚笃，所欲言甚多，匆匆不及剜缕，更希有以教之。弟大昕拜白季仇大兄先生足下。乙卯二月十三日。

春，王鸣盛应孙星衍请，为《问字堂集》撰序。
据《问字堂集》卷首王鸣盛《问字堂集序》记：

阳湖孙君渊如，寄所刻集，署曰问字堂。问字之名，虽未详所谓，要孙君之意，则主于识字而已。古者依类象形谓之文，其后形声相益即谓之字。字者，言孳乳而浸多也。自仓颉下至周秦，字之孳乳已多矣，又更两汉，逾益多焉。许叔重乃创为《说文》，屏黜俗字，定从其一，余为重文。所定从者，未必尽夫子之古文也。而重文中或云古文，或云籀文，其所定从亦未见其必非古文。何则？"一部"重文"弌"，而"一"之为古，尤显然也。夫学必以通经为要，通经必以识字为基，自故明士不通经，读书皆乱读，学术之坏败极矣，又何文之足言哉？天运循环，本朝蔚兴，百数十年来，如顾宁人、阎百诗、万季野、惠定宇，名儒踵相接，而尤幸《说文》之屹然独存，使学者得所据依，以为通经之本务。孙君最后出，精鹜八极，耽思旁讯，所问非一师，而总托始于识字，于是一搦管皆与其胸怀本趣相值，洵乎学者之文，迥非世俗之所谓文矣。昔者孔子书"六经"，左丘明述《春秋传》，皆以古文。孔子时，天下皆用籀文，孔子独违众而用古文，孔子尝自称"好古敏求"，又曰"信而好古"，是一说也；其平日宪章文、武，梦见周公，一则曰"吾从周"，再则曰"吾从周"，是又一说也；二者并行而不相悖也。文、武、周公何知后世有籀文哉？独恨秦火以后，辗转变易，较壁中书，大非其旧。《说文》虽参用秦篆，然其引经，《易》孟氏、《书》孔氏、《诗》毛氏、《礼》《周官》《春秋》左氏，皆古文也。陆德明《经典释文》、孔颖达等《九经正义》，虽去取未尽当，然得者犹大半焉。奈何唐明皇命学士卫包尽改古以从俗，而开成《石经》现在，恐又有改卫包之所未及改者。盖唐以后之《九经》，又非陆德明、孔颖达等之本，惟《说文》特完，则天之未丧斯文也。好古如孙君，庶足振千百年之坠绪而张之与？韩昌黎文起八代之衰，其名愈，《说文》无此字，新附亦无。然其言曰"凡为文章，宜略识字"，又曰"羲之俗书趁姿媚"，是亦深有意乎识字者。或曰"君子已孤不更名"，盖昌黎幼孤故也。好古如孙君，其学进乎古，而又能通于今，然后出其余事以为文，信足以卓然名其家者与？予作《尚书后案》，以明汉儒家法，又为《十七史商榷》，亦谬为四方君子所许可，独《蛾术》一编久而未就，继以双瞽，自分已成废疾。幸七十后瞽目复开，方且贾余勇以竟残课，戢昏甫有条理，孙君集适至，辍一日功，从而夸叹之如此。岁在乙卯首春，同学弟西沚居士王鸣盛拜撰，维时行年七十有四。

闰二月二十九日，钱大昕跋自《道藏》过录之《长春真人西游记》。据《潜研堂文集》卷二十九《跋长春真人西游记》记：

《长春真人西游记》二卷,其弟子李志常所述,于西域道里风俗,颇足资考证,而世鲜传本,予始于《道藏》钞得之。村俗小说有《唐三藏西游演义》,乃明人所作,萧山毛大可据《辍耕录》以为出邱处机之手,真郢书燕说矣。

又据陈鸿森《钱大昕年谱别记》乾隆六十年六十八岁条记:

此书系去年六月先生阅《道藏》于吴门玄妙观时,自《道藏》中录出者。

春,钱大昕再跋顾炎武《天下郡国利病书》钞本,以三年前跋文粗疏而自讼。

据黄丕烈《荛圃藏书题识》卷三录钱大昕《天下郡国利病书再跋》记:

乙卯春,再阅于读未见书斋,其中仍不无出自钞胥手者,而朱笔校改皆先生手定。余向所题识,未免粗疏。更题年月,兼以自讼。大昕又记。

三月,赵翼著《廿二史劄记》将成,自题《小引》于卷首,以明著述旨趣。

据《廿二史劄记》卷首《廿二史劄记小引》记:

闲居无事,翻书度日,而资性粗钝,不能研究经学。惟历代史书,事显而义浅,便于浏览,爰取为日课,有所得辄劄记别纸,积久遂多。惟是家少藏书,不能繁征博采,以资参订。间有稗乘脞说,与正史歧互者,又不敢遽诧为得间之奇。盖一代修史时,此等记载,无不搜入史局。其所弃而不取者,必有难以征信之处。今或反据以驳正史之讹,不免贻讥有识。是以此编多就正史纪传表志中,参互勘校。其有抵牾处,自见辄摘出,以俟博雅君子订正焉。至古今风会之递变,政事之屡更,有关于治乱兴衰之故者,亦随所见附著之。自惟中岁归田,遭时承平,得优游林下,寝馈于文史以送老，书生之幸多矣。或以比顾亭林《日知录》，谓身虽不仕，而其言有可用者，则吾岂敢！阳湖赵翼谨识。乾隆六十年三月。

季春，臧庸旅居湖北，执教毕沅家馆，有书答钱大昕，讨论古音学。据《拜经堂文集》卷三《答钱晓徵少詹书》记：

> 张子元来楚，接读手书，藉悉道体健安，并承虚怀下质顾氏言古音地如沱。按：地从也声，沱从它声，《说文》异部，画然有别。《说文》："沱，江别流也。"徐铉谓："沱沼之沱，通用。此字别作池，非。"考《毛诗·东门之池》，沱与麻、歌韵；《无羊》，沱与阿、歌韵；《皇矣》，沱与阿韵。《楚辞·大司命》，沱与阿、歌韵。知沱非从也声。试以段氏《六书音均表》言之，……足断古音地如沱之说为谬。

春，焦循应山东学政阮元请，校文山东，读孙星衍新刻《问字堂集》。三月二十日，循致书星衍，指斥以考据名学之非。据《雕菰集》卷十三《与孙渊如观察论考据著作书》记：

> 循读新刻大作《问字堂集》，精言卓识，茅塞顿开。尤善者，复袁太史一书，力锄谬说，用彰圣学，功不在孟子下。反复久之，拜服拜服。惟著作考据之说，似有未尽，妄附鄙见，上诸左右。……赵宋以下，经学一出臆断，古学几亡。于是为词章者，亦徒以空衍为事，并经之皮毛亦渐至于尽，殊可闵也。王伯厚之徒，习而恶之，稍稍寻究古说，撷拾旧闻。此风既起，转相仿效，而天下乃有补苴掇拾之学。此学视以空论为文者，有似此粗而彼精。不知起自何人，强以考据名之，以为不如著作之抒写性灵。呜乎！可谓不揣其本而齐其末矣。本朝经学盛兴，在前如顾亭林、万充宗、胡朏明、阎潜邱。近世以来，在吴有惠氏之学，在徽有江氏之学、戴氏之学。精之又精，则程易畴名于歙，段若膺名于金坛，王怀祖父子名于高邮，钱竹汀叔侄名于嘉定。其自名一学，著书授受者，不下数十家，均异乎补苴掇拾者之所为。是直当以经学名之，乌得以不典之称之所谓考据者，混

目于其间乎! ……乾隆乙卯三月二十日。

案：焦循致孙星衍书，所言星衍复袁枚书，当作于上年，因皆讨论考据是非，故一并合记于此。

据《问字堂集》卷四《答袁简斋前辈书》记：

两奉手书，具承存注，侍生平知己之感，莫先于阁下。自束发知诗，阁下即许以奇才之目，揄扬于当道之前。一登龙门，得尽交海内傀异之士，何敢一日忘之。然阁下负天下之重名，后进奉其言以为法。阁下有为而言，闻者不察，或阻其进学之志，亦不得不献疑于左右也。

来书惜侍以惊采绝艳之才，为考据之学，因言形上谓之道，著作是也；形下谓之器，考据是也。侍推阁下之意，盖以钞撮故实为考据，抒写性灵为著作耳，然非经之所谓道与器也。道者谓阴阳刚柔仁义之道，器者谓卦爻象象载道之文，是著作亦器也。侍少读书，为训诂之学，以为经义生于文字，文字本于六书，六书当求之篆籀古文，始知《仓颉》《尔雅》之本旨。于是博稽钟鼎款识，及汉人小学之书，而九经三史之疑义，可得而释。及壮，稍通经术，又欲知圣人制作之意，以为儒者立身出政，皆则天法地。于是考周天日月之度，明堂井田之法，阴阳五行推十合一之数，而后知人之贵于万物，及儒者之学之所以贵于诸子百家。虽未遽能贯串，然心窃好之。此则侍因器以求道，由下而上达之学。阁下奈何分道与器为二也？

来书又以圣作为考据，明述为著作，侍亦未以为然。古人重考据，甚于重著作，又不分为二。何者？古今论著作之才，阁下必称老、庄、班、马。然老则述黄帝之言，庄则多解老之说，班书取之史迁，迁书取之《古文尚书》《楚汉春秋》《世本》《石氏星经》《颛顼夏殷周鲁历》，是四子不欲自命为著作。又如《管子》之存《弟子职》，《吕览》之存后稷、伊尹书，董仲舒之存神农求雨书，贾谊之存青史氏记，大、小戴之存《夏小正》《月令》《孔子三朝记》。而《月令》一篇，吕不韦、淮南王、小戴争传之；《哀公问》一篇，荀卿、大戴争传之；《文王官人》一篇，《周书》、大戴争传之。他如《礼论》《乐书》《劝学》《保傅》诸篇，互见于诸子，不以为复出。是古人之著作即其考据，奈何阁下欲分而二之？前人不作聪明，乃至技艺亦重考据。唐人钩摹《兰亭叙》《内景经》不知几本，宋、元画手以绢素临旧图，为其便于影写，故流传画本皆有故事。今则各出新意以为长，古亡是也。

至阁下谓考据者为趋风气，则又没人之善。汉廷诸儒，多以通经致高位，唐亦以射策取士。后世试士，第一场用四书文，试官之空疏者，或不以二三场措意，然则从事于考据者，于古或有干禄欺世之学，于今必皆笃行好学之士，世人方笑其学成而无用，阁下又何以为趋风气乎？

古之书籍，未有版本，藏书赐书之家，不过一二名士大夫，如榷酤然，士不至其门则无由借书。故嵇康就太学写经，康成从马融受业，其时好学之士，不登于朝不能有中秘书，盖博引为难。宋时书籍，既有版本，值汴京沦丧，金无收图籍如萧何之臣，南迁诸儒，囿于耳目。今览北宋类书，如《太平御览》《太平寰宇记》《事类赋》所引诸书，南宋已失之。朱晦庵、王伯厚号称博涉，其所引据亦无今世未有之书。近时开四库馆，得《永乐大典》，所出佚书甚多，及《释》《道》二藏，载有善本古书，前世或未之睹。而钟鼎碑碣，则岁时出于土而无穷。以此而言，考据之学今人必当胜古，而反以为列代考据如林，不必从而附益之，非通论矣。且洪范九畴，陈于武王，则文王未必知。《周志》《穆传》出于汲冢，则孔子所不见。人者与天地参，孔子云"当仁不让于师"，孟子云"有为者亦若是"，岂有中道而画之时哉？阁下以侍为韩愈可惜，惜其一枝好笔，为爱侍太过之言则可耳。侍诚负阁下之知，苦文不逮意，故率弃之不惜。若谓其官阶渐进，当尊主隆民，不可雕虫自累，则非知侍者。孔子云学优则仕，漆雕开云斯未能信。侍正恐经世之疏，故汲汲不敢有暇日耳。所以言者，侍非敢与前辈矜舌辨，惧世之聪明自用之士误信阁下之言，不求根柢之学，他日诒儒者之耻。如刘歆所云，立辟雍封禅巡狩之仪，则杳冥而莫知其原，故作此书，以广其意。幸终教之，不以为罪也。

又据上书后附袁枚《答书》记：

枚拜覆渊如太史足下：前月接手书，为考据二字反复辨证。……昔者温公与蜀公至交也，而终身不与谈乐律；魏公与欧公至交也，终身不与谈《系词》；考亭与东莱至交也，而终身不与谈《诗疏》；仆与梦楼、姬传至交也，而一则至今不与谈禅，一则至今不与谈地理，皆君子全交之道也。日前劝足下弃考据者，总为从前奉赠"奇才"二字横据于胸中，近日见足下之诗之文，才竟不奇矣，不得不归咎于考据。盖昼长则夜短，天且不能兼也，而况于人乎？故敢陈其穴管。足下既不以为然，则语之而不知，舍之可也，又何必费足下援儒入墨之心，必欲拉八十翁披腻颜帕，抱《左传》逐康成车后哉？今而后仆乃以二十年前之奇才视足下，足下亦以二十年前之知己待仆可也。如再有一字争考据者，请罚清酒三升，飞递于三千里之外，何如？

四月，谢墉卒。

据阮元《揅经室二集》卷三《吏部左侍郎谢公墓志铭》记：

公姓谢，讳墉，字昆城，号金圃，又号东墅。先世会稽人……。乾隆……六十年，得旨以原品休致。……四月卒，距生于康熙五十八年九月，春秋七十有七。……公九掌文衡，而江南典试者再，督学者再。……尤重江都汪中容甫。汪强记博闻，才气横发，贫困未知名于时。公语人曰："予之上容甫，爵也；如以学，予于容甫北面矣。"其不惜自贬以成人名如此。公再督学，元始应童子试，公奖励极力，居公第读书数年。高邮李进士惇、嘉定钱进士唐、山阳汪侍讲廷珍、仪征江侍御德量、通州胡学士长龄、阳湖孙观察星衍、甘泉焦明经循、金匮徐孝廉嵩等，识拔不可胜数。……公之为小学也，依据许氏而更溯其本。又尝校正《荀子》杨倞注、《逸周书》孔晁注，合之卢学士文弨所校，锓板贻学者。

五月，阮元有书致王引之，既及引之父念孙《广雅疏证》，又言得

诸幕友助正辑《山左金石志》。

据陈鸿森《阮元揅经室遗文辑存》著录《与王伯申书六》记：

> 前接手函，欣悉近祉安和，著述日富。昨过潍县，晤庄葆诚，得读《尚书》数条，极为精核。阅来函，中言体中欠豫，此正宜留意。吾弟赋质似弱，而治经又太锐，尚宜静思息动以摄养之，至属至属。春间，曾将吴中珩《广雅》本寄上，未知曾收到否？曾校毕否？念念。元近作《尔雅名义考》《毛诗补笺》二种，卷帙尚少，秋间可有规模。又作《释且》文一篇，内有一条言"且"与"祖"同义，同训为"始"，凡经传中言"既O且O"者，皆终而又始之义。如此，似可为老伯"终风"、"终窶"、"终温"加证，未知是否？刻考事已毕旋省，日日在大明湖水木明瑟轩中坐卧，尚饶清趣。武虚谷及杭州朱朗斋，现已延致修纂《山左金石志》，此书若成，颇有可观。草此奉布，并候近安，不具。伯申仁弟足下，阮元顿首。

六月，余萧客遗著《古经解钩沉》重刊，王鸣盛再度为之撰序。

据《古经解钩沉》卷首王鸣盛《序》记：

> 国家以实政临民，以实学造士，圣天子寿考作人，屡申明诏，敦尚经术。海内学士大夫靡然向风，蒸蒸日上。于是气运当郅隆之会，而文运之光明亦随之而逾盛，凡庸恶选手、腐烂时文，皆格而不行，惟经学是务。坊友以余君仲林有《古经解钩沉》，重为镂版，而问序于予。予谓学莫贵乎有本，而功莫大于存古，若余君者殆近之焉。……余君之书出，非古不道，古学自此大昌，而流俗无本之学，可以此疗之矣。抑求之古信善矣，要其所求，必皆真古，非赝古，夫然后谓之能识古。若余君所收，务为周备，盖笃爱古人，与其过而废之也，宁过而存之。后有识古之君子，得此意而谨择焉，其斯为善读余君之书者与。乾隆六十年乙卯六月，西沚王鸣盛撰。维时瞽目重开，行年七十有四。

秋，焦循与胡虔会晤南京，胡虔以新刻《西魏书》一部相赠。焦循撰《西魏书论》，斥"正统"偏见，为是书辨诬。

据《雕菰集》卷八《西魏书论》记：

《西魏书》，谢蕴山先生所撰也。乾隆乙卯秋，遇桐城胡雒君于金陵，雒君以是书见遗。于时谭者或疑之，盖未识著书之体，因为之辨。议者云："正统之传，自汉、魏而晋、宋、齐、梁，以至于陈。作《西魏书》，是无梁、陈也。"夫如是，是不独《西魏书》可不作，而魏收之《魏书》、李百药之《北齐书》、令狐德棻之《周书》，均可以废。何也？非正统之所在也。……为此论者，不独于著书主客之体有不明，并大公大义之所在亦不暇顾也。

卢文弨究心《仪礼》注疏校勘，历时五十余年，成《仪礼注疏详校》一书。

据《抱经堂文集》卷三《仪礼注疏详校自序》记：

乾隆庚申之岁，吾师桑弢甫先生讲学于湖上之南屏，秀水盛庸三世佐实从之游。余馆于城中，不能与共学，而往还恒数焉。见其手《仪礼》一经，汇众解而研辨之，于其节次亦时有更易，以其所为说质于先生，定而后各条疏于经文之下。余见而好之，亦欲从事于斯，而家无此书，遂辍不为。庸三以戊辰成进士，余时亦在京师，因索其向所著，则已裒然成书，因得纵观焉。叹其精凿实有出于昔人之上者，顾其文繁，力不能倩人钞录。庸三既得滇南县令缺，旋出京。盖余之于此经，其萌芽实于是乎始，后更无有人相为提唱者，则亦遂已。庚子入京，晤程戴园太史晋芳，言于此经已得十一家之本，将为之甄综而疏通之，则又跃跃然以喜。是时余年六十有四，距庚申已四十年。稍得见诸家之本，往往有因传写之讹误，而遂以訾郑、贾之失者，于是发愤先为注疏校一善本，已录成书矣。既而所见更广，知郑、贾之说实有违错，凡后人所驳正，信有证据，知非凭臆以蕲胜于前人也。因复亟取而件系之。向之订讹正误，在于字句之间，其益犹浅。

今之纠谬释疑,尤为天地间不可少之议论,则余书亦庶几不仅为张淳、毛居正之流亚乎!夫前人有失,后人知而正之,宜也。若其辞气之间有不当,过于亢厉者,此则微为削之。今定书之总名,惟曰《仪礼注疏详校》,不加以辨驳之辞,若是庶无得罪于先贤乎!庸三之书名曰《集解》,滇之大吏委以解铜,至仪征而卒,遂无从更见其书。此书中仅载一两条,犹是昔年之简录者也。蕺园相晤之明年,余至山西,旋闻其卒于秦中,所欲为者,殆亦未就。独余以不肖躯尚留世间,今年已七十有九矣。回忆南屏初见是书,时去之五十余年,而始得成是编,不可谓非幸也已。

凌廷堪应卢文弨之请,以后学而为前辈书撰序,成《仪礼注疏详校序》一篇。

据《校礼堂文集》卷二十六《仪礼注疏详校序》记:

抱经先生纂《仪礼注疏详校》成,将以付梓,以廷堪尝从事于是经也,命之作序。廷堪案:《仪礼》一经,明监本及汲古阁本,舛误特甚。昆山顾氏、济阳张氏,既据开成石本,校正其经文矣。校郑注者,则有休宁戴氏,并校贾疏者,则有嘉定金氏。戴氏所据者,小字宋本、嘉靖重刻相台本。金氏所据者,明钟人杰本、陈凤梧本,至于所校贾疏,惟据《经传通解》一书而已。先生此书,则自宋李氏《集释》而下,所引证者数十家。凡经注及疏,一字一句之异同,必博加考定,归于至当。以云详校,诚不虚也。……廷堪浅学,以附名简末为荣,故不辞而为之序。

吴骞著《子夏易传义疏》、李富孙著《补李鼎祚周易集解》成,卢文弨分别撰序,予以推荐。

据《抱经堂文集》卷三《吴槎客子夏易传义疏序》记:

圣门之传经,多出于子夏。经十有三,而不由子夏氏之门所传授者,盖仅二三而已。顾今自《仪礼·丧服传》之外,无他焉。刘向《七略》载有《子夏易传》,《汉志》不著录,《隋志》载其书二卷,注云已残阙。然隋唐之际，作《释文》及《正义》，尚多引其说，则其书虽阙而未尽亡也。于后，乃有张弧者，作《王道小疏》，而亦假《子夏传》之名，裒然成十一卷。案之唐初人所引，无一相合者。世虽疑而不信，而于二卷之残阙者，片言断句，亦都不复留意。此世之所以知此书者鲜也。子夏为人笃信谨守，其教门人小子，必以洒扫应对进退入，故其于《易》也，一切阴阳变化、性命道德之旨，每不轻言，其所训释，止于名物字义之间。盖《易》非难知，其言明白显著，故可以通天下之志，定天下之业，断天下之疑，愚夫妇皆可领解，故不烦说也。后人之于《易》，往往穷高极深，恍忽不可为象，而其流极且堕于玄虚。彼其视子夏之言，淡乎其无味也。固宜不知此正其笃信圣人，而犹是教人不躐等之意也。其所训释，颇与《尔雅》相近。唐之一行，宋人张舜元、洪庆善，俱尝为之解，而今失传。海昌吴君槎客，乃复起而缉综之，为之疏通证明，以薛虞记遵畅传意者也，亦取而系焉。书成二卷，名曰《义疏》。其见于唐人《释文》《正义》《集解》，及《初学记》《太平御览》等书所引者，此皆灼然可信，采择无或遗。至宋元而来，诸家亦或援引及之。若吴草庐与明之二杨时乔、慎，未必皆由臆造，当得之唐以前书中，然皆不著所本，学者究疑而未尽信也。槎客不以篇幅稍狭之故，而泛滥及之，其见卓矣。槎客谨饬人，与子夏之学极相近，宜其于此有深契焉。是将于《易》辟荆榛而堙鸿水，又不仅为西河氏之功臣已。

又据同书同卷《李既方补李鼎祚周易集解序》记：

汉儒解《易》之书至多，今皆不可得见。唯唐资州李氏所著《易传集解》中，采取三十余家，后之学者，犹得以见其崖略。李氏之为此书，未尝执己之意以决择诸家而去取之也，故凡异同之说，往往并载不遗。……若必为一家之言，则所取者转狭，而己之所非，安知不为人之所是。设使由我削之，而遂泯焉，不复传于后世，岂不大可惜乎？近元和惠定宇，其讲《易》实宗汉学，凡所援引，多取材于是书。甚矣！李氏之大有造于天下后世之学者也。今秀水李君既方富孙，好读《易》，所经眼者，不下百余种，而深斥图说之附会穿凿，摈不欲观；其所深嗜者，汉儒之学。求汉儒之学，则唯资州李氏一编为菁华之所聚。既已朝夕寝馈于斯，而复于其三十余家之说之尚有未经采入者，更为之搜罗荟萃，录成，得六十余番，盖几于一字不遗矣。然采取虽博，而于元明人之所称引，概不及焉。是其命意高而用力勤，又加之以谨严，述之之功，远倍于作。今学者多知宝资州之书，则安得不并宝是书？剞劂之事，是所望于贤而有力者，吾安得亟见其成，以与天下学士共读之为快乎？

十月末，阮元赴浙江学政任，途经苏州，有书致段玉裁，敦请同舟南下。

据张鉴《雷塘庵主弟子记》乾隆六十年三十二岁条记：

八月二十四日，奉旨调任浙江学政。……十月初三日，交印起程。……十五日，到扬州。—十四日，渡江。十一月初一日，至杭州。初六日，接印。

又据陈鸿森《阮元揅经室遗文辑存》卷下《与段懋堂书》记：

瞬违雅教，时切驰思。近念兴居安吉，著述日新，定如私颂也。顷过丹徒，晤端临同年，知侨寓苏门，兼有足疾，未知近日曾全愈否？弟于今日至苏，约有半日耽搁，急欲一见，略罄渴怀。又访得尊居距城颇远，本当亲诣高斋，奈皇华期迫，不能久延。谨令县中人备舆奉迓，至弟舟一谈。大著《说文读》及诸《汉读》《诗、书小学》稿本，务必携来，藉可略饮江海之一勺，万勿吝教。此时闭户著书，想无酬应。武林距苏甚近，或即与弟同舟至彼，下榻谨言。留彼久暂，亦听吾兄之便。弟署中尚有一二志学之士，尚不寂寞。（原注：如惠然肯来，书卷行李即为装束一舟，同弟行也。）今附上弟近刻数篇，又碑刻一种，乞加指摘，余俟面罄。年愚弟阮元顿首。（辑者注：录自《明清藏书家尺牍》第二册。）

十一月，钱大昕为其师王峻遗著《汉书正误》撰序。

据《潜研堂文集》卷二十四《汉书正误序》记：

> 予年二十有二，来学紫阳书院，受业于虞山王艮斋先生。先生诲以读书当自经史始，谓予尚可与道古，所以期望策厉之者甚厚。予之从事史学，由先生进之也。先生归道山四十余年，仲子愚谷郡丞，将以《汉书正误》四卷付剞劂，属予校勘。循环读之，如见当日下帷抱椠，丹黄是正之勤焉。……宋儒好讲史学，于是有三刘氏、吴氏《刊误》之作。然刘书既无全本，吴虽博洽，往往驰骋而不要其归。本朝则何义门、陈少章两君，于是书考证最有功。先生与少章子和叔交最善，故于二家之说多有采取。其云正误者，正小颜之误也。所征引必识其名，不欲掩人之善也。此书出，当驾三刘与吴而上之。予故接闻先生绪论者，谨识梗概如右。

十一月二十八日，卢文弨卒于常州龙城书院，享年七十九岁。翌年冬，安葬仁和芝芳桥墓地，翁方纲、段玉裁各撰《卢公墓志铭》一篇。

据翁方纲《复初斋文集》卷十四《皇清诰授朝议大夫前日讲起居注官翰林院侍读学士抱经先生卢公墓志铭》记：

> 公姓卢氏，讳文弨，字绍弓，号矶渔，又号檠斋，晚更号弓父，抱经其堂颜也，人称曰抱经先生。其先自范阳迁越，又自余姚迁居于杭。……公精于校雠，于陆氏《经典释文》，取宋本参校，又别为考证附本书后。又于《逸周书》《孟子音义》《贾谊新书》《春秋繁露》《方言》《白虎通》《西京杂记》《蔡邕独断》诸书，皆汇诸家校本，详勘刊正。又于友朋相质，若《荀子》《吕氏春秋》《释名》《韩诗外传》《颜氏家训》《封氏闻见记》《谢宣城集》，皆手加是正。又于《五经正义表》，若《周易》《礼记》注疏，若《吕氏读诗记》，若《魏书》《宋史》《金史》，若《新唐书纠缪》，若《列子》《申鉴》《新序》《新论》，诸本脱漏者，咸加荟萃，曰《群书拾补》，并系以校语。公精研许氏《说文》，晚复雅意金石文字之学。所著述古文集外，有

《广雅注释》，订正《仪礼注疏》《史记索隐》，而《钟山、龙城札记》及其他题跋件系考证之书，不可胜记。即以秀水朱氏《经义考》公所补正，手书草稿以寄方纲，出于方纲所补正千余条之外者，此尚皆未刊行者也。公为人方严诚笃，事亲孝，与人忠，其殚竭心力为人所难能者，笔不胜书。而方纲于其嗣君之请志墓，专详于所订诸书者，校雠经籍之功，近世儒林之所少也。

又据段玉裁《经韵楼集》卷八《翰林院侍读学士卢公墓志铭》记：

公好校书，终身未尝废。……公治经有不可磨之论，其言曰："唐人之为义疏也，本单行，不与经注合。单行经注，唐以后尚多善本。自宋后附疏于经注，而所附之经注，非必孔、贾诸人所据之本也，则两相龃龉矣。南宋后又附《经典释文》于注疏间，而陆氏所据之经注，又非孔、贾诸人所据也，则龃龉更多矣。浅人必比而同之，则彼此互改，多失其真，有改之不尽以滋其龃龉者，故注疏、《释文》合刻，似便而非古法也。"其读书特识类如此。公生于康熙丁酉六月初三日，卒于常州龙城书院，乾隆乙卯十一月廿八日也，年七十有九。

十二月，钱大昕为焦循著《释弧》撰序。
据《焦氏遗书·释弧》卷首钱大昕《释弧序》记：

宣城梅徵君，为国朝算学第一，其所为《弧三角举要》《环中黍尺》、《堑堵测量》等书，实能于浑圆之理，有以精熟而贯串之。吾友戴翰林东原，以西人三角即古人句股，乃易其弦切、割线，为矩分、自变量诸名，作《句股割圜记》三篇，以求合于古所云者。其用心盖綦密矣。江都焦子里堂好读书，邃于经学，所著《群经宫室图》，已久行世。今又出其余力，竭二旬之功，撰《释弧》三卷，以余昔尝从事于斯，而属叙焉。读之，其于正弧、斜弧、次形、矢较之用，理无不包，法无不备，举其纲而陈其目，以视梅、戴二君之书，无异冰于水、青于蓝也。……乾隆乙卯嘉平，竹汀钱大昕书。

十二月十七日，《四库全书总目》刻竣。

据《高宗实录》卷一四九三乾隆六十年十二月甲午条记：

予告尚书曹文埴奏，《四库全书总目》刻竣。谨进陈设二十部，备赏八十部。余将板片交武英殿收藏外，并另刷四部，请发装潢，分贮四阁。至是书最易翻阅，应照向办官书，刷印发坊领售。报闻。

又据阮元《揅经室二集》卷八《浙江刻四库书提要恭跋》记：

钦惟我皇上稽古右文，恩教稠叠。乾隆四十七年，《四库全书》告成，特命如内廷四阁所藏，缮写全册，建三阁于江浙两省。谕士子愿读中秘书者，就阁传写，所以嘉惠艺林，恩至渥，教至周也。《四库》卷袠繁多，嗜古者未及遍览，而《提要》一书，实备载时、地、姓名及作书大旨，承学之士，钞录尤勤，毫楮丛集，求者不给。乾隆五十九年，浙江署布政使司臣谢启昆、署按察使司臣秦瀛、都转盐运使司臣阿林保等，请于巡抚兼署盐政吉庆，恭发文澜阁藏本校刊，以惠士人。贡生沈青、鲍士恭等，咸愿输资，鸠工集事，以广流传。六十年，工竣。学政臣阮元，本奉命直文渊阁事，又籍隶扬州。扬州大观堂所建阁曰文汇，在镇江金山者曰文宗，每见江淮人士瞻阅二阁，感恩被教，忻幸难名。兹复奉命视学两浙，得仰瞻文澜阁于杭州之西湖，而是书适刊成。士林传播，家有一编，由此得以津逮全书，广所未见，文治涵濡，欢腾海宇，岂有既欤！臣是以敬述东南学人欢忭感激之忱，识于简末，以仰颂皇上教化之恩于万一云尔。

岁暮，章学诚有书致浙江学政阮元，论访求遗书。

据《章氏遗书》卷二十九《与阮学使论求遗书》记：

使节南指，两浙人士如瞻威凤仪麟。从此春实秋华，俱归炉冶，牛溲马勃，亦入奚囊。风教所施，将为后此数十年气运人文开积石矣，无任欣慰翘企之至。衡文课士之暇，搜访遗文逸典，以补柱史之藏，亦輶轩采风之遗意也。鄙人久役于外，故乡文献不甚周详。惟浙中自元明以来，藏书之家不乏。盖元明两史，其初稿皆辑成于甬东人士。故浙东史学历有渊源，而乙部储藏亦甲他处，近俱散失尽矣。……谢承《后汉书》，前辈有及见者，而《四库》未登于录。然其书今在敝郡，郡人力不能致，则如委宛琅函，必待其人而后发也。……鄙人楚游五年，秋帆制府《史考》功程，仅什八九。以苗顽稽讨，未得卒业。暂归省视家室，复作京师之游，拟明年赴楚，终其役耳。比如访得谢书，则报缄但寄邵二云侍读处，鄙人必与知之，争先为快睹也。冬寒，伏惟宝摄不尽。

十二月末，章学诚集昨今二年文为《甲乙剩稿》。
据《章氏遗书》卷二十八《跋甲乙剩稿》记：

> 乾隆甲寅，《湖北通志》残局未了，精采见于《志稿》，此外所为皆剩也。乙卯返故乡，四十五年不家居，二十年不践乡地，人事侄偬，不得稍亲笔墨。间有酬酢，应人之请，不尽精能，且所作无多，亦是剩也。十月离家，游于扬州，又别有《邗上草》，别具于编。……明年五十九，蘧伯玉之非之岁也，识力可长，而学荒记疏，不可补也。宜勤攻吾过，以励后之人。乙卯送灶日。

是年，钱大昕应毕沅请，校订毕著《续资治通鉴》。费士玑、李锐、瞿中溶共佐校雠之事。
据陈鸿森《钱大昕年谱别记》乾隆六十年六十九岁条记：

> 是年，为毕秋帆校订《续资治通鉴》，即于吴门开雕。
> 森按：《瞿木夫自订年谱》本年条下记："毕弇山先生总督两湖，以所编《宋元通鉴》属外舅阅定考正，在吴门开雕。与费在轩师、李四香茂才锐，共佐校雠之事。"